**Geri Thomann** Ausbildung der Ausbildenden

Bildung
Medien
Kommunikation

www.hep-verlag.ch

Der Schweizer Lernmedien- und Bildungsverlag

Die Deutsche Bibliothek – CIP-Einheitsaufnahme

Thomann, Geri:
Ausbildung der Ausbildenden/Geri Thomann. – 2. Aufl. – Bern: h.e.p.-Verl., 2003
(Pädagogik)
ISBN 3-905905-59-0

Internet: Zusatzmaterialien und Folienvorlagen
www.hep-verlag.ch/mat/ausbildung/

Projektleitung/Lektorat: Jan Loop
Gestaltung/Layout: Atelier Kurt Bläuer, Bern
Umschlag: Wiggenhauser & Woodtli, Zürich

2. Auflage 2003

ISBN 3-905905-59-0

www.hep-verlag.ch

**Bestellungen**
**h.e.p. verlag Auslieferungen**
**DLS Lehrmittelverlag AG**
**Speerstrasse 18**
**9500 Wil**
**Tel. + 41 71 929 50 20**
**Fax + 41 71 929 50 30**

**h.e.p. verlag ag**
**Bildung.Medien.Kommunikation**
**Brunngasse 36**
**CH–3011 Bern**

Geri Thomann

# Ausbildung der Ausbildenden

Exemplarische Materialien aus sieben Kompetenzbereichen
zur Vor- und Nachbearbeitung von komplexen Praxissituationen

hep

Materialien zu diesem Buch unter www.hep-verlag.ch/mat/didaktik/

**Geri Thomann**

Geboren 1957 in Zürich, wohnhaft in Zug.

Ausbildung zum Primarlehrer, zum Schulischen Heilpädagogen und zum Supervisor/Organisationsberater, Studium in Pädagogik und Sonderpädagogik.

Geri Thomann unterrichtete als Primarlehrer, Oberstufenlehrer, Heilpädagoge und Seminarlehrer (Didaktik und Psychologie) und leitete Schulentwicklungsprojekte sowie Ausbildungsgänge in Erwachsenenbildung und Beratung für Ausbildner/innen aus diversen Berufsfeldern.

Er arbeitet zur Zeit als Leiter «Weiterbildung und Dienstleistungen» an der AEB Akademie für Erwachsenenbildung (Luzern und Zürich) und ist Trainer und Berater für Einzelne, Teams und Organisationen im Bildungsbereich.

**Geri Thomann**
Weiterbildung und Dienstleistungen
AEB Akademie für Erwachsenenbildung
Kasernenplatz 1
6000 Luzern 7
geri.thomann@aeb.ch

# Inhaltsverzeichnis

# Liebe Leserin, lieber Leser

Sie halten ein neues Buch in den Händen, eine umfangreiche Sammlung von Themen, Materialien, methodischen Einfällen, die im Verlaufe der letzten Jahre an der Akademie für Erwachsenenbildung für die Ausbildung von Ausbildenden und Berater/innen gedacht, entwickelt, niedergeschrieben, ausprobiert, auch etwa verworfen und dann wieder neu erfunden wurden. Viele unserer Studierenden haben einzelne Teile fein säuberlich in ihren Ordnern nach Hause getragen, haben sich im Unterricht davon inspirieren lassen, haben sich eventuell über einzelne Methoden gefreut, andere durchaus als mühsam taxiert und weggelegt. Einzelne dieser Materialien werden vielleicht beim Lesen auch stören, werden (hoffentlich!) verwirren, werden bekannte Denkmuster durcheinanderbringen. Denn Geri Thomann hat ja nicht nur gesammelt, akribisch recherchiert, Quellen nachgespürt und so bereits vorliegende Materialien aufbereitet und auch Eigenes entwickelt. Er hat Verbindungen geschaffen, Denkfiguren entwickelt, wider den Strich gebürstet, will uns mit vielen Anregungen dazu bringen, unsere eigene Lehrpraxis gründlich zu reflektieren, will uns ermuntern, uns am Material zu reiben, Widersprüche auszuhalten und die Welt als komplexes Ganzes zu verstehen und auch so zu vermitteln. Lernende sollen nicht in falscher Sicherheit gewiegt werden, sondern immer auch verwirrt werden, um Lernprozesse anzuregen. Verwirrung als Ausbildungsprinzip? Sträuben sich da nicht die pädagogischen Nackenhaare? Haben wir nicht als Ausbildner/innen alle Zeit und Kraft der Welt dafür verwendet, Komplexes einfach zu schildern, Widersprüchliches logisch zu erklären, Ungebärdiges methodisch-didaktisch gerade zu biegen, Ausuferndes, schwer Verdauliches in kleine Bissen zu unterteilen, die keinerlei Magenverstimmung verursachen. Und das soll uns nun als eigentliches Lernhindernis angerechnet werden? Aber sicher! Wenn wir den Begriff ernst nehmen, können wir zweifellos zustimmen: die geschlossene Welt des Kohärenten, in sich Stimmigen, durch langen Gebrauch Abgeschliffenen muss durcheinandergebracht werden, ehe neue Ordnungen, neue Sichtweisen etabliert werden können. Lernen als gestalterischer Prozess, der weder von Denkroutine noch von Vereinfachungen lebt, sondern vom bedingungslosen Eintauchen in die geheimnisvolle, faszinierende Welt des Erkennens, wo Lehrende gemeinsam mit Lernenden neue Wege finden müssen.

Vielleicht kann dieses Buch so etwas wie ein Kompass darstellen, eine erste, noch ungenaue Landkarte für das Land «Ausbildung von Ausbildenden», mit gut ausgemessenen und übersichtlich kartografierten Gebieten, mit nützlichen Beschreibungen für das effiziente Vorankommen. Aber auch mit weissen Flecken, die noch der Entdeckung harren, mit nur grob beschriebenen, geheimnisvollen Orten, wo Lernen ungeahnten Genuss verspricht.

*Hans-Peter Karrer*
*Geschäftsleiter AEB Akademie für Erwachsenenbildung Luzern und Zürich*

## Inhaltsverzeichnis Kapitel I

*Kapitel I*

# Kompetent sein und reflektieren – eine Einleitung und zwei Zugänge

**Standards**

- **Sie erkennen gesellschaftliche, politische und soziale Tendenzen in ihrer Relevanz für Bildungssituationen und berücksichtigen diese in Ihrem Bildungsalltag.**
- **Sie sind sich Ihrer Rollenanteile als Ausbildner/in bewusst und verfügen über ein handlungsorientiertes Konzept des «Rollenmanagements».**
- **Sie sind in der Lage, bildungsbiografische und berufssozialisatorische Aspekte bei sich selber sowie bei Ihren Lernenden zu erkennen und für Ihre Bildungsarbeit Schlüsse daraus zu ziehen.**
- **Sie wissen um Ihre «subjektiven Theorien» und verfügen im Sinne der reflexiven Kompetenz über Instrumente und Vorgehensweisen für deren partielle Bewusstmachung.**

## 1. Einleitung

Komplexe Situationen sind vorerst immer nur als Ganzes zu erfassen, erst danach werden sie segmentierend entschlüsselt. Das gilt auch für Bildungssituationen, wobei die ganze Situation im Glücksfall noch in den Segmenten «schimmert».
Hoffentlich schimmert Ihnen diese Ganzheitlichkeit in meinen folgenden Ausführungen etwas entgegen.
Auch wenn heute Lernende vorab als Subjekte ihres eigenen Aneigungsprozesses gelten, Bildungsmonopole bröckeln, und im Zuge von Teleteaching und on line-Seminaren Lehrende bei steigender Partizipation von Lernenden überflüssig zu werden drohen, wird uns Ausbildner/innen doch weiterhin zumindest steuernde und strukturierende Funktion im unübersichtlichen Meer von Bildungsdaten zukommen.
Dabei kann sich Lehrverhalten als Moderation, Beratung oder Instruktion manifestieren. Solches Verhalten basiert immer auf der Kunst der Improvisation, auf solidem Handwerk und analysierter Erfahrung. Dafür soll dieses Buch Anregungen und Ermutigung anbieten.
Zweifelsohne wird die Professionalisierung von Ausbildenden durch die Komplexität der Anforderungen, aber auch durch die Widersprüchlichkeit und Konfliktanfälligkeit der Ausbildner/innen-Rollen erschwert. Technologien und Instrumente mögen da nur bedingt Sicherheit verschaffen. Zudem verfügen Ausbildende in der Regel über reichlich Selbstkritik und Selbstanspruch.

*«Kapitalisiere lieber den eigenen Schrott, statt Deinen Perfektionismus zu vergolden»*, sagte mir einmal ein Lehrsupervisor.
«Schrott» war dabei durchaus liebevoll gemeint. «Ressourcen nutzen», würde das heute wohl etwas gängiger, weniger ökonomisch und anständiger formuliert heissen.
Dieses Buch richtet sich an Ausbildende aus verschiedenen Berufsfeldern, aber auch an Bildungsverantwortliche und Lehr-/Lernberater/innen sowie an Lernende, welche lernen zu lehren und nach neuerem Lernverständnis zusehends selber didaktische Steuerung übernehmen.
Die in meinen Ausführungen jeweils integrierte Kontext- und Subjektorientierung soll – so zumindest mein Anspruch – verdeutlichen, dass ich unter Ausbildner/innen keine «Lehrmittelvollstrecker» oder «curriculare Vollzugsbeamte», sondern schöpferische, differenzierte und reflexive Berufsleute verstehe.
Ich weiss, dass Reflexion *vor* dem «Ernstfall» alles Mögliche als relevant empfinden kann *(vgl. Oelkers 2000, S. 81)* und Praxis eben durch Ausbildung bedient werden muss. In diesem Sinne verstehe ich meine Ausführungen explizit als «Verwendungs-» und nicht als «Ausbildungswissen» *(vgl. Oelkers 2000, S. 80)*, das vorliegende Buch nicht als «Lehr-» sondern als «Anregungsmittel», um Praxissituationen zu «bearbeiten», statt sie «vorzubereiten».
Ausgewählte theoretische Aspekte, Geschichten aus eigener Praxis und einige erprobte Instrumente sollen Ihnen dazu dienen, sich sozusagen besser *«durch den alltäglichen Dschungel vielfältiger Bedingungen beissen zu können» (Oser 2000, S. 83)*.
Dabei bewege ich mich nicht im Reigen einschlägiger Methodenhandbücher, welche – wenn sie Wissen mit Sofortwirkung versprechen – für meinen Geschmack das Denk- und Reflexionsvermögen von Ausbildner/innen gehörig unterschätzen.
Ebenso wenig lehne ich mich explizit an spezifische allgemeine oder erwachsenenspezifische didaktische Theorien an; vielmehr sehe ich meinen Ausgangspunkt in der alltäglichen Kompetenzanforderung an Ausbildner/innen von erwachsenen Lernenden. Selbstverständlich verwende ich theoretische Aussagen aus der didaktischen Literatur, selbstverständlich beinhaltet meine Auswahl von Themen und Materialien eine «Theorie» im Sinne von Grundannahmen und Überzeugungen.
Nach *Tietgens (1992, S. 98)* ist es in der Erwachsenenbildungsliteratur üblich, entweder *«konkret an den Vorgängen zu schreiben, oder hoch in den Ansprüchen»*. Ich situiere mich dazwischen – mit Blick auf beide Seiten in unterschiedlicher Distanzierung.
Absichtlich wage ich manchmal den Blick über den «Bildungszaun» in andere Berufsgärten; eine solche Sichterweiterung kann uns Bildungsfachleuten aus meiner Sicht nur gut tun.
Ich schreibe von «Lernenden», «Kursteilnehmer/innen», «Studierenden», «Lehrer/innen», «Ausbildner/innen», «Seminarleiter/innen», etc. und gebrauche diese Begriffe auch in ihrer geschlechtsspezifischen Schreibweise unterschiedlich, gelegentlich beliebig. Ebenso unterscheide ich «Ausbildung» nicht von «Weiterbildung». Das vorliegende Material kann somit in der Aus- und Weiterbildung für Ausbildende als Unterrichts- und Lektürematerial eingesetzt oder von interessierten einzelnen Praktikern gelesen werden.
In meinem Text beziehe ich mich mehrheitlich auf die Arbeit mit Erwachsenen, auch wenn ich die Begriffe «Erwachsenenbildner/in» oder «Erwachsenenbildung» sparsam benutze, da die Grenzen zwischen Jugend- und Erwachsenenalter sich zusehends verflüssigen – meist auf Grund einer «Verjugendlichung» (wenn nicht Infantilisierung) des

Erwachsenenstatus. Im Zeitalter der neuen Kindlichkeit sind alle jung, manche noch jünger, alle wollen alt werden und keiner will es sein.
Die einzelnen Kapitel sind in beliebiger Reihenfolge lesbar, Querverweise deuten daraufhin, dass dieselben Aspekte immer wieder in neuer Annäherung und anderer Akzentsetzung – also sozusagen in verschiedener Kleidung – behandelt sind. So taucht beispielsweise die «Rolle» in den Kapiteln I, III, IV, VI und VII auf, die «Evaluation» als Kursevaluation im Kapitel II, als Teil des Qualitätsmanagements in Kapitel VII, Aspekte der «Wahrnehmung» in den Kapiteln IV und V, und so fort. Dabei war ich bemüht, Wiederholungen möglichst zu vermeiden. Bei der Akzentuierung liess ich mich durchaus von meinen eigenen Interessen und meiner «Lust an der Sache» leiten.
Die Kapitel sind aus Gründen der thematischen Verschiedenheit nicht immer identisch strukturiert, die unterschiedliche Kapitelgrösse beabsichtigt keine Wertungen. So sind beispielsweise viele Kompetenzanteile von Beratungshandeln in den Kap. I–V formuliert, was zur Konsequenz hatte, dass das Beratungskapitel selbst (VI) sich verhältnismässig kurz präsentiert.
Eine durchgehende Struktur ist durch die so genannten «Reflexionsfragen» repräsentiert; diese können Sie, wenn Sie wollen, für sich selbst oder Ihren Unterricht benutzen. Die «Übungen», Fallbeispiele oder Rollenspiele sind teilweise als Gruppenübungen oder -arbeiten im Kontext der «Ausbildung der Ausbildenden» gedacht; als einzelner Leser/einzelne Leserin müssten Sie dann die Anleitung adaptieren oder die Übung ohne Skrupel überspringen.
Eigene und andere Geschichten, Beispiele und Erklärungen sind kleingedruckt in den Text integriert, sie bilden sozusagen das «Fleisch am Knochen». Wer beim Knochen bleiben will, darf das Fleisch getrost ignorieren.
Die jeweils zu Beginn der Kapitel formulierten so genannten «Standards» (siehe auch Erklärungen in diesem Kapitel I, 2.4) meinen nicht, mittels meiner Ausführungen «erreicht» werden zu müssen. Vielmehr sollen die Textmaterialien als eine Ressource (unter anderen) für eine Standardannäherung dienen.
Einige Textpassagen, Instrumente oder Übungen, welche weder aus der Literatur noch aus eigener Feder stammen, sind «gewachsene» und nicht immer mehr persönlich autorisierbare, von mir überarbeitete Kursunterlagen aus dem AEB-«Fundus». Stellvertretend für alle Fundus-Mitgestalter/innen bedanke ich mich an dieser Stelle bei *Elisabeth Fröhlich, Esther Hufschmid, Roelien Huizing, Hans-Peter Karrer, Käthy Noetzli, Sabina Schaffner* und *Thomas Thali*. Im Speziellen möchte ich mich beim Geschäftsleiter der AEB, Herrn *Hans-Peter Karrer*, herzlich für die zeitliche und finanzielle Unterstützung bei meinem Buchprojekt bedanken.
Gebührender Dank für viele Gespräche, Hinweise und etliche fruchtbare Auseinandersetzungen gilt auch all meinen Studierenden, Kursteilnehmer/innen, Schüler/innen und Klienten aus vielen Jahren Bildungs- und Beratungsarbeit, im Speziellen den Studierenden der Diplomkurse in Erwachsenenbildung 95 B (1995–1998) und 98 B (1998–2000) an der AEB Luzern.
Ein weiteres herzliches Dankeschön gilt meiner Frau, Ursula Gubler Thomann, für ihre inhaltliche und «logistische» Unterstützung dieser Publikation und meinen Töchtern Vera und Laura dafür, dass sie mir meine Pädagogik immer wieder durcheinander bringen.
Zum Schluss möchte ich Sie, liebe Leserin, lieber Leser darauf hinweisen, dass ich die Wir-

kung meiner Ausführungen als «Verwendungswissen» evaluieren will und gerne erfassen möchte, ob und wie Ihnen dieses Buch als «Ressource» (vgl. Kap. I, 2.3) für Ihre Praxis und für eine Standard-Annäherung bei Ihnen oder Ihren Lernenden dienen kann.
Leider wurden Lehrmittel und Unterlagen für die Praxis bis anhin meist schlecht oder nicht überprüft, zudem fehlen für den Bereich der Bildung von Erwachsenen praxiswirksame und zugleich theoretisch fundierte Bücher.
Ich möchte Sie herzlich dazu einladen, den diesem Buch beigelegten kleinen Fragebogen auszufüllen und mir zuzustellen. Ihre Angaben werden mit Sicherheit anonym behandelt, ich benötige jedoch Ihren Namen und Ihre Adresse, weil ich ca. ein halbes Jahr nach Veröffentlichung dieses Buches einige von Ihnen um ein ausführlicheres Interview bitten werde. Falls diese Form von Feedback zu Stande kommt, könnte eine allfällige Neuauflage dieses Buches nach Ihren konkreten Vorschlägen überarbeitet werden. Dies würde mich freuen und wäre Zeichen einer bisher weder gedachten noch erprobten Kundenorientierung.

Die jetzt folgenden zwei eher theoretisch orientierten «Zugänge» (2. und 3.) gelten zwar als einführende Begründung der nachfolgenden Kapitel, können aber, wenn Sie im Moment ein anderes Thema brennend interessieren sollte, übergangen oder ein ander Mal nachgelesen werden.

## 2. Der gesellschaftlich-institutionelle Zugang

### 2.1 Learning Society

Medien berichten zusehends von der globalisierten Informations- und Wissenschaftsgesellschaft des Westens: das *«ausufernde Meer des Wissens» (Furrer 2001, S.93)* drohe uns zwar zu überinformierten aber ungebildeten Bürgern und Bürgerinnen zu machen, in der «learning society» wachse nämlich das Wissen proportional zum Unwissen, Gewissheit schwinde damit unweigerlich.
Damit nicht genug: die Grenze zwischen Arbeits- und Privatleben ist aufgehoben, Freizeit wird zu Leistungsfreizeit, Arbeitsplatzsicherheit zu Arbeitsmarktfähigkeit, der Stellenmarkt zum Projektmarkt, die Arbeitssituation des modernen «Jobnomaden» könnte man als permanente Krisensituation bezeichnen. Die westliche gesellschaftliche Produktion von Reichtum scheint einher zu gehen mit der gesellschaftlichen Produktion von Risiken *(vgl. Beck 1986, S. 25). «Riskantes zu tun, ist eine Charakterprobe geworden» (Sennet 2000, S. 120)*, Scheitern wird alltäglich.
Ehemals strukturierte und hierarchisch aufgebaute Arbeitgeber-Betriebe werden zu dezentralen flachen und flexiblen Organisationen, welche sich auf Kernkompetenzen konzentrieren und deshalb ihre Festangestellten auf ein Minimum reduzieren und vom wachsenden Markt der Mandatsverhältnisse auf Abruf profitieren.
Im Zuge der Notwendigkeit, sich dauernd selbst zu organisieren, werden wir infolgedessen angehalten, unsere eigene Biographie zu erfinden und als Lebensästheten ein *«Gesamtkunstwerk namens ich zu schaffen» (Goebel/Clermont 1999, S. 16)*. Jeder ist in der Lage, sich aus dem Warenkorb der Identitäten zu bedienen.
*«Die Bürokratisierung des privaten Lebens (freundschaftliche Netzwerke werden wie Kundenstämme einer Firma betreut) steht dabei im krassen Widerspruch zur Unlust der Lebensästhe-*

*ten, sich in traditionelle bürokratische Strukturen einbinden zu lassen. Der prall gefüllte Terminkalender dagegen gilt als Ausweis des ‹guten Lebens›, keine Zeit zu haben als Sekundärtugend des Postmaterialismus». (Goebel/Clermont 1999, S. 33)*

Als Erfüllungsgehilfen dieser Entwicklungen oder als Hilfsmittel zur Neuorientierung versprechen hier (massgeschneiderte) Bildungsangebote Abhilfe; das schulische Lernen als Ticket ins Portal des (Erwachsenen-)Lebens, welches einst für das notwendige «Marschgepäck» an Wissen, Techniken, Verhaltensweisen, Modellen, etc. sorgte, hat ausgedient. Der Bauplan der «Normalbiografie» ist in Unordnung geraten, Weiterbildungsprozesse überlagern zusehends die aktive Erwerbstätigkeit.

## 2.2 Das lebenslange Lernen

***«Heute kommt es nicht so sehr darauf an, was man kann, sondern was man gelernt hat.»***

*F. W. Bernstein, 1991*

***«Wirst alt wie Kuh – lernst imma zu»***

*Gerhard Polt, 2000*

Das Konzept der «éducation permanente» *(vgl. Aebi 1995, S. 52, Gonon 2001, S. 56)* entstammt ursprünglich der französischen Kulturtradition und ist den Ideen der Aufklärung verpflichtet; der Begriff tauchte als Anliegen anfangs der 70er Jahre des letzten Jahrhunderts bei UNESCO und Europarat auf.

Der Begriff «recurrent education» wurde von der OECD geprägt und entstammt der angelsächsischen Tradition *(vgl. Aebi 1995, S. 53)*. Dabei sollen spezifische (Nach-) Qualifikationen es ermöglichen, den veränderten Anforderungen am Arbeitsplatz gerecht zu werden.

Schon 1970 verfasste der deutsche Bildungsrat *(vgl. Gonon 2001)* einen Plan, in welchem Weiterbildung als vierter Bildungsbereich (neben Grundschule, Jugendbildung und Nachschule) speziell aufgeführt wurde.

Die Europäische Union erklärte das Jahr 1996 zum «Jahr des lebenslangen Lernens». Dieser Begriff hat sich seither im Sinne von Pragmatik und dem Primat individueller Lebensplanung durchgesetzt.

Der Gedanke der Demokratisierung wich hier offensichtlich demjenigen der Wettbewerbsfähigkeit, was im Bildungsbereich zur Konsequenz hat, dass «dem gegeben wird, der hat»: Gut ausgebildete Fachleute beteiligen sich gemäss einer umfangreichen Studie zum Lern- und Weiterbildungsverhalten Erwachsener in der Schweiz *(Schräder-Naef 1997)* wesentlich stärker an Weiterbildungsveranstaltungen als Menschen mit geringerer Erstausbildung.

Nun «*schlagen die aufgeklärt erkämpften kleinen Freiheiten in einen grossen Zwang zur Freiheit um.» (Geissler/Orthey 1998, S. 14, vgl. auch Geissler 1997)*

**Von der Wiege bis zur Bahre – Seminare, Seminare?**

Sechs Tage dauerte es, bis nach dem programmatischen Ausspruch «Es werde Licht!» die Schöpfung vollendet war. Und abgeschlossen wurde sie schliesslich am siebten Tage, an dem Gott sich in die Beobachterposition begab und bewundernd feststellte, dass er es gut gemacht hatte. Irgendwann im

Laufe der Geschichte muss er dann bemerkt haben, dass es nicht so weit her ist mit den Menschen, die sich seine Welt untertan machen sollten – und er erschuf die Lehrer, später dann auch noch die Erwachsenenbildner, die Trainer, die Sozialarbeiter und neuerdings die Museums- und Reisepädagogen und die Berater und Coaches (und – weil er gerecht sein wollte – in männlicher und weiblicher Ausprägung). Sie alle durften jetzt selbst ein wenig Licht in das existentielle Halbdunkel bringen und mit dem Anspruch auftreten, wenn schon nicht die Welt, so doch die Menschen zu verbessern.
Irgendwie jedoch klappt das nicht. Auf jeden Fall nicht so, dass die Ersatzgötter auf ihr Werk schauen und zufrieden mit dem wären, was sie und wie sie sich angestellt haben. Statt Schöpfung scheint immer nur Erschöpfung herauszukommen. «Burn out» wo man hinschaut, und die Mittel, die man dagegen einsetzt, die sucht man wiederum im Bereich des pädagogischen Bemühens. Misserfolg kennt dieses System nicht – vielmehr ist dieser ein Teil des Erfolges. Das System ist auf dem Weg sich selbst mit Anschlussmöglichkeiten überzuversorgen. Pädagogisierung total – selbstreferentiell! Man kann sich des Eindrucks nicht erwehren, dass Gott sich bei der Erschaffung des pädagogisch tätigen Menschen nicht an sich selbst orientiert hat, sondern an dem von ihm ja auch «geschöpften» Hamster im Laufrad. *(aus: Geissler/Orthey1998, S. 21/22)*

**Haben Sie heute schon gelernt?**
Über das landauf landab gepredigte «lebenslange Lernen» müsste ich mich eigentlich freuen: Wenn lebenslang gelernt wird, darf auch lebenslang gelehrt werden.
Trotzdem sträubt sich alles in mir gegen diese unvermeidliche und endlose Lebenslänglichkeit. Verdammt zum ewigen Lernen sollen wir als Lernende – angeleitet und kontrolliert von Lernhelferinnen, Lernbetreuern, Lernbegleiterinnen und Lernmoderatoren – sozusagen im Lernhochsicherheitstrakt unser Lernen fristen? Macht Lernen denn wirklich glücklich?
Klar, mit dem lebenslangen Lernen hätte wenigstens etwas im sich beschleunigenden technologischen und sozialen Wandel Bestand.
Immerhin könnten wir dereinst von uns behaupten, wenigstens lebenslang gelernt zu haben.
Und doch weigere ich mich, mein Leben lang sozusagen als wandelndes unfertiges Produkt zu leben und kontinuierlich dafür sorgen zu müssen, meine Inkompetenz aufrechtzuerhalten, um damit wiederum meinen Lernbedarf zu sichern oder gar zu erhöhen. Mein Leben ist keine Lernwerkstatt.
Und: Lernen lebenslänglich geht blitzschnell!
Das Verfalldatum von Lerninhalten wird immer kürzer; kaum ausgepackt setzt schon der Schimmel an.
Wir rasen als Lerner/innen pausenlos im Lerneilzugstempo von Zertifikat zu Zertifikat, von Qualifikation zu Qualifikation, welche kaum erworben schon wieder als wertlos und überholt erklärt werden.
Tempo Teufel! Wer da nicht mithält und lernt, was das Zeug hält, bleibt auf der Strecke.
Die Gegenwart wird zur Durchgangsstation, das Leben zum immer wieder neu geplanten Vorprojekt.
Begegnungen mit Inhalten und Menschen sind instrumentalisiert, die Beiläufigkeit eliminiert.
Titanisches Lernen. Zufall ausgeschlossen.
Da kann man nur hoffen, dass uns keine Eisberge in die Quere kommen.
Ausser man könne beim Untergang auch noch was lernen.
Genug gejammert! Lernen könnte ja auch heissen, mit besagter Veränderung und Beschleunigung besser umgehen zu können, eigene Ressourcen zu nutzen, (Selbst-)Verantwortung zu tragen, eigenständiger zu werden.
Dies wäre zugegebenermassen eine lebenslange Sache.
Was aber, wenn nun solche eigenständigen Lerner/innen sich gegen lebenslanges Lernen auflehnen, wenn sie sperrig sich für eine Entschleunigung von Lernprozessen einsetzen, wenn sie für das Herumirren auf Lernumwegen einstehen, Pausen und Langeweile einfordern und dem unproduktiven Müssiggang huldigen?
Wenn sie dadurch ganz einfach auf andere Gedanken kämen?
Zum Beispiel auf den, dass Leben mehr als Lernen sei?
Wehe dann dem lebenslangen Lernen!

*Ausschnitt aus dem Lerntagebuch vom 12.4.98*
*Lerner: Geri Thomann (Thomann in: Schweizer Schule 6/1998)*

## 2.3 Schlüsselqualifikationen und Kompetenzen

Um die individuelle Anpassungsfähigkeit des Arbeitnehmers im Rahmen von sich verändernden Arbeitsbedingungen zu gewährleisten, wurde im Rahmen der arbeitsmarktpolitischen Debatte Ende der 60er anfangs der 70er Jahre des letzten Jahrhunderts in Deutschland der Begriff «Schlüsselqualifikation» – häufig auch mit «Schlüsselkompetenz» gleichgesetzt – lanciert. Sein Erfinder, Dieter Mertens, damaliger Leiter des deutschen Institutes für Arbeitsmarkt- und Berufsforschung, verstand darunter *(vgl. Mertens 1974, 1977)* Kenntnisse, Fähigkeiten und Fertigkeiten, welche nicht berufsspezifisch sind, lange anhalten und unvorhersehbare Anforderungen bewältigen lassen.

Inzwischen entwickelte sich der Begriff zu einer regelrechten «Stopfgans», das Erklärungskonzept schwankt bedarfsorientiert zwischen *«Ungewissheitsbewältigung und Persönlichkeitsbildung» (Laur-Ernst 1996, S. 17)*. Der Begriff inflationiert sich – vor allem in seinen Wortzusammensetzungen mit «Kompetenz» – in unübersichtlicher Weise und divergierenden Bedeutungen. Damit ist er in guter Gesellschaft: Delhees schreibt (1997) von einer dringend benötigten «Zukunftskompetenz», während mir letzthin von einem Bücherregal eines Buchladens der Titel «Schlafmanagement» entgegenblinkte ...

Die Ambivalenz nährt sich einerseits durch die Paradoxie, dass eine Qualifizierung als Anpassung an Gegebenes bei dem vorausgesetzten steten Wandel nie reicht und Schlüsselqualifikationen immer auf eine nicht begrenzbare Qualifikationsdimension zielen *(vgl. Arnold 1994, S. 72)*, andrerseits wird hoffnungsvoll und mit technischer Grunderwartung eine Steuerung der Persönlichkeit der Lernenden angenommen *(vgl. Oelkers in: Gonon 1996, S.127)*. Ein alter pädagogischer Machbarkeitswunsch scheint sich hier in neuem Kleide zu präsentieren.

Vielleicht besteht auch – so mein Verdacht – die Hoffnung, dass gesellschaftliche Desintegrationsprozesse durch pädagogische Kompetenzkonzepte «geheilt» werden könnten. Zudem scheint das Konzept der Schlüsselqualifikation gleichzeitig Vermittlungsmethode und (unerreichbares) Ziel darzustellen *(vgl.Oelkers in: Gonon 1996, S.123 ff.)*.

Das Schweizer Bundesamt für Statistik entwickelte in Zusammenarbeit mit der OECD das Projekt «Definition und Selektion von Schlüsselkompetenzen» (DeSeCo) im Rahmen dessen im Juni 2000 ein Symposium veranstaltet wurde, auf welchem u.a. erörtert wurde, wie Schlüsselkompetenzen gemessen werden könnten.

Versuche der Operationalisierung von Schlüsselqualifikationen wie beispielsweise «Eigenständigkeit» oder «soziale Verantwortung» werden allenthalben unternommen *(vgl. Kassis 1999, S.186)*. Bezüglich des Erfolges solcher technologisch anmutenden Unternehmungen ist aus meiner Sicht jedoch zumindest Skepsis angebracht.

Da nun Begriffe immer Verständigungskonventionen repräsentieren, versuche ich mich im Folgenden im Begriffsdschungel etwas zu orientieren und mein Verständnis von «Kompetenz» zu klären.

*Calchera/Weber (1990, S. 5/6)* setzen die Begriffe «Schlüsselqualifikation» und «Basiskompetenz» gleich und definieren «Qualifikation» und «Kompetenz» wie folgt:

> ***Qualifikation:*** *«Befähigung, Eignung», geht auf «Qualität» zurück = «Beschaffenheit, Eigenschaft». Eine Qualifikation ist immer mit Fremdbewertung verbunden, da sie verliehen wird. Sie ist vom Beobachter, von seinen Fähigkeiten und Beobachtungsinstrumenten abhängig.*

> ***Kompetenz:** Aus dem lat. «cum» und «petere», = «mit» und «streben nach». Bedeutet eigentlich «schritthalten (können)». Das entspricht bei Lernprozessen üblichen Formulierungen wie «er kommt mit» und «er kann folgen». Eine Kompetenz ist somit die Fähigkeit, «mitzukommen» und «zu folgen» in dem jeweiligen Gebiet und setzt daher eine direkte situative Vergleichsmöglichkeit voraus. Eine Kompetenz kann, wenn sie erkannt und richtig eingestuft wurde, als Qualifikation bestätigt werden. Die andere Bedeutung des Wortes Kompetenz = «Zuständigkeit» stammt aus der Zeit, als beide Eigenschaften in der Regel zusammenhingen: Derjenige, der in einem bestimmten Gebiet schritthalten konnte, war auch dafür zuständig.*

In ihren Ausführungen betonen die Autoren, dass die Überprüfung von Basiskompetenzen immer auch die sog. Umweltbedingungen während der Geschichte eines Individuums mitprüft und dass Kompetenzen nicht wie Fertigkeiten trainiert werden können, sondern «selbstschöpferisch» *(S. 5)* entstehen und gefördert werden können, wenn die notwendigen Bedingungen gegeben sind.
Nach *Richter (1995)* wiederum führen diverse «Skills» (Fertigkeiten), welche einübbar und überprüfbar sind, zu sog. «abilitys» (Fähigkeiten).
Das Zusammenwirken von solchen Fähigkeiten und deren wertbezogener Reflexion wird dann als Kompetenzerwerb bezeichnet *(ebd. S. 42/43)*. Fertigkeiten und Techniken (skills) werden in der Praxis also nicht mechanisch, sondern eben «kompetent», d.h. situativ angemessen und damit modifiziert eingesetzt.
Schlüsselqualifikationen umfassen dann wie andernorts auch üblich die drei etwas schwammig gehaltenen Kompetenzbereiche Methoden-, Sozial- und Selbstkompetenz, wobei das Fachwissen immer Basis aller Kompetenzen bleibt.
*Le Boterf (1998, vgl. auch Furrer 2000)* unterscheidet in frankophoner Tradition «Ressourcen» (individuelle Kenntnisse, Fertigkeiten, kognitive Fähigkeiten, Umfeldbedingungen) von «Kompetenzen». Mit anderen Worten: Ressourcen stellen das Potential einer Person dar.
Kompetenzen entstehen nach *Le Boterf* in der Mobilisierung und Kombinierung von Ressourcen «an Ort» im Verhältnis zur Erwartung von Leistungen. Aus- und Weiterbildung kann in diesem Sinne v.a. Ressourcen entwickeln, transparent machen, zur Verfügung stellen, also Voraussetzungen schaffen, ohne die angestrebte Wirkung gleich mitzuproduzieren.
Kompetenzen können demnach nur im Arbeitsprozess sichtbar werden und evaluiert werden. Die ausgewiesene und sichtbar gewordene Kompetenz nennt *Le Boterf* «Performanz», in welcher sich keine künstliche Aufteilung in Selbst-, Sozial-, und Fachkompetenz mehr erkennen lässt. Erst diese Performanz würde dann «qualifizierbar» und damit von einer externen Autorität anerkennbar.
Trotzdem ist nach *Le Boterf* das Training von skills und die Bewusst-Machung verschiedener Ressourcen in ihrer Kombination – durchaus auch im traditionellen Sinne des Übens – für eine spätere Performanz nützlich.
Aus Performanz kann also auf Kompetenz geschlossen werden, das Ausbleiben von Performanz heisst aber nicht, dass Kompetenz nicht vorhanden ist.

**Warten auf Erleuchtung**
«Was kann ich tun, um schneller zur Erleuchtung zu kommen?» fragte ein Jünger seinen Weisheitslehrer.
«Mit der Erleuchtung ist es wie mit dem Sonnenaufgang», antwortete der Meister.«Du kannst nichts anderes tun, als warten, bis sie sich ereignet.»
«Wozu nützen denn all die Gebete und frommen Übungen, die ich täglich verrichten soll?»
«Die habe ich dir bloss deshalb empfohlen, um sicher zu gehen, dass du nicht schläfst, wenn die Sonne aufgeht.» *(aus: Imhof 1995)*

Eine ganz andere nicht minder spannende Frage wäre die, inwiefern Ausbilder/innen und Pädagoginnen und Pädagogen ihre Kompetenzen überhaupt sichtbar machen *wollen*.
Ich behaupte, dass die Mehrheit von Lehrenden – eventuell auch auf Grund von Bewertungsängsten – sich eher als bescheidene «heimliche Genies» denn als «aufschneidende Hochstapler» verstehen und verhalten.
Kompetenz ist im dargelegten Verständnis also *«eine generative Kraft, welche permanent aus Ressourcen neue Tätigkeiten kreiert» (Furrer 2000, S. 12)*. «Kompetenz» wird im Alltag und situativ entwickelt, «Performanz» macht diese unter förderlichen individuellen und kontextuellen Bedingungen sichtbar und «Ressourcen» können in Bildungsangeboten vermittelt bzw. erzeugt werden (ohne dass daraus «von selbst» Kompetenzen erwachsen). In diesem Sinne könnten also Kompetenzen nicht – wie dies manche «Kompetenzprofile» in Ausbildungskonzepten in Aussicht stellen oder gar suggerieren – «trocken» antrainiert werden.
Dieser Kompetenzbegriff hat sich beispielsweise in Arbeiten zur Selbst- und Fremderfassung von Kompetenzen im Bereiche des informellen Lernens in Frankreich und der Westschweiz durchgesetzt. Ich verweise hier auf die so genannte Kompetenzenbilanz und die biografische Portfoliomethode des Projektes der «éspace de femmes pour la formation et l'emploi, effe» *(2001)* oder das «Schweizerische Qualifikationsprogramm zur Berufslaufbahn, CHQ».
Nun, künftige Anforderungen lassen sich zum Glück nicht so präzise vorhersehen, wie es für die Entwicklung von Lehrplänen und die darin enthaltenen Formulierungen von Kompetenzen und Schlüsselqualifikationen als sog. «passe partouts» notwendig wäre.
Transfer von Wissen oder Kompetenzen unterliegt wie *Le Boterf* treffend beschreibt, nicht einem generellen kausalen «Nürnberger Trichter» – Prinzip, sondern ist immer kontextabhängig und steht wahrscheinlich auch in einem engen Zusammenhang mit jeweiligem fachspezifischem Wissen. Wissen wird also nicht importiert und verarbeitet wie ein industrieller Rohstoff, sondern als Transferwissen in problemhaltigen und komplexen Lernkontexten aufgebaut und – wenn schon – dann im Praxisalltag verallgemeinert *(vgl. Dörig in: Gonon 1996, S. 81 ff.)*.
Diese Tatsache beschäftigt seit geraumer Zeit das traditionelle duale Berufsausbildungssystem, welches tendenziell immer noch davon ausgeht, in der Schule gewonnenes Wissen lasse sich mühelos in die Arbeitspraxis übertragen.

## 2.4 Standards

*Oelkers* und *Oser (2000)* nennen berufliche Handlungskompetenzen «Standards»:

> *«Unter Handlungskompetenz versteht man jene professionellen Fähigkeiten, die es ermöglichen, im Schulalltag unter Bedingungen von situativen Zwängen richtig zu agieren und zu reagieren. Wir bezeichnen diese Kompetenzen dann als Standards, wenn*

*ihre Erfüllung dergestalt ist, dass jemand ohne diese professionelle Ausbildung nicht in der Lage ist, sie in zufriedenstellender Weise zu realisieren». (Oelkers/Oser 2000, S. 56)*
*«Standards stellen professionelle Fähigkeiten und gleichzeitig Niveauansprüche hinsichtlich ihrer situativen Sichtbarmachung dar». (Oser 1997)*

Bei solchen Standards handelt es sich also um Wissensbestände, welche notwendigerweise angeeignet werden und dabei auch einem handlungsorientierten Gütemasstab standhalten sollen. Standards müssen damit intersubjektiv verhandelt und ausgewählt werden – ganz im Sinne einer Professionsdefinierung. Gleichzeitig präsentieren sie sich als Massstab und «Messlatte».
Nur Experten verfügen über so genannte Standards, welche in komplexen und unterschiedlichen Situationen zur Anwendung gelangen *(vgl. Oser 1997, S. 27).*
Standards sind keine «standardisierbaren» Skills, weil ihr Einsatz reflexiv und unter Anwendung div. Theorien in je unterschiedlichen Situationen geschieht.
Auch sind Standards keine Schlüsselqualifikationen, weil sie professionsbezogen sind.
Standards bringen zudem Theorie, Empirie, Evaluation, Praxis und Reflexion zusammen.
Ob und wie in Ausbildungssituationen (an)gelernte oder geübte Standards mit der Zeit in der Praxis in *Le Boterf'schem* Sinne zu Kompetenzen oder gar zu Performanzen werden, bleibe vorläufig dahingestellt. Ich verweise hier auf meine Ausführungen zur Experten-Novizenforschung (in diesem Kapitel 3.2) .
Analog zu den Standardgruppen für die Lehrerbildung *(nach Oelkers/Oser 2000)* formuliere ich für die Ausbildung von Ausbildenden folgende Standard-Gruppen. Sie sind mitleitend für die Themenauswahl in diesem Buch:

1. Selbsteinschätzung, Selbstwahrnehmung, Selbstmanagement
2. Planung, Gestaltung und Evaluation von Unterricht
3. Leitung/Führung von Gruppen und Einzelnen
4. Beurteilung/Qualifikation
5. Kommunikation mit Lernenden und anderen relevanten Bezugspersonen
6. Beratung von Lernenden/Begleitung von Lernprozessen
7. Organisationales Denken und Handeln
8. Fachliche und fachdidaktische Kenntnisse

Bei dieser Auswahl liess ich mich unter anderem von *Weinerts* Unterscheidung zwischen (Klassen-)Führungswissen, unterrichtsmethodischem Wissen, diagnostischem Wissen und Sachwissen leiten *(Weinert et al., in: Alisch et al. 1989)*; ergänzt habe ich diese Unterteilung um den Aspekt des «Wissens um sich und seine Rolle» *(vgl. Dann, in: Reusser/Reusser-Weyeneth 1994, S. 166)* und um das im Speziellen im Felde der Erwachsenenbildung thematisierte Kontextwissen *(vgl. Döring 1992, S. 12 und Siebert 2000, S. 7 ff.).*
Andere Autoren äussern sich bezüglich Kompetenzebenen von Lehrenden in ähnlicher Weise *(vgl. etwa Dubs 1995, S. 20, Messner/Reusser 2000, S. 277 und Dick 1996, S. 122).*
Für meine Ausführungen habe ich jeweils zu Beginn der Kapitel spezifische Standards formuliert; sie sind leicht verändert und ergänzt dem Kompetenz- und Zielkatalog der Ausbildungen «Zertifikatsausbildung Ausbildung für Ausbildende» und «Diplomausbildung in Erwachsenenbildung» an der AEB Akademie für Erwachsenenbildung Luzern entnommen.

Die Kapitel in meinem Buch entsprechen den Standardgruppen 1–7, die Gruppe 1 wird zusätzlich repräsentiert durch in den jeweiligen Kapiteln formulierte Reflexionsfragen, die Gruppe 8 ist in meinen generalisierten Ausführungen nicht berücksichtigt; hier ist Ihre fachspezifische Transferkompetenz gefragt.
In der Diskussion um den Lernerfolg in Weiterbildungen wird etwa zwischen «Veranstaltungserfolg» und «Transfererfolg» unterschieden; ersterer kann als «Wirksamkeit», zweiter als «Nachhaltigkeit» bezeichnet werden *(vgl. Baumgartner-Schaffner 2001)*.
Das vorliegende Buch kann Ihnen also in der «Kompetenzsprache» als Ressource und als Anregung, Ressourcen zu kombinieren, dienen – vielleicht ist es sogar auch ein wenig wirksam. Ob sich jedoch im Sinne der Nachhaltigkeit Kompetenzen in der täglichen Ausbildung ausformen, ist schwer zu beurteilen, darf aber selbstverständlich gehofft werden ...
Form und Auswahl der Inhalte sind zwar in ihren Grundlagen ungefähr zwischen den Anforderungen des «eidg. Fachausweises Ausbildner/in» (ehemals SVEB II) und der eidg. anerkannten Diplomausbildung in Erwachsenenbildung anzusiedeln (wobei der Aspekt der Organisation in meinen Ausführungen stärker betont wird). Bezüglich der allfälligen Effekte basiert jedoch Ausbildungswissen und erst recht «Buchwissen» immer auf Vermutungen; die spezifische Ausbildungskultur und der Praxisalltag vor Ort bestimmen mehr, als sich Ausbildungsverantwortliche oder gar Lehrmittelautoren erträumen.
Wie schon in der Einleitung erwähnt, möchte ich den allfälligen Wirkungen meiner Ausführungen in Ihrer Praxis nachgehen, um daraus Schlüsse ziehen zu können, welche Sie vielleicht auch interessieren.

## 2.5 Der «Rollenstrauss» von Ausbildenden

Als Ausbildnerinnen und Ausbildner bewegen wir uns in unserer alltäglichen Arbeit in einer Vielzahl von Rollen. Der Begriff Rolle entstammt ursprünglich dem Theater, wo er den in einer (Schrift-)Rolle vorgegebenen Text bezeichnete. Aus soziologischer Sicht wird unter Rolle das «Bündel» von expliziten und impliziten Erwartungen, welche z. B. an uns in unserer Funktion als Ausbildner/in gerichtet werden, verstanden. Die Rolle ist also eine Art interpretierbares Bindeglied zwischen Individuum und Organisation, persönliche Anteile und institutionell-gesellschaftliche Vorgaben treffen sich hier. Verhaltenserwartungen werden zwar an Individuen herangetragen, beziehen sich aber immer auf die soziale Position, die diese einnehmen. So genannte Bezugsgruppen senden demnach den Positionsinhabern Rollen, wobei die Inhaber von Positionen auch «Selbstsender» sein, d.h. sich selbst Rollen zuweisen können.
Das Handeln in Rollen lässt immer auch einen gewissen Interpretationsspielraum zu. Rollenerwartungen können aber auch zu Rollenkonflikten führen, wenn sich gegenüber Bezugsgruppen (Institution, Studierende, Kollegen) verschiedene Rollen widersprechen oder überschneiden.
Bezüglich unserer Rollen sind wir also gleichzeitig «Täter» und «Opfer».
Das sich erheblich verändernde Verständnis von Lernen trifft sich seit einiger Zeit mit deutlichen ökonomisch-gesellschaftlichen Ansprüchen an Aus- und Weiterbildung.
Lernende sind nicht länger Landeplätze für gesichertes Wissen, «Verstehen» und «Problemlösen» haben Vorrang vor sinntötender Wissensanhäufung. Auszubildende sollen Wissen erschliessen oder sogar selbst generieren.
Als reine salamididaktische Inhaltszulieferer verlassen wir Ausbildner/innen langsam die

Bühne, das «Phantom» der einheitlichen Gruppe oder Klasse entpuppt sich als heterogene Versammlung von individuellen Lernerinnen und Lernern.
Die notwendige Rollenerweiterung wird sich dabei notgedrungenermassen auch zu einem Rollenverlust entwickeln.
Gleichzeitig gilt im Aus- und Weiterbildungsgeschäft die Effizienz- und Qualitätsfrage nicht nur für Bildungsprozesse, sondern auch für Bildungsorganisationen, welche uns als Bildungsfachleute miteinschliessen.
Auf unserem Lernweg sind wir Lehrende demnach angehalten, uns einerseits den uns anvertrauten Aus- und Weiterzubildenden dialogisch zu nähern, sie einzeln in ihren Verstehensprozessen und Vorgehensweisen zu unterstützen. Andrerseits sind wir als «Gesellschaftsagenten» gefordert, uns mit der Qualitäts- und Effizienzfrage auf allen Ebenen zu beschäftigen.
Das traditionelle berufliche Rollenbild der Ausbildnerin/des Ausbildners steht zwar nicht auf dem Kopf, sicher aber auf neuen Beinen!
Wenn wir also lehren, leiten, Unterricht gestalten, begleiten, beraten und beurteilen und uns zudem als Infotainer, Unterhalter, Mütter, Brüder, Sozialarbeiterinnen, Lehrmittelvollstrecker, Verkäufer und Gesellschafts- und Organisationsagentinnen betätigen, bewegen wir uns in einer in sich widersprüchlichen, anspruchsvollen und sich immer wieder verändernden Rollenvielfalt.
So sind wir beispielsweise mit den Worten Bichsels gleichzeitig *«Staatsanwalt, Verteidiger und Richter in einer Person» (Bichsel 1984, S. 10).*
Eine erfolgreiche Interpretation solcher verschiedener Rollen bedarf einerseits einer hohen (Selbst-)Wahrnehmung, inhaltlichen Wissens und Handlungsstrategien in einzelnen Kompetenzbereichen, andrerseits jedoch auch der Fähigkeit, integrativ und situativ verschiedene solcher Rollenkompetenzen zu unterscheiden und «unter einen Hut» zu bringen, ohne sich selbst zu verlieren.
Laut einem Bericht der Schweizerischen Erziehungsdirektorenkonferenz EDK *(2000, vgl. auch Renold 2001, S.160)* gewinnen folgende Anforderungen an Lehrpersonen in Zukunft an Bedeutung:

- Rollen situationsgerecht zu interpretieren,
- sich in Rollen anderer versetzen zu können
- und Diskrepanzen zwischen in sich widersprüchlichen Erwartungen anderer und den eigenen Bedürfnissen zu ertragen

Wenn ich pädagogische Berufsrollen innerhalb der Dyade Lehrperson – Lerngruppe beleuchte, könnte ein so genannter Rollenstrauss folgendermassen aussehen:

## *ROLLENSTRAUSS DER AUSBILDENDEN*

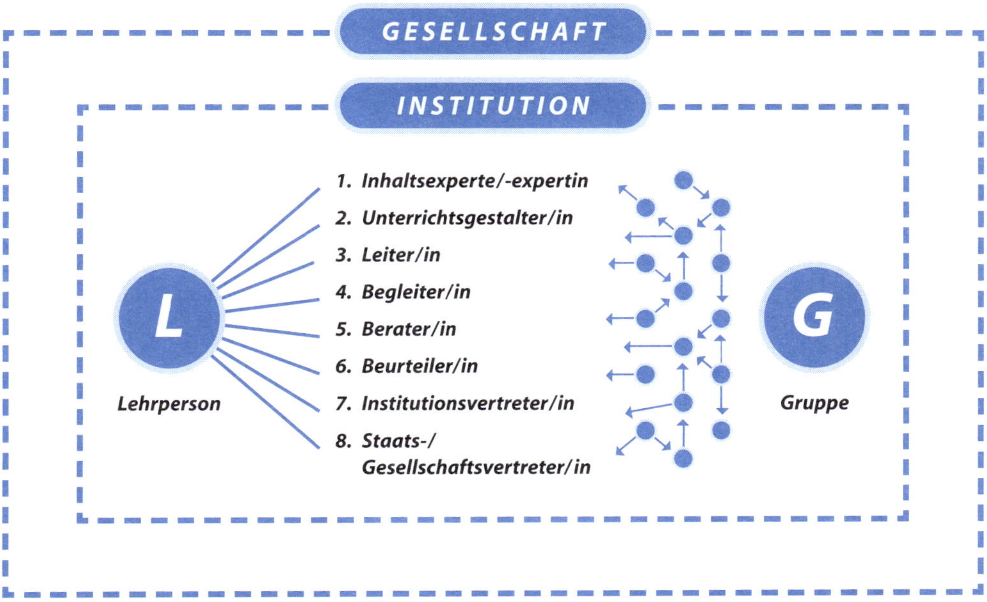


Einzelne Lernende – welche auch untereinander in unterschiedlicher Beziehung stehen und als Gruppe eine «Dynamik» (vgl. Kap. III) entwickeln – «rufen» beim Lehrenden verschiedene Rollen ab. Der Bedarf kann explizit oder implizit beispielsweise zwischen Beratung (Unterstützung) und Leitung (Disziplinierung) schwanken. Auf der anderen Seite signalisiert die Lehrperson mehr oder weniger bewusst ihre eigenen Rollenpräferenzen. Der ganze Strauss bewegt sich in den Kontexten «Institution» und «Gesellschaft».
In dieser Vereinfachung blende ich eventuelle weitere innerorganisatorische «Rollensender» wie Vorgesetzte, Unterstellte, Kollegen oder ausserorganisatorische (Familie, Freizeitkontakte, Arbeitskontakte mit Externen, Kirche, Vereine, etc.) aus.
Für die Analyse der weitergefassten organisationalen Rolle verweise ich auf das Instrument der Rollenanalyse nach *Schein* in Kapitel VII (9.3).
Diverse solcher Lehr-/Lern-Dyaden können also wiederum ein organisatorisches Rollengefüge ausmachen, z. B. wenn verschiedene Lehrpersonen einer Gruppe von Lernenden zugeteilt sind; Lehrende übernehmen zudem im Rahmen ihrer Institution wiederum weitere Rollen (Projektleitung, ...).
Die Rollen 2–7 entsprechen einerseits den Handlungsfeldern der weiter oben formulierten Standards und damit wiederum den in den folgenden Kapiteln ausgewählten Themenbereichen.

**Reflexionsfragen «Rollenstrauss»**

- **Wo und wie bewegen Sie sich als Ausbildner/in im sog. «Rollenstrauss»?**
- **Welches sind Ihre Vorlieben, welches nicht?**
- **Was wird durch Lernende von Ihnen erwartet?**
- **Können Sie dabei Konfliktfelder benennen?**
- **Wie gross ist Ihr Interpretationsspielraum?**
- **Nutzen Sie ihn?**

# 3. Der biografisch-reflexive Zugang

## 3.1 Die bildungsbiografische Methode

***«Live can only be understood backwards. In the mean time, it has to be lived forwards»***

*Soeren Kierkegaard, Quelle unbekannt*

Es ist damit zu rechnen, dass im Zuge des «lifelong learning» im Bereich der Aus- und Weiterbildung von Erwachsenen die Heterogenität von Teilnehmenden bezüglich Herkunft, Alter, Potential, Motivation, etc. steigt. Einzelne Lebensverläufe werden trotz normativer Vorgaben variabel und kritische Lebensereignisse, Krisen und Brüche begleiten solche Lebensentwürfe; sie stellen damit hohe Anforderungen an Lehr- und Lernfähigkeiten in den Bildungsprozessen aller Beteiligten.
Unter Biografie verstehe ich hier die Gesamtheit aller Ereignisse, Erfahrungen und Handlungen, welche bewusst oder unbewusst unser Denken, Fühlen und Handeln beeinflussen. Es handelt sich also eher um die durchaus auch subjektiv gefärbte «Lebensgeschichte», als um den aus äusseren Daten zusammengesetzten «Lebenslauf» *(vgl. Behrens-Cobet/Reichling 1997, Gudjons et al. 1994, Alheit in: Lenz 1994).*
Folgende Grafik zeigt Aspekte auf, welche für unsere Bildungsbiografie bedeutsam sein könnten, wobei ich hier – auch im Gegensatz zum Begriff «Lernen» – unter Bildung nicht (institutionell) geplante und organisierte Prozesse, sondern bewusste und unbewusste, umfassend prägende und gestaltete Erfahrungen und Erlebnisse verstehe.

***BILDUNGSGESCHICHTEN IM KONTEXT***

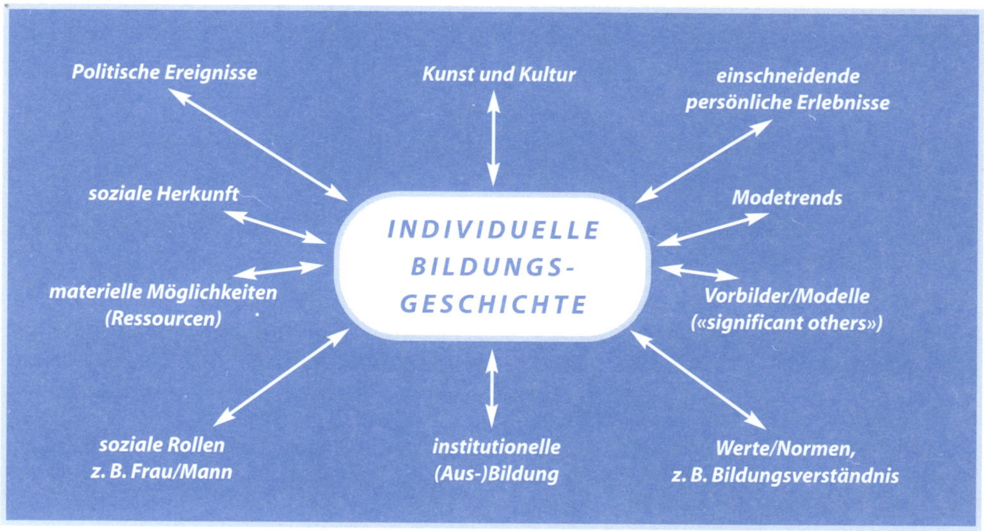


In der dreijährigen berufsbegleitenden Ausbildung zum/zur Erwachsenenbildner/in an der AEB Akademie für Erwachsenenbildung wird zu Beginn der Ausbildung während

sechs Tagen in folgenden Schritten an der eigenen Bildungsbiografie, deren Austausch und dem daraus resultierenden persönlichen Lernvertrag als Extrakt und Konglomerat gearbeitet. Darin werden Ziele zusätzlich zu den curricularen Ausbildungszielen und dem formalen Ausbildungsvertrag vor allem im Bereiche von personalen und sozialen Kompetenzen formuliert; diese werden nach einer definierten Ausbildungsphase von Lernenden (u.a. durch einen ausführlichen Reflexionsbericht), Mitlernenden und Kursleiter/innen evaluiert, was dann wiederum zu neuen Zielformulierungen führt.
Diese Art von Lernen könnte man auch als «Kontraktlernen» *(vgl. Füglister 1997, S. 207)* bezeichnen.

**Schritte zur Erarbeitung der Bildungsbiografie**

1. Erinnern an prägende Erfahrungen, Erlebnisse, Menschen, Orte und Institutionen
2. Individuelle Vorbereitung auf die mündliche Präsentation der Biografie
3. Mündliche Präsentation in Kleingruppen
4. Bildungsbiografie schreiben
5. Analyse der Bildungsbiografie in der Kleingruppe (Erkenntnisse ableiten)
6. Lernen in Institutionen – Reflexion
7. Die eigene subjektive Lernkonzeption
8. Lernvertrag für das Lernen in der Ausbildung
9. Einführung ins Lerntagebuch
10. Verknüpfen der Bildungsbiografie mit psychologischen, soziologischen und didaktischen Erkenntnissen im Verlaufe der Ausbildung

**Beispiel eines persönlichen Lernvertrages einer Studierenden eines AEB-Diplomkurses in Erwachsenenbildung:**

**Lernkonzeption**

- Ich lerne, sobald die Richtung/das Thema genügend klar definiert ist und ich, um den Überblick zu behalten, meine Sicht der Dinge nach meinem Dafürhalten verbessern und erweitern kann.
- Ich lerne, indem ich Neues mit meinem bestehenden Denken und meinen Erfahrungen verknüpfe. Gelingt dies nicht, löst dies oft Verwirrung oder gar Krisen aus.
- Bestehendes und zu erarbeitendes Wissen/Können anderen weiter zu vermitteln, motiviert mich sehr. In diesem Prozess lerne ich selber sogar mehr als die «Empfänger».
- Ohne realistische Zielvorgaben meinerseits (zur Verfügung stehende Zeit, Stofftiefe/Fertigkeit, die erreicht werden soll), besteht die Gefahr, dass ich mich in Details verliere oder die Lernarbeit vor mir her schiebe.
- Erfolg motiviert mich sehr.

**Lernziele**

Entwicklung meiner personalen Kompetenz

- Bei Meinungsdifferenzen will ich die Herausforderung annehmen, die Position des Gegenübers sachlich wahrzunehmen und meine eigene Position ebenso sachlich darzulegen.
- Wenn mich eine bestimmte Situation emotional betrifft, will ich dies in angemessener Weise innerhalb der Gruppe und gegenüber Einzelnen kommunizieren.

Entwicklung meiner sozialen Kompetenz

- Ich will ich in der Lerngruppe rasch in eine«Mitkämpfer»-Rolle gelangen und transparent punktuelle Führungsverantwortung übernehmen, ohne dabei dominant zu wirken, d.h. mein Verhalten soll stets die Zusammenarbeit fördern und die Beiträge anderer zum Tragen bringen.

**Lernmethoden**

- Indem ich für mich konkrete Lernzielkontrollen durchführe und sowohl von der Lerngruppe als auch von ausgewählten Mitlernenden ein konkretes Feedback verlange, schaffe ich Klarheit über meinen Lernfortschritt.
- Für grössere Lerneinheiten will ich mir einen Lernplan erarbeiten und überprüfbare Zwischenziele formulieren.
- Wenn ich Informationen vermittle, soll dies kurz, klar und prägnant geschehen. Wenn immer möglich, will ich meine Aussagen mit visuellen Mitteln unterstützen.
- Im eigenen Berufsfeld will ich ein grösseres Lernprojekt realisieren (z. B. ein Ausbildungs- oder Weiterbildungskonzept).

Die Grundlagen der so genannten biografischen Methode entstammen einer Lebensphilosophie, welche anfangs des 20. Jahrhunderts «der Vernunft» «das Leben» entgegengestellt hatte. Innerhalb der Erwachsenenbildung wurde damit die Rekonstruktion sozialer und politischer Wirklichkeit aus Sicht des Individuums angestrebt.
Im austauschenden Nachvollzug der Biografien anderer spiegelt sich gemäss diesem Konzept immer auch die eigene Erfahrung. Erinnerungen sind immer auch persönliche Mythen, welche sich in Lebensgeschichten äussern. Die Verbalisierung dieser Geschichten durch Erzählen oder Verschriftlichen bringt Ordnung in die Erinnerungen und soll in einem Gestaltungsakt reflexive Prozesse auslösen. Dafür werden selbstverständlich interessierte und aktive Zuhörer/innen und Leser/innen benötigt.
Im Zuge der aufkommenden Kognitionspsychologie wurde die bildungsbiografische Arbeit zusehends von metakognitiven Modellen abgelöst, welche eher das individuelle Lernen als die Bildung im Kontext der Gesellschaft fokussieren.
Trotzdem scheint mir gerade angesichts der Zunahme von gesellschaftlich bedingten individuellen Risikolagen, z. B. bei Statuswechseln (sog. «critical life events»), der grossen Verschiedenheit von Lernenden und den sich schnell verändernden gesellschaftlichen Sozialisationsbedingungen *(Faulstich 1999, S. 169)* der bildungsbiografische Zugang nach wie vor gültig und relevant.
Der Umgang mit wachsender Parallelität von unterschiedlichen Lebensmilieus könnte zu einer unserer grossen zukünftigen Herausforderungen werden.
Für Lehrende mit ihren annähernd 15000 Stunden Unterrichtserfahrung als Schüler (ohne Studienzeit) ist meiner Ansicht nach die Bearbeitung der institutionellen Bildungsbiografie unerlässlich *(vgl. Forneck 1987, S.100).*

Ich mag mich gut an die Erkenntnisse und Erfahrungen einer äusserst altersheterogenen Biografiegruppe innerhalb eines Ausbildungsganges erinnern, in welcher sich durch die erzählten und geschriebenen Geschichten (von «Kindheit im 2.Weltkrieg» über «68-er-Erfahrungen» bis zum «lebensästhetischen Individualismus der 90-er Jahre») individuelle Lebensbedingungen mit historischen Bezügen mischten und einzelne Menschen damit sozusagen zu wandelnden Zeitdokumenten wurden.
Am stärksten zeigte sich dieses Phänomen anhand des Vergleichs von weiblichen Biografien.
Die diesbezügliche Auseinandersetzung der Kursteilnehmer/innen hat gemäss ihren eigenen Aussagen ihren Horizont und ihr Verständnis für menschliche Geschichten in ihrer historisch-politischen Dimension erweitert.

Freilich braucht biografische Arbeit Zeit, welche in schnell abrufbaren Ausbildungsmodulen wohl eher fehlt.

Innerhalb von neueren didaktischen Ansätzen (z. B. der subjektiven Didaktik nach *Kösel, 1997*) taucht der Begriff *«biographische Selbstreflexion»* wieder als Möglichkeit auf, *«die eigenen Realitätstheorien kennenzulernen» (Kösel 1997, S. 273)*.
*«Ich untersuche also, wie ich den Lehrstoff selbst konstruiere, welche Muster in mir meine Wahrnehmung steuern und welche Konstruktionen und Beschreibungen von Erkenntnis und im Vergleich zu Lernenden und auch zu anderen Lehrenden ich anfertige» (Kösel 1997, S. 273).*
Dieser Zugang erinnert an metagkognitive Modelle, *Senges* Definition der «mentalen Modelle» oder auch an das Konzept der subjektiven Theorien (siehe 3.3 in diesem Kapitel).

> *«Mentale Modelle sind tief verwurzelte Annahmen, Verallgemeinerungen oder auch Bilder und Symbole, die grossen Einfluss darauf haben, wie wir die Welt wahrnehmen und wie wir handeln. Sehr häufig sind wir uns dieser mentalen Modelle oder ihrer Auswirkungen auf unser Verhalten nicht bewusst.» (Senge 1996, S. 17)*

### 3.2 Die Berufssozialisation von Lehrenden

Im Bereiche der beruflichen Weiterbildung ist es unumgänglich, die Berufsbiografie und damit die Berufssozialisation ins Auge zu fassen.
Sozialisation wird als produktive Verarbeitung von innerer und äusserer Realität verstanden *(vgl. Hurrelmann 1993, S. 14)*. Sozialisation ist damit ein Prozess der Entstehung und Entwicklung der menschlichen Persönlichkeit in Abhängigkeit von und in Auseinandersetzung mit den sozialen und materiellen Lebensbedingungen, die zu einem bestimmten Zeitpunkt der historischen Entwicklung einer Gesellschaft existieren. Insofern sind sich das Biografie- und das Sozialisationskonzept sehr ähnlich.
Vielleicht wird der Mensch in letzterem (mehr noch als in der «prägenden» Biografie) eher noch als handlungsautonomes Subjekt verstanden.
Sozialisationebenen können nach *Tillmann (1994, S. 18)* sein:

***SOZIALISATIONSEBENEN***

| | ***Ebene*** | ***Komponenten (beispielhaft)*** |
|---|---|---|
| *4* | *Gesamtgesellschaft* | *ökonomische, soziale, politische, kulturelle Struktur* |
| *3* | *Institutionen* | *Betriebe, Massenmedien, Schulen, Universitäten, Militär, Kirchen* |
| *2* | *Interaktionen und Tätigkeiten* | *Eltern-Kind-Beziehungen; schulischer Unterricht; Kommunikation zwischen Gleichaltrigen, Freunden, Verwandten* |
| *1* | *Subjekt* | *Erfahrungsmuster, Einstellungen, Wissen, emotionale Strukturen, kognitive Fähigkeiten* |

*aus: Tillmann 1994, S. 18*

Sozialisierende Systeme und Personen sind laut *Hurrelmann (1993, S. 137)*:

## *SOZIALISIERENDE SYSTEME*

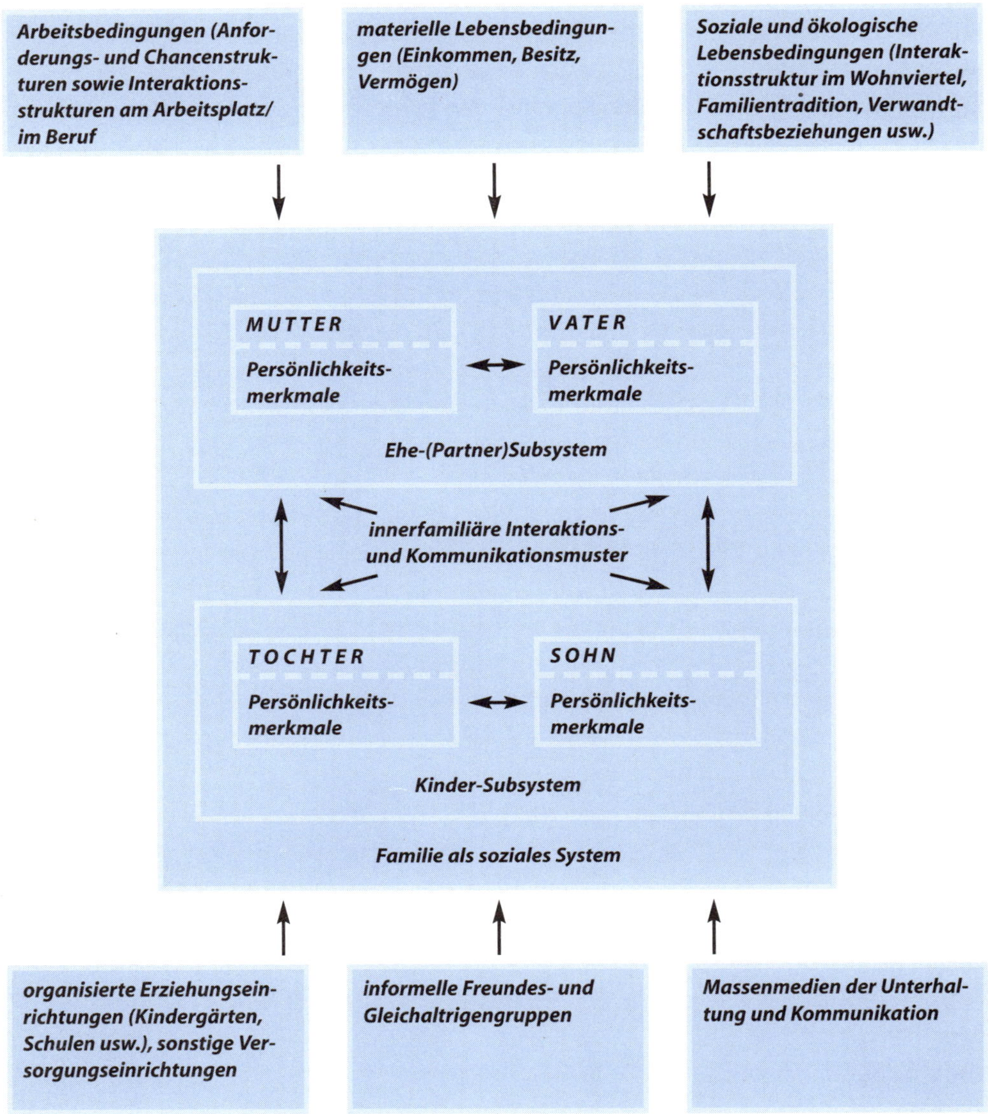


*aus: Hurrelmann 1993, S.137*

Nun sind diese dargestellten Ebenen und «Mitsozialisatoren» einerseits noch nicht berufsspezifisch fokussiert, andrerseits in ihrer Wirkung eher statisch.

Im Bereiche der beruflichen Sozialisation interessiert uns die chronologische Entwicklung eines «Sozialisanden», also das, was berufsspezifisch in einer zeitlichen Professionalisierungachse mit einer Berufsperson geschieht oder was sie mit sich macht resp. machen lässt.

Bezüglich der Stufen von beruflicher Entwicklung wird meist die «Initiationszeit» (Anfängerjahre) als «Sozialisation» im Sinne von Anpassung bezeichnet; gemeint ist die prä-

gende Anfangsphase, während derer die berufliche Sprache, der Jargon, das spezifische Verhalten und andere Werte, Normen und Fähigkeiten meist implizit gelernt werden. Selbstverständlich ist Sozialisation im eigentlichen Sinn nicht auf diese Anfangsphase beschränkt.
Im Folgenden werde ich drei in ihrer Reihenfolge an Komplexität zunehmende Phasenmodelle der beruflichen Sozialisation im Sinne der angesprochenen Professionalisierung aufzeigen.

**Modell A: Vom Überleben zur Routine**

*Fuller* und *Brown* entwickelten *(in: Dick 1997, S. 29, 1996, S. 48)* ein Konzept mit drei Entwicklungsstufen von Lehrenden:

1. **survival stage**
   Hier ist die Lehrperson vorwiegend mit sich selber als Person beschäftigt.

2. **mastery stage**
   Hier steht die didaktisch-methodische Gestaltung des Unterrichts im Zentrum, die Lehrperson ist mit sich als Lehrperson beschäftigt.

3. **impact stage (oder routine stage)**
   Hier öffnet sich der Blick für die Lernenden, die Lehrperson beschäftigt sich damit, Lernprozesse für Lernende zu realisieren.

Solche Phasen sind nicht in sich geschlossen und Phasenübergänge nicht immer klar zu orten.
Eine Lehrperson mag trotz Routine in einer schwierigen Situation wieder im «Überlebenskampf» sein, jemand anderem verhilft methodisch-didaktische Gestaltung zum «Überleben», usw. Und doch sprechen viele Lehrende von den – ihren Worten gemäss – sehr lehrreichen «Überlebensjahren», in welchen sie mit dem theoretisch Erlernten nicht viel anfangen konnten, sondern «einfach handeln» mussten. Dass «mastery» oder sogar «routine» nicht durch eine theoretische «Rucksackausbildung» erzeugt werden kann, wird hier deutlich, ebenso wie der Umstand, dass einer angepassten begleitenden Weiterbildung innerhalb der fortschreitenden Professionalisierung mehr Bedeutung zugemessen werden müsste.

**Modell B: Entwicklungsverläufe in Lehrer/innenbiografien**

*Hubermann (1991 in: Terhart 1998, S. 573)* entwickelte ein differenziertes Modell von beruflichen Entwicklungsverläufen in Lehrerbiografien. Es sind damit zwar nicht explizit Ausbildner/innen für Erwachsene mitgemeint, trotzdem kann dieses Modell zweifelsohne auch Fachleuten der Weiterbildung als Anregung dienen:

## *ENTWICKLUNGSVERLÄUFE IN LEHRER/INNENBIOGRAFIEN*

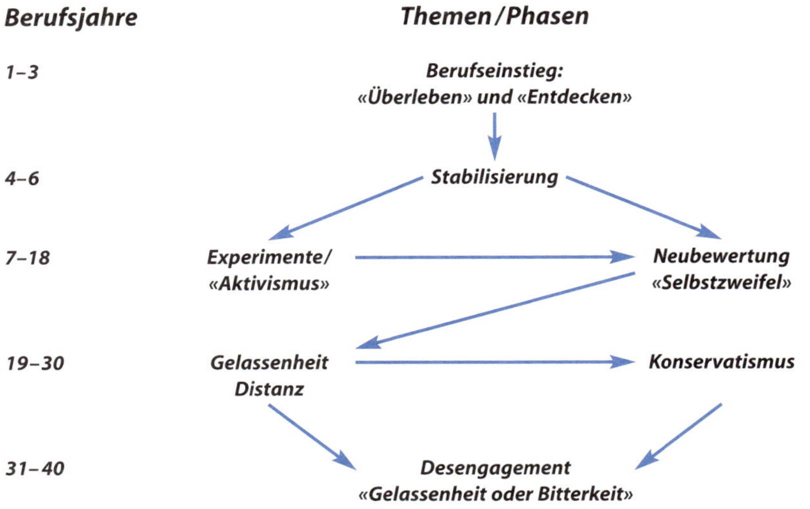


*Hubermann 1991 in: Terhart 1998*

Während des Berufseinstiegs sind «Überleben» und «Entdecken» die zentralen Motive (etwa für die ersten drei Jahre). Wer einige Jahre «überlebt» hat, darf sich eine Stabilisierungsphase gönnen, in welcher man sich mit seiner Berufsrolle identifiziert (ca. 4.–6. Jahr). Danach verzweigt sich die Entwicklung, die eine Gruppe schöpft «aus dem Vollen», wagt Neues, experimentiert auf sicherem Boden, die andere muss ihre Situation neu bewerten, zweifelt, gerät in eine Krise.
Nicht einmal die Hälfte dieser Lehrenden erreicht nach Hubermann eine Lösung der Krise, viele resignieren in der 4. Phase, werden zynisch und manifestieren Burn-out-Syndrome, andere erschliessen sich neue Perspektiven und erleben einen «zweiten Frühling».
Mit der Zeit finden erfolgreiche Lehrende Distanz und Gelassenheit, um sich in der letzten Berufsphase allmählich zurücknehmen zu können.
*Hubermann* argumentiert mit seinem Stufenmodell auf Basis der Daten von Lehrenden mit langjährigen Berufslebensläufen; interessant wäre es, wie sich beim heute zunehmenden Wechsel von Arbeitgebern und Arbeitsorten aber auch durch vermehrte Veränderung von Gruppenzusammensetzungen bei Lernenden «Stabilisierung» bei immer wieder erzwungenem «Entdecken» durch Neuanfänge entwickeln kann.
Vielleicht erstarren wir ja auch weniger in Routine, wenn wir sozusagen dauerhaft mit einer Portion «survival» herausgefordert werden …
Stärke dieses Modells ist die realistische Berücksichtigung von möglichen schwierigen Entwicklungen zu Frustration und Resignation.
Im Gegensatz dazu ist das Konzept von Fuller und Brown, aber auch das nächste Modell eher als normativ optimistisch (wie «es» sein müsste) zu bezeichnen.

### Modell C: Das Novizen-Experten-Paradigma

Aus der Kognitionspsychologie und in spezifischer Modifikation aus der Pflegedidaktik des Gesundheitswesens *(Benner 1994)* kennen wir das Novizen-Experten-Paradigma *(vgl.*

*Messner/Reusser 2000, S. 162)*, in welchem die berufliche Entwicklung als sukzessiver Aufbau von professioneller Fähigkeit und Professionswissen verstanden wird.
Das Konzept geht unter anderem zurück auf ein Modell des Kompetenzerwerbs, welches der Mathematiker *S. Dreyfus* und der Philosoph *H. Dreyfus* auf der Grundlage von Untersuchungen an Schachspielern und Piloten entwickelt haben. Grundsätzlich geht es darum, dass vor allem Experten über viel «Know-how»-Wissen verfügen, ohne dazu im Sinne von «Know-that» Erklärungen geben zu können.
Wissen und Können «rutscht» somit in die Bereiche des Vor- und Unbewussten und wird damit zu schlecht erklärbarem «Erfahrungswissen».
Beispielsweise dürfte es uns schwer fallen, genau zu erklären, auf welche Weise wir schwimmen gelernt haben oder wie wir dies heute genau tun. Wir – oder die meisten von uns – können es «einfach». Paradoxerweise müssen wir uns dann, wenn wir als Schwimmlehrer Anfänger sind, in unserer Vermittlungstätigkeit an standardisierte und generalisierte Vorgaben anderer (Experten, Lehrmittel) oder an unsere «Intuition» – welche vielleicht so etwas wie unbewusstes Erfahrungswissen darstellt – halten.
Wenn die nun standardisierte Vorgabe im Widerspruch steht zu meiner «Intuition» oder meinem unbewussten Erfahrungswissen, muss ich «Übersetzungsarbeit» leisten und die beiden Wissens- und Verfahrensformen untereinander sowie mit den Lernmöglichkeiten der Teilnehmer/innen in Einklang bringen.
Auch dass wir «einfach» schwimmen können, nützt uns solange wenig, bis wir wiederum (Erfahrungs-) Wissen in der Vermittlung aufgebaut haben, welches aber auch wieder – eventuell als erweiterte «Intuition» – nur bedingt unserem Bewusstsein zugänglich ist.
Die Entwicklungsstadien des Novizen-Experten-Paradigmas werden *(nach Messner/Reusser 2000, S. 162 ff. in Anlehnung an Dreyfus/Dreyfus 1986, vgl. auch Terhart 1998, S. 570 ff.)* wie folgt beschrieben:

**1. Novizenstadium**
Novizen verfügen über gelernte kontextfreie Regeln, die zwar rational begründet werden können, jedoch nicht adaptiert sind. Das kann in Störungssituationen Chaos oder Rigidität in ihrem Verhalten zur Konsequenz haben.

**2. Fortgeschrittenes Anfängerstadium**
Die Orientierung erfolgt hier vermehrt anhand von praktischen Handlungserfahrungen; Erinnerungen an ähnliche Fälle und dadurch ermöglichter Transfer führen zu zunehmender Beweglichkeit.

**3. Stadium des kompetenten Praktikers/der kompetenten Praktikerin**
Durch eine Analyse des Ausbildungsgeschehens verfügen kompetente Praktiker über flexible Handlungspläne und damit über mehr Sicherheit.

**4. Stadium des gewandten Praktikers**
Der gewandte Praktiker/ die gewandte Praktikerin zeigt durch (Erfahrungs-)Wissen geschickte Situationsverarbeitung.
Die bewusste Reflexion tritt hinter dem intuitiven Vorgehen zurück. Die «Feinwahrnehmung» von Situationen ist geschärft.

**5. Meister- oder Expertenstadium**
Der Meister / die Meisterin agiert und reagiert schnell, angemessen und routiniert auf eine Vielfalt von unterschiedlichen und schwierigen Situationen. Sofortiges Erkennen ersetzt planvolles Entscheiden, «es funktioniert einfach».
Solche Experten wissen in der Regel mehr, als sie erklären können und folgen meist ihrer «Intuition», ihrem «Kennerblick».

Das Novizen-Experten-Phasen-Modell wirkt zwar etwas starr und schematisch, zeigt jedoch deutlich auf, in welch subtiler Form sich Professionalität aufbaut, ohne dass wir uns dessen bewusst sind. Zudem macht das Modell deutlich, dass verschiedene Lehrpersonen mit denselben Anstellungsbedingungen, Funktionen und Aufgaben sich in völlig unterschiedlichen Professionalitätsphasen bewegen. Dies kann die kooperative Kommunikation erschweren, weil Novizen ihre Meisterwerdung nicht antizipieren und Meister ihre Meisterwerdung nicht mehr nachvollziehen können.
Damit wäre das, was wir am besten wissen und können uns wahrscheinlich am wenigsten bewusst *(vgl. Bateson 1994, S. 199)*.

**Reflexionsfragen «Berufssozialisation»**

- **Erinnern Sie sich an «survival-Jahre» oder «survival-Phasen»? Gab es da spezielle Vorfälle, Begegnungen, Geschichten?**
- **Erkennen Sie sich tendentiell im Modell von Hubermann wieder? Wo situieren Sie sich?**
- **Zeichnen Sie in ihrer Art und anhand Ihrer individuellen Schlüsselerkenntnisse und -situationen Ihren bisherigen beruflichen Entwicklungsverlauf auf. Wie wirkt die Zeichnung auf Sie? Zeichnen Sie Ihren gewünschten zukünftigen Verlauf. Was müssten Sie tun, um diesem Wunsch entsprechen zu können?**
- **Können Sie sich im Novizen-Experten-Modell einem Stadium zuordnen? Wie begründen Sie die Zuordnung?**
- **Hat sich im Verlaufe Ihrer beruflichen Entwicklung das Verhältnis von «geplanten Handlungen» zu «intuitivem Erfahrungshandeln» verändert? Wie?**

***Lieber nicht!***

***Ich habe von einem Land gehört,***
***da sollen die Meister vom Himmel fallen.***
***Soll ich nun dorthin ziehen,***
***gleich jetzt***
***und so schnell mich die Beine tragen?***
***Ich lass das hübsch bleiben,***
***sonst werde ich noch von einem fallenden Meister erschlagen.***

*Hans Manz, Quelle unbekannt*

### 3.3 Das Konzept der subjektiven Theorien

Das berufliche handlungswirksame Wissen ist gemäss den obigen Ausführungen auch den so genannten Experten wenig bewusst und schlecht verfügbar.

Lehrende verfügen nach dem Konzept der subjektiven Theorien *(vgl. Groeben et al. 1988)* nebst ihrem fachlichen Wissen über ein grosses Repertoire an subjektiv-theoretischen Wissensbeständen über Lernprozesse, Lehrmethoden, Lernende, das eigene Handeln etc; diese benutzen sie in ihrem Ausbildungsalltag, ohne sich dessen unbedingt bewusst zu sein.

Viele solcher Theorieanteile sind mit den Worten *Bourdieus (1987)* «habitualisiert» und als «inkorporierte» Gewohnheiten verankert. Damit produzieren wir sozusagen Vortheorien und Annahmen über Dinge und Menschen. Solche «Alltagestheorien» bilden sich im Verlaufe der persönlichen Entwicklung als biografische Relikte sowie durch den Prozess der beruflichen Sozialisation *(vgl. Dann 1994)*. Sie sind schon im Novizenstadium bedeutsam und dermassen handlungsleitend, dass sie beinahe wie «kleine Drehbücher» *(vgl. Wahl 2001, S. 157)* das unterrichtliche Agieren von Lehrenden bestimmen. Nach *Wahl (1991, S. 5 ff.)* orientieren sich Lehrende um so mehr an ihren subjektiven Theorien, je schneller sie handeln müssen und je stärker sie belastet sind.

Lehrende, welche beispielsweise in ihrem Konfliktmanagement erfolgreicher sind, haben gemäss diesem Konzept komplexere und besser organisierte subjektive Theorien *(vgl. Dann 1994, S. 172)*, welche sie sich beispielsweise im familiären Kontext oder im Verlaufe der beruflichen Entwicklung (Expertenwerdung) angeeignet haben.

Nicht zuletzt werden Lehrende – wie weiter oben schon erwähnt – auch nachhaltig von eigenen Schulerinnerungen und Schulerfahrungen beeinflusst.

Bei einer allfälligen Modifikation von solchen Theorien geht *Dann (1994, S. 174)* davon aus, dass Lehrkräfte bei einer Explikation, d.h. einer Bewusstmachung solchen Wissens, viel mehr profitieren würden, als sie glauben.

Erinnern und Erzählen erlebter Situationen in der Rolle als Lernende und Lehrende, wie auch die gezielte didaktische Herbeiführung von Problemsituationen und deren reflektierter Lösungssuche als Übung in möglichst authentischem Kontext könnten zu einer solchen Explikation verhelfen.

Dies würde bedeuten (vgl. die Krisengeschichte eines Lehrers in Kap. II, 1.), dass gerade die Phasen der Professionalisierung, also die «Expertenwerdung», bewusst gemacht werden müsste.

Gleichzeitig geht dieser Ansatz davon aus, dass wir «schon etwas können, bevor wir professionell etwas tun», also vor der beruflichen Ausbildung und Sozialisierung über Ressourcen verfügen, auf welche wir später «automatisch» zurückgreifen, ohne dass diese nach unserer Einschätzung professionell bedeutsam wären.

Eine Bewusstmachung oder -werdung darüber, über welche Vorkenntnisse im Sinne von Ressourcen wir verfügen, könnte demnach dem Prozess der Professionalisierung dienlich sein – ob er diesen beschleunigen würde, wage ich zu bezweifeln.

Ebenso stehe ich den etwas technisch anmutenden Anweisungen, subjektive Theorien zu «rekonstruieren» (z. B. mittels des Wahl'schen Systems «beurteilbar machen – mit Expertenwissen anreichern – in neue handlungsleitende Strukturen überführen», *vgl. Wahl 2001, S. 157*) skeptisch gegenüber. Sie suggerieren in pädagogisch typischer Manier methodische «Machbarkeit von Bewusstsein».

Bewusstmachende Reflexionsarbeit geht manchmal eigenartige, verschlungene und nicht lineare Wege.

### 3.4 Reflexive Kompetenz

Der Begriff «Reflexion» als Konzept in der Ausbildung von Lehrenden geht auf *John Dewey (1997, orig. 1910)* zurück; Dewey verstand Reflexion als eine Form des Denkens, welche immer wieder durch Zweifel und Irritation, durch «gefühlte Schwierigkeit» geprägt ist und danach zu gezielter Suche und Problemlösung führt *(vgl. Dick 1996, S. 98)*.
Nach *Doyle (in: Dick 1996, S. 76)* existiert in der komplexen «Ökologie» des Ausbildungsgeschehens kein Durchschnittslernender, keine Durchschnittsgruppe und keine typische Unterrichtssituation.
Folgende Komplexitätsfaktoren beeinflussen den Unterricht (siehe genauere Erklärungen in Kapitel II, 1.):

***KOMPLEXITÄTSFAKTOREN IM UNTERRICHT*** *(nach Doyle)*

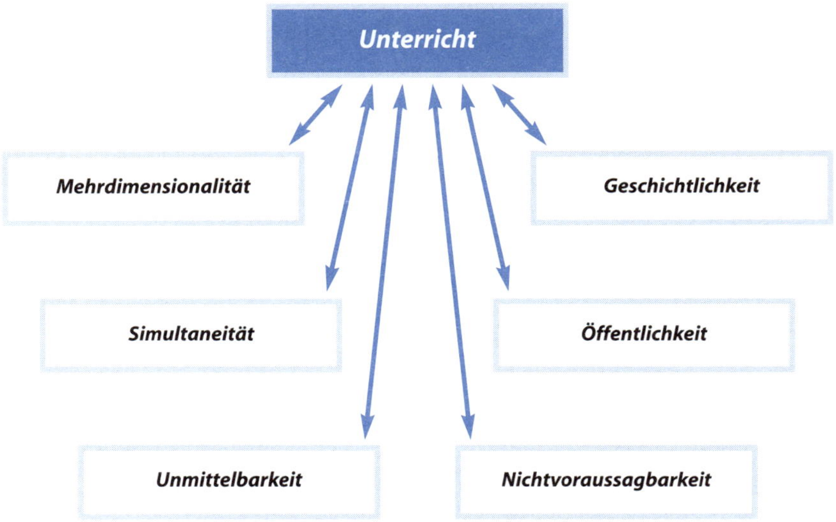


*aus: Dick 1996, S. 76*

Die Komplexität von Unterricht produziert sozusagen das Scheitern als Normalfall, setzt jedoch reflexive Kompetenz des Praktikers voraus.
Solche Reflexion erfolgt meist kasuistisch, also entlang von Fällen, von Praxisgeschichten, Ereignissen, Analogien und Metaphern *(vgl. Herzog 1995)*.
*Schön (1983 in: Dick 1996 , S. 97)* beschreibt diese Reflexion als Konversation mit der Situation *(«the situation talks back to you »)*.
Eine reflexive Rekonstruktion von so genannten praktischen (Alltages-)Theorien kann nach *Dick (1995, S. 280)* folgendermassen aussehen:

## *REKONSTRUKTION VON ALLTAGESTHEORIEN*

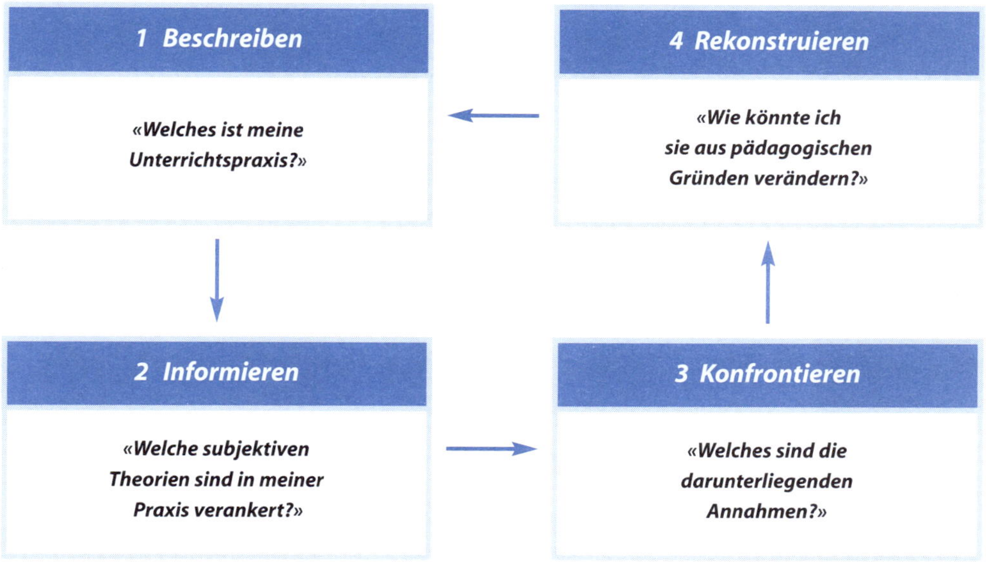


*nach Dick 1995, S. 280*

Reflexion wäre somit ein berufslebenslanger Prozess, in welchem Lehrpersonen ihr persönliches, praktisches Wissen und ihre vorhandenen Annahmen und Deutungen immer wieder vergewissern, überprüfen und modifizieren, um ihre Unterrichtspraxis im Sinne der Professionalisierung zu verbessern.
Distanz zur eigenen Tätigkeit, Selbstwahrnehmung, Selbstkritik als produktives Zweifeln sowie Motivation und Lust an erweiternder professioneller Veränderung sind unabdingbare Voraussetzungen für den Erfolg solcher Reflexionsarbeit.
*Messner/Reusser (2000, S. 282/283)* unterscheiden folgende drei Wissensformen:

1. **Bescheidwissen *über* die Praxis**
   Solches generalisiertes Buch- und Ausbildungswissen wird in der Regel nicht wunschgemäss technologisch handlungswirksam.

2. **Wissen *in* der Praxis**
   Durch Nachahmung, Anregung, eigene Erfahrung, Scheitern, Nachdenken und gezielte Versuche entsteht dieses Wissen.

3. **Wissen *für* die Praxis**
   Die beiden ersten Formen werden hier integriert, Theorie- und Praxiselemente, Regel- und Situationsbezüge verbinden sich.

Im Sinne Dicks würde dann also das reflektierte «Wissen in der Praxis» zusammen mit ausgewähltem «Wissen über die Praxis» schliesslich zu einem «Wissen für die Praxis».
Wobei ich unter «Praxis» nicht nur unterrichtliche Tätigkeiten im «Schulzimmer» per se begreife, sondern auch all die organisationalen und gesellschaftlichen Kontextbedingungen, welche diese Praxis beeinflussen.

Ausbildner/innen werden im Verlaufe ihrer Professionalisierung genauso Experten für Bildungskontextfragen wie für Bildungsarbeit.

Ich hoffe, dass ich Sie mit meinen Ausführungen vorerst einmal für ein «Wissen in der Praxis» anregen kann und mit Hilfe einiger Hinweise «über die Praxis» aus meiner Sicht «für Ihre Praxis» dienlich sein kann.
In diesem Sinne möchte ich Sie aufmuntern, sich selber und ihre subjektiven Theorien bei der folgenden Lektüre «mitzunehmen», sei das in Form Ihrer persönlichen Biografie, Ihrer beruflichen Geschichte oder Ihrer jetzigen aktuellen Praxissituation.
Ich denke, dass sich ausbildnerische Professionalität immer im dynamischen Dreieck mit den Eckpunkten Subjektbezug – Berufsfeldbezug – Inhaltsbezug vollzieht.
Als «Novizin/Novize» werden Sie meine Ausführungen als anspruchsvoll wahrnehmen, als «Expertin/Experte» müssen Sie damit rechnen, in bekannte Gewässer geführt zu werden (wobei ich hoffe, dass sich da und dort noch eine interessante Stromschnelle oder ein belebendes Gewitter finden lässt ...).
Ich arbeite in den folgenden Kapiteln mit aus meiner Sicht relevanten Informationen, Erfahrungen, Geschichten und (Reflexions-)Fragen aus nachdenklicher Praxis.
Diese sollen anregen, ab und an dürfen sie durchaus auch konfrontieren oder etwas verwirren.
Sie sind eingeladen, mit pragmatischer Gelassenheit sich den Luxus zu gönnen, Aspekte von verschiedenen Seiten zu beleuchten, zu theoretisieren, Aussagen nach-denkend zu verwerfen oder sie modifiziert als «Verwendungswissen» in Ihren Berufsalltag mitzunehmen und Ihre Praxis als «reflective practicioner» zu überprüfen oder gar ein wenig zu «rekonstruieren».

# Literaturverzeichnis Kapitel I


Aebi, D.: Weiterbildung zwischen Markt und Staat, Chur/Zürich 1995.

Alheit, P.: Was die Erwachsenenbildung von der Biographie- und Lebenslaufforschung lernen kann, in: Lenz, W. (Hrsg.): Modernisierung der Erwachsenenbildung, Wien 1994.

Arnold, R.: Berufsbildung – Annäherungen an eine Evolutionäre Berufspädagogik (Grundlagen der Berufs- und Erwachsenenbildung Band 1), Hohengehren 1994.

Bateson, G.: Ökologie des Geistes, Frankfurt 1994, 5. Aufl.

Baumgartner-Schaffner, M.: Qualitätsevaluation und Qualitätsentwicklung in der institutionellen Weiterbildung, AEB Akademie für Erwachsenenbildung Luzern, 2001.

Beck, U.: Risikogesellschaft. Auf dem Weg in eine andere Moderne, Frankfurt/M. 1986.

Behrens-Cobet, H./Reichling, N.: Biographische Kommunikation, Neuwied 1997.

Benner, P.: Stufen zur Pflegekompetenz, Bern 1994.

Bernstein, F. W.: Kampf dem Lern – 61 Beiträge zur pädagogischen Abrüstung (cartoons), Giessen 1991.

Bichsel, P.: in: Die Schülerschule von Barbiana, Berlin 1984.

Bourdieu, P.: Die feinen Unterschiede, Kritik der gesellschaftlichen Urteilskraft, Frankfurt/M. 1987.

Calchera F./Weber, J. Chr.: Entwicklung und Förderung von Basiskompetenzen/Schlüsselqualifikationen, Bundesinstitut für Berufsbildung, Berlin/Bonn 1990.

Dann, H.-D.: Pädagogisches Verstehen: subjektive Theorien und erfolgreiches Handeln von Lehrkräften, in: Reusser, K./Reusser-Weyeneth, M. (Hrsg.): Verstehen, Bern 1994.

Delhees, K. H.: Zukunft bewältigen, Bern 1997.

Dewey, J.: How we think, Toronto 1997 (orig. Boston 1910).

Dick, A.: «Lehrer-Werdung» als biographisch-wissenschaftliche Berufsentwicklung, in: Schweizer Schule 9/1997, S. 28–36.

Dick, A.: Vom unterrichtlichen Wissen zur Praxisreflexion 1996, Bad Heilbrunn, 2. Aufl.

Dick, A.: Reflexion and Narration als generative Form von Lehrerinnen- und Lehrerforschung, in: Beiträge zur Lehrerbildung BzL, Bern 3/1995, S. 274–292.

Dörig, R.: Ersetzen Schlüsselqualifikationen das Wissen? in: Gonon, Ph. (Hrsg.): Schlüsselqualifikationen kontrovers, Aarau 1996.

Döring, K. W.: Lehren in der Weiterbildung, Weinheim 1992, 4. Aufl.

Dubs, R.: Lehrerverhalten, Zürich 1995.

EDK Schweizerische Erziehungsdirektorenkonferenz: Beraten in der Lehrerinnen- und Lehrerbildung, Studien und Berichte 12A, Bern 2000.

Effe: Kompetenzen (Portfolio – von der Biografie zum Projekt), Bern 2001.

Faulstich, P./Zenner, Chr.: Erwachsenenbildung, Weinheim/München 1999.

Forneck, H.J.: Alltagsbewusstsein in der Erwachsenenbildung, Bad Heilbrunn 1987.

Füglister, P.: Langzeitfortbildung unter der Leitidee der Subjektorientierung, in: Beiträge zur Lehrerbildung BzL, Bern 2/1997, S. 199–209.

Furrer, H.: Ressourcen – Kompetenzen – Performanz: Kompetenzmanagement für Fachleute der Erwachsenenbildung, AEB Akademie für Erwachsenenbildung , Luzern 2000.

Furrer, M.: Wissensnation Schweiz – (k)eine Utopie, in: Neue Zürcher Zeitung NZZ, 2./3.6.2001, S. 93.

Geissler, K. A./ Orthey, M.: Der grosse Zwang zur kleinen Freiheit – Berufliche Bildung im Modernisierungsprozess, Stuttgart 1998.

Geissler, K. A.: Lernen: lebenslänglich, in: éducation permanente, Zürich 1997/1.

Goebel, J./Clermont, Ch.: Die Tugend der Orientierungslosigkeit, Reinbek bei Hamburg 1999.

Gonon, Ph.: «education permanente», «recurent education», Weiterbildung, in : éducation permanente 2001/1, Zürich 2001, S. 56–57.

Gonon, Ph.: Auf der Suche nach Persönlickeitsbildung, in: éducation permanente, Zürich 1999/4, S. 8–10.

Gonon, Ph. (Hrsg.): Schlüsselqualifikationen kontrovers, Aarau 1996.

Groeben et al.: Forschungsprogramm subjektive Theorien, Tübingen 1988.
Grunder, H.-U.: Aus dem Leben lernen: biographische Ansätze, éducation permanente, Zürich 1996/1, S. 24–27.
Gudjons, H. et al.: Auf meinen Spuren, Hamburg 1994, 3. Aufl.
Herzog, W.: Reflexive Praktika in der Lehrerinnen- und Lehrerbildung, in: Beiträge zur Lehrerbildung BzL, Bern3/1995, S. 253–273.
Hurrelmann, K.: Einführung in die Sozialisations-theorie, Weinheim/Basel 1993.
Imhof, B.: Wahrheit und Weisheit, Symbolgeschichten, Solothurn 1995.
Kassis, W.: Der Erwerb von Schlüsselqualifikationen in Ausbildungsinstitutionen des tertiären Bereichs unter besonderer Berücksichtigung der Lehrerinnen- und Lehrerbildung, in: Beiträge zur Lehrerbildung BzL, Bern 2/1999, S.182–188.
Kösel, E.: Die Modellierung von Lernwelten, Elztal-Dallau1997, 3. Aufl.
Laur-Ernst, U.: Schlüsselqualifikationen in Deutschland – ein ambivalentes Konzept zwischen Ungewissheitsbewältigung und Persönlichkeitsbildung, in: Gonon, Ph. (Hrsg.): Schlüsselqualifikationen kontrovers, Aarau 1996.
Le Boterf, G.: Die Wirksamkeit von Bildungsmassnahmen evaluieren – die Grundfragen, in: Zentralstelle für die Weiterbildung der Mittelschullehrpersonen WBZ/CSP (Hrsg.): Kompetenzen – Sonderpublikation 3, Luzern 1998.
Mertens, D.: Schlüsselqualifikaton: Thesen zur Schulung für eine moderne Gesellschaft, in: Mitteilungen aus der Arbeitsmarkt- und Berufsforschung 7, 1974, S. 36–43.
Messner, H. /Reusser, K.: Die berufliche Entwicklung von Lehrpersonen als lebenslanger Prozess, in: Beiträge zur Lehrerbildung BzL, Bern 2/2000, S. 157–191.
Messner, H. /Reusser, K.: Berufliches Lernen als lebenslanger Prozess, in: Beiträge zur Lehrerbildung BzL, Bern 3/2000, S. 277–294.
Nuissl, E.: Einführung in die Weiterbildung, Neuwied,Kriftel 2000.
NZZ Neue Zürcher Zeitung: Bildungsbeilage 20.10.1998.
NZZ Neue Zürcher Zeitung: Bildungsbeilage 8./9.4.2000.
Oelkers, J.: Die Konjunktur von «Schlüsselqualifikationen», in: Gonon, Ph. (Hrsg.): Schlüsselqualifikationen kontrovers, Aarau 1996.
Oelkers, J.: Effizienz und Evaluation in der Lehrerausbildung, in: Beiträge zur Lehrerbildung BzL, Bern 1/1997.
Oelkers, J.: Perspektiven der Lehrerbildung: das Problem des Ausbildungswissens, in: Beiträge zur Lehrerbildung BzL, Bern 1/2000, S. 80–82.
Oelkers, J./Oser, F.: Die Wirksamkeit der Lehrerbildungssysteme in der Schweiz, Umsetzungsbericht Nationales Forschungsprogramm 33, Bern/Aarau 2000.
Oser, F.: Emergency room Schule: Erschwerende Rahmenbedingungen pädagogischer Professionalität, in: Beiträge zur Lehrerbildung BzL, Bern 1/2000, S. 82–84.
Oser, F.: Standards in der Lehrerbildung Teil 2, in: Beiträge zur Lehrerbildung BzL, Bern 2/1997, S. 210–228.
Polt, G.: «Bildung», aus: Und wer zahlt`s? Kein & Aber-Records (CD), Zürich 2000.
Renold, U.: Lernumgebungsbedingungen für den erfolgreichen Umgang mit schwierigen Gruppensituationen, in: GdWZ Grundlagen der Weiterbildung 4/2001, Neuwied/Kriftel/Berlin 2001.
Richter, Ch.: Schlüsselqualifikationen, Alling 1995.
Schräder-Naef, R.: Warum Erwachsene (nicht) lernen, Chur/Zürich 1997.Senge, P. M.: Die fünfte Disziplin, Stuttgart 1996.
Sennett, R.: Der flexible Mensch – die Kultur des neuen Kapitalismus, Berlin 2000.
Siebert, H.: Didaktisches Handeln in der Erwachsenenbildung, Neuwied/Kriftel 2000.
Terhart, E.:Lehrerberuf: Arbeitsplatz, Biographie, Profession, in: Altrichter, N. et al. (Hrsg.): Handbuch zur Schulentwicklung, Innsbruck, 1998.
Thomann, G.: Haben Sie heute schon gelernt?, in: Schweizer Schule 6/1998.
Tietgens, H.: Reflexionen zur Erwachsenendidaktik, Bad Heilbrunn 1992.
Tillman, K.-J.: Sozialisationstheorien, Hamburg 1994.
Wahl, D.: Nachhaltige Wege vom Wissen zum Handeln, in: Beiträge zur Lehrerbildung BzL, Bern 2/2001, S. 157–174.
Wahl, D.: Handeln unter Druck, Weinheim 1991.
Weinert, F.E. et al.: Unterrichtsexpertise – ein Konzept zur Verringerung der Kluft zwischen zwei theoretischen Paradigmen, in: Alisch, L.-M.: Professionswissen und Professionalisierung, Braunschweig 1989.
Zijderveldt, Ch.: Die zweite Karriere als Normalfall, in: NZZ Zeitfragen, 6/7.1.2001.

## Inhaltsverzeichnis Kapitel II

*Kapitel II*

# Planen, gestalten und evaluieren von Unterricht

**Standards**

- **Sie erkennen die Grenzen von Planbarkeit und verfügen über Instrumente, «gescheiterte» Erfahrungen zu reflektieren.**
- **Sie sind in der Lage, Bildungsveranstaltungen nach didaktischen Kriterien und Verfahrensweisen unter Berücksichtigung von Rahmenbedingungen zu planen, zu reflektieren und zu evaluieren.**
- **Sie können Ihre eigene(n) Unterrichtskonzeption(en) beschreiben, legitimieren und theoretisch begründen.**
- **Sie sind fähig, spezifische Methoden adäquat einzusetzen.**

## 1. Planen – ein Ding der Möglichkeit?

***«Ja, mach nur einen Plan***
***sei nur ein grosses Licht!***
***Und mach dann noch 'nen***
***zweiten Plan***
***Gehn tun sie beide nicht.»***

*Bert Brecht, 1975, S. 77*

***«Je planmässiger die Menschen vorgehen,***
***desto wirksamer vermag sie der Zufall zu treffen.»***

*Friedrich Dürrenmatt, 1962, S. 78*

Ich weiss noch genau, wie ich für meine ersten Übungslektionen in meiner Primarlehrerausbildung eine Verlaufsplanung skizzieren musste, welche in drei Spalten vorstrukturiert war: in «erwartetes Schülerverhalten», «geplantes Lehrerverhalten» und «didaktischer Kommentar». Bei den ersten beiden Spalten wurden wir angehalten, sie mit konkreten Sätzen (z. B. Lehrerfragen und Schülerantworten) zu füllen.
Ich glaube jetzt zu wissen, dass diese Art von Planung dem didaktischen Konzept des so genannten «Berliner Modells» *(siehe Peterssen 1992, S. 88)* entnommen worden war.
Nun, was sich ereignete, können Sie sicherlich erahnen: Das erwartete Schülerverhalten stellte sich meist nicht ein, und das geplante Lehrerverhalten liess sich eben nicht plangemäss realisieren. Von da an gab es für mich zwei Welten: die der Planung und die der unterrichtlichen Realität.

Damit sei im Übrigen kein spezifisches didaktisches Modell diskreditiert. Konzeptionen von Unterricht und Unterrichtsplanung erhalten ihre Prägung durchaus von didaktischen oder pädagogischen Theorien, die es lohnen, sich mit Ihnen zu beschäftigen. Nur möchte ich dies hier nicht tun. Ich wende mich dafür lieber dem Phänomen «Planung» generell und alsdann einigen Planungsaspekten zu, welche in meiner praktischen Erfahrung allmählich bedeutsam wurden und gleichzeitig auch in verschiedenen didaktischen Konzeptionen auftauchen.
Mein «Fall» des gescheiterten Planers als junger Lehrerstudent scheint nicht der einzige zu sein: Während theoretischer Ausbildungen aufgebaute und «instruierte» (Berufs-)Einstellungen werden offensichtlich nach Berufseintritt im Zuge des so genannten Praxisschockes häufig wieder relativiert *(vgl. Dick 1996, S. 30)*, die Diskrepanzen zwischen pädagogisch-didaktischen Inhalten und dem praktischen beruflichen Handeln sind allgegenwärtig *(vgl. Wahl 1991, S. 3)*. Zumindest bei Berufsanfängern stellt sich bezüglich Brauchbarkeit von Theorien in der Regel eine Desillusionierung ein.
Ausbildungssituationen sind offensichtlich unberechenbar und «kontingent», d.h. durch ein hohes Ausmass an Unbestimmtheit, Mehrdeutigkeit, Unvorhersehbarkeit und Komplexität gekennzeichnet. Generelle Merkmale von komplexen Situationen und Systemen sind nach *Dörner/Schaub (1995, S. 38)*:

- Vielzahl von Variablen
- Vernetztheit
- Eigendynamik
- Intransparenz
- Polytelie.

Unter Polytelie verstehen *Dörner et al. (1994, S. 21)* eine Art von «Vielzieligkeit», welche das Beachten von mehreren Zielen, die zum Teil in kontradiktorischem Verhältnis zueinander stehen, notwendig macht.
Gelegentlich kann paradoxerweise sogar ein Ziel B nur erreicht werden, wenn Ziel A wieder aufgehoben wird …
Folgende Merkmale (*nach Doyle in: Dick 1996, S. 74 ff.*, vgl. auch Kap. I, 3.4) schlüsseln diese Komplexität* in Bezug auf Ausbildungssituationen nun etwas konkreter nach verschiedenen Gesichtspunkten auf:

**Multidimensionalität**
In Ausbildungssituationen ist eine Vielzahl von Aufgaben zu bewältigen und es gilt, mit einer Fülle von Ereignissen klarzukommen und «fertigzuwerden».

**Gleichzeitigkeit**
In Ausbildungssituationen geschehen viele Dinge zur gleichen Zeit, was die Regulierung des Unterrichtsgeschehens erschwert.

**Unmittelbarkeit**
In Ausbildungssituationen überstürzen sich die Ereignisse oft in raschem Tempo, was schnelle Reaktionsfähigkeit erfordert. Selten hat die Ausbildnerin/der Ausbildner Zeit, Entscheidungen sorgfältig abzuwägen.

**Unvorhersehbarkeit**
Ausbildungssituationen nehmen oft einen unerwarteten Verlauf. Unterbrechungen, Ablenkungen etc. machen es schwer, das Unterrichtsgeschehen zu prognostizieren oder längerfristig zu planen.

**Öffentlichkeit**
In Ausbildungssituationen exponiert sich die Ausbildnerin/der Ausbildner einem Publikum, welches aus ihrem/seinem Lehrverhalten Schlüsse zieht, hinsichtlich der Fähigkeit, Inhalte zu vermitteln, mit schwierigen Situationen umzugehen etc.

**Geschichtlichkeit**
In Ausbildungssituationen treffen sich Lehrende und Lernende teilweise in zeitlich ausgedehntem Rahmen. Einzelne Ereignisse stehen in einem übergreifenden Kontext und haben unter Umständen langfristige Auswirkungen.

* Nach *Herzog (1999, S. 348)* ist der klassische Begriff der Wissenschaft auf Kompliziertheit zugeschnitten, nicht auf Komplexität.
Kompliziert sind beispielsweise Systeme, welche aus einzelnen Elementen und deren Beziehungen bestehen, die sich analytisch zerlegen lassen.
Komplexität jedoch lässt sich weder determinieren noch voraussehen noch generalisieren.
Da nun «die Komplexität pädagogischer Situationen die Trivialisierung der Handlungsbedingungen nicht zulässt, besteht für pädagogische Technologien wenig Bedarf.» *(Herzog 1999, S. 358)*

Planungsverhalten kann und muss sich somit sehr unterschiedlich präsentieren:

> *«Manchmal ist es notwendig, genau zu analysieren, manchmal sollte man nur grob hingucken. Manchmal sollte man sich also ein umfassendes, aber nur «holzschnittartiges» Bild von der jeweiligen Situation machen, manchmal hingegen sollte man den Details viel Aufmerksamkeit widmen. Manchmal sollte man viel Zeit und Energie in die Planung stecken, manchmal sollte man genau dies bleiben lassen. Manchmal sollte man sich seine Ziele ganz klar machen und erst genau analysieren, was man eigentlich erreichen will, bevor man handelt. Manchmal aber sollte man einfach «loswursteln». Manchmal sollte man mehr «ganzheitlich», mehr in Bildern denken, machmal eher «analytisch». Manchmal sollte man abwarten und beobachten, was sich so tut; manchmal ist es vernünftig, sehr schnell etwas zu tun.» (Dörner 1998, S. 298)*

Geplante Handlungen existieren somit nur im Rahmen einer modellhaften Wirklichkeit, die Ausführung der Handlung konfrontiert den Handelnden mit der Realität des menschlichen Seins. Reelle Handlungen sind nicht Exekution von ausgedachten Plänen.
Hermann Forneck schreibt: *«Professionelles Handeln kann immer nur bezogen auf extrem unterschiedliche, indifferente institutionelle, gesellschaftliche und organisatorische sowie in sich kurzfristig wandelnden Kontexten eingebettete Situationen adäquat sein. In diesen existiert keine kausale Gestaltungsmöglichkeit, da in diesen Situationen Menschen interagieren.» (Forneck 2001, S. 12)*
Indem wir handeln, werden wir uns sozusagen fremd, erfahren uns «ungeplant». Diese «Fremdheit unser selbst» kann dann Anlass werden, uns und unser Verhalten besser ken-

nenzulernen. Reflexion und Selbsterkenntnis wären demnach eine «produktive» Konsequenz des unvermeidlichen Scheiterns unserer reellen Handlungen.
Die komplexen Bedingungen der Anwendung von (Ausbildungs-)Wissen sind in diesem Wissen selbst meist nicht enthalten. Notwendig wird daher die sogenannte «reflexive Kompetenz» (vgl. auch Kap. I, 3.4).
Die Professionalität von Ausbildungsberufen zeigt sich infolgedessen nicht an der Form des Wissens, sondern im Umgang damit in komplexen Situationen.
Demnach könnte sich durch die Analyse des eigenen Handelns in komplexen Situationen im Sinne der Selbstreflexion zeigen, ob die eigenen Vorstellungen von Realität zutreffen oder nicht. Und dieses wiederholte Üben von Antizipation und Reflexion liesse uns schliesslich tendenziell Situationen besser einschätzen – was voraussichtlich seine Zeit dauern dürfte.
Vielleicht lässt gerade die Überforderung solcher Unbestimmtheit reeller Situationen und die Forderung nach Geduld und «langem Atem» den Mythos der Didaktik als Machbarkeitsillusion der linearen «Menschen-Veränderung» immer wieder neu beleben.
*Oelkers* schreibt dazu: *«Die neue wird wahrgenommen als die patente Lösung, für diese Erwartung muss die heterogene und widerständige Praxis zu einem innovativen Bild zusammengezogen werden.» (Oelkers 1997, S.16)*
Oder vielleicht haben ganz einfach *«Pädagogen eine geheime Neigung zum Menschen machen.» (Hentig 1996, S. 29).*
Latent dogmatische, appellative und moralische Doktrinen prägen scheinbar didaktische und methodische Konzepte seit jeher *(vgl. Künzli 1998), Bourdieu* schrieb von einem *«scholastischen Trugschluss» (1993).*
Dieser Trugschluss widerspiegelt sich im Übrigen auch in Form von Versprechungen in vielen Konzepten zur Ausbildung von Ausbildenden (gerade bzgl. Kompetenz- und Zielformulierungen, vgl. auch Kap. I, 2.3), was wiederum irrationale (Heils-)Erwartungen bei Lernenden weckt oder unterstützt.
*«Die Teilnehmer/innen sind in der Lage, humorvoll zu intervenieren»,*
las ich letzthin in der Zielformulierung eines Tageskurses.
(Irgendwie erinnerte mich das an Europareisen mit der Überschrift *«Europe in three days – Pope included».* )
Zweifellos wäre es interessant, der Überlegung nachzugehen, ob es traditionsgemäss zur pädagogischen Aufgabe gehöre, Humor zu vermeiden …

**Fitness per Post**
Mit seiner Körpergestalt unzufrieden und der Hänseleien überdrüssig, belegte Mulla Nasrudin eines Tages einen Fernkurs im Bodybuilding.
Als er mit den Lektionen fertig war, schrieb er an die Akademie: «Ich bin nun mit dem Kurs zu Ende gekommen. Bitte schickt die Muskeln.»
*(Aus: Fischer 1993, S.109)*

Paradoxerweise existieren sogar schon unzählige Ratgeber für den Umgang mit Komplexität. Der Management-Guru *Charles Handy* schrieb 1996 ein Buch mit dem Titel *«Ohne Gewähr. Abschied von der Sicherheit – Mit dem Risiko leben lernen» (Handy 1996).* Der Markt für die Sehnsucht nach Entkomplizierung blüht; zum Glück sind lernfähige Menschen mitunter auch unbelehrbar!

***«‹Wo der Baum der Erkenntnis steht, ist immer das Paradies›, so reden die ältesten und die jüngsten Schlangen.»***

*Nietzsche 1988, S.83*

Lehrende sind also gezwungen, in Sekundenschnelle Situationen zu identifizieren und wirksame Handlungsweisen auszuwählen. *Wahl (1995, S. 61)* nennt diese Kompetenzen «Situationsauffassung» und «Handlungsauffassung». In dieser Schnelle (und erst recht bei emotionaler Belastung) müssen sie sich eher an den eigenen so genannten «subjektiven Theorien» (vgl. Kap. I, 3.3) als an wissenschaftlichen Ausbildungsinhalten orientieren.
Routinierte Experten (sog. «reflective practicioners» *nach Dewey 1933 und Schön 1983 in: Dick 1996, S.96 ff.,* vgl. auch Kap. I, 3.4) können im Sinne eines methodischen Repertoires «Register ziehen» und halten sich dabei nicht an klischeehafte Automatismen sondern an eine Art von «knowing in action» *(nach Schön 1983, in: Herzog 1999, S. 359)*; jeder neue «Registerzug» führt so zu einer Ausweitung des Handlungsspielraums, indem er durch Analogien und Vergleiche mit anderen Situationen handlungsrelevantes Wissen verdichtet.
Bei wenig erfolgreichem Handeln werden nicht selten die eigenen Vorstellungen als «veraltete» Prozesse und Strukturen beibehalten, obwohl eigentlich «besseres» Wissen schon verfügbar wäre.
Interessant dabei ist, dass bei Erfolg offensichtlich Selbstreflexion unnötig zu werden scheint, was jedoch gefährlich sein kann, da unter gewissen Umständen eine als erfolgreich erfahrene Problemlösung in einer anderen Situation plötzlich zum Misserfolg führt. Misserfolg wiederum stellt in der Regel das eigene Selbstbild auf die Probe, was wiederum die Ursache für einen weiteren Misserfolg werden könnte (vgl. «Teufels-/Engelskreis», Kap. IV, 2.9).

Ein mit mir befreundeter Lehrer genoss an seinem Wohn- und Arbeitsort über Jahrzehnte hinweg einen ausserordentlich guten professionellen Ruf: Kinder, Eltern und Behörden mochten ihn und respektierten ihn als kompetente Fachperson.
In den wenigen Arbeitsbegegnungen, welche ich mit ihm hatte, fiel mir seine Souveränität im Umgang mit schwierigen Situationen und Kindern auf; offensichtlich wurden ihm auch meist die schwierigsten Schüler zugeteilt, ohne dass ihn dies zu stören oder gar zu belasten schien. Was mir aber auch auffiel, war, dass er über seine offensichtlichen Kompetenzen nicht sprechen konnte. Auf Fragen wie «wie machst du das?» reagierte er in der Regel hilflos und antwortete etwa «einfach so». Diese Bescheidenheit machte ihn wiederum v.a. bei den Eltern seiner Schüler als unlehrmeisterhaftes «Naturtalent» nur noch sympathischer.
Nach 30 Dienstjahren erhielt er eine neu zusammengesetzte Schulklasse (seine elfte), mit welcher er vom ersten Tag an massive Schwierigkeiten hatte. Die explosive multikulturelle Mischung der Gruppe verhinderte ihm den Zugang zu den Kindern, Gewalt und Disziplinprobleme waren an der Tagesordnung.
Nach einem Jahr Ringen und Kämpfen sank das Selbstvertrauen des Lehrers tief, im Lichte der Umwelt «versagte» er zusehends, man munkelte in der Elternschaft etwas von «Burn out» oder «älter werden»; der vormals langjährige Erfolg war schnell vergessen.
Und: Besagter Lehrer konnte nicht erklären, was nicht funktionierte, «es» ging einfach nicht mehr, was bisher immer gegangen war, Analyse- und Reflexionsinstrumente fehlten ihm vollständig. Er stand vor einem psychischen Zusammenbruch.
Nun, «er schaffte die Kurve» knapp wieder. Dies mit Hilfe einer zweijährigen Begleitung als Unterstützung und Reflexionshilfe sowie einer Portion Respekt vor eventuellen weiteren Überraschungen.
Ich mag mich erinnern, wie gespannt und unsicher er seine nächste neue Klasse übernahm …

Glücklicherweise wird er seinem alten Ruf wieder gerecht und vermag nun sogar zusehends seine erfolgreichen Strategien zu erklären.

Was lässt sich nun zu möglichen Planungsstrategien für komplexe Situationen sagen?

- Feste gültige Regeln (wie: «Wer wagt, gewinnt») gibt es nicht für alle Problemsituationen.
- Planen als Entwurf von reellen Handlungen kann als *«Synthese eines Weges durch ein Labyrinth von Möglichkeiten hin zum erwünschten Ziel» (Dörner 1995, S. 41)* bezeichnet werden.
- «Internes Probehandeln» kann nicht im Sinne eines naiven Planungsoptimismus davon ausgehen, dass alles reibungslos vonstatten geht.
- Planung geschieht leider häufig hypothesenbestätigend, statt problemgeleitet. Individuelle Erinnerungsspuren und spekulative Vorwegnahmen erschweren dann die Modifikation von Planung.
- Einer der bedeutsamsten Planungsfehler ist *(nach Dörner 1995, S. 42)* die sog. «Rumpelstilzchen-Tendenz» («Heute back ich, morgen brau ich, übermorgen hol ich der Königin ihr Kind!»): Im Sinne einer Dekonditionierung werden Bedingungen weggelassen, obwohl reale Handlungen immer nur unter bestimmten Umständen Erfolg haben können. Denken Sie z. B. an die Bedingungen, welche man als «hidden curriculum» (heimlicher Lehrplan) oder «hidden agenda» bezeichnet *(vgl. Zinnecker 1975)* oder an vorgegebene institutionelle Rahmenbedingungen wie Räumlichkeiten, curriculare Vorgaben, etc. als bedingende Einflussfaktoren (vgl. auch die «Bedingungsanalyse» in diesem Kapitel, 3.).
- Gelegentlich ist Planung wirklich falsch am Platz. In unplanbaren Situationen zu planen kann sich schlimmer auswirken, als wenn man gar nicht plante.
- Der wichtigste Planungsfaktor ist meines Erachtens die analysierte Erfahrung eigenen Verhaltens in komplexen Situationen.

Demnach lassen sich viele praktische Aspekte von Unterricht (z. B. die Teilnehmer/innen) nicht verplanen und viele Widerborstigkeiten nicht vorhersehen; zumindest hat jede Planung den Charakter von Vorläufigkeit.
Wobei pragmatisch zu bedenken ist, dass der Planung nicht nur eine Steuerungsfunktion zukommt sondern sie auch das «schlechte Gewissen» von Lehrenden beruhigen kann und (zumindest vorläufig) Sicherheit verschafft *(siehe auch Kühl 2000, S. 14)*; nicht zu unterschätzen ist zudem die Legitimationsfunktion für kontrollierende und qualifizierende Instanzen (wer sichtbar plant, arbeitet ...).

Wenn ich nun nach *Siebert (2000, S. 4)* die drei Planungsdimensionen

- Curriculare Planung (Auswahl von Inhalten, Lernzielen nach vorgegebenen Richtlinien, Lernzeiten und -orten, ...)
- Vorüberlegung möglicher inhaltlicher und methodischer Alternativen/Varianten im Blick auf Vorkenntnisse, Art und Grösse von Teilnehmer(gruppen)
- Mentale Einstellung der Lehrperson auf Überraschungen

in Betracht ziehe, werden Sie bemerken, dass die erste Dimension im Sinne unseres Berufsauftrages in ihrer Festlegung meist unumgänglich ist. Die zweite Dimension muss

uns im Sinne der Teilnehmer/innenorientierung (siehe auch «didaktischer Planungs- und Reflexionsaspekt A» in diesem Kapitel) als erwachsenenbildnerisches Primat beschäftigen und wird deshalb in meinen späteren Ausführungen auch reichlich behandelt. Die dritte Dimension erscheint uns zwar von hoher Bedeutung, ist aber eben nicht ganz so einfach zu üben und zu operationalisieren.
Trotz aller Schwierigkeiten erachte ich das Antizipieren von Handlung und Realität, den Arbeitsentwurf als Modell von Realität und dessen Überprüfung durch die Realität im Sinne einer sich zirkulär und nicht linear entwickelnden Professionalität als unabdingbar. Auch wenn der planerische «Allmachtsanspruch» immer wieder enttäuscht wird und zu Resignation führen kann.
Planen kann sicherlich scheitern, deswegen aber problemvermeidend nicht mehr zu planen, wäre verheerend; die Ambivalenz ist auszuhalten und Improvisation hat ohne kreativ nutzbare Ausgangslage keine Chance.
Vielleicht ist es auch von Nutzen, sich immer wieder bewusst in sogenannten «emergency rooms» einer Vielzahl von heterogenen Problemsituationen in komplexer Unbestimmtheit auszusetzen, um durch solches Probehandeln in möglichst authentischer Umgebung sich selber und sein Verhalten kennenlernen zu können.

Ich hoffe, dass ich deutlich machen konnte, dass Planung nach meinem Verständnis nicht linear und technokratisch zu verstehen ist und Unterrichtsvorbereitung nur einen kleinen Teil der Planungsarbeit darstellt. Leider legitimiert gerade schriftliche Unterrichtsvorbereitung die Unterrichtsarbeit oft zu sehr, weil da eben «Arbeit» schwarz auf weiss sicht- und messbar wird.
Zudem bin ich der Überzeugung, dass die «nachbearbeitende» Reflexion zentraler Bestandteil von Planung ist, weil eben «Vorbereitung» immer auf «Bearbeitung» in der Gegenwart und «Nachbearbeitung» von reellen Geschehnissen fusst.
Auch die «Vorbereitung» würde ich begrifflich lieber durch «Vorbearbeitung» (siehe auch den Untertitel dieses Buches) ersetzen, da das vorgängige Entwickeln von Alternativen, Entwerfen und Verwerfen von Szenarien, Eindenken und -fühlen in Situationen und Menschen für mich viel eher bearbeitenden als bereitstellenden Charakter hat.
Die folgenden Reflexionsthesen – welche anzunehmen, zu verwerfen oder zu diskutieren sind – mögen Ihnen nun Hinweise über Ihr Planungsverhalten bzw. Ihre «Vorbearbeitung» von Ausbildungssituationen geben.

**Reflexionsthesen «Planung»:**
**Zu welcher Art von Planungs- (und Planungs-Vermeidungs-) Strategien tendiere ich? (leicht verändert aus *Wahl et al. 1995, S.126/127*)**

- **Ich plane recht genau, nehme auch mögliche Fragen und Einwände der Teilnehmer/innen vorweg. Das gibt mir mehr Sicherheit.**
- **Ich plane nur wenig wichtige Punkte, damit Raum für Spontaneität und Improvisation bleibt.**
- **Die sachliche Vorbereitung ist das Wichtigste. Der Rest findet sich.**
- **Im Grunde lohnt es sich gar nicht zu planen. Es kommt doch immer anders als man denkt.**
- **Ich schieb' die Planung immer auf bis «zum letzten Drücker».**

- **Ich lasse mich von tausend Dingen von der Vorbereitung ablenken.**
- **Meist nehme ich eine schon fertig ausgearbeitete Planung. Da steht alles Wichtige drin.**
- **Manchmal vergesse ich es ganz einfach, mich auf den Unterricht (Vortrag, Seminar) vorzubereiten.**
- **Die besten Einfälle kommen mir unmittelbar vor oder während des Unterrichts.**
- **Eine genaue Planung hilft mir, den roten Faden nicht zu verlieren.**
- **Wenn ich mich wirklich gut vorbereitet habe, und es trotzdem schief geht, ärgere ich mich ganz besonders.**
- **Von einem überzeugenden Einstieg hängt alles ab. Der Rest läuft dann von selbst.**
- **Das Entscheidende lässt sich nicht planen: Persönliche Ausstrahlung und Atmosphäre kann nur in der Situation selbst entstehen.**
- **Bei der Planung verzettele ich meine Energie oft auf Details und verliere das eigentliche Ziel aus den Augen.**
- **Ich lehne mich gern an vorhandene Unterlagen an. Das führt dazu, dass ich die Planung nicht wirklich eigenständig gestalte.**

***Man soll das Jahr nicht mit Programmen***
***beladen wie ein krankes Pferd***
***Wenn man es allzu sehr beschwert,***
***bricht es zu guter Letzt zusammen.***

***Je üppiger die Pläne blühen,***
***um so verzwickter wird die Tat.***
***Man nimmt sich vor, sich zu bemühen,***
***und schliesslich hat man den Salat!***

***Es nützt nicht viel, sich rotzuschämen.***
***Es nützt nichts, und es schadet bloss,***
***sich tausend Dinge vorzunehmen.***
***Lasst das Programm! Und bessert euch drauflos!***

*Erich Kästner 1969*

## 2. Balance und Bewegung – didaktische Planungs- und Reflexionsaspekte

In folgender Mobile-Darstellung (leicht verändert nach *Knoll 1993, S. 27*) finden Sie ausgewählte bewegliche Elemente und Einflussfaktoren von Unterricht und Ausbildung, welche sich jeweils in subtilem Gleichgewicht oder gelegentlich eben auch nicht «im Lot» befinden – die Grösse der Elemente spielt dabei eine untergeordnete Rolle.
(Scheinbar) kleine Veränderungen können durchaus bedeutsame Wirkungen zeigen und nicht immer intendierte Bewegungen auslösen.
Vernetztheit und Eigendynamik schaffen damit ein komplexes System.

## BALANCE UND BEWEGUNG

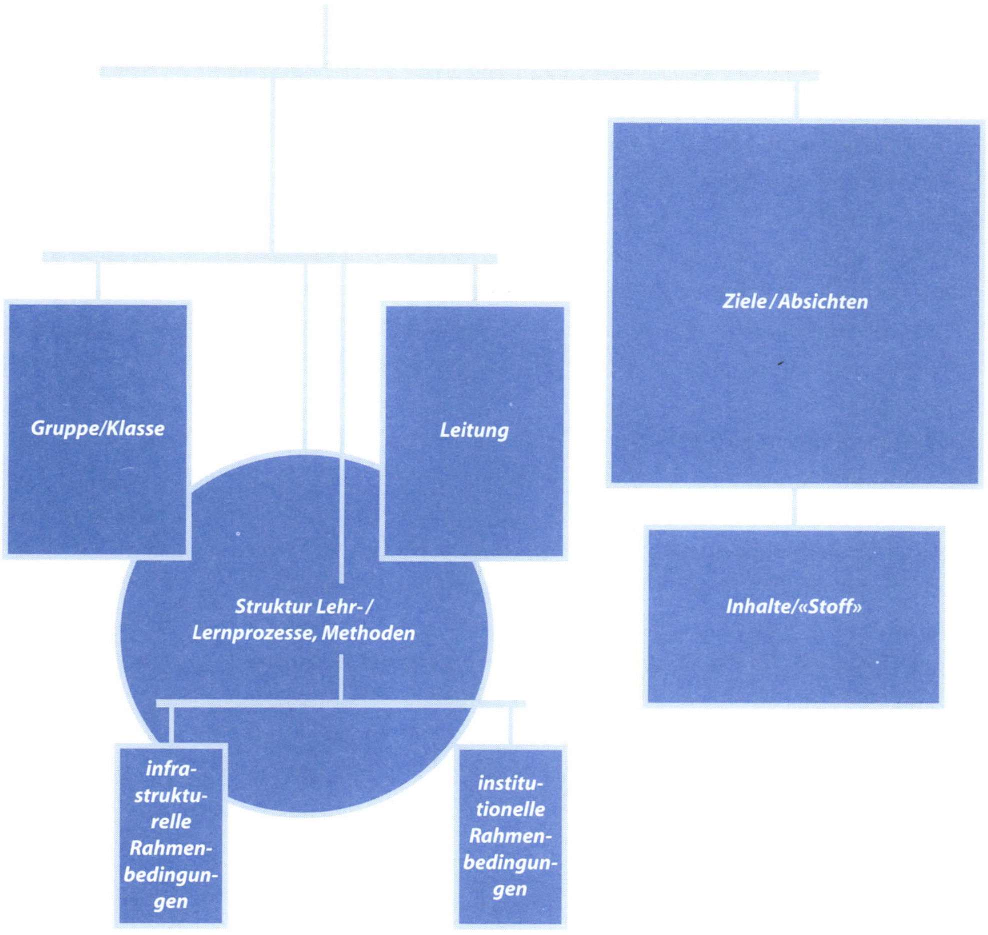


*nach Knoll 1993, S.27*

**Reflexionsfragen**

**«Vor- und Nachbearbeitung von Bildungsveranstaltungen» (leicht verändert nach *Knoll 1993, S. 28*)**

**Untersuchen Sie eine Bildungsveranstaltung, die Sie entweder als Teilnehmer/in erlebt oder als Leiter/in vorbereitet und durchgeführt haben. Benutzen Sie als Hilfsmittel für die Analyse die Mobile-Grafik. Notieren Sie zu den einzelnen Elementen (Einflussfaktoren), was Sie im Blick auf die untersuchte Veranstaltung wissen oder vermuten.**

- **Welche Einflussfaktoren erweisen sich im Nachhinein als besonders bedeutsam? Welche Elemente beeinflussen einander sichtbar?**
- **Bei welchen Einflussfaktoren lässt sich ein bewusstes Entscheidungs- und Gestaltungshandeln erkennen oder wenigstens vermuten?**
- **Welche Einflussfaktoren wirken sich eher ungeplant aus oder wurden möglicherweise gar nicht vorbedacht?**

- **Was hätte bei einzelnen Einflussfaktoren anders gemacht werden können, um eine bessere Gesamtbalance der Veranstaltung zu erreichen?**
- **Wie empfanden Sie das Verhältnis von Planungsumsetzung und situativer Gestaltung?**

Im Folgenden werde ich fünf solcher Planungs- und Reflexionsaspekte, welche ich für Unterrichtsvor- und -nachbearbeitung als relevant einschätze, künstlich isolieren und einzeln beleuchten.
Dabei subsummiere ich die Elemente «Gruppe», «Leitung» und «Rahmenbedingungen» (siehe Mobile) vor allem unter den Aspekt A (siehe unten). Wir beschäftigen uns später spezifischer mit den Themen «Gruppe» und «Leitung» (im Kapitel III), die Thematik «Organisation» als Rahmenbedingung für Lehr-/Lernprozesse wird im Kapitel VII eingehend behandelt.
Als zusätzlicher – im wahrsten Sinne des Wortes «nachträglicher» – Aspekt erscheint unter F die «Evaluation».
Ich kann einem etwaigen Anspruch auf Vollständigkeit nicht genügen: So fehlen in meinen Ausführungen beispielsweise unter Aspekt D Angaben zum Umgang mit Medien und Hilfsmitteln. Ich verweise hier auf einschlägige Fachliteratur.

**Didaktische Planungs- und Reflexionsaspekte – Übersicht**
Aspekt A: Voraussetzungen/Bedingungen
Aspekt B: Absichten und Lernziele
Aspekt C: Lerninhalt/Thematik/«Stoff»
Aspekt D: Gestaltung von Lehr-/Lernprozessen
Aspekt E: Methoden
Aspekt F: Evaluation

Bevor wir die einzelnen Aspekte näher beleuchten, bitte ich Sie, für sich die folgenden Fragen zu beantworten oder zu diskutieren:

**Reflexionsfragen «Begabung versus Lernen»**
- **In welchen didaktischen Aspekten fühlen Sie sich in Ihrer Ausbildungspraxis «planungs- und gestaltungssicher», wo streben Sie eine Kompetenzerweiterung an?**
- **Wie stehen Sie zur «Bluttheorie»?**
**(Die Auseinandersetzung darüber, ob Unterricht Kunst oder Fertigkeit ist, gibt es solange, wie es die Didaktik gibt. Bei der «Kunstorientierung» (Stichworte «Choreographie des Unterrichtes», «Architektur des Lernens», ...) wiederum darf darüber gestritten werden, ob Kunst lernbar sei oder ob man Begabungen sozusagen «im Blut» habe, wobei unbestritten zu sein scheint, dass es so etwas wie natürliche didaktische Kompetenz gibt *(vgl. Herzog/von Felten 2001, S. 22/23)*. Wenn Sie wollen, können Sie als Anregung dazu das didaktische Märchen «Der Schwimmlehrer» von *Detlev Cramer* lesen. Sie finden es am Schluss dieses Buches.)**

- **Wo verfügen Sie Ihrer Einschätzung nach über Begabungen, welche Begabungen sagt man Ihnen nach? Wie könnten Sie diese durch - Planungsprofessionalisierung oder Reflexionsübung optimal einsetzen?
Wo würde eine genaue Planung Ihre Begabungen eher einschränken?**

## 3. Aspekt A: «Heute back ich, morgen brau ich …»

### 3.1 Bedarfsanalyse

Die so genannte Bedarfsanalyse gehört im eigentlichen und engeren Sinne nicht zur Unterrichtsplanung, sie ist vielmehr Teil eines umfassenden Bildungsmanagements *(vgl. Fröhlich/Thierstein 2001)*. Trotzdem möchte ich hier kurz darauf eingehen, weil meiner Ansicht nach die Arbeit an der Schnittfläche von (Teilnehmer/innen-) Erwartung und Angebot einen starken Einfluss bis in den «Mikrobereich» des Unterrichtsgeschehens hinein hat.
Unter «Bedarf» verstehe ich die Erwartungen der Arbeitgeber oder des beruflichen und gesellschaftlichen Kontextes von Kursteilnehmer/innen («objektive» Seite), unter «Bedürfnis» die individuellen Erwartungen der Kursteilnehmer/innen selber («subjektive» Seite). Aus Sicht eines Unternehmens werden interne Bildungsangebote konzipiert oder externe «eingekauft», dies häufig auch im Zuge von Organisations- und Personalentwicklung. Die Herleitung solcher Bildungsangebote geschieht meist mittels auf übergeordneten Strategien basierenden Anforderungsprofilen oder auf Grund von Schwachstellenanalysen *(vgl. Götz/Häfner 1992, S. 47 ff.)*. Marktorientierte Bildungsorganisationen müssen ihre curricula und Angebote jeweils aktuellen Erfordernissen anpassen, indem sie beispielsweise Marktanalysen erstellen, um dadurch ihr zukünftiges Zielpublikum zu definieren und dessen Erwartungen zu eruieren *(vgl. Gerhard 1992)*.
In berufsbildenden und zertifizierenden (Hoch-)Schulen «kaufen» Kunden in der Regel bestehende Bildungspakete, welche den definierten Bedarf decken, ohne dass dazu auf den ersten Blick eine spezielle Bedarfsabklärung notwendig erscheint.
Trotzdem – und nun gelange ich wieder in die Nähe des Unterrichtsgeschehens – ist im Vorfeld von Bildungsveranstaltungen die Bedarfserhebung im Sinne der «Feinabstimmung» manchmal unerlässlich.
Ein solcher Kontakt kann Wochen vor der eigentlichen Veranstaltung geschehen und damit die vorbereitende Planung erleichtern, gleichzeitig die Teilnehmer/innen begrüssen sowie ins Thema einstimmen oder aber im Vorfeld einer Ausbildungssequenz Vorkenntnisse, Interessen, Wünsche und Erwartungen klären.
Auch wenn Kursausschreibungen deutlich formuliert sind und damit «Vertragsstatus» haben, neige ich dazu, bei Präsenz aller Beteiligten zu Beginn eines Kurses eine «Feinkontraktierung» vorzunehmen, um «Blindflüge», soweit dies möglich ist, zu vermeiden *(vgl. auch Döring 1992, S. 41 ff.)*.
Dies kann zum Beispiel dadurch geschehen, dass ich Teilnehmer/innen auffordere, bei einer Vorstellungsrunde gleichzeitig kurz und prägnant eine (brennende) Frage oder ein Problem zu formulieren, welche(s) man am Schluss der Veranstaltung beantwortet/behandelt haben möchte. Diese Fragen/Probleme können – vor allem wenn sie transpa-

rent auf einem Plakat oder auf Pin-Wänden sichtbar bleiben – als inhaltliche Leitfragen durch die Veranstaltung begleiten.

### 3.2 Einführung in die Bedingungsanalyse

Mit Hilfe der Bedingungsanalyse lassen sich vor der eigentlichen Verlaufsplanung von Bildungsveranstaltungen Einflussfaktoren an den Eckpunkten «Inhalte», «Teilnehmer/innen» (TN) und «Kursleitung» (KL) im Kontext von Institution und Gesellschaft einschätzen.

#### *ECKPUNKTE UND KONTEXT*

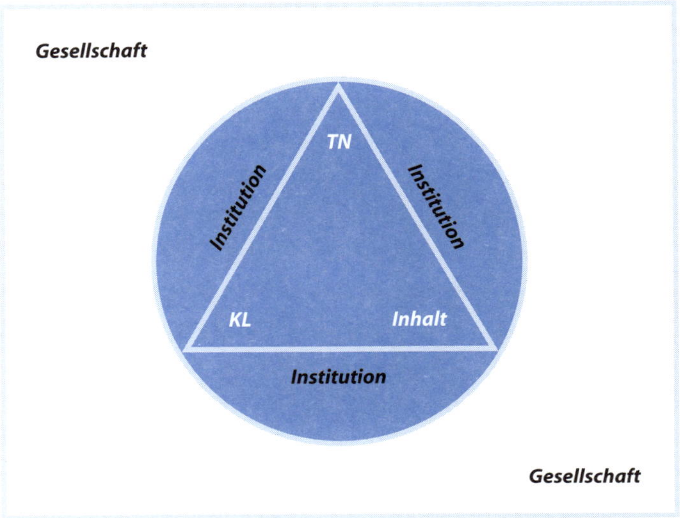


Die Bedingungsanalyse wird leider sowohl in Planungsinstrumenten als auch in der alltäglichen Planungs- und Reflexionsarbeit eher als Stiefkind behandelt. Dabei wird meines Erachtens unterschätzt, dass die Bedingungsfaktoren – z. B. der sog. Kontexteinfluss – eine starke Wirkung auf das Geschehen in Lehr-/Lernsituationen ausüben.
Für freiberufliche Kursleiter/innen, welche kurze Kurse mit wechselnden Gruppen an verschiedenen Orten anbieten, ist die Analyse von Voraussetzungen unabdingbar; jedoch auch kontinuierliche Bildungsarbeit in Organisationen bedarf gelegentlich – im Speziellen in Einstiegs- oder Konfliktsituationen – einer genauen Bedingungsanalyse.
Natürlich lassen sich auch mit einer Bedingungsanalyse nicht alle Zu- und Einfälle im Voraus planen. Wir können uns aber damit in Ausbildungssituationen «einstimmen» und uns eines Teils der strukturellen sowie der psycho-sozialen Ebene (siehe Eisbergmodell Kap. III, 1.2) bewusst werden.

### 3.3 Fragen zur Analyse der Bedingungen und Voraussetzungen (überarbeitete AEB-Kursunterlage)

Die Klärung der folgenden Fragen bildet die Grundlage für eine erfolgreiche Planung oder Reflexion einer Bildungsveranstaltung. Je nach Veranstaltung sind einzelne Fragen mehr, andere weniger zu gewichten.

**Institutionelle Bedingungen**

| | |
|---|---|
| Rahmen: | In welchem grösseren Rahmen steht die Veranstaltung? (Curriculum, Ausbildungsgang, ideeller Hintergrund/Kultur/Struktur der Institution, Zusammenarbeit mit Kolleginnen/Kollegen etc.) |
| Infrastruktur: | Wie ist der Lernort erreichbar?<br>Wie ist er beschaffen? (Ausstattung, technische Hilfsmittel, Sitzordnung, Arbeitsmittel etc.)<br>Wie ist der zeitliche Rahmen?<br>Welche finanziellen Mittel habe ich zur Verfügung? |

**Ausbildner/in**

| | |
|---|---|
| Standort: | Wie lautet mein Auftrag?<br>Welches ist meine institutionelle Funktion/Rolle?<br>Wofür bin ich qualifiziert?<br>Welche Grundsätze des Lernens sind mir wichtig?<br>Wie ist mein Bezug zum Thema? |
| Zielsetzung: | Welche generellen Ziele verfolge ich explizit und implizit?<br>Gibt es dabei Unterschiede zu den Zielen der Institution? |

**Teilnehmer/innen (Zielgruppe)**

| | |
|---|---|
| Erwartungen: | Welche Erwartungen haben die Teilnehmer/innen (bzgl. Ausbildner/in, Inhalte, Methodik, Transfer, ...)?<br>Welche Ziele haben sie sich gesetzt? |
| Qualifikation: | Über welche beruflichen Qualifikationen verfügen die Teilnehmer/innen?<br>Welches Vorwissen ist vorhanden?<br>Über welche Problemlösestrategien, über wieviel methodisches Know-how verfügen sie?<br>Welche Interessen kann ich ausmachen? |
| Status/Rollen: | Welche Rollensets weisen die Teilnehmer/innen innerhalb ihrer Organisation auf? (Kaderpositionen, Untergebene etc.)<br>Welche «sozialen Schichten», Altersgruppen, «Berufskulturen» etc. sind vertreten? |
| Lerngruppe: | Was weiss ich über die Dynamik der Lerngruppe und ihre «Geschichte»? Kenne ich die Gruppe oder einzelne Teilnehmer/innen?<br>Wie sind meine allfälligen Erfahrungen/Beziehungen?<br>Kennen sich die Teilnehmer/innen oder einzelne davon?<br>Welche Einstellungen, Vorurteile etc. könnte ich antreffen?<br>Wie ist das Verhältnis Frauen-Männer?<br>Mit welchen Störungen/Schwierigkeiten muss ich rechnen? |

### 3.4 Teilnehmer/innenkontext und Teilnahmemotivation

Gerade wenn Sie im Bereiche der Erwachsenenbildung arbeiten und Kurse ausschreiben, ohne die Teilnehmer/innen zu kennen, müssen Sie sich mit allfälligen Einstellungen und Kontextbedingungen ihrer zukünftigen Kursteilnehmer/innen beschäftigen.

Folgende Zusammenstellung *(aus Meisel et al. 1997, S. 23 nach Brokmann-Nooren 1994, S. 284)* gibt eine gute Übersicht über Faktoren und Zusammenhänge, welche Weiterbildungs- und Teilnahmemotive von Bildungsveranstaltungen prägen.

### *ZUSAMMENHÄNGE ZWISCHEN SOZIALER LAGE, EINSTELLUNGEN, GESELLSCHAFTLICHEN BEDINGUNGEN UND TEILNEHMERMOTIVATION*

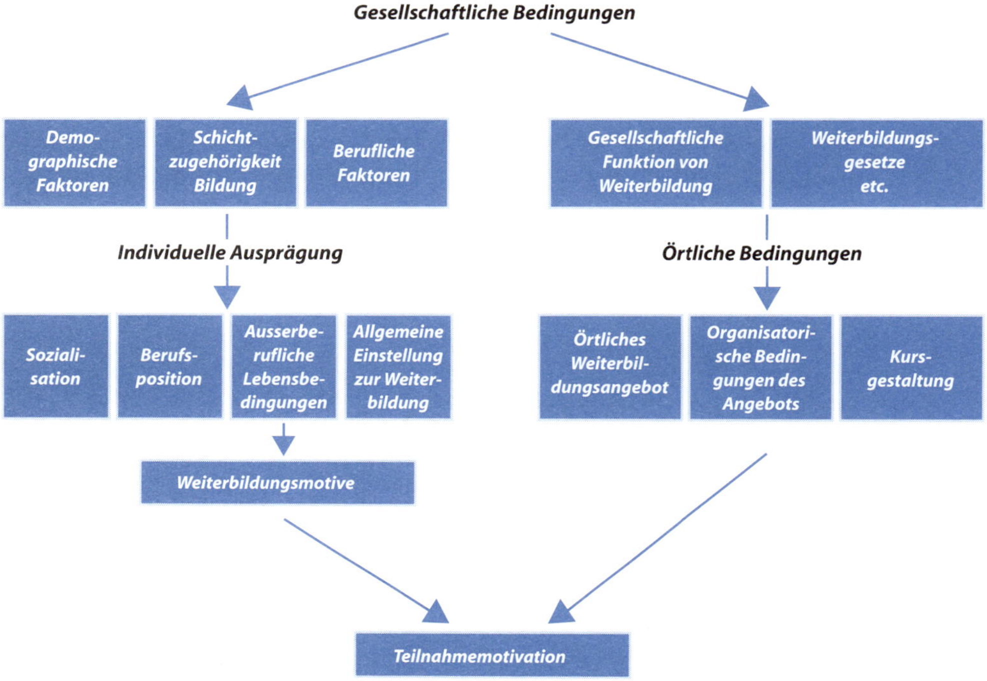


*aus Meisel et al. 1997, S. 23 nach Brokmann – Nooren 1994*

Deutlich wird hier einerseits, wie gesellschaftliche Bedingungen gleichzeitig Kundenmotivation und Anbieterstruktur prägen, andrerseits wie stark eine Teilnahmemotivation abhängig ist vom Gelingen der gegenseitigen Kontaktnahme und der «Erwartungsverhandlung» zwischen lernwilligen Individuen und « kompatiblen» Anbietern.

Bei der offensichtlich wachsenden Konkurrenzsituation zwischen den Anbietern wird Kundenorientierung und Kundenpflege von zusehends qualitätsbewussteren und motivierten Interessenten genau überprüft.

Wobei das für Weiterbildungsanbieter keine «Prostitutionsaufforderung» sein soll: Profil und Prägnanz äussert sich auch auf institutioneller Ebene im Signalisieren von Grenzen und Konturen; der Dialog mit Kunden soll auch Spannung und Auseinandersetzung zulassen. Auch das zählt für mich zur Kundenorientierung.

Eine interessante Längsschnittstudie *(Siebert 2001)* zeigt übrigens, dass in den letzten Jahrzehnten im deutschsprachigen Raum die Selbstsicherheit von erwachsenen Lernenden und ihre Bereitschaft, in Kursen aktiv mitzuarbeiten, sich in erheblichem Masse erhöht hat. Gleichzeitig habe die Kursleiterorientierung abgenommen, ohne dass der Lernbegriff sich erheblich verändert hätte. Das heisst, dass Ausbildende mit der paradoxen Situation konfrontiert sein dürften, autonome und selbstbewusste Lernende anzutreffen, welche traditionelles Belehrt-Werden einfordern.

### 3.5 Fallbeispiel Bedingungsanalyse

**Übung**

Folgende Denkübung soll Sie mit den obigen Analysekriterien vertraut machen. Sie ist als Gruppenarbeit gedacht, selbstverständlich können Sie das – im Übrigen authentische Beispiel – auch alleine analysieren.

**Anleitung**

a) Gruppieren Sie sich in freier Wahl zu dritt, maximal zu viert.
   Lesen Sie das folgende Fallbeispiel und diskutieren Sie entlang der beiden Fragestellungen (siehe weiter unten).
   Notieren Sie dabei Ihre wichtigsten Gedanken und Erkenntnisse zur Fragestellung 2.
   Als Hilfsmittel und Leitplanken können Sie die obigen «Fragen zur Analyse der Bedingungen und Voraussetzungen» benutzen.
b) Gruppieren Sie sich neu (wieder zu dritt, maximal zu viert), tauschen Sie Ihre wichtigsten Gedanken aus der vorherigen Gruppe bezüglich der Fragestellung 2 aus und diskutieren Sie darüber.

**Fallbeispiel**

S., 26 Jahre alt, unterrichtet seit einem Jahr in einem Teilpensum (50%) Buchhaltung und deutsche Korrespondenz an einer privaten Handelsschule, welche in einer zweijährigen Vollzeitausbildung (35 Lektionen/Woche) zu einem Handelsdiplom führt.
S. selbst hat eine kaufmännische Lehre absolviert, anschliessend die Höhere Wirtschaftsfachschule besucht und während einiger Jahre Praxiserfahrungen gesammelt.
An besagter Handelsschule unterrichten neben S. als einziger Frau fünf weitere Lehrer als Festangestellte: drei «alte Hasen» (10–15 Dienstjahre) in einem Vollpensum und zwei Kollegen (zwei und fünf Dienstjahre) in Teilpensen zwischen 70 und 80 Arbeitsprozenten. Zusätzlich arbeiten an der Schule ca. 30 Lehrbeauftragte (männlich und weiblich) in Kleinstpensen
Die Schule hat sich in einer alten Stadtvilla eingemietet; die Schulzimmer sind ca. 50 $m^2$ gross.
Die Schüler/innen (durchschnittlich 25 pro Klasse) sind zwischen 18 und 30 Jahre alt. Für die einen handelt es sich um die Erst-, für die anderen um eine Zweitausbildung. In der einen Klasse von S. (siehe weiter unten) haben drei Schülerinnen bereits eigene Kinder.
S. unterrichtet ihre beiden Fächer in zwei Klassen: je zwei Lektionen Buchhaltung sowie vier Lektionen deutsche Korrespondenz. Beide Klassen kennt sie seit einem Jahr, mit der einen hat sie bisweilen disziplinarische Probleme.

S. hat sich im Verlaufe des letzten Jahres auf eigene Kosten und in der Freizeit in diversen Weiterbildungskursen didaktische Kompetenzen erworben.
Von den anderen Lehrern und Lehrbeauftragten hat sich bisher niemand im Bereiche Didaktik/Methodik weitergebildet.
Bezüglich des Anforderungsprofils der Lehrer/innen hat die fachliche Kompetenz für die Schulleitung höchste Priorität.
Angeregt durch die Weiterbildungskurse nimmt S. sich vor, methodisch abwechslungsreicher zu unterrichten und den «Ball» vermehrt ihren Schüler/innen (im Sinne von aktiven Lerner/innen) zuzuspielen, statt fortwährend frontal zu unterrichten.
Erstmals arbeitet S. nun während einer Deutschsequenz (drei Lektionen) in ihrer einen (schwierigen) Klasse mit einer «Lernwerkstatt», in welcher verschiedene Schülergruppen nach spezieller schriftlicher Anleitung an verschiedenen Posten unterschiedliche Aufgaben lösen.
Der Unterricht gerät aus den Fugen: Die einen Schüler/innen tauschen sich mehrheitlich über Privates aus, andere verlassen zwischenzeitlich das Schulzimmer, wieder andere wirken gelangweilt etc.
Niedergeschlagen berichtet S. nach der verheerenden Unterrichtssequenz ihren Kollegen im Lehrerzimmer von ihrem Misserfolg.
Diese sagen S., sie hätten ihr dieses Debakel voraussagen können, denn …

**Fragestellungen zum Fallbeispiel Bedingungsanalyse**

- Welche Bedingungen könnten Ihrer Meinung nach für den Misserfolg von S. mitverantwortlich sein?
- Wie würden Sie sich als S. unter Einbezug einer genaueren Bedingungsanalyse weiter verhalten?

## 3.6 Bedingungsanalyse einer eigenen (geplanten oder abgehaltenen) Bildungsveranstaltung

**Übung**

Folgende Anleitung soll Sie dazu anregen, eine bevorstehende oder schon abgehaltene Bildungsveranstaltung auf Voraussetzungen und Bedingungen hin zu untersuchen. Gleichzeitig sind Sie dadurch angehalten, generell die institutionellen Bedingungen Ihrer eigenen Organisation zu überprüfen.
Die Übung ist wiederum als Gruppenarbeit mit Austausch konzipiert, die Analyse lässt sich aber auch als Einzelperson machen.

**Anleitung**

a) Gruppieren Sie sich in freier Wahl zu dritt oder zu viert. Arbeiten Sie nach Möglichkeit mit Kolleginnen oder Kollegen zusammen, welche Sie noch nicht gut kennen.
b) Notieren Sie in Einzelarbeit entlang des Fragenkataloges «Fragen zur Analyse der Bedingungen und Voraussetzungen» (in diesem Kapitel, 3.3) Ihre

Gedanken zu den Einflussfaktoren, die in Ihren «mitgebrachten» Bildungsveranstaltungen wirksam sind.

c) Tauschen Sie Ihre Notizen aus, stellen Sie kritische Fragen etc.
d) Erstellen Sie als Zwischenprodukt individuell ein Plakat mit den wichtigsten Angaben über die institutionellen Bedingungen Ihrer Bildungsveranstaltungen (inklusive Bezeichnung der Institution und Ihrem Namen). Hängen Sie das Plakat an einer Wand oder Pinwand in Ihrem Kursraum auf. Diese Galerie kann Sie auch nochmals mit den Praxisfeldern Ihrer Kolleginnen und Kollegen bekannt machen.

## 4. Aspekt B: Über Wikinger, Eisberge und zu entdeckende Kontinente

***«Die Utopie ist unerlässlich, der Magnet, der uns zwar nicht von diesem Boden hebt, aber unserem Wesen eine Richtung gibt in schätzungsweise 25 000 Alltagen.»***

*Max Frisch 1983, S. 336*

Die Lernzieltheorie *(vgl. Mager 1972 und 1983, Bloom et al. 1972)* hat die traditionelle Didaktik ein gutes Stück weg von der Dominanz der Inhalte hin zu den Lernenden gebracht. Zielformulierungen zwingen die Kursleiter/innen zwar zu einer differenzierten Beobachtung des Lernprozesses, verfügen aber auch – gerade unter dem Primat der Operationalisierbarkeit – über einen starken technologischen Zug, der dazu führen kann, dass nur noch gelehrt wird, was sachlich einwandfrei in Lernziele verpackbar ist.

Lernziele umfassen nie alle Aspekte einer Bildungsveranstaltung, schon gar nicht eines Bildungsprozesses. Nebenwirkungen von individuellen Lernprozessen sollen und können durch keine noch so genaue Lernzielbestimmung umfassend eingefangen werden.

Lernziele können auch dazu verleiten, zu schnell auf das Verhaltensziel («Endverhalten» nennen es die Lernzieltheoretiker) loszugehen; damit werden unter Umständen fruchtbare Neben- und Umwege des Lernprozesses umgangen.

Mindestens so wichtig wie die Lernzielformulierung in der Planung einer Bildungsveranstaltung ist die Rekonstruktion, das Zurückverfolgen des «roten Fadens», der nicht immer gezielt gelegt wird. Eine solche Nachbearbeitung ist für die eigene Positionsbestimmung und gegebenenfalls notwendige Zielrichtungskorrekturen unabdingbar.

Und doch erachte ich es als notwendig, in einem alle Beteiligten einbeziehenden Prozess minimale Standards (vgl. Kap. I, 2.4) zu formulieren, welche die Messlatte des zu Erreichenden unmissverständlich verdeutlichen, ohne dabei gleich technologischen Wirkungsfantasien anheimzufallen.

Vereinbarte transparente Standards sollen dabei auch als Kriterien für Übung, Reflexion und Überprüfung gelten.

Nicht zu unterschätzen ist zudem die Wirkung von transparenten Standards bezüglich des Schaffens einer gemeinsamen (Fach-)Sprache.

Ich werde hier also weder für operationalisierte Lernziele mit Verhaltensüberprüfung noch für Lernzieltaxonomien einstehen oder gar eine lernzieldidaktische Konzeption «salamididaktisch» reduziert präsentieren. Dafür sind Hinweise auf geeignete Literatur bei der Methode «Expertentagung Didaktische Theorien» zu finden (in diesem Kapitel, 7.2). Stattdessen lade ich Sie einmal mehr dazu ein, Ihre eigene Art von Zielorientierung unter die Lupe zu nehmen und dafür die nachfolgende Symbolik der «Schiffsmodelle» *(aus Hagmann/Simmen 1990)* zu benutzen:

## *DREI METHODEN, EIN ZIEL ZU ERREICHEN*

### *1. Die «Wikinger-Methode»*

***Man suche sich einen guten Führer und bete zu den Göttern, damit alles gut gehe.***
***(Wie uns die Geschichte lehrt, ist dies nicht ganz unproblematisch.)***

### *2. Die «Titanic-Methode»*

***Alles wird bis aufs kleinste Detail vorausgeplant, damit später nichts schiefgeht.***
***(In Wirklichkeit ersetzt die Planung manchmal den Zufall durch den Irrtum.)***

### *3. Die «Kolumbus-Methode»*

*aus Hagmann/Simmen 1990*

***a. Ein globales Ziel haben, damit man die Richtung bestimmen kann.***
***b. Ungefähr wissen, mit welchen Problemen man zu kämpfen haben wird, damit man sich vorbereiten kann:***
- ***Strömungen und Winde***
- ***menschliche Qualitäten***
- ***vorhandene Mittel***

***c. Die Instrumente besitzen, um täglich die Position zu bestimmen:***
- ***was war bis jetzt?***
- ***wo sind wir im Moment?***
- ***wie gehen wir weiter?***

**Reflexionsfragen «Zielerreichungsmethoden» (Schiffsmodelle)**

- **Können Sie sich tendenziell einem Modell zuordnen?**
- **Wie sieht oder sah bei Ihnen ein allfälliger «Schiffsmix» aus?**
- **Finden Sie für sich einen speziellen Schiffsnamen (z. B. «Bounty», ...)?**
- **Können Sie tendentielle Änderungen im Verlaufe der Anhäufung von Praxiserfahrungen in der «Schiffssprache» benennen? (z. B.: «Abnahme der Abhängigkeit von Leuchttürmen», ...)**
- **Mit welchen Modellen erlitten Sie schon Schiffbruch?**
- **Wie steht es um das Verhältnis von vorgegebenen Zielen und Ihrem Zielerreichungsverhalten?**
- **Haben Sie ein Ziel bezüglich Ihrer Methode der Zielerreichung?**

Nebst der Tatsache, dass Ziele in vielen Lehrplänen formuliert sind und Sie sich gezwungenermassen mit diesen beschäftigen müssen, erachte ich Ziele im Sinne von vereinbarten «Messlatten» als planungsfördernd und – wenn sie öffentlich gemacht werden – der allgemeinen Transparenz dienlich. Immer vorausgesetzt, dass ich nicht durch Zielsetzungen mich selbst zum Objekt meiner Planung und meine Teilnehmer/innen zum Objekt des Vorausgedachten mache ...
Meine Intentionen, Absichten oder Ziele können so mit Ansprüchen und Motiven von Lernenden verglichen werden, was wiederum zu einer Modifikation von Zielsetzungen führen kann.
Ein solcher kooperativer Planungsprozess schafft in der Regel gegenseitiges Vertrauen und eine gemeinsame Sprache. Die erwachsenenbildnerisch relevante so genannte «Teilnehmer/innenorientierung» kann damit vom Prinzip der «(Lernziel-)Transparenz» über das Prinzip der «Lernzielpartizipation» bis hin zum Prinzip des «selbstbestimmten Lernens» aufgebaut werden.
Selbstverständlich müssen Zielsetzungen einer Erfolgskontrolle dadurch standhalten können, dass sie einerseits konkretisierbar sind und andererseits modifizierbar bleiben.

## 5. Aspekt C: Stoff – authentisch gewoben oder verständlich serviert?

***«Jeder Unterricht ist eine Bereicherung, zugleich aber auch eine Einschränkung dessen, was möglich gewesen wäre.»***
*Klaus Mollenhauer, Quelle unbekannt*

Stoffe sind curricular und lehrmittelorientiert meist schon (vor-) «gewoben», d.h. Gestaltung, Auswahl und Reduktion sind bereits erfolgt.
Wo immer dies (zeitlich) möglich und sinnvoll erscheint, soll ein Teil dieser «Webarbeit» von Ausbildenden mittels der Inhaltsanalyse zumindest nachvollzogen werden können. Dies scheint mir für die Herstellung der eigenen inhaltlichen Affinität, des eigenen Bezuges zu einem bestimmten Thema unabdingbar.
Folgende Fragen (leicht verändert nach *Klafki, in: Peterssen 1992, S. 47 ff.*) bieten Hilfestellung beim «Eintauchen» in bestimmte Themen und deren Wirkungseinschätzung:

**Fragen zur Inhaltsanalyse (nach Klafki)**

- Wie begründe ich die Wahl eines Inhaltes/Themas (curricular, Ausschreibung, Bedarfsanalyse bei Teilnehmer/innen, eigenes Interesse, ...)? Weshalb behandle ich kein anderes Thema?
- Welchen grösseren Sinn- und Sachzusammenhang vertritt oder erschliesst ein Inhalt? Welches Grundprinzip, welches Gesetz, welches Problem, welche Technik oder Haltung lässt sich in der Auseinandersetzung mit ihm exemplarisch erfassen? Wo liegt der Kern des Inhaltes?
- Welche Bedeutung hat dieser Inhalt bereits jetzt bei den Lernenden (Praxisrelevanz) und bei mir? Worin könnte die Bedeutung des Inhaltes für die Zukunft der Lernenden liegen?

- Wie ist die Inhaltsstruktur?
  1. Welche Elemente sind dem betreffenden Inhalt zuzuordnen?
  2. Wie hängen diese zusammen?
  3. Wo grenzt dieser Stoff an andere Stoffe, wie grenze ich diese (z. B. fachbezogen) ab; wo muss ich mich mit anderen (Fach-)Lehrenden absprechen?
  4. Was muss im Unterricht inhaltlich vorausgegangen sein und ist vorauszusetzen?
  5. Welche Elemente des Inhalts erschweren den Zugang oder könnten Widerstände und Abneigung auslösen?
- Welches sind die besonderen Phänomene, Situationen, Ereignisse, Geschichten, mittels welcher der Inhalt anschaulich wird?
- Welches sind emanzipations- und autonomiefördernde Aspekte des Inhaltes? Welche eignen sich für die Gemeinschaftsbildung?
- Was sollten die Lernenden nach der betreffenden Sequenz minimal wissen/können?
- Inwiefern und wieweit kann ich die Inhaltsanalyse den Lernenden delegieren?

Die Ergebnisse einer solchen Inhaltsanalyse sind alsdann für eine Inhaltsreduktion im Sinne einer Anpassung in Bezug zu setzen zu:
- der verfügbaren Zeit
- den besonderen Merkmalen der Teilnehmenden
  (Vorwissen etc., siehe Bedingungsanalyse, dieses Kapitel, 3.2)
- den Rahmenbedingungen der Institution
- meinen eigenen Möglichkeiten, Kompetenzen und Grenzen

**Inhaltsreduktion und Inhaltsanpassung**

Die inhaltliche Reduktion birgt zwei Gefahren in sich:
Erwartungen und Hoffnungen an so genannte Wissensvermittler sind meist gekoppelt an eine Belohnung der Vermittlungsarbeit durch Aufmerksamkeit der «Belehrten». Die genuine Vermittlungsabsicht von Lehrenden deckt sich hier mit einem gewissen Vermittlungsdruck von Seiten der Lernenden. Auf der methodischen Ebene besteht dann das Problem, auf welche Weise ein produktives Verhältnis der Lernenden zu einem tradierten Stoff hergestellt werden kann und wie individuelle Aneignungsverfahren ermöglicht und unterstützt werden können, ohne dass die lehrende Person damit ihr gerüttelt Mass an «täglicher Aufmerksamkeit» verliert.
Anders ausgedrückt: Als Ausbildner kann ich es mir und vor allem den Lernenden einfach machen, indem ich die gesamte Verantwortung des Lernprozesses übernehme, damit aber unbeabsichtigt in die «Erwartungsfalle» tappe und am Abend nach Kursschluss hundemüde bin, während die Teilnehmer/innen entweder zufrieden und ausgeruht die «Vorstellung» verlassen oder aber reklamieren, dass sie zu wenig zum Zuge gekommen seien. Vor dem Hintergrund des aktuellen Effizienzdogmas und einer falsch verstandenen Kundenorientierung schnappen solche Erwartungsfallen im Lehr-/Lernkontext in steigendem Masse zu.

Auf der Ebene des lehrenden Umgangs mit Stoffen unterscheidet Weidenmann *(in Müller 1994, S. 84 ff.)* das *«Authentizitätsdogma»* vom *«Verständlichkeitsdogma»*: Innerhalb des Authentizitätsdogmas überwiegt die «reine Ehrfurcht» gegenüber dem «wirklichen» und «ungeschminkten» Wissen vor einer allfälligen Reduktion und Vereinfachung des Stoffes. Überforderung von Teilnehmer/innen und unüberbrückbare Sprachbarrieren (Fachjargon) können die Folge davon sein.

Innerhalb des «Verständlichkeitsdogmas» überwiegt die Hoffnung der Lehrenden, dass alle Lernenden jederzeit schnell alles verstehen. Inhalte sind somit «mundgerecht» didaktisiert sowie salamididaktisch segmentiert und aufbereitet, jedes Verstehensproblem löst bei Kursleitern schon die Alarmglocke aus. Reibungslosigkeit soll vorherrschen.

Bei einer Überbetonung von Effizienz und Zeitersparnis *«schrumpft Didaktik jedoch zur Zulieferungs- und «Zuschneidekunst» ... die Subjekte drohen zu Landeplätzen für die zu vermittelnden feststehenden Erkenntnisse zu werden.» (Rumpf, in: Köhnlein 1998, S. 23)* Der Generalisierungsgewinn steht damit vor einer allfälligen Verstehensanstrengung.

Auch Lehrmittel leisten hier manchmal einen wohltuend vereinfachenden, manchmal aber auch einen verheerend simplifizierenden Beitrag. Lehrende werden dann öfters, ohne dass sie dies bemerken, zu «Vollzugsbeamten» oder «Lehrmittelvollstreckern».

Beide Dogmen delegieren fälschlicherweise der lehrenden Person die notwendige Lernkompetenz (als Teilnehmer/in) Lernanstrengung auf sich zu nehmen und «verstehend» inhaltliche Komplexität abzubauen. Wir alle kennen die Situation, als Ausbildner/innen unter Druck «allen alles recht zu machen» und uns abzurackern, während unsere Teilnehmer/innen dabei immer passiver werden.

Traditionelle Schuldidaktik reduziert also Komplexität und geht nach dem Bausteinprinzip von einfachen Einheiten über zu zusammengesetzten. Sie macht den «Stoff» griffig und schnell für viele verständlich. Produkte solcher Reduktion gelten manchmal schon als eigentliche Wirklichkeit.

Komplexe Phänomene und Sachverhalte sind mehr als aus einzelnen Elementen zusammengesetzt und provozieren Vermutungen, Fragen, Betroffenheit und Interesse, sie können aber eben auch überfordern, demotivieren und Zugänge verwehren.

Ich denke, dass die Abarbeitung von inhaltlicher Komplexität nur durch anstrengende individuelle Lernprozesse, welche begleitet werden müssen (vgl. Kap. VI), möglich wird. Komplexität lässt sich nicht durch Vereinfachung bewältigen oder gar beherrschen.

Die folgende Unterscheidung in der didaktischen Verfahrensweise mit Lerninhalten zeigt nochmals grob die verschiedenen Zugänge *(Memmert 1991, S. 102)*:

## *DIDAKTISCHE VERFAHRENSWEISEN MIT LERNINHALTEN*

### *ENZYKLOPÄDISCH*

### *EXEMPLARISCH*

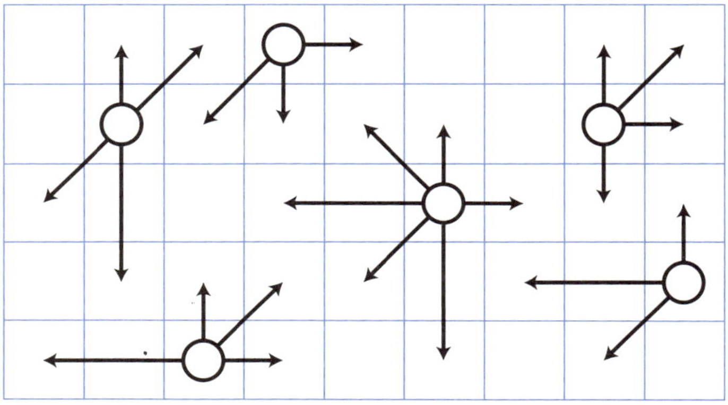

*aus Memmert 1991, S.102*

Ich stelle mir den Wissenszugang meist analog zur Höhlenforschung vor:
*Enzyklopädisch* erforsche ich die «Wissenshöhle», indem ich mit Hilfe einer Führung, installierten Lichtquellen und den üblichen Absperrseilen links und rechts langsam Schritt für Schritt in die Höhle hineingehe und mir den Raum so erschliesse. Vorteil dieser Vorgehensweise ist die sicherheitsbietende Struktur, welche auch zur Konsequenz hat, dass alle «Gefährten» denselben Weg mit denselben Stationen hinter sich bringen und damit von Vornherein eine gemeinsame Sprache haben. Nachteil: Ich weiss in der Regel am Schluss nicht mehr, wo der Anfang war.
Bei *exemplarischem* Erforschen werden die Forschenden mit Taschenlampen ausgerüstet und erschliessen anhand der genauen Fokussierung (ev. von der Leitung) ausgewählter Höhlenstellen den gesamten Raum. Die Höhle nimmt so für alle Forschenden in individueller Weise langsam «Gestalt» an. Vorteil: Individuelle Vorgehensweisen und Tempi sind erwünscht, Eigenaktivität ebenso. Nachteil: Bei einem Austausch wird «Unbekanntes»

kommuniziert, die gemeinsame Sprache muss entwickelt werden, Forschende müssen mit temporärer Orientierungslosigkeit und Unsicherheit rechnen.
*Martin Wagenschein,* Physiker und Didaktiker, hat das exemplarische Prinzip als Prinzip der Stoffbeschränkung verstanden. Durch eine Konzentration auf bedeutsame Beispiele sollten überlastete curricula und Lehrende entlastet werden («Mut zur Lücke»); der Vorgang des Verstehens soll somit Priorität haben vor jeder Wissensanhäufung. *(vgl. Köhnlein 1998, S. 10 ff., Wagenschein 1991)*
Diverse neuere didaktische Zugänge positionieren sich meist mit Referenz auf Wagenschein klar im Bereiche einer solchen Exemplarität.
*Ruf* und *Gallin (1998, S.62)* schreiben beispielsweise:

> *«In der segmentierenden Didaktik begegnet ein Stoffgebiet dem Lernenden so, wie es ein Fachmann in der Rückschau überblickt. Das komplexe Ganze wird nach fachlogischen Gesichtspunkten in Einzelteile zerlegt, die dann nach dem Prinzip «Vom Einfachen zum Schwierigen» additiv aneinander gereiht und häppchenweise verabreicht werden. Wie die Einzelteile miteinander zusammenhängen und sich zu einem Ganzen fügen, kann der Lernende erst erkennen, wenn ihm das letzte Segment vermittelt worden ist. Voraussetzung ist allerdings, dass ihm alle vorangehenden Segmente präsent sind. Dieses hoch gesteckte Ziel erreichen nur wenige, für alle andern bleibt das Fachwissen sinnloses Fragment. In der Didaktik der Kernideen werden die Stoffgebiete so präsentiert, wie sie ein Anfänger aus der Vorschauperspektive in groben Zusammenhängen wahrzunehmen vermag. Das Ganze ist also in der Gestalt der Kernidee bereits zu Beginn des Unterrichts für alle fassbar, wenn auch nur als unscheinbares, undifferenziertes Kegelchen. Durch persönliche Auseinandersetzung wird die Kernidee ausdifferenziert und wächst zu jeder wünschbaren Grösse an. Bezeichnend ist, dass man diesen Prozess beinahe in jedem beliebigen Zeitpunkt ohne Schaden abbrechen darf.»*

Zugegeben: Die exemplarische Vorgehensweise setzt Mut, Erfahrung, einiges an Fach- und Prozesswissen aller Beteiligten sowie entsprechende Rahmenbedingungen voraus. Trotzdem erachte ich die Tendenz – auch ich erliege ihr immer wieder – Unterricht so zu gestalten, dass «alle alles zum selben Zeitpunkt gehabt haben» und das curriculum erfüllt wird («curriculum» hiess übrigens lateinisch auch «Rennbahn»!) als mitunter langweiliges und lerntötendes Ritual.
Selbstverständlich muss eine (meist) enzyklopädisch strukturierte Fachsystematik auch ohne Exemplarität nicht notwendigerweise eine lineare Bearbeitung zur Konsequenz haben. Ein spiralförmiges mehrfaches Aufnehmen von Themen in unterschiedlichen Tiefungen zu unterschiedlichen Zeitpunkten repräsentiert beispielsweise eine höhere Differenzierung im Umgang mit enzyklopädischem Vorgehen.

## 6. Aspekt D: Landkarten für die Choreographie

### 6.1 Umgang mit Zeit

***«Abschaffung der Zeit ist der Traum unserer Zeit.»***
*Anders 1995, S. 342*

Einen engen Zusammenhang mit der Problematik der inhaltlichen Reduktion sehe ich im unterrichtlichen Umgang mit Zeit.
Tradierte schulische Strukturen segmentieren Inhalte durch ihre zeitliche Strukturierung, z. B. durch Lektionsrhythmen.
Immer noch unterbrechen Schulglocken abertausende von Lernenden (und Lehrenden) und nehmen ihnen den eigenverantwortlichen Umgang mit Zeit weg.
Lehrende und Kursleiter/innen amten hier als Verwalter der vorgegebenen Zeitstruktur und fungieren als Zeitnehmer, Zeitgeber oder Zeitzähler.
Möglicherweise wurde in den 70er Jahren in gruppendynamischen Trainings Ausbildungszeit verschwendet, heute jedoch droht die allgegenwärtig geforderte Effizienz Inhalte durch zeitliche Reduktion zu nivellieren.
Kürzlich fragte mich ein Kunde telefonisch an, ob unsere einjährige Beratungsausbildung mit demselben Zertifikat auch in einem dreiwöchigen Intensivkurs absolvierbar wäre ...
Die Ambivalenz zwischen gewünschter Zeitersparnis und eigentlich zeitintensiven Lernarrangements (Stichwort «autonomes Lernen») und Kompetenzanforderungen (Stichworte «personale» und «soziale Kompetenzen») ist allgegenwärtig.
Was dauert, dauert zu lange, möglichst viel in kurzer Zeit hinter sich zu bringen *(vgl. Rumpf 1987, S. 18)* scheint Maxime unserer Zeit zu sein.
Diese Problematik ist nicht ganz neu, *Nietzsche* schrieb schon 1886:

> *... «Man schämt sich jetzt schon der Ruhe; das lange Nachsinnen macht beinahe Gewissensbisse. Man denkt mit der Uhr in der Hand, wie man zu Mittag isst, das Auge auf das Börsenblatt gerichtet, – man lebt wie einer, der fortwährend etwas «versäumen könnte». «Lieber irgend etwas tun als nichts» – auch dieser Grundsatz ist eine Schnur, um aller Bildung und allem höheren Geschmack den Garaus zu machen ... – man hat keine Zeit und keine Kraft mehr für die Zeremonien, für die Verbindlichkeit mit Umwegen, für allen Esprit der Unterhaltung und überhaupt für alles Otium. Denn das Leben auf der Jagd nach Gewinn zwingt fortwährend dazu, seinen Geist bis zur Erschöpfung auszugeben, im beständigen Sich-Verstellen oder Überlisten oder Zuvorkommen: die eigentliche Tugend ist jetzt, etwas in weniger Zeit zu tun als ein anderer. Und so gibt es nur selten Stunden der erlaubten Redlichkeit: in diesen aber ist man müde und möchte sich nicht nur «gehen lassen», sondern lang und breit und plump sich hinstrecken. ...» (Nietzsche1886, zitiert nach Rumpf 1987, S. 8)*

Mit der Zeit ist es so eine Sache: Kleinkinder haben kein ausgesprochenes «Zeitgefühl», wie wir es kennen (der Begriff «heute» taucht z. B. etwa im Alter von zwei Jahren auf, «gestern» mit ca. drei Jahren etc.).
Je älter wir werden, desto schneller vergeht die Zeit, weil wir Zeit immer auch als Teil unserer schon «gelebten Zeit» verstehen.

Angenehmes vergeht (leider) schnell, bleibt jedoch in unserer Erinnerung lange haften. Teilweise bis ins 18. Jh. existierte in unseren Breitengraden keine eigentliche «Zukunft», Bauern oder Handwerker waren «die ganze Zeit» ihres Lebens Bauern und Handwerker. Die Natur und Gott fungierten als «Zeiteigentümer» und sorgten für wiederkehrende Rhythmen.

Dann aber lösten Menschen mit ihrer mechanischen Uhr Gott und die Natur ab.

In der Schweiz entwickelte sich das Genf *Calvins* zum Vaterland der Uhr, spätestens seit dann wird Zeit gemessen und möglichst nicht mehr verschwendet.

Gleichförmigkeit und Takt (Arbeit, Pausen, Freizeit, 5-Tage-Woche, ...) bestimm(t)en fortan das (Arbeits-)Leben, die Währung der (Arbeits-)Zeit wurde das Geld; seither lässt sich Zeit gewinnen und verlieren, seither vergeht Zeit unwiederbringlich, seither lässt sich Zeit auch kontrollieren, seither gilt die Moral der Pünktlichkeit.

Die alten Griechen unterschieden drei Zeitbegriffe: Aion, Chronos und Kairos *(vgl. Boscolo/Bertrando 1994, S. 17 ff.)*. Unter Aion ist das «immer» ohne Vergangenheit und Zukunft zu verstehen, Chronos meint die mess- und zählbare Zeit in einer Zeitachse und Kairos beschreibt die Zeit als Reihe von Episoden mit jeweiligem Anfang und Ende.

Chronos könnte man heute als «objektive», Kairos als «subjektive» Zeit , Aion als «Ewigkeit» bezeichnen.

In unserer Nonstop-Gesellschaft *(vgl. Adam et al. 1998)* scheint «Kairos» an Bedeutung zu verlieren und «Chronos» dafür unabhängig von der Natur beschleunig- und gestaltbar zu werden. Zeit gilt sogar zunehmend als materieller Wert und ist nicht mehr nur «money» sondern sogar *«Geheimwaffe im Wirtschaftsleben» (Baeriswyl 2000, S. 8)*.

Die gewerkschaftliche Errungenschaft der Trennung von Arbeits- und Freizeit (Zeitsouveränität) weicht der endlos möglichen Arbeitszeit (das Internet ist an keine Öffnungszeiten gebunden), welche gleichzeitig von einer florierenden Freizeitindustrie überlagert wird.

*Sennett* schreibt *(2000, S.131):«Coca-Cola light mag gut für das Gewicht sein, aber Zeit light ist nicht gut für das Herz.»*

«Tempo» war laut *Geissler (2000, S. 13)* bis ins 17./18. Jh. Ausdruck für die rechte Zeit und das rechte Mass, Ende des 18. Jh. wurde es zum generellen Zeitmass von Bewegung (vgl. Musik), im 20. Jh. wechselte die Bedeutung zu «hoher Schnelligkeit».

Der offensichtlichen Beschleunigungsnotwendigkeit des pausenlosen Fortschrittes wird in jüngster Zeit der «Mut zur Langsamkeit» entgegengesetzt; in Deutschland wurde vor einigen Jahren ein «Verein zur Verzögerung der Zeit» gegründet. Dies deutet auf einen neuen Zeitparadigma-Wechsel hin, Zeit wird wahrscheinlich individualisiert und privatisiert, Pünktlichkeit weicht der Flexibilität, wachsende Wahlfreiheit lässt uns – weil immer mehr gleichzeitig stattfindet – dauernd etwas versäumen *(vgl. Geissler 2000, S. 119)*.

Dieser zumindest in der westlichen Industriegesellschaft zusehends dehnbare und effizienzorientierte Zeitbegriff schlägt sich vermehrt in Schulzeit-, Familienzeit- und Arbeitszeitmodellen sowie in veränderten Zeitgefässen für Weiterbildungen im Zuge von Modularisierungsbestrebungen nieder.

Dies scheint nun ein klares Zeichen dafür zu sein, dass veränderte Zeitwahrnehmungen und Zeitansprüche auch den Sektor Aus- und Weiterbildung erreicht haben. Die alten Bastionen mit zum Teil selbstverständlich endloser zur Verfügung stehender (Lern-)Zeit wanken, es wird sich zeigen, wieviel Zeit dabei in Zukunft wirklich «eingespart» werden kann.

Verschiedene «Eigenzeiten» von Lernenden, Lehrenden und Inhalten werden sich hier als Ansprüche treffen und miteinander «in Verhandlung» treten müssen.
Bildungs- und Lernprozesse – welche ich gerne auch als «Rutschprozesse» verstehe – sind unstet, unberechenbar und gehorchen keiner linearen messbaren (zeitlichen) Logik.
Im Übrigen darf hin und wieder auch ketzerisch die Frage gestellt werden, ob die im Bildungswesen durch Dauerreformdruck produzierte Ruhelosigkeit und Hektik nicht zuviel «Zeit frisst» und uns dabei erst noch auf der Stelle treten lässt *(vgl. Geissler 2000, S.16).*

> ***«… es gibt drei Zeiten, die Gegenwart des Vergangenen, die Gegenwart des Gegenwärtigen und die Gegenwart des Künftigen. Denn es sind diese dreie in der Seele, und anderswo seh' ich sie nicht, gegenwärtig ist das Erinnern des Vergangenen, gegenwärtig die Anschauung des Gegenwärtigen, gegenwärtig die Erwartung des Künftigen. Wenn ich so sagen darf, dann sehe ich drei Zeiten und bekenne, es sind drei.»***
> *Augustinus, zitiert nach Boscolo, 1994, S. 21*

Die «Choreographie» des Unterrichtes bedingt nicht nur zeitliche, sondern auch strukturelle Gestaltbarkeit.
Eine solche Gestaltung ist von vielen Faktoren abhängig und nicht a priori formalisierbar, auch wenn das von zahlreichen Modellen suggeriert wird.
Ich schlage Ihnen im Folgenden einige «Landkarten» als Analyseinstrumente vor, mittels derer Sie sich «in Balance» rückwärtsblickend und vorwärtsschauend allein oder im Dialog mit anderen orientieren können. Die Struktur dieser Orientierungsmodelle weist wohl auch standardisierte Merkmale auf, welche aber nie linear in die unterrichtliche Praxis rückführbar sind.
Sie sind damit also nicht aufgerufen, didaktische Kategorien «abzuarbeiten» und in mühseliger Arbeit der Praxis anzupassen, sondern diese in pragmatischer Manier entweder für Ihre Orientierung zu nutzen oder aber sie schamlos zu ignorieren.
Die folgende erste Darstellung zeigt Ihnen in gegenübergestellten Stichworten Dimensionen einer Lehr-/Lernorientierung unter den Blickwinkeln «Lernen», «Lehren» und «Didaktik». Dabei werden verkürzt Prinzipien, Annahmen, Verfahrens- und Vorgehensweisen skizziert. Diese Dimensionen werden seit geraumer Zeit in der Diskussion um so genannte «subjektive» oder «konstruktivistische» didaktische Ansätze da und dort so oder ähnlich diskutiert.
Die zwar vereinfachenden, aber profilierten Positionen und Annahmen als «Eckpunkte» der Dimensionen verlangen keine dogmatisch orientierte Zuordnung. Als Ausbildner/innen werden wir uns immer irgendwo «dazwischen» bewegen und im Zuge der täglichen Komplexitätsforderung Spannung, Ambivalenz, Paradoxien und Dilemmata aushalten müssen.
Und doch taucht diese Polarität leider in Unterrichtskonzeptionen und Sequenzierungsmodellen immer wieder unter dem Primat der Ausschliesslichkeit und der sicherheitsbietenden Wirkungsversprechung auf.

Im Gegensatz dazu sehe ich unsere Aufgabe eher darin, unsere täglichen «Gestaltungsbewegungen zu orten» und etwaige Richtungsveränderungen begründet und konkretisiert vorzunehmen.

### 6.2 Landkarte «Lehr- /Lerndimensionen»

**1. Lerndimension**

| | | |
|---|---|---|
| Erkenntnisorientierung | ↔ | Kenntnisorientierung |
| verstehen | ↔ | reproduzieren |
| adaptieren | ↔ | addieren |
| Lernen als aktive Anpassung von kognitiven Strukturen | ↔ | Lernen als Aufnehmen, Verarbeiten und Speichern |
| Problemlösungslernen | ↔ | Lernen als quantitative Wissensaneignung |
| Konstruktion (aktive Lernende) | ↔ | Instruktion (aktive Lehrende) |
| Lernen erfolgt multidimensional und zirkulär | ↔ | Lernen erfolgt linear und systematisch |
| Basis: Kognitionspsychologie, Konstruktivismus | ↔ | Basis: Gedächtnispsychologie/Behaviourismus |

**2. Lehrdimension**

| | | |
|---|---|---|
| Selbststeuerung | ↔ | Fremdsteuerung |
| unterstützen, anregen, beraten, moderieren | ↔ | anleiten, darbieten, erklären, leiten |
| Spezifische Ziele ergeben sich aus der Bearbeitung authentischer Aufgaben | ↔ | Lernende erfüllen die gesetzten Leistungskriterien |
| Unterrichtsergebnisse sind nicht vorhersagbar | ↔ | Unterrichtsergebnisse sind vorhersagbar |
| intensive Auseinandersetzung | ↔ | extensive Wissensvermittlung |

**3. Didaktische Dimension**

| | | |
|---|---|---|
| Exemplarität | ↔ | Enzyklopädie |
| fokussieren | ↔ | anhäufen |
| gewahr werden | ↔ | bewältigen |
| umherirren | ↔ | Ziel erreichen |
| Begriffe bilden | ↔ | Begriffe einordnen |
| Singularität | ↔ | Regularität |
| Entstehung | ↔ | Ergebnis |
| Spurensicherung | ↔ | Ergebnissicherung |
| erzählen (lassen) | ↔ | erklären |

Aspekte solcher «Dimensionen» (bei der dritten erkennen Sie die didaktischen Verfahrensweisen nach *Memmert*, vgl. dieses Kapitel, 5.) finden sich wiederum in so genannten übergeordneten «Unterrichtskonzeptionen».
Unterrichtskonzeptionen lassen sich nach *Meyer (1987, S. 208)* als *«Gesamtorientierungen methodischen Handelns»* bezeichnen. Solche Konzeptionen wiederum beziehen sich auf didaktische oder (lern-) psychologische Theorien (siehe auch 7.2 in diesem Kapitel), welche selber jeweils im gesellschaftlich-historischen Kontext situierbar sind.

Vier ausgewählte Konzeptionen finden Sie in der folgenden Übersicht.
Die Konzeptionen sind nicht immer den Eckpunkten der «Lehr- /Lerndimensionen» (siehe weiter oben) zuzuordnen, so kann z. B. problemorientierter Unterricht mit mehr oder weniger Selbststeuerung der Lernenden auskommen oder dozentenorientierter Unterricht viel Selbststeuerung in der Verarbeitung von Lerninhalten zulassen. Interessant könnte es sein, sich zu fragen, welche Anteile welcher Konzeptionen in Ihrer Praxis erkennbar werden und wie kohärent oder spannungsvoll Ihr spezifischer eigener «Konzeptionsmix» wirkt.

### 6.3 Landkarte «Unterrichtskonzeptionen»

nach einer Vorlage des Lehrer/innenseminars Kreuzlingen

| **Unterrichts-konzeptionen** | **lehrergesteuerter/dozentenorientierter Unterricht** (vermittelndes Lehren und geführtes Lernen) | **projektartiger Unterricht** (gemeinsames Lehren und Lernen) | **handelnder und problemorientierter Unterricht** (forschendes Lernen und Lehren) | **Individualisierender Unterricht** (selbständiges und begleitetes Lernen) |
|---|---|---|---|---|
| **Methodik** | Vorzeigen – Nachmachen; Erzählen – Zuhören; Erklären; Üben usw. verschiedene Sozialformen: Gruppen-, Partner- und Einzelarbeit | jemand hat eine Idee, alle planen – realisieren – besprechen – beurteilen gemeinsam; «Hochform» der Gruppen- und Teamarbeit | Vom Singulären zum Regulären (Probieren, Erleben, Erfahren → Alltagstheorie, Reflexion → Theorie, Fachsprache) | div. Konzepte: Open space, Werkstatt-Unterricht; Planarbeit, Freiwahlarbeit, … |
| **Inhalte und didaktische Verfahrensweisen** | das grundlegende, elementare Wissen und Können für alle, resp. das primäre Erarbeiten dieses Wissens und Könnens; zumindest «eiserne Ration», Überblick und Systematik (Enzyklopädie) | das gruppenspezifische Interessengebiet; das für und durch die Gruppe gemeinsam erarbeitete Wissen und Können; Interesse und Vertiefung | vorgegebene oder gemeinsam bestimmte Inhalte, die über sinnlich-praktischen und emotionalen Zugang auf eigenen Wegen (entdeckend, erforschend, problemlösend) zu Sacherfahrungen und/oder Selbsterfahrung führen | • das individuelle Üben des elementaren Wissens und Könnens<br>• das individuelle Erweitern und Vertiefen des Wissens und Könnens<br>• das individuell erarbeitete Wissen und Können<br>• Interessensgeleitetes Arbeiten |
| **Pädagogische Prinzipien** | als Lehrende(r) führen und als Lernende(r) geführt werden; sich anpassen und sich einfügen; Hierarchie; das Prinzip des «Älteren und Erfahreneren» | teilnehmen und teilgeben; das Eigene in den Dienst der Gemeinschaft stellen; zusammen etwas lernen; Mitverantwortung tragen; das Prinzip «demokratische Gemeinschaft» | Verbindungen von «Allgemeinem» und «Individuellem» (individueller Weg der zu «richtigen» Ergebnissen führt); das Prinzip «Eigenverantwortung für Weg und Ergebnis» | sich selber sein und werden; Eigenverantwortung wahrnehmen; Interdependenz mit anderen Individuen und der Gemeinschaft; das Prinzip «Individuum» |

| | | | | |
|---|---|---|---|---|
| **Schlüsselfragen zu Lehr- und Lernverhalten z.T. anhand spezifischer Unterrichtskonzepte** | **Frontalunterricht:** Ist die Lehrperson eine fachkompetente Vermittlerin wesentlicher Inhalte? Beherrscht sie die Dramaturgie des frontalen Unterrichtens und vermag sie diese Unterrichtsform in einen sinnvollen Rhythmus mit Partner-, Gruppen- und Einzelarbeiten gliedern? Wird bezogen auf das Anspruchsniveau der Lernenden zielstrebig, verständlich, klar strukturiert und angeleitet, systematisch unter Einbezug verschiedener Sinne etwas vermittelt, entwickelt, dargestellt oder hergestellt (und später überprüft)? **Gruppen- und Partnerarbeit:** Ist die Lehrperson zurückhaltende Beobachterin und Lernberaterin? Können Lernende an einem echten Auftrag selbständig und sich gegenseitig helfend arbeiten bzw. die Aufgabe lösen, die Arbeitsergebnisse zweckmässig festhalten und präsentieren? | **Projektlernen:** Ist die Lehrperson eine geeignete Animatorin und eine Stütze bei der Projektrealisierung? Können die Lernenden einer Idee folgend mitbestimmen, auf ein Produkt/Ergebnis hinarbeiten, einander helfen, anregen und korrigieren? **«Originale Begegnung»:** Ist die Lehrperson eine gute Kennerin des Lernortes und dessen Lernmöglichkeiten? Wählt sie geeignete Kontaktpersonen und bewältigt sie die notwendige Vor- und Nachbearbeitung? Können Lernende selbsttätig oder kompetent geführt zu Quellen vordringen, originale Begegnungen erleben und neue Verständniszusammenhänge aufbauen? Können sie mit neuen Personen in Kontakt treten, sich in bestehende Strukturen einfügen,sich in neuen Lern- und Arbeitssituationen bewegen? | **genetisches Lehren und Lernen** (nach Wagenschein): Wählt die Lehrperson Phänomene, welche neue Lernschritte ermöglichen und fordert diese durch kluge Fragestellungen? Respektiert sie Antworten, welche dem Erkenntnisstand der Lernenden entsprechen? Werden exemplarisch gewonnene Erkenntnisse miteinander vernetzt? Lassen sich die Lernenden vom Phänomen herausfordern, zum Fragen anregen? Lernen sie die Fragen der anderen so ernst zu nehmen wie ihre eigenen? **Forschendes problemorientiertes Lernen** Kann die Lehrperson Neugier unterstützen, ermutigen, Untersuchungsstrategien anregen und den Zugang zur Problemlösung erleichtern? Akzeptiert sie Misserfolge als Lernchance? **Eigenständiges Lernen:** Wieviel Struktur benötigen Lernende, um nicht durch totale Offenheit überfordert zu werden? Kann die Lehrperson als Lernberater/in die konstruktien Anteile «falscher Lösungen» erkennen? | **Werkstattunterricht:** Ist die Lehrperson in der Lage, ideenreiche Aufgaben- und Lernsituationen zu schaffen? Ist sie eine verständnisvolle Lernbegleiter/in und -berater/in? Kann sie die Klasse/Gruppe in Teilschritten zur «Werkstattreife» führen? Können Lernende in einem zusammenhängenden Angebot nach einem zum Teil vorgegebenen, zum Teil freien Lernplan selbstbestimmt und unter Beachtung vereinbarter Regeln handeln, erfahren, üben, entdecken, produzieren, lernen? **Planarbeit:** Ist die Lehrperson eine kompetente Lernorganisatorin, subtile Lerndiagnostikerin und Lernhelferin? Ist sie in der Lage, Rahmenbedingungen vorzugeben und innerhalb dieses Rahmens Verantwortung abzugeben? **Freiwahlarbeit/«open space»:** Sind die Lehrpersonen und Lernenden in der Lage, miteinander Vereinbarungen partnerschaftlich auszuhandeln, diese zu beachten, zu überprüfen und gegebenenfalls zu revidieren? |
| **Literatur** | Grell, J.+ M.: Unterrichtsrezepte, München/Wien 1979 | Frey, K.: Die Projektmethode, Weinheim/Basel 1984, 2. Aufl. | Köhnlein, W.(Hrsg.): Der Vorgang des Verstehens, Bad Heilbrunn 1998<br>Wagenschein, M.: Verstehen lehren, Weinheim/ Basel 1991, 9. Aufl.<br>Landwehr, N.: Neue Wege der Wissensvermittlung, Aarau 1994<br>Ruf, U./Gallin, P.: Dialogisches Lernen in Sprache und Mathematik, Band 1, Seelze-Verber 1998 | Pallasch, W./Reimers, N.: Pädagogische Werkstattarbeit, Weinheim/München 1990 |

## 6.4 Landkarte «Sequenzierungsmodelle»

Stufen- und Phasenschemata von Unterricht (auch Artikulation oder Sequenzierung genannt) versprechen ihren Benutzer/innen, Bildungsveranstaltungen so zu modellieren, dass durch Akzentuierung und Variation von einzelnen Schritten Inhalte mit Merkmalen von Lernenden, institutionellen Vorgaben und Lernzielen vereinbart werden. Alle Sequenzierungsmodelle beziehen sich normativ auf Konzepte und theoretische Annahmen. Selbstverständlich sind diese Schemata für einen inexistenten Durchschnittsunterricht standardisiert und generalisiert, womit sie nie der alltäglichen situativen «Choreographie» entsprechen.

Die kleine nun folgende exemplarische Auswahl von Sequenzierungsmodellen – meist entnommen aus spezifischen Unterrichtskonzepten – lässt sich wiederum innerhalb der weiter vorne aufgezeigten Dimensionen (A und B eher rechts, C eher links) oder eben einzelnen Unterrichtskonzeptionen (A und B eher dozentenorientiert, C eher problemorientiert) zuordnen. Die Folge der Auflistung entspricht der konzeptionell intendierten Zunahme von Problemorientierung und Selbststeuerung der Lernenden.

Sequenzierungsmodelle mögen für Anfänger – gemeinsam mit einer geplanten Zeitstrukturierung – sehr hilfreich sein. Erfahrenen Kursleiter/innen rate ich an, die eigenen «routineorientierten» Sequenzierungsweisen (als meist mehr oder weniger bewusste Erfahrungsmodelle) aufzuzeichnen und diese mit den aufgeführten didaktischen Modellen zu vergleichen, um damit wiederum das eigene Erfahrungsmodell modifizieren zu können.

**Modell A: Behaviouristischer Ansatz mit gedächtnispsychologischen Anteilen**

→ 5-Stufen-Technik des Lektionenhaltens von *W. Rein* (nach der Formalstufentheorie *von Herbart, siehe Meyer 1987*)

1. Vorbereitung
2. Darbietung
3. Verknüpfung
4. Zusammenfassung
5. Anwendung

**Modell B: Gedächtnispsychologischer Ansatz mit erkenntnisorientierten und behaviouristischen Anteilen**

→ Unterrichtskonzept *Grell/Grell (1996)*

1. Formulieren des Lernziels (was an Fertigkeiten, Wissen, Einstellungen gelernt werden soll)
2. Informierender Unterrichtseinstieg (was wird wie und weshalb im Folgenden getan)
3. Informationsinput (die für das geplante Lernen minimalen bedeutsamen Informationen werden vermittelt)
4. Lernaufgaben (Aktivitäten im Rahmen derer Lernende selbständig und aktiv Lernerfahrungen machen)
5. Lernkontrolle/Evaluation (Lernzielüberprüfung)

**Modelle C: Erkenntnis- und problemorientierte Ansätze**

→ Erkenntnisorientierter Unterricht nach *Landwehr* (mit Bezug auf *Wagenschein, Piaget und Popper, vgl. Landwehr 1994*)

1. Die leitende Problemstellung bestimmen (Vorbereitung Leitung)
2. Den möglichen Erkenntnisgewinn reflektieren (Vorbereitung Leitung)
3. Den möglichen Erkenntnisprozess analysieren (Vorbereitung Leitung)
4. Geeignete Form der Problemkonfrontation wählen
5. Lernende aktiv in die Lösungssuche involvieren
6. Lösungen evaluieren
7. Anwendung der Erkenntnisse/Arbeitsreflexion

→ Problemorientierter Unterricht in Gruppen (Siebensprung-Methode, *vgl. van Meer 1994*)

0. Problemkonfrontation («Fall»/authentische Situation)
1. Unklare Begriffe klären
2. Vermutetes Problem, zentrale Fragestellung, Thema bestimmen
3. Problemsituation analysieren, Vorkenntnisse aktualisieren/aktivieren
4. Erklärungen/Aussagen aus 3. systematisch ordnen
5. Lernziele/Fragestellungen formulieren
6. Zusätzliche Informationen beschaffen/verarbeiten
7. Neue Infos überprüfen und zusammenfassen und Fragestellungen bearbeiten

Sichtbar wird, dass die Lernenden in Rein's Modell eine marginale Rolle spielen, die grellsche Informationsverarbeitung eine Mischung von Kenntnisorientierung und aktiver Tätigkeit von Lernenden darstellt und das Landwehr-Modell als erkenntnisorientiertes noch ein wenig mehr Dozentenorientierung moniert als das in Holland im Gesundheitswesen entwickelte «problem based learning».

Selbstverständlich wird mit dieser Skizzierung noch nicht deutlich, dass im Bereiche der Umsetzung oder der Anwendungspraxis solcher Modelle sich nochmals Welten auftun: Da kann als «problemorientierter Unterricht» bezeichnet werden, was in Dozentenorientierung bis zum missionarischen Eifer daherkommt, wie sich auch jemand auf die grellsche Sequenzierung berufen kann, der Selbststeuerung der Lernenden in hohem Masse zulässt.

Wie ersichtlich wird, sind einzelne Sequenzierungsmodelle regelrechten Unterrichtskonzepten zuzuordnen, welche sich wiederum teilweise in übergeordneten Unterrichtskonzeptionen wiederfinden.

Um die konzeptionellen Annahmen hinter solchen Sequenzierungsmodellen etwas zu verdeutlichen, beleuchte ich zum Schluss meiner Ausführungen über Sequenzierung exemplarisch das Modell der Grell-Sequenzierung in seinen Handlungsanweisungen und Annahmen etwas näher:

### Wesentliche Annahmen des Sequenzierungsmodells nach *Grell/Grell (1996)*

**Transparenz**

- Durch einen den Lernenden angepassten, informierenden Unterrichtseinstieg werden Thema, Ziel und Ablauf des Unterrichts einsichtig gemacht, um dadurch inhaltsbezogenes Interesse und Motivation zu erreichen.
- Durch regelmässiges Evaluieren des Unterrichts sind die Lernenden in der Lage, den Verlauf und das Ergebnis kritisch zu überdenken und daraus für das Lernen an Inhalten und in der Gruppe neue Einsichten zu gewinnen.
- Durch das Aufdecken der Beurteilungskriterien wird den Lernenden das Lernen erleichtert, indem sie Klarheit über die an sie gestellten Anforderungen gewinnen.

**Trennung von Informationsvermittlung und -verarbeitung**

- Durch eine knappe und klare Informationsvermittlung wird den Lernenden das zum Lernen notwendige Material zur Verfügung gestellt.
- Auf Erarbeitungsmuster, Frage-Antwort-Unterricht («Ping-Pong») und «Ratespiele» in der Phase der Informationsvermittlung wird von Seiten der Lehrenden verzichtet, da sie Lernen mehr verhindern als fördern und zeitraubend sind.
- Die Lernenden verfügen über genügend Raum und Zeit zum eigenständigen, selbstgesteuerten Lernen und müssen dabei das Üben und Trainieren nicht vorwiegend in die Zeit der «Hausarbeiten» verlegen .
- Die Lernaufgaben sind sehr sorgfältig vorzubereiten und interessant und abwechslungsreich zu gestalten. Der Phase «Lernerfahrungen machen» ist erste Priorität einzuräumen, weil eben dort individuelle Verarbeitung stattfindet.

**Zielorientiert unterrichten**

- Lernziele sind so zu konkretisieren, dass Lernende sie verstehen und erreichen können.
- Neben inhaltlichen Zielen sind immer auch Verhaltensziele zu formulieren und dabei gewünschtes Verhalten zu erklären und zu verstärken.
- Informationsvermittlung, Informationsverarbeitung und Lernkontrollen sind klar aufeinander auszurichten.
- In der Arbeitsrückschau ist der Unterrichtserfolg von allen Beteiligten kritisch zu beurteilen.

**Die Lernenden als Personen ernst nehmen**

- Auf Motivationstricks und Verführungskünste kann verzichtet werden. Die Lernenden sind durch Einsicht in das Lerngeschehen zur Auseinandersetzung herauszufordern.
- Durch ein warmes, akzeptierendes, freundschaftliches Klima und das Ernstnehmen des Beziehungsaspektes werden förderliche Lernbedingungen geschaffen.
- Durch regelmässiges Evaluieren werden die Lernenden schrittweise zur Selbstbeurteilung geführt.
- Durch das Anbieten verschiedener Möglichkeiten von Lernaufgaben und das stete Begleiten der Arbeit der Lernenden werden diese schrittweise zum selbstverantworteten Lernen geführt.

Die folgende abschliessende Darstellung eines möglichen Unterrichtsaufbaus (welche leicht verändert dem vergriffenen Buch «Unterricht gestalten – Lernen fördern» von *H. Teml 1982* entnommen ist) folgt teilweise den vorgängig besprochenen Lehr-/Lerndimensionen und vereinigt in einer nicht-linearen Darstellung verschiedene unterrichtskonzeptionelle Ansätze sowie Sequenzierungsmodelle.

Ich möchte Sie dazu einladen, mit sich selber oder anderen mittels dieser «Landkarte» Ihren Unterrichtsaufbau zu überprüfen, Gewohnheiten zu eruieren und neue Gestaltungswege zu planen.

## 6.5 Landkarte «Unterrichtsaufbau»

Die Teilnehmer/innenzentrierung «wächst» im vorliegenden Modell in den meisten Fällen von links nach rechts.

### 1. Mit dem Thema konfrontieren

In ein Thema so einsteigen, dass die Zielrichtung klar wird, dass eine Fragehaltung und ein Problembewusstsein entstehen. Teilnehmer/innen allmählich mehr in die Planung einbeziehen.

| Informierend | Problemorientiert | Teilnehmerzentriert |
|---|---|---|
| Thema anschaulich vorstellen, aufzeigen, worum es dabei geht (ein Bild, Modell, Beispiel, Geschichte, …), Ziele grob angeben, Sinn und Zweck für die Lernenden verdeutlichen, … | Problemhaltige, mehrdeutige, «fragwürdige» Situationen gestalten, Schwierigkeiten erleben lassen, sodass die Teilnehmer/innen nach Lösungssuche drängen, … | Thema oder Planungsvorschlag mit den Teilnehmer/innen aufgreifen, zu Themen persönliche, und fachliche Äusserungen oder Erfahrungen ermöglichen, … |

### 2. Lernprozesse organisieren

Diese Phase dient der Vorbereitung für die nachfolgende aktive Auseinandersetzung mit dem Thema. Es wird daher nur so viel direkt dargeboten oder gemeinsam erarbeitet, als dies für das selbständige Arbeiten notwendig ist. Über Anleitungen bzw. Planungsgepräche wird vermehrt das selbständige Arbeiten (mit entsprechenden Materialien) vorbereitet.

| Darbieten | Erarbeiten | Anleiten | Planen |
|---|---|---|---|
| Informationen frontal vermitteln: Vortragen und Erzählen, Vormachen und Vorzeigen; Medien: Filme, Computerprogramme, Dias, Tonband, Video; Zeichnungen, Modelle, etc. Hinweis: verständlich informieren, nur so viel als unbedingt erforderlich ist. | Frontal gesteuerte Lehrgespräche mit Fragen, Impulsen, Denkanstössen, intuitive Lösungsversuche sammeln, Probleme klären, erste Einsichten herausarbeiten. Hinweis: gezielte Hilfestellung durch minimale Anstösse, jedoch kein «Ratespiel»! Erarbeiten auch in Aktivitätsphase verlagern. | Präzise Anleitungen zur Vorgehensweise in der folgenden Phase: Schrittweises Vorgehen; erläutern, vormachen, wie etwas zu lösen ist oder wie Ergebnisse aussehen sollen, Material einführen. Hinweis: Anleitungen schriftlich festhalten. | Weiteres Vorgehen gemeinsam klären, Aufgaben zur Wahl anbieten, Ziele gemeinsam festlegen, Aufgaben selbst bestimmen, Schritte gemeinsam entwickeln. Hinweis: Selbständigkeit systematisch aufbauen. |

### 3. TeilnehmerInnen aktivieren

Die Teilnehmer/innen bearbeiten weitgehend selbständig, ohne direkte frontale Dozentensteuerung bedeutsame Lernaufgaben. Diese Phase ist das Kernstück des Unterrichts und insgesamt zeitlich am umfangreichsten (gelegentlich auch auf mehrere Abschnitte aufgeteilt). In dieser Phase gibt es unterschiedliche …

| **Lern- und Sozialformen** | | | |
|---|---|---|---|
| **Einzelarbeit** | **Partnerarbeit** | **Gruppenarbeit** | **Gespräche** |
| **Lernsteuerung** | | | |
| **Verbale Anleitungen**<br>von der Lehrperson festgelegt (und notiert) oder gemeinsam geplant … | **Lernmaterialien**<br>z. B.: verständliche Texte, Bücher, Arbeitskarten, Lernprogramme, Lerngeräte | **Selbsteuerung**<br>durch früher aufgebaute Arbeits-, Lern- und Kommunikationstechniken … | **Lernberatung**<br>für einzelne oder Gruppen durch die Lehrperson nach Bedarf oder Plan … |
| **Lernaufgaben** | | | |
| **Probleme klären**<br>Probleme und Schwierigkeiten entdecken, Problemsicht gewinen, … | **Probleme lösen**<br>Informationen suchen, Lösungen eruieren, Hypothesen entwickeln … | **Üben und Anwenden**<br>Lösungen durchführen und erproben, Fertigkeiten einüben, Kenntnisse anwenden … | **Emotional/ sozial lernen**<br>Gefühle äussern, Werteinstellungen klären, kooperativ planen, zuhören … |
| **Lernergebnisse** | | | |
| **Notizen**<br>Eintragungen auf Zetteln, in Heften, Arbeitsbüchern, Lerntagebüchern, Stichwortsammlungen … | **Berichte**<br>Darstellung und Aufbereitung gesammelter Informationen … | **Spiele**<br>Pantomime, Skulptur, Rollenspiele, Lernspiele, Sketches … | **Konkrete Produkte**<br>Plakate, Folien, Briefe, Fotos, Videos, Werkstücke, Ausstellungen … |

### 4. Lernergebnisse präsentieren

Ergebnisse der selbständigen Arbeit vorstellen, besprechen und bewerten. Aus den Beurteilungen und/oder Gesprächen über den Unterrichtsverlauf weitere Gestaltungsmassnahmen ableiten.

| **Vorstellen** | **Bewerten** | **Fordern** | **Rückmelden** |
|---|---|---|---|
| Erarbeitete Ergebnisse den Mitteilnehmenden anschaulich vorstellen bzw. der Lehrperson zeigen, Einsichten herausstellen, Übersichten entwickeln, … | Besprechung der sachlichen Qualität der Ergebnisse (auch untereinander), Kontrollen (besonders auch Selbstkontrollen), Fehler erheben und korrigieren, … | Individuelle Lernschwierigkeiten oder Lernbedarf eruieren, gezielte Übungen für spezielle Probleme, differenzierte Vorgehensweise zur Erreichung der Ziele, … | Über den Unterricht sprechen, positive und negative Erfahrungen rückmelden, Vorschläge für weitere Arbeit einbringen, … |

*nach: Teml 1982, verändert/ergänzt durch Thomann 1997*

## 7. Aspekt E: Aus der Werkzeugkiste

### 7.1 Einführung

*«Die beste Methode gibt es nicht – sofern man die gemessene Lernleistung der Schüler als Effektivitätskriterium zugrunde legt. Mit schöner Regelmässigkeit zeigten sich entweder keine Differenzen, oder aber die Resultate fielen nicht eindeutig genug zugunsten dieser oder jener Lehrmethode aus ... Dieser Sachverhalt ... gehört zu den wenigen Erkenntnissen der Lehrmethodenforschung, die als gesichert gelten dürfen.»*

*Terhart 1989, S. 75*

Unterrichtliche Methoden können als Mittel zur Zielerreichung verstanden werden, als Vermittlerin zwischen lernenden Subjekten und anzueignenden Objekten, als Mittel zur Lernförderung etc. Je nachdem nach welchen Unterrichtskonzepten und anhand welcher theoretischer Annahmen Bildungsveranstaltungen konzipiert sind, dienen Methoden als Instrumente zur effektiven Realisierung der jeweiligen Vorhaben.

Damit wird es möglich, dem Einsatz von Methoden eine technologische Wirkung zu unterstellen.

Gelegentlich scheinen sogar fehlende inhaltliche Auseinandersetzungen durch ideologisch gefärbten Methodenkult kompensiert zu werden. Glücksverheissungen können dann über Methoden transportiert werden.

Im Balance-Modell (in diesem Kapitel, 2.) ist der Aspekt «Methode» einer unter einigen und damit abhängig von anderen Aspekten und vielen Rahmenbedingungen.

Die folgende kleine Zusammenstellung von Methoden ist als exemplarisch und in ihrer Auswahl subjektiv zu betrachten.

Die Methoden 1–4 bewegen sich eher vor dem Hintergrund der so genannten Erkenntnis- oder Problemorientierung, wobei die *«Expertentagung»* und das *«Konferenzspiel»* im Speziellen für argumentative Urteilsbildung einsetzbar sind; diese beiden Methoden sind anhand eigener Unterrichtsunterlagen dokumentiert.

Selbstverständlich bilden Unterrichtsunterlagen und Dokumente Realität immer ungenügend ab.

Das *«Rollenspiel»* und das *«Fallbeispiel»* sind anschliessend als anleitende Umsetzungsvorlagen, teilweise unter Zuhilfename von theoretischen Bezügen dargestellt. Das Rollenspiel könnte man als «kleineres Geschwister» des Konferenzspiels bezeichnen.

(«Grösseres Geschwister» wäre dann das Planspiel, wo nach genauer Rollenanleitung eine bestimmte, komplexe organisationale Realität über eine grössere Zeitspanne hinweg simuliert wird. Reelle Systeme und Subsysteme «reproduzieren» sich dadurch sozusagen spielend.) Das dann folgende «Fallbeispiel» lässt schliesslich nicht Realität simulieren, jedoch über (mögliche) Realität sinnieren und diskutieren; die Ausführungen sind als didaktische Grundlegung dieser Methode gedacht.

Die zuletzt aufgeführten Gedanken zur Methode «*Vorzeigen – Nachmachen*», welche als eher kenntnis- und dozentenorientiert bezeichnet werden kann, sollen aufzeigen, dass solche nicht selten als traditionell abgewerteten «Frontal»-Methoden je nach Berufsfeld und Indikation hohe Bedeutsamkeit und Effektivität aufweisen können.
Mittels dieser ausgewählten Methoden zeigen sich auch ansatzweise Themenbereiche («Didaktische Theorien» und «Entwicklung von Ausbildungsstrukturen»), welche in meinen Ausführungen sonst wenig bis gar nicht berücksichtigt sind.

## 7.2 Methode 1: Expertentagung «Didaktische Theorien» – Materialien

### Einleitung

Didaktik befasst sich als Theorie oder Wissenschaft mit allen Situationen und Phänomenen von organisierten Lehr- und Lernprozessen.
Beschreibend, erklärend und strukturierend versucht sie Orientierungswissen für die Unterrichtspraxis zu gewinnen *(vgl. Berner 1999, S. 35)*.
Didaktische Theorien beziehen sich zudem in der Regel auf pädagogische und/oder psychologische Grundlagen *(vgl. Schüpbach 2000, S. 15)*.
Hinter didaktischen Konzepten stehen Annahmen, Wertvorstellungen, gelegentlich Glaubenssysteme. Im Zuge des Wertepluralismus verkünden heutzutage immer mehr Bildungsfachleute «ihre» Didaktik als die ultimative. So tummeln sich da Begriffe wie «Belehrungsdidaktik», «Verständigungsdidaktik», «Ermöglichungsdidaktik», «interaktive Didaktik», «konstruktivistische Didaktik», «subjektive Didaktik», «reflexive Didaktik», «evolutionäre Didaktik» etc.
Das altgriechische Wort «didaskein» bedeutet «lehren», «unterrichten», aber auch «lernen» und «belehrt werden».
*Wolfgang Ratke (1571–1635)* galt als eigentlicher «Erfinder» des heutigen Begriffes Didaktik (als «Lehrkunst»), die «Didactica Magna» (1657) von *Amos Comenius* (1592–1670) machte diesen in weiten Kreisen bekannt *(vgl. Kron 1996, S.328 ff.)*.
Interessanterweise war das «Didaktische» ursprünglich eine Gattung des griechischen Epos (neben dem «Heroischen» und dem «Historischen»), welches häufig als «Lehrgedicht» in Erscheinung trat.
Die so genannte «Didaskalia» wurde also als Lehre und Unterricht (mehr im Sinne von Übung und Training) verstanden oder aber als Aufführung von «Lehr-Stücken» *(vgl. Blankertz 1991 und Aschersleben 1983)*.
*Aschersleben (1983, S. 9 ff.)* berichtet davon, dass ca. 3000 v. Chr. im alten ägyptischen Reich das Schriftsystem der Hieroglyphen und in Babylon bei den Sumerern die Keilschrift als hochkomplizierte Schriftsysteme in so genannten «Schreiberschulen» für die späteren Verwaltungsbeamten durchaus mittels didaktischer Instrumentarien (Diktat als Übung, Auswendiglernen, Prinzip des Lernens durch Vorbild, Lob und Tadel, ...) unterrichtet wurden.
Der «paidagogos» (= «Knabenführer»; «pais»: der Knabe, «agein»: führen, leiten, ziehen) unterschied sich im alten Griechenland im Übrigen folgendermassen vom «Didaktiker»:

> *«Der Elementarlehrer nun, der im Schulunterricht die Schüler Lesen, Schreiben und die Zahlen – die aus dem Alphabet stammten – lehrte, wird zunächst «Grammatiker» genannt, später zum «Didaktiker», dem Lehrer schlechthin, neben dem Sporttrainer und dem Musiklehrer der dritte, neue Lehrberuf, aber mit dem geringsten sozialen*

> *Ansehen. Übrigens gibt es seit der vorklassischen Zeit in Hellas auch den Pädagogen, den Knabenaufseher. Oft ein alternder Sklave, der nicht mehr für andere Arbeiten taugt, wird er abbestellt, um den Knaben oder Jüngling zum Unterricht in den Sportstätten oder der Schule zu begleiten. Es ergab sich, dass er später anspruchsvollere Funktionen übernahm: dem Zögling gute Manieren beizubringen, ihm seine Lektion abzuhören und insgesamt seine charakterliche Entwicklung positiv zu beeinflussen. So wächst der Knabenaufseher allmählich in die Rolle des wirklichen Erziehers, des Pädagogen, hinein, wie wir ihn aus späteren Epochen der Erziehungsgeschichte kennen: als Privatlehrer, als Hauslehrer oder Haushofmeister.»*
> *(aus Aschersleben 1983, S. 12)*

*Grunder (1999, S.160)* berichtet von folgendem griechischen Text:

> *«Als es einmal geschah, dass ein Sklave von einem Baum stürzte und sich ein Bein brach und nun zu nützlicher Arbeit nicht mehr fähig war, sprach sein Herr: «Nun ist er ein Pädagogus geworden.»*

Vor einigen Jahren habe ich mich auf Grund vieler kritischer Rückmeldungen von ehemaligen Studierenden der AEB dazu entschieden, die bislang eher «trocken» in Form von Referaten und Textlektüre vermittelten Ansätze aus der theoretischen Didaktik mittels höherer Aktivierung der Lernenden als Anregungs- und Reflexionsmittel für die Bewusstmachung der Leitlinien des unterrichtlichen Handelns unserer Studierenden zu benutzen. Die folgenden Materialien geben Ihnen einen Einblick von meiner dritten Umsetzung dieser Idee bei zwei dafür zusammengelegten Ausbildungsgängen in Erwachsenenbildung an der AEB Luzern.

42 Studierende wurden dabei also in einer acht Tage dauernden thematischen Ausbildungsphase von zwei Kursleiter/innen (einer Kollegin und mir) begleitet, wobei wir während eines externen viertägigen Blockseminars von zwei weiteren Ausbildner/innen unterstützt wurden.

Die folgenden Materialien sind in der Mehrzahl chronologisch geordnete Planungsunterlagen, welche ich ohne «Brückentexte» zur anregenden Einsicht aneinanderreihe; anschliessend werde ich kurz meine Erfahrungen mit der Methode «Expertentagung» schildern.

**Material 1**
**Übersicht Sequenz «Didaktische Theorien»**
**4. Semester Diplomausbildung – AEB-Ausbildungstage**

| | |
|---|---|
| 24.8.99 | Einführung in die Didaktik I: Geschichte der Erwachsenenbildung in der Schweiz<br>Exemplarische Einführung in die Geschichte der Pädagogik und der Erwachsenenbildung |
| 31.8.99 | Einführung in die Didaktik II: Didaktik und Pädagogik |
| 7.9.99 | Einführung in die Didaktik III: Konzepte/Theorie in historisch-gesellschaftlichem Kontext<br>Expertengruppenbildung<br>Planung/Arbeit in den jeweiligen Expertengruppen |

| | |
|---|---|
| 13.–16.9.99 | Blockseminar «Didaktische Theorien»<br>Methodische Form: Kontroverse Expertentagung<br>– Inhaltliche Vorbereitung in den jeweiligen Expertengruppen<br>– Durchführung und Reflexion einer Expertentagung (offenes Podium<br>– Vertiefendes (Selbst-)Wahlpflichtangebot «Didaktische Theorien» |
| 21.9.99 | Individuelle Arbeit an der Formulierung der eigenen didaktischen Konzeption mit fachlicher Begleitung. |

**Material 2**
**Einladung Dozentinnen/Dozenten zur Sitzung Planung des Blockseminars «Didaktische Theorien» Kurse 98 A/B vom 13.–16.9.99**

**Traktandum**

Rahmenplanung des Blockseminars, Aufgabenverteilung

**Grobplan Blockseminar**

- 1. Tag: Arbeit in sieben Expertengruppen mit Begleitung
- 2. Tag: Arbeit in sieben Expertengruppen mit Begleitung, Durchführung der Expertentagung
- 3. Tag: Auswertung der Expertentagung mit Begleitung, Weiterarbeit in vier neu zusammengestellten begleiteten Bedarfsgruppen (Themen nach situativer Absprache)
- 4. Tag: Weiterarbeit in den vier begleiteten Bedarfsgruppen; Erstellen von individuellen didaktischen Konzepten/Positionen mit Beratung

**Grundlage**

Die Teilnehmer/innen entscheiden sich vorgängig am 7.9.99 für einen didaktischen Ansatz. Die Auswahl der didaktischen Ansätze ist weiter unten mit der entsprechenden Literatur aufgeführt. Es entstehen somit 7 Gruppen à max. 6 Teilnehmer/innen.

**Aufgaben der Ausbildner/innen → Fit in allen Ansätzen!!**

- Drei Ausbildner/innen begleiten (1 x 3/2 x 2) sieben Expertengruppen in der Vorbereitungs- und Auswertungsphase.
- Ein(e) Ausbildner(in) leitet die Expertentagung und hat während der Vorbereitungsphase die Funktion des «Schmetterlings» («schnuppert» rotierend in allen Expertengruppen).
- Alle Ausbildner/innen leiten anschliessend eine (bedarfserhobene) Themengruppe im Sinne einer inhaltlichen Spezialisierung oder Vertiefung.
- Alle Ausbildner/innen stehen zur Begleitung der abschliessenden individuellen Arbeit an einer eigenen didaktischen Konzeption der Teilnehmer/innen zur Verfügung.

**Material 3**
**Sieben didaktische Ansätze zur Auswahl –**
**Literatur zur Bearbeitung in den Expertengruppen**
(die Zusammenstellung ist für diese Publikation überarbeitet)

**1. Bildungstheoretische Didaktik**
- Klafki, W.: Neue Studien zur Bildungstheorie und Didaktik, Weinheim/Basel 1996, 5. Aufl.
- Peterssen, W.H.: Handbuch Unterrichtsplanung Linz 1982, 5. Aufl., S. 47–60.

**2. Lerntheoretische Didaktik**
- Heimann, P.: Didaktische Grundbegriffe, in: Reich, K./Thomas, N. (Hrsg.): Paul Heimann, Didaktik als Unterrichtswissenschaft 1976.
- Peterssen, W.H.: Handbuch Unterrichtsplanung Linz 1982, 5. Aufl., S. 82–95.

**3. Lernzielorientierte oder curriculare Didaktik**
- Möller, Ch.: Die curriculare Didaktik, in: Gudjons, H. u.a.: Didaktische Theorien, Hamburg 1997, 9. Aufl.
- Blankertz, H.: Theorien und Modelle der Didaktik, Weinheim/ München 1991, 13. Aufl. S. 151–178.
- Berner, H.: Didaktische Kompetenz, Bern 1999, S. 98–103.

**4. Kritisch-kommunikative Didaktik**
- Winkel, R.: Antinomische Pädagogik und kommunikative Didaktik, Düsseldorf 1988, 2. Aufl.

**5. Kognitionspsychologische Didaktik**
- Aebli, H.: Zwölf Grundformen des Lehrens, Stuttgart 1990, 5. Aufl.
- Reusser, K./Reusser-Weyeneth M. (Hrsg.): Verstehen, Bern 1994

**6. Erkenntnisorientiertes Lehren und Lernen**
- Landwehr, N.: Neue Wege der Wissensvermittlung, Aarau 1995, 2. Aufl.
- Dubs, R.: Der Konstruktivismus im Unterricht, in: Schweizer Schule 6/97, S. 26–35.
- Kösel, E.: Subjektive Didaktik – was heisst das? in: Schweizer Schule 6/97, S. 3–12.
- Egger, H.: Lehren und Lernen im Sinne Martin Wagenscheins, in: Schweizer Schule 1988/5, S. 17–20.

**7. Erwachsenenbildungsdidaktik**
- Siebert, H.: Didaktisches Handeln in der Erwachsenenbildung, Neuwied/Kriftel 2000, 3. Aufl.

**Material 4**
**Einladung der Kursteilnehmer/innen 98 A und B zum Blockseminar «Didaktische Theorien» vom 13.–16.9.1999**

Liebe Studierende
Wir laden Euch hiermit herzlich zum ersten gemeinsamen Block der Kurse 98 A+B im zweiten Ausbildungsjahr ein. Wie bereits bekannt, befassen wir uns darin mit verschiedenen didaktischen Theorien und ihrer Bedeutung für die Erwachsenenbildung – eine zumindest auf den zweiten Blick brandaktuelle Thematik!
Für die Bearbeitung des Themenbereiches sind einige (teilweise aufwändige) Vorarbeiten notwendig:
Bereits zum Voraus habt Ihr die Grundlagentexte zu den ausgewählten Ansätzen erhalten und verschafft Euch nun bis am Kurstag vom 7. September einen inhaltlichen Überblick. An diesem Tag erfolgen dann auch die Verteilung und Wahl der Ansätze und erste Vorbereitungsarbeiten für den Block.
Folgende Zielsetzungen stehen dabei im Vordergrund:

- Die Studierenden kennen und verstehen einige ausgewählte didaktische Theorien samt ihren spezifischen Unterschieden und haben sich exemplarisch mit einem Ansatz vertieft auseinandergesetzt.
- Die Studierenden sind in der Lage, die wichtigsten Aussagen von didaktischen Theorien mit ihrer erwachsenenbildnerischen Unterrichtspraxis zu vergleichen und handlungsleitende Elemente darin zu erkennen, zu beschreiben und diese argumentativ zu vertreten.
- Die Studierenden definieren aufgrund dieser Auseinandersetzung ihre individuelle didaktische Konzeption als Skizze für ihre Tätigkeit als Erwachsenenbildner/in.

Die gesetzten Ziele wollen wir im Rahmen einer speziellen methodischen Anlage erreichen (wir werden Euch noch genauer darüber informieren). Daraus ergibt sich folgende Grobstruktur für den Block:

| | |
|---|---|
| 1. Tag: | Einstieg<br>Arbeit in sieben Expert/innengruppen (mit Begleitung) |
| 2. Tag: | Weiterarbeit in den Expert/innengruppen<br>Durchführung einer Expert/innentagung mit offenem Podium |
| 3. Tag: | Auswertung der Tagung in den Gruppen und Klärung/Reflexion des methodischen Vorgehens (Form «Expert/innentagung»/Methode «argumentative Urteilsbildung») Bedarfsanalyse für die Weiterarbeit im Plenum und Bildung von übergreifenden Bedarfsgruppen (ev. mit Begleitung, je nach gewählter Thematik) |
| 4. Tag: | Weiterarbeit in den Bedarfsgruppen<br>Beginn der Entwicklung und Präsentation der individuellen didaktischen Konzeption in Form eines Beitrages für eine «Galerie» (ein folgender Kurstag an der AEB steht zusätzlich dazu zur Verfügung) |

**Material 4**
**Arbeitsanleitung für das selbständige Erarbeiten der theoretischen Ansätze in Expertengruppen/Podiumsvorbereitung:**

**A Arbeitsschritte in der Expertengruppe**

- Klärung der Arbeitsorganisation/Planung
- Gegenseitige Überprüfung des Textverständnisses der «eigenen» Theorie
- Sammeln der Stärken derselben
- Erstellen eines «PR-Zwischenproduktes» (prägnante Werbung für die «eigene» Theorie)
- Sammeln von Unterschieden und Gemeinsamkeiten zu/mit den anderen theoretischen Ansätzen (Positionierung)
- Eruieren der Schwächen derselben
- Antizipieren der Argumente von Vertreter/innen anderer Theorien
- Vorbereitung auf die Podiumsdiskussion, Wahl der Podiumsteilnehmerin/des Podiumsteilnehmers (bis Ende 1. Tag Blockseminar Meldung an Moderator!); Coaching desselben/derselben

**B Zeitlicher Rahmen**

Kurstag vom 7.9.99, 11.00–17.30 Uhr

- Arbeit in Expertengruppen, Begleitung nach Bedarf

Blockseminar 1. Tag (13.9.99) ca. 11.00–17.30 Uhr

- Arbeit in den Expertengruppen, Begleitung durch zugeteilte Ausbildner/innen (Info folgt anfangs Blockseminar)
- Zwischenprodukt «Werbung eigene Theorie» bis 15.00 Uhr an noch zu definierenden Ort (Info folgt anfangs Blockseminar)
- Bekanntgabe der Wahl «Podiumsteilnehmer/in» bis Ende des Tages an Podiumsmoderator

Blockseminar 2. Tag (14.9.99) ca. 8.30–12.00 Uhr

- Arbeit in den Expertengruppen mit Begleitung
- Am sog. «Expertentuning» von 10.00–10.30 Uhr werden die gewählten PodiumteilnehmerInnen durch den Moderator über Fragestellungen und Ablauf des offenen Podiums informiert (Ort wird noch bekanntgegeben)
- Das (offene) Podiumsgespräch findet von 14.00–16.00 Uhr statt.

**C Hilfestellung Textverständnis**

Ein mögliches Vorgehen wäre beispielsweise

1. Genaue Textlektüre

Es empfiehlt sich, unverständliche Begriffe zu unterstreichen und herauszuschreiben. Schlagt diese Ausdrücke im Duden oder in einem Fachwörterbuch nach. Schreibt wichtige Schlüsselbegriffe an den Textrand; dies kann es Euch erleichtern den Aufbau des Textes und seine Struktur herauszuarbeiten.

2. Strukturierung des Textes
Wie ist der Text gegliedert?
Welche Teile umfasst er?
Wie werden die einzelnen Teile miteinander verbunden?
Wie wird die Argumentation aufgebaut?

3. Gemeinsame Verständnisüberprüfung
- Was versteht der Autor unter «Didaktik»?
- Was versteht der Autor unter «lernen» und «lehren»?
- Welches sind die Bildungsziele? (Gibt es überhaupt welche?)
- Welchem Wissenschaftsbegriff fühlt sich der Autor verpflichtet?
- Wie wirkt sich der Wissenschaftsbegriff auf die Theoriebildung aus?
- Welche Variablen des Unterrichtsgeschehens berücksichtigt der Autor?
- Welche sind für ihn von besonderer Bedeutung? Weshalb?
- Welches sind die Prinzipien der Planung?
- Wie ist der Planungsvorgang?
- Könnt Ihr Prinzipien der Planung nach den entsprechenden Theorien an einem eigenen Beispiel zeigen?
- Könnt Ihr kritische Fragen an die Theorie stellen?

**Material 5**
**Fragestellungen und Ablauf der Podiumsdiskussion**
**(für alle Teilnehmer/innen)**

**Fragestellungen:**
1. Wie können die Modelle/Theorien in kurzen Worten umschrieben werden? Welche Charakteristiken zeichnen die Ansätze aus? Welche Bedeutung haben sie für die Praxis? Inwiefern sind die Ansätze auch in der heutigen Zeit noch von Relevanz?
2. Wodurch unterscheiden sich die verschiedenen Ansätze voneinander?
3. Welche Bildungsintentionen zeichnen die diversen Ansätze aus?
4. Welche Rolle haben die Lehrenden in den jeweiligen Ansätzen?
5. Wie sieht es mit dem Einbezug der Lernenden in den didaktischen Unterrichtsszenarien aus?
6. Welche Entwicklungen zeichnen sich ab? Gibt es gemeinsame Perspektiven mit den anderen Ansätzen?

**Zusätzlicher Auftrag für die Leitung der Podiumsdiskussion**
Leitfaden Ablauf/inhaltliche Steuerung:
- prägnante Darstellung des eigenen Ansatzes in je 3–4 Minuten
- Diskussion der Experten
- Herausschälen von Profilen und Unterschiedlichkeiten
- Aufnahme von Fragen aus dem Expertenpublikum
- Eruieren von Gemeinsamkeiten
- Entwicklung von Perspektiven

**Material 6**
**Aspekte zur Auswertung**

- Leitung der Auswertung in den Expertengruppen durch die begleitenden Ausbildner/innen oder allenfalls durch am Anfang des Seminars bestimmte Beobachter/innen
- Kriterien: Vorbereitungsprozess und Arbeitsorganisation in der Gruppe, inhaltliche (Text-) Arbeit, Entscheidungsprozess der Wahl für die Podiumsteilnahme, Analyse des Podiumsverlaufes im Verhältnis zur Vorbereitung, Reflexion der Methode «Expertentagung»
- anschliessend kurzer Austausch im Plenum und Bildung von neuen «Bedarfsgruppen» durch Sammeln von Themenvorschlägen und Neugruppierung der Studierenden

**Material 7**
**Erfahrungsschilderung / «Nachklang»**

Nach bisher dreimaliger Durchführung dieser Expertentagung bin ich auch mit einiger zeitlicher Distanz zur letzten Durchführung von der Intensität und Ernsthaftigkeit des Lernens unserer Studierenden begeistert.
Die abstrakten theoretischen Modelle wurden durch Erfahrungs- und Assoziationsanreicherung regelrecht «zum Leben erweckt».
Intensive inhaltliche Diskussionen, Auseinandersetzungen und Gespräche während der Essenszeiten, zwischen Tür und Angel und abends spät während des externen Blockseminars klingen mir noch in den Ohren. Im Nachhinein waren diese mehr als eine Ergänzung zur vielleicht eher plakativen «Arena»-Diskussion des Podiums selber.
Einige Studierende berichten noch Jahre später davon, dass sie unter diesem unbestreitbar hohen methodischen Druck konzeptionelle Aussagen entwickeln konnten, welche ihnen heute noch zur argumentativen Legitimierung ihrer Ausbildungsarbeit behilflich sind. Freilich seien auch die kritischen Stimmen erwähnt, welche den sprachlichen Artikulationsdruck und die «kämpferischen» Aspekte dieser Methode als Überforderung bezeichnen.
Die so genannten «Bedarfsgruppen» beschäftigten sich mit Themen wie «Vertiefung Erwachsenenbildungsdidaktik», «Verhältnis Didaktische Theorien – Lerntheorien», «geschlechtergerechte Didaktik», «Transfer der Methode Expertentagung in andere Ausbildungssituationen» etc. Nicht selten erwuchsen aus diesen Bearbeitungen Themen für die spätere Diplomarbeit.
Die individuelle Umsetzungsarbeit am Schluss dieser Ausbildungsphase führte in wohltuender Ruhe zu sehr eindrücklichen Zeichnungen, Bildern und Konzeptdarstellungen, welche schliesslich für alle Beteiligten in einer «Galerie» ausgestellt und besichtigt wurden.
Den Mut, sich in eine theoretische argumentative Auseinandersetzung zu begeben, müssen die Lernenden, wie auch die Lehrenden, bei der Expertentagung aufbringen.
Lerngruppen mit schwelenden Konflikten oder Lehrenden mit übermässigen Konfliktängsten rate ich von solchen Anlagen ab.

Ebenso rate ich davon ab, innerhalb der Lerngruppen umstrittene oder sonstwie «heisse» Themen in einem solchen eher aufheizenden methodischen Arrangement zu bearbeiten. Etwas Rollendistanz ist trotz durchaus wünschbarer Rollenidentifikation für einen Lern- und Reflexionserfolg notwendig.
Dies gilt im Übrigen auch für die im Folgenden geschilderte Methode.

### 7.3 Methoden 2: Argumentationsbilder/ Konferenzspiel «Modularisierung» – Materialien

Ähnlich wie bei der Expertentagung dienen die Methoden «Argumentationsbilder» und «Konferenzspiel» der argumentativen Aktivierung.
Die folgenden Materialien sind einem von mir durchgeführten AEB-Wahlpflicht-Angebot zum Thema «Modularisierung» entnommen. Dabei bereitet der erste Ausbildungstag mittels der Methode «Argumentationsbilder» auf den zweiten Tag mit dem Konferenzspiel vor. Erfahrungsgemäss reicht ein Tag für Vorbereitung, Durchführung und Evaluation eines Konferenzspieles knapp, bei weniger Zeitressourcen rate ich vom Einsatz dieser Methode ab. Genügend Zeit ist vor allem für die Reflexionsphase zu reservieren, hier gilt die einfache Regel «Reflexionszeit = min. 2x Spielzeit».
Auch hier lasse ich Sie mit den Materialien und eventuellen Transfer-Überlegungen alleine. Alle Materialien wurden so, wie Sie sie vorfinden, den Studierenden abgegeben.
Die Erfahrungsschilderung würde sich in etwa gleich präsentieren wie bei der «Expertentagung».

**Material 1:**
**Modularisierung von Ausbildungsgängen in der Erwachsenenbildung – Wahlpflichtangebot 12./19.9.2000**
**Diplomkurse 98 A/B**

**Übersicht**

| | |
|---|---|
| Ziel | Fachliche Meinungsbildung und differenzierte Positionierung in der gegenwärtig hochaktuellen Diskussion um die Modularisierung von Ausbildungsgängen. |
| Mittel | Erkenntnisorientierte Methoden: Argumentationsbilder, Konferenzspiel |
| Programm: | |
| 12.9.2000: | 1. Schritt : «Position»<br>Selbständiges Aneignen von Grundinformationen, Pro/Contra-Anlage anhand der Methode der (sprachlichen) «Argumentationsbilder» |
| 19.9.2000: | 2. Schritt : «Differenzierung und Transfer»<br>Differenzierter Gebrauch von Grundinformationen und Positionen in einer simulierten dringlichen Situation anhand der Methode des Konferenzspiels. |

**Material 2:**

**Erster Schritt: Pro und Contra «Modularisierung von Ausbildungsgängen»**

**Anleitung**

Ziel
Differenzierte fachliche Meinungsbildung

Verfahren
Argumentative Urteilsbildung *(vgl. Landwehr 1994, S.160)*

Methode
Argumentationsbilder

Ablauf

1. Einteilung in je zwei Gruppen pro und contra «Modularisierung»
2. In jeder Gruppe stummes und – im Sinne des Brainstormings – kritikloses Sammeln von Argumenten durch Beschriften von Papierstreifen (Gruppen-Arbeit)
3. Rückfragen zu den schriftlich formulierten Argumenten (GA)
4. Bewertung der Argumente (Stichhaltigkeit, Überzeugungskraft etc.), ev. Aussondern von einzelnen Argumenten (GA)
5. Reduktion und Ordnung der Argumente (ev. gemeinsame Formulierung für inhaltlich Ähnliches; Überschriften zu Argumentengruppen (GA)
   Jede Gruppe sollte am Schluss über höchstens 20 Argumente verfügen!
6. Jede Pro-Gruppe setzt sich nun um die Argumentenliste einer Contra-Gruppe und umgekehrt (GA)
7. Einwände suchen, dieselben auf andersfarbige Papierstreifen schreiben und zu den betreffenden Argumenten legen (GA)
8. Argumentationsbilder aller Gruppen betrachten und vergleichen (Marktplatz)
9. Plenargespräch: inhaltlicher Austausch/Diskussion
10. Einzelarbeit: eigenes Urteil zum Sachverhalt schriftlich zusammenfassend formulieren
11. Eventuell Vorstellung einzelner solcher Positionen
12. Methodische Reflexion (Plenargespräch)

Pro-Argumente lassen sich in den im Kursraum aufgelegten Texten finden oder durch diese anregen *(vgl. auch http://www.modula.ch)*.
Mit Contra-Argumenten müssten Sie mit Ihrer umfangreichen «integralen» Bildungserfahrung (was die positiven Aspeke betrifft) gut versehen sein.

**Material 3:**
**Zweiter Schritt: Konferenzspiel**

### 1. Ausgangslage

In der heutigen Zeit, die geprägt ist durch rasante Veränderungen am Arbeitsplatz und drohenden Rezessionskrisen – sind auch die finanziellen Mittel für die Aus- und Weiterbildung beschränkt. Immer mehr werden Weiterbildungsangebote unter den Blickwinkeln von Effizienz und Qualität begutachtet. Individualität und Individualisierung sind weitere Schlagworte, welche im Bildungsbereich immer mehr Bedeutung erlangen. Bildungsangebote müssen sehr schnell eine nachweisbare Wirkung aufweisen, den individuellen Wünschen und Lebenssituationen der «Benutzer» angepasst und möglichst reibungslos in den normalen Arbeitsalltag integrierbar sein. (Stichwort: «Training on the job»). Längere Ausbildungsgänge in zentralen Ausbildungsinstitutionen müssen sich mit dem Vorwurf der «Verschulung» (bürokratische Organisation, keine Individualisierung, schwerfällige Strukturen) und der Ineffizienz auseinandersetzen.
Das Zauberwort in der momentanen Bildungslandschaft heisst «Modularisierung». Unter Ausbildungsmodulen werden verschiedene inhaltlich und zeitlich abgegrenzte Ausbildungseinheiten verstanden, welche miteinander lose verbunden schliesslich einen «ganzen» zertifizierbaren Ausbildungsgang ergeben, also somit auch curricularen Rahmenbedingungen unterworfen sind. Die Absolvierung der einzelnen Module kann durch die Benutzer flexibel ihren individuellen Lebensbedingungen und den Bedingungen der jeweiligen Arbeitssituation angepasst werden, das Erreichen eines anerkannten Abschlusses kann dadurch in mehreren Teilschritten geplant und über Jahre hinweg verteilt werden.
Eine mehrjährige, bis anhin kompakte Ausbildung könnte im Sinne von kundennaher Flexibilität und vergrösserter Durchlässigkeit folgendermassen modularisiert werden:

- Pflicht und Wahlmodule werden bestimmt; deren erfolgreiche Absolvierung ermöglicht in einem bestimmten Zeitraum (z. B. innert fünf Jahren) den Zutritt zu einer abschliessenden Diplomprüfung.
- Einzelne anerkannte (akkreditierte) Module können von den Teilnehmenden auch in anderen Ausbildungsinstitutionen absolviert werden.
- Einschlägige Vorbildung und Berufserfahrung werden in einem genauen Abklärungsverfahren (z. B. einem Assessment-Center, siehe auch Kapitel IV, 2.6) bei Eintritt in die modularisierte Ausbildung geprüft und eventuell angerechnet.

Als Nachteile des modularisierten Ausbildungsganges werden vor allem von Seiten der Ausbildungsorganisationen ein beträchtlicher organisatorischer Mehraufwand, aufwändige Absprachen, eine gewisse inhaltliche Oberflächlichkeit, verstückelte Inhalte ohne klaren roten Faden und fehlende Konstanz des Prozesses in Gruppen aufgeführt.

## 2. Situation

Das Schweizerische Bildungsinstitut für Erwachsenenbildung BEB (Phantasiename) ist eine durch einen gesamtschweizerischen Verein mit Sitz in Zürich getragene Ausbildungsstätte. Kernaufgabe ist seit Jahrzehnten die dreijährige Diplomausbildung zum Erwachsenenbildner/zur Erwachsenenbildnerin, die kantonal subventioniert wird.

Weitere Angebote der Institution BEB sind verschiedene mehrtägige Weiterbildungsangebote und diverse Lehrgänge in der Dauer von 12 bis 30 Ausbildungstagen.

Leitendes Gremium der Schule ist ein Vereinsvorstand, der vierteljährlich zusammentritt und vor allem die strategische Richtung der Institution festlegt. In den Vorstand integriert ist mit beratender Stimme die Schulleitung und eine Vertretung der Studierenden. Die operative Führung der Schule liegt bei einer Schulleitung, die aus zwei Personen besteht.

Sechs Kursleiter/innen bilden mit der Schulleitung zusammen das erweiterte Ausbildungsteam.

Das Sekretariat wird von zwei Frauen geführt, die sich 120 Stellenprozente teilen.

Etwa 30 Lehrbeauftragte übernehmen kleine Pensen des Fachunterrichtes in den einzelnen Ausbildungskursen.

Am Institut absolvieren im Moment ca. 150 Personen die dreijährige Diplomausbildung. Mehrheitlich sind dies Frauen, das Durchschnittsalter liegt bei knapp 38 Jahren.

Seit einigen Jahren beginnt die bis anhin konkurrenzlose und erfolgreiche Kernaufgabe des Institutes – die dreijährige Diplomausbildung – in Schwierigkeiten zu geraten. Die Anmeldungen für die dreijährige Ausbildung gehen markant zurück, wurden früher noch Wartelisten Interessierter geführt, können heute die Ausbildungen immer häufiger nicht mit gewünschter Vollbesetzung stattfinden. Immer mehr Studierende verlassen den Ausbildungsgang bereits nach dem ersten Jahr, sehr häufig erkundigen sich potentielle Interessierte nach Möglichkeiten, bereits ins zweite Ausbildungsjahr einzusteigen, sich frühere Weiterbildungen anrechnen zu lassen oder kürzere Ausbildungsgänge mit Zertifikat abzuschliessen.

Die Ausbildungskosten werden häufig als sehr hoch und belastend eingestuft; zunehmend müssen Personen aus finanziellen Gründen die Ausbildung abbrechen, weil ihre Arbeitgeber immer seltener Ausbildungen finanzieren.

Diverse PR-Aktionen zur Attraktivitätssteigerung der Ausbildung (Inserate, Internet-Auftritt, Informationsveranstaltungen, Versand von Werbematerial an Schulen und andere Bildungszentren) zeigten keine messbaren Erfolge.

Interessanterweise nimmt jedoch parallel zu dieser Enwicklung das Interesse für kürzere zertifizierte Weiterbildungsangebote der BEB zu.

Das Institut rutscht langsam in die roten Zahlen; Schulleitung und Kursleitende sind stark verunsichert.

Der Präsident/die Präsidentin des Vereins lädt nun im Namen des Vorstandes alle Beteiligten, bzw. deren Delegierte zu einer Krisenkonferenz (erweiterte Vorstandssitzung) ein. Diese soll Entscheidungsgrundlagen liefern für die weitere

Strategie der Institution. Insbesondere soll die Frage geklärt werden, ob und wie die traditionelle dreijährige Ausbildung in Zukunft durch modularisierte Angebote ersetzt werden kann. Der Vorstand bittet die einzelnen Gruppen deshalb, im Vorfeld der Krisenkonferenz Stellungnahmen vorzubereiten.
Entscheidungen kann nur der Vereinsvorstand alleine fällen, in regulären Vorstandssitzungen sind Schulleitung und eine Vertretung der Studierenden mit Mitspracherecht vertreten.

**3. Spielanlage**

Der Vorstand der BEB trifft sich zu einer Krisenkonferenz (1,5 Stunden) im Sinne einer erweiterten Vorstandssitzung. Folgende Gruppierungen, welche vorgängig Stellungnahmen ausgearbeitet haben, sind vertreten:

1. Vorstandsmitglieder (inkl. Präsident/in)
2. Schulleitung
3. Kursleiter/innen
4. Lehrbeauftragte
5. Delegierte der Studierenden
6. Schulsekretariat/Administration
7. Kantonale Vertreter/innen

Die Mitspielenden verteilen sich auf die Rollen, bei genügend Spieler/innen existiert zusätzlich die Möglichkeit, Beobachtungsaufträge zu übernehmen (siehe Rollen).
Bei sehr wenigen Spieler/innen entfällt der kooperative Arbeitsprozess in den vorbereitenden Gruppen, wenn sich vorwiegend einzelne Funktionsträger auf die Konferenz vorbereiten.
Nach dem Spiel werden inhalts- und prozessorientierte Aspekte gemeinsam analysiert.
Die Spielleitung ist um die Spielorganisation bemüht und interveniert nur in Notfällen während dem Spiel. Sie leitet (ev. mit Hilfe von Beobachtungspersonen) die Reflexions- und Auswertungsphase.

**4. Konferenzspiel Teil 1: Vorbereitende Diskussion in Funktionsgruppen**

Zuerst treffen sich die verschiedenen Mitspieler/innen in ihren Gruppierungen separat und erarbeiten entsprechende Stellungnahmen für die nachfolgende Krisenkonferenz.
Sie treffen sich in folgenden Gruppen (in nebenstehender Klammer die Anzahl der zu wählenden Delegierten für die spätere Konferenz*):

1. Vereinsvorstand inklusive kantonale Delegierte (bei genügend Teilnehmer/innen lassen sich die beiden Gruppierungen auch trennen) — (2 Personen* und 1 Person*)
2. Schulleitung — (2 Personen*)
3. Kursleiter/innen — (1–2 Personen*)
4. Lehrbeauftragte — (1 Person*)
5. Studierende — (1–2 Personen*)
6. Sekretariat/Administration — (1 Person*)

Die genaue Rollenbeschreibung finden Sie weiter unten.
Die verschiedenen Funktionsträger haben nun *sechzig Minuten* Zeit, um die Stellungnahme zu erarbeiten. Das Ziel der Vorbereitung oder der Diskussion (einzeln oder in den entsprechenden Gruppen) kann folgendermassen umrissen werden:

- Grundsätzliches Herausarbeiten von Meinungen und Positionen
- Sammeln von möglichen Lösungswegen
- Stellungnahme zuhanden der erweiterten Vorstandssitzung
- Bestimmen der Delegierten für die erweiterte Vorstandssitzung (bei grossen Gruppen)

Zusätzlich trifft sich die allfällige Gruppe der Beobachter/innen, um die Verteilung der zu beobachtenden Gruppen sowie die Beobachtungskriterien zu besprechen.
Bei genügend Teilnehmer/innen kann jeder Expertengruppe eine Beobachtungsperson zugeteilt werden, um den Prozess von der Diskussion in der Funktionsgruppe bis zur Konferenz zu beobachten.
Mögliche Beobachtungskriterien sind:

- Welche Argumente tauchen in der Gruppendiskussion immer wieder auf? Welche werden für die spätere Stellungnahme verwendet? Weshalb?
- Wie verläuft die Diskussion in den Gruppen? Wer setzt sich durch? Wie kommt es zu Entscheidungen (z. B. Delegiertenwahl)?
- Kann die Stellungnahme in der folgenden Konferenz kommuniziert werden? Hat sie Einfluss?
- Wie verläuft die Konferenz? Wer setzt sich da wie und warum durch? Wo sprechen Personen, wo Funktionen?
- Für wie sinnvoll oder wirksam erachten sie die verabschiedeten Entscheidungsgrundlagen?

In der anschliessenden Vorstandssitzung verfügen die Gruppen (bei grösserer Anzahl von Teilnehmenden) über Delegierte (siehe vorgeschlagene Anzahl weiter oben*). Allenfalls (bei kleiner Gesamtzahl) sind alle Funktionäre eingeladen.

## 5. Rollen

Folgende Rollen sind im Konferenzspiel vertreten:

### Vereinsvorstand

- übernimmt im Auftrag des Vereins strategische und finanzielle Gesamtverantwortung des Institutes
- hat keine operative Leitungsfunktion
- verabschiedete bisher in der Regel die Vorschläge der Schulleitung
- ist um den Ruf des Institutes besorgt
- besteht aus Bildungsexpertinnen und Bildungsexperten in diversen Berufsfeldern
- leistet die Vereinsarbeit ehrenamtlich

**Schulleitung**
- besteht aus einer pädagogischen und einer administrativen Leitung
- beide Schulleiter/innen führen gleichzeitig als Kursleiter/innen je einen Ausbildungskurs
- führt das Institut auf der operationellen Ebene, ist häufig durch sogenannte Ausschusssitzungen im Kontakt mit dem Vereinspräsidenten und zwei weiteren Vorstandsmitgliedern
- die pädagogische Leitungsperson ist bereits seit der Gründung des Institutes dabei

**Kursleiter/innen**
- leiten in eigener Verantwortung und mit hoher Autonomie im Rahmen der vorgegebenen Struktur (z. B. Lehrplan) und in Absprache mit der Schulleitung die einzelnen Ausbildungsgänge
- bilden ein heterogenes Team von «Alteingesessenen» und «Neulingen»
- leiten je ein loses Team von Lehrbeauftragten

**Lehrbeauftragte**
- unterrichten in diversen Kursen einzelne, inhaltlich in sich geschlossene Sequenzen
- ihre Kontaktperson zum Institut ist der jeweilige Kursleiter/die Kursleiterin
- sind mit dem Institut sonst nur lose verbunden. Einige von ihnen haben früher selber Ausbildungsgänge der BEB absolviert
- kennen einander nicht oder nur flüchtig

**Delegierte der Studierenden**
- absolvieren die dreijährige Ausbildung am BEB
- vertreten die Interessen der Studierenden
- haben in der Vorstandssitzung nur Mitspracherecht

**Sekretariat/Administration**
- besteht aus zwei Sekretärinnen
- ist der Schulleitung unterstellt
- hat Dienstleistungsfunktion für die Schulleitung und die Kursleiter/innen
- ist erste Ansprech- und Kontaktstelle für Anfragen von interessierten Kundinnen und Kunden

**Kantonale Delegierte**
- arbeiten als Beauftragte für Erwachsenenbildung in kantonalen Erziehungsdepartementen
- sind verantwortlich für die Subventionierung der Diplomausbildung BEB
- erscheinen in der BEB als Prüfungsexperten/-expertinnen

**6. Konferenzspiel Teil 2: Erweiterte Vorstandssitzung**
Einladung zur Sitzung des erweiterten Vorstands des Vereins BEB
Zeit: 14.30 Uhr im Kursraum I des Institutes BEB

Eingeladen sind: der Vereinsvorstand (inkl. Präsident/in), die beiden Schulleiter/ innen, Vertreter/ innen der Kursleitenden, eine Vertretung der Lehrbeauftragten, Delegierte der Kursteilnehmer/ innen, eine Administrationsvertretung sowie eine kantonale Vertretung

Traktandum:
- Krise des BEB-Modularisierung der Ausbildungsgänge als Lösungsstrategie?

Ablauf:
- Anträge der einzelnen Subkonferenzen mit Begründung
- Diskussion der Vor- und Nachteile
- Beschluss über das weitere Vorgehen

Leitung: Der Vereinspräsident/die Vereinspräsidentin
Dauer: max. 90 Minuten

**7. Reflexion ( nach dem Spiel)**
- Wir hören und melden Beobachtungen und Rückmeldungen bezüglich der Entscheidungsprozesse in der Vorbereitungsphase und der Sitzung
- Wir reflektieren Vor- und Nachteile der verschiedenen inhaltlichen Positionen und unterhalten uns über mögliche resultierende Beschlussfassungen
- Wir analysieren organisationale und rollenspezifische Aspekte
- Wir tauschen unsere Spielerfahrungen aus
- Wir reflektieren das Konferenzspiel als erkenntnisorientierte Unterrichtsmethode und überlegen uns mögliche Einsatzfelder

## 7.4 Methode 3: Von Fall zu Fall – Fallbeispiele

### 1. Fallbeispiele/Fallstudien

Das *Fallbeispiel* wird in der didaktischen Literatur nicht einheitlich definiert.
Meist wird es als Illustration (Anschauung), als Übungsgrundlage (Prinzipien, Techniken in Handlungsabläufen erkennen und umformen) oder als Provokation von «produktiver Verwirrung» oder kognitiven Konflikten im Sinne *Piagets* (mehrdeutige Situationen provozieren Fragen und Probleme, welche für eine so genannte Akkommodation als Strategieerweiterung analysiert werden müssen) verstanden.
Immer aber geht es um Reflexion und Analyse von Praxis mit Hilfe von (theoretischen) Modellen. Selbst erlebte Praxissituationen lassen sich dabei mittels des «Falles» und vorhandenem theoretischem Wissen interpretieren und reflektieren. Dabei werden Lernende auch herausgefordert, sich mit den eigenen subjektiven Theorien (vgl. Kapitel I, 3.3) auseinanderzusetzen und diese mit eigenen Erfahrungen und theoretischen Annahmen zu vergleichen *(vgl. Messmer 2001, S. 87 ff.)*.

Je nach Lern(transfer)verständnis sind Fallbeispiele und die entsprechenden Arbeitsaufträge anders formuliert.
Die «*Fallstudie*» wird gelegentlich analog zum «Fallbeispiel» verwendet; ursprünglich wurde sie in amerikanischen «business schools» als «case study» entwickelt. In «case studies» sind Daten und Informationen gegeben, Problemlösungen werden gesucht. (Bei «case problems» werden Lösungsvarianten diskutiert.)

Geschichte hinter dem Fall

Hinter den Fällen «lauern» immer alltägliche, reale Geschichten. Geschichten regen Assoziationen und weitere Geschichten an. Geschichten sind immer komplex und nicht standardisiert, deshalb ist das Geschichtenerzählen und das Assoziieren eine lustvolle und höchst effiziente Methode, um vielschichtige und mehrdeutige Praxissituationen nachzuerleben und zu analysieren, um an Professionalität zu gewinnen (vgl. auch Kap. V, 6.4).
Die Wirkung dürfte am höchsten sein, wenn sogenannte «Fallträger» persönlich anwesend sind und den Fall mit Leben füllen können.
Selbstverständlich ist dies selten möglich. Trotzdem bedeutet dies (für Kursleiter/innen), dass selbst konzipierte und aus der eigenen Erfahrung gestaltete Fallbeispiele mehr Wirkung zeigen als «übernommene Geschichten».

Bezugsrahmen

Die kritische Auseinandersetzung mit einer «Fallgeschichte» setzt voraus, dass sie – gerade wenn sie ausbildungswirksam sein soll – in einen entsprechenden Bezugsrahmen gesetzt wird. Diesen Bezugsrahmen liefern in der Regel professionelle, idealtypische Raster.
Beispielsweise wird in einer Therapiebeschreibung deutlich, wie eine Patientin/ein Patient wahrgenommen wird, wie ein Therapieablauf aussieht (oder auszusehen hat) und wie Therapeut/in und Patient/in interagieren. In «wirklichen» Geschichten tauchen immer wieder Problemstellungen auf, welche solche idealtypischen Verläufe in Frage stellen.
Hier findet eine fruchtbare Auseinandersetzung zwischen praktischer Komplexität und standardisierten Modellen statt.

## 2. Fallkonstruktion

Ausgewählt werden Ausschnitte der Wirklichkeit, welche für ein gewähltes Thema charakteristisch sind und zugleich den Erfahrungs- und Vorstellungshorizont (Identifikationsmöglichkeit) Studierender treffen.

Ziele

Ein Thema wird anhand einer konkreten Situation erschlossen, eigene Fragestellungen geklärt, eigene Vorkenntnisse und Erfahrungen miteinbezogen, Themen-Hintergründe erhellt und konkrete Lösungsmöglichkeiten entdeckt und entwickelt.
Mögliche spezifische Zielrichtungen für die Verwendung von Fallbeispielen:

- Veranschaulichung eines Themas
- eine Gruppe löst eine bestimmte Aufgabe
- Erarbeiten von verschiedenen Lösungsmöglichkeiten, Strategien, ...
- Herausfiltern von verschiedenen Einflussgrössen
- Argumentationstraining usw.

Aufbau von Fallbeispielen

Fallbeispiele müssen klar aufgebaut, übersichtlich und kurz sein. Die für die Bearbeitung notwendige Information muss enthalten oder woanders zugänglich sein (z. B. in einer Falldokumentation). Die Aufgabe muss Identifikationsmöglichkeiten bieten, klar formuliert und in der vorgegebenen Zeit leistbar sein.

### 3. Drei Arten von «Fällen»; Vorgehensschritte

- Als *«offene Fälle»* werden Situationen ohne Lösung geschildert. Gültige und definierte Lösungsmöglichkeiten müssen gesucht und gefunden werden.
  (Lernverständnis: Anwendung/Standardisierung)
- *«Geschlossene Fälle»* werden mit einer Lösung vorgestellt; diese kann richtig oder falsch sein. Der Fall wird dann analysiert und die Lösung beurteilt.
  (Lernverständnis: Anwendung/Standardisierung)
- Bei einem *Fallbeispiel im Sinne des problem- oder erkenntnisorientierten Unterrichts,* wo es um problemhaltige Entscheidungssituationen geht, sind keine eindeutigen («richtigen») Lösungen möglich. Die Frage lautet hier zum Beispiel: Welches ist die optimale Lösung unter den gegebenen Voraussetzungen?
  Unter Umständen kann es hier sogar Sinn machen, dass die Teilnehmenden das zentrale Problem selber eruieren sowie eigene Fragestellungen formulieren, welche zur Klärung und Lösung oder zumindest zur Bearbeitung des jeweiligen Falles dienen.
  (Lernverständnis: Bewältigen von unvorhersehbaren Situationen, eigene «Wissenserzeugnis»)
  Die in dieser Publikation verwendeten Fallbeispiele (z. B. im Kapitel III, 2.8 und in diesem Kapitel, 3.5) bewegen sich in diesem Rahmen; dies hat selbstverständlich damit zu tun, dass Didaktik und Pädagogik über wenig standardisierte Technologien oder «richtige Lösungen» verfügen.
  Die nachfolgende Strukturierung von Vorgehensschritten (leicht verändert nach *Landwehr 1994, S. 200*) bezieht sich auf diese dritte Form von Fallbeispielen:

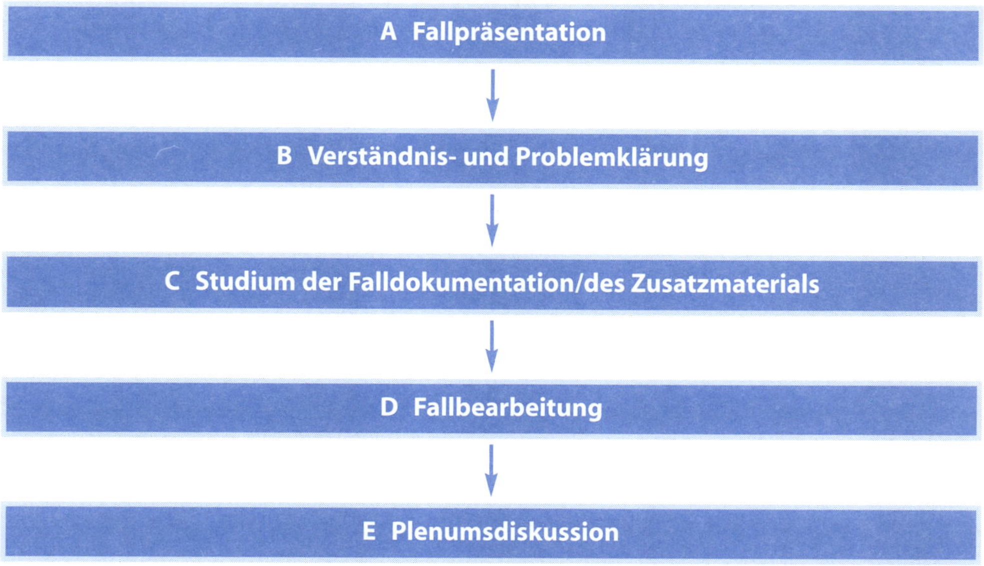

### A Fallpräsentation

Die Teilnehmenden werden mit einem «Fall» aus ihrer Praxis, resp. ihrem Erlebnisbereich konfrontiert. Der Fall sollte so komplex sein, dass sich einerseits die Notwendigkeit einer Problemanalyse ergibt, andrerseits mehrere (mindestens zwei) sinnvolle Lösungsvarianten möglich sind.
Den Teilnehmenden sollten möglichst alle Informationen, die zur Bearbeitung des Beispiels nötig sind, zur Verfügung stehen. Dies entweder als Quellenmaterial, als didaktisch aufbereitete Unterlagen (Fallbeschreibung etc.) oder als «authentische Erzählung».

### B Verständnis- und Problemklärung

Vorerst sollen nur so viele Verständnisfragen an die falleinbringende Person oder die den Fall präsentierenden Materialien gestellt werden, wie für die folgende Bearbeitung des Falles notwendig ist.
Variante 1: Die Teilnehmenden eruieren anschliessend das zentrale Problem des Fallbeispiels. Sie formulieren die Fragestellungen, welche zur Klärung und Lösung des Falles beantwortet werden müssen. Diese Fragestellungen bilden den Ausgangspunkt für die weitere Problembearbeitung.
Variante 2: Die Teilnehmenden erhalten anschliessend die Fallbeschreibung mit präzisierenden Fragestellungen wie:

- Welches ist das zentrale Problem?
- Welches sind die möglichen Problemursachen?
- Welches sind mögliche Lösungen?
- Wie lässt sich die Lösungsvariante begründen?

Die zu bearbeitenden Fragen sollten klar und selbsterklärend sein. Sie sollten sich von den übrigen Angaben auch optisch abheben. Die Teilnehmenden beantworten die vorgegebenen Fragen soweit möglich mit dem verfügbaren Wissen und entwickeln erste Lösungshypothesen.
Die Wissens- und Informationsdefizite, welche separat bearbeitet werden müssen, werden in Frageform festgehalten.

### C Studium der Falldokumentation

Variante 1: Die Teilnehmenden studieren (erst jetzt!) das zusätzliche Material, welches als selbsterklärende Dokumentation zum Fallbeispiel zur Verfügung steht. Das Studium der Falldokumentation kann innerhalb der Gruppe arbeitsteilig organisiert werden.
Variante 2: Die notwendige Informationsbeschaffung wird durch die Teilnehmenden selbst vorgenommen, wie z. B. durch Expertenbefragung (ev. Lehrperson), Nachschlagewerke, Lehrmittel.

### D Fallbearbeitung

Auf dem Hintergrund der angeeigneten Informationen wird das Problemverständnis in Schritt B überprüft. Die dort festgehaltenen Fragen werden schriftlich beantwortet. Die Lösungsvarianten werden überpüft, resp. neu entwickelt. Die Lösungsansätze werden bewertet und selektioniert. Die definitive Lösung des Falles wird möglichst differenziert begründet (welche Argumente sprechen für diese Lösung, welche dagegen, …).

Hinweis: Schritt C und D sind – in dieser Reihenfolge, nach Schritt B – ein spezifisches Merkmal des erkenntnisorientierten Unterrichts: Damit wird einerseits die Hypothesenbildung überprüft, andrerseits können gezielt notwendiges Wissen und weitere Informationen generiert werden. Durch die vorherige Erarbeitung der Problemstellung mit dem subjektiv vorhandenen Wissen sind dadurch effektive (vorrangig erkenntnismässige) Lernfortschritte möglich.

### E Plenumsdiskussion

Die erarbeiteten Lösungen werden im Plenum ausgetauscht. Die Präsentationsform kann mündlich erfolgen, visualisiert oder in einem Rollenspiel veranschaulicht werden. Sie kann auch zur individuellen Lektüre vorgelegt werden (kopierte A4-Blätter, Plakate, …).
Nach der Austauschphase werden in einer Plenumsdiskussion die Lösungen und Begründungen kritisch reflektiert.
Zum Abschluss sollte der Transfer des Erarbeiteten und Gelernten sichergestellt werden: Welche Prinzipien, welche Einsichten sind auf die eigene Praxissituation übertragbar? …

### 4. Leitungsverhalten

Wenn anfangs einer Fallarbeit trotz genauer Anleitung und klarem Fallbeschrieb zusätzlicher Informationsbedarf der Teilnehmer/innen auftaucht, ist Vorsicht geboten; kleine, fehlende Informationseinzelheiten können wohl zu Gunsten des minimal notwendigen Vertändnisses «nachgereicht» werden, grundsätzlich aber sollen die Teilnehmenden – durchaus auch mit etwas Nachdruck – eingeladen werden, sich auf die Fallbeschreibung einzulassen, auch wenn Fälle – so der häufige Einwand von Studierenden – nie ganz der Wirklichkeit entsprechen.
Ebenso ist gut zu überlegen, wo und wann die Kursleitung «korrigierend», unterstützend oder durch das Einbringen von Varianten interveniert.
Auf alle Fälle ist es in der Arbeit mit Fallbeispielen zentral, den Umgang mit Unsicherheit zu erproben, statt Sicherheit zu «instruieren».

### 5. Checkliste Fallbeispiele

- Ist die Zielsetzung der Aufgabe (⟶ Übereinstimmung mit übergeordneten Zielen, Vernetzung mit Ausbildungsprogramm) klar?
- Wie ist das Zielniveau (informiert sein, verstehen, anwenden, vernetzen, beurteilen)?
- Wird Praxisrelevanz deutlich?
- Ist Multidisziplinarität offensichtlich?
- Wie steht es mit der Aktualität?
- Wie ist die Problemhaltigkeit einzuschätzen?
- Knüpft der Fall an Vorwissen an?
- Erscheint der Fall genügend (oder zu) komplex?
- Wie werden die Aufgaben variiert (Problem-, Strategie-, Anwendungsaufgabe) ?
- Um was für eine Art eines Fallbeispiels handelt es sich (eindeutig/mehrdeutig; Problem, resp. Frage vorgegeben oder zu eruieren)?
- Wie ist die Textart: angefangene Geschichte, «stop and go»-Fall (siehe Kapitel III, 2.8), Gesprächsprotokoll, Zeitungsausschnitt, Forschungsbericht etc.? Oder handelt es sich ausschliesslich um eine erzählte «Geschichte»?

- Wie bezeichne ich den Titel/das Hauptthema?
- Welches sind die Schlüsselbegriffe im Text/der «Erzählung»?
- Was ist Pflichtlektüre, notwendiges Vor- oder Begleitwissen (ev. Falldokumentation)?
- Wie gross ist der Umfang (z. B. max. 1 Seite) des Textes oder der Erzählung (z. B. max. 10 min.)?
- Welches Zeitbudget wird benötigt?
- Mit welcher Methodik gehen wir vor (Selbststudium, Gruppenarbeit, Präsentation, ...)?
- Wie steht es um die Verbindung mit anderen Lehr-/Lernformen?
- Wieviel Fallbeispiele in einer Ausbildungsphase machen Sinn?
- Was an Medien / Dokumentationen / Räumen / Rahmenbedingungen etc. wird benötigt?
- Wie evaluieren wir?

### 7.5 Methode 4: Das Rollenspiel

Die folgenden grundsätzlichen Ausführungen lehnen sich stark an *Müller (1982)* und *Wanzenried (2001)* an.
Konkrete Vorschläge für Rollenspiele finden Sie in den Kapiteln III (2.11), V (7.4) und VI (9.).
Rollenspiele werden in der Erwachsenenbildung häufig als «Training der Wirklichkeit» eingesetzt. Diese Methode ermöglicht es den Teilnehmer/innen, spezielle Unterrichtssituationen, schwierige Gespräche oder andere problematische Ereignisse oder Alltagssituationen vorgängig in einem geschützten Rahmen auszuprobieren oder nachträglich zu verarbeiten.
Dabei geht beim Spielen von Situationen mehr «unter die Haut» als beim blossen Reden darüber; gleichzeitig ist die «Bedrohung durch den Ernstfall» im Gegensatz zur reellen Situation abgeschwächt. Je nach Zielsetzung liegt dabei der Schwerpunkt im kommunikativen oder im inhaltlichen Bereich. Selbstverständlich können auch noch so intensiv wirklichkeitssimulierende Trainings die Wirklichkeit nie ersetzen.

#### A Mögliche Ziele von Rollenspielen

- eigene Gefühle wahrnehmen und verstehen
- lernen, «Unübliches» auszudrücken
- andere aufmerksam wahrnehmen und verstehen
- auf Körpersprache und Bewegungen achten
- neue Rollen und Verhaltensweisen ausprobieren
- sich für Handlungsalternativen entscheiden
- gemeinsam Probleme lösen
- Vorstellungen konkretisieren und erweitern
- Einstellungen wahrnehmen und überprüfen

#### B Ablauf eines Rollenspiels

1. Einstimmungsphase
   Aufgabe, Rahmenbedingungen und Regeln werden bekanntgegeben, vorbereitende Übungen stimmen ein.

2. Motivationsphase
   Die Lernenden befassen sich mit dem jeweiligen Thema, der Problemstellung und den Rollen, welche gespielt werden (müssen). Anschliessend werden die Rollen verteilt und «modelliert», d.h. die einzelnen Personen holen sich gezielt Informationen zu ihren Rollen oder füllen die Rollen anhand eigener Vorgaben.
   Hilfsmittel: Fallbeispiele, Rollenkarten etc.

3. Planung des Szenenaufbaus
   Die Spieler/innen besprechen miteinander den Spielinhalt, den Szenenaufbau und bereiten sich individuell oder gemeinsam auf die Rollen vor.

4. Beobachtungskriterien und Beobachtungsperson festlegen
   In der Regel empfiehlt es sich, eine oder mehrere Beobachtungspersonen zu wählen, welche das Spiel nach vorher festgelegten Kriterien beobachten.
   Kriterien können sein: Leitungsverhalten, Prozessdynamik wie Rollen, Normen, Machtverteilung, Umgang miteinander etc.

5. Rollenspielphase
   Hier sind folgende Punkte wichtig: Das Spiel sollte nicht zu lange dauern (5–30 Min.); Beginn, Ende und allfällige Unterbrüche sind zu markieren. Die Spielleitung sollte auf Ermüdungserscheinungen, Widerstände oder Hemmungen achten, allenfalls Alternativen aushandeln, keinen Perfektionismus betreiben, sondern die Spielfreude fördern. Leitungsinterventionen müssen vereinbart sein, der Spielraum/die «Bühne» ist klar definiert.

6. Reflexions- und Auswertungsphase
   Für diese wichtige Phase sollte auf jeden Fall genügend Zeit zur Verfügung stehen, damit im Austausch genügend Tiefe und Vertrauen erreicht werden kann, um auch eher unangenehme Aspekte, Erlebnisse etc. anzusprechen, aber auch um von der übernommenen Rolle wieder Abstand nehmen zu können.
   - Die Spieler/innen nennen ihre Erfahrungen, Empfindungen, Beobachtungen etc.
   - Die Beobachtungspersonen schildern ihre Beobachtungen entsprechend den Kriterien.
   - Im Auswertungsgespräch werden Spielverlauf, Problemaspekte und Lösungsangebote bewertet, der Transfer in den Alltag vollzogen.
   - Allenfalls wird eine neue Spielversion erprobt und wiederum ausgewertet.

### C Arten von Rollenspielen

Grundsätzlich können vier Arten von Rollenspielen unterschieden werden

1. Erfahrungsrollenspiel
   Hier liegt der Schwerpunkt auf der Darstellung, Analyse und Verarbeitung früherer Erfahrungen vor allem im Bereich von zwischenmenschlichen Beziehungen und Verhaltensweisen.

2. Erlebnisrollenspiel
   Dabei geht es in erster Linie um Gesprächssituationen oder Einstiege in schwierige Diskussionsthemen mit dem Ziel, diese Situationen vorher durchzuspielen, um Sicherheit zu gewinnen.

3. Entscheidungsrollenspiel
   Hier stehen Vorbereitung, Durchführung, Lösungsfindung und Reflexion oder Korrektur von rollengebundenen Entscheidungen im Vordergrund. Diese Form hat also in diesem Zusammenhang in erster Linie vorbereitenden Charakter, kann aber auch zur Nachbereitung im Sinne der Findung von neuen Lösungsmöglichkeiten benutzt werden.

4. Umsetzungsrollenspiel
   Vorgegebene Geschichten, Texte, Bildfolgen, etc. werden weitergespielt oder spielend verändert. Ein solches kreatives Spielen kann der individuellen Spiellust der Gruppenmitglieder oder der unkonventionellen Themen- oder Lösungssuche dienen.

   Rollenspiele unterscheiden sich aber auch in der Vorgabe von Strukturen und in der Art der Aufgabenstellung:

- Klare Rollenvorgabe und Problemdarstellung
  Nach Einführung in die Thematik und der Vorstellung des konkreten und abgeschlossenen Fallbeispiels spielen die Teilnehmer/innen die Situation nach, mit dem Ziel, Wirkungsweisen zu erleben und allfällige Lösungsvarianten zu erarbeiten (vor allem für Erfahrungsrollenspiele geeignet).

- Halboffene Rollenvorgabe und Problemschilderung
  Nach Einführung in die Thematik wird den Teilnehmer/innen ein Fallbeispiel einer Problemsituation ohne Lösung vorgestellt. Das Ziel besteht darin, Lösungsmöglichkeiten zu finden und Situationen auf diese Weise vorzubereiten (für Erlebnis- und Entscheidungsrollenspiele geeignet).

- Offene Rollenvorgabe und Bearbeitung eines Problems
  Nach der Konfrontation mit einer Frage- oder Problemstellung, einem bestimmten Standpunkt oder einem Gesprächsthema aus dem Erfahrungsbereich der Teilnehmer/innen spielen diese eine mögliche Situation im Rollenspiel anstelle einer Diskussion (vor allem für Erlebnisrollenspiele geeignet).

Die erwähnten Rollenspiele in diesem Buch sind tendentiell Erlebnis- oder Entscheidungsrollenspiele mit halboffener Rollenvorgabe.

### D Mögliche Leitungsinterventionen in Rollenspielen

- Zeichen vereinbaren, mit welchen das Spiel jederzeit unterbrochen oder «eingefroren» werden kann,
- das Anhalten von Teilnehmer/innen, sich konsequent in der Rolle anzusprechen,
- das Anregen von Rollentausch (z. B. bei Szenenwiederholung),

- das Beenden des Spiels, sobald Bedeutsames sichtbar geworden ist und die Spielenergie abnimmt.

## 7.6 Methode 5: Vorzeigen – Nachmachen

### Begründung des Themas

Wir haben wohl alle mehr oder weniger bewusst schon anderen gezeigt, wie etwas Spezifisches genau zu machen ist oder wir haben selbst von «Vorbildern» gelernt, auf einen Baum zu klettern, Karten zu spielen, uns in bestimmten Situationen adäquat zu verhalten etc. Da Lehrpersonen – vor allem bei Bedarf an notwendigen Instruktionen – «Vorzeigen» professionell beherrschen müssen, und weil es nicht dasselbe ist, einer einzelnen Person oder 25 Kursteilnehmer/innen etwas vorzuzeigen, sollen Alltagserfahrungen hier reflektiert, erweitert und theoretisch begründet werden.
Dem Beobachtungslernen wird seit geraumer Zeit von Psychologen und Didaktikern wenig Beachtung geschenkt, da die «Selbsttätigkeit des Schülers/Teilnehmers» immer mehr als didaktisches Credo gilt und Nachahmungslernen mit Abhängigkeit von Autoritäten und vorgegebenen Normen gleichgesetzt wird. Eine Ausnahme stellt die «kognitive Berufslehre» im Themenbereich der Lernberatung dar (vgl. Kap. VI, 2.2).
Zwar stimmt es, dass «Vorzeigen» vor allem genaues «Nachahmen» fördern soll und dabei der Gestaltungskreativität von Teilnehmer/innen und Schüler/innen offensichtlich wenig Spielraum lässt; wo jedoch Lösungen schon fest definiert, sinnvoll oder gar unumgänglich sind, ist Kreativität als «freie Improvisation» wohl am falschen Platz (die Bedienung einer Anästhesieapparatur kann beispielsweise über Leben und Tod entscheiden ...). Immerhin muss die Demonstration nicht immer Vorbild sein, welches imitiert und kopiert werden soll, sie kann auch als anregendes Beispiel das selbständige Experimentieren von Teilnehmer/innen fördern. Zudem lassen sich auch ganz komplexe Verhaltensweisen «modellieren». *Albert Bandura (1976)* hat durch seine Forschungsarbeiten zum Beobachtungslernen (v.a. Lernen von Aggression) den Blick für diese wichtige Form des Lernens geöffnet, so dass Psychologen und Didaktiker sich diesem Phänomen ernsthaft zuwandten. Den Pädagogen lieferte er die empirische Bestätigung für die immer wieder propagierte und (bis heute) umstrittene Wirkung von Vorbildern – z. B. hinsichtlich der kriminellen Nachahmungstaten.

### Psychologie des Beobachtungslernens – innerliches Nachahmen

Durch Vorzeigen und Nachmachen werden nicht nur Fertigkeiten und Arbeitstechniken vermittelt bzw. gelernt; auch Denkprozesse können z. B. durch lautes Vor-Denken, sog. «modeling», vorgezeigt werden. Nicht zuletzt sind auch Einstellungen und Haltungen punktuell vermittelbar.
Unabhängig davon, ob Fertigkeiten, Denkprozesse oder Einstellungen «vorgezeigt» werden, stellt sich die Frage, wie der Mensch aus Beobachtung lernen kann:
*Aebli (1983)* formulierte die naheliegende Hypothese, dass in der Beobachtung der vorgezeigte Prozess innerlich nachgeahmt wird. Wenn dann die Handlung äusserlich vollzogen wird, ist der Handelnde schon kein «Neuling» mehr; er/sie hat die Handlung schon während der Beobachtung innerlich ausgeführt. Beobachten kann also als *inneres Nach-*

*ahmen* aufgefasst werden, während die spätere Übung als eine hinausgeschobene und effektive Nachahmung bezeichnet werden kann.
Ferner ist zu beachten, dass neben dem eigentlichen Akt (Bewegung, Handgriff) auch das Resultat der Handlung wahrgenommen wird: z. B. der geschriebene Buchstabe, Veränderungen an einem Werkstück, die Lage eines Körpers beim Eintauchen etc.
Es wurde bereits erwähnt, dass in erster Linie feststehende Abläufe vorgezeigt werden. Insofern es sich dabei um Handlungs- und Bewegungsabfolgen handelt, werden sie als «sensomotorische Verhaltensschemata» bezeichnet (Verhaltensweisen, welche den koordinierten Gebrauch der Motorik und der Sinne erfordern). Aus behaviouristischer Sicht handelt es sich dabei um Reiz-Reaktions-Ketten, die assoziativ verknüpft sind, d.h. der jeweils vorgängige Schritt einer Handlung wirkt als Auslöser des nächstfolgenden Schrittes.
Diese Interpretation verkennt jedoch die Rolle der gedanklichen Vorstellung und der Wahrnehmung bei der Ausführung von Handlungen.
Das «Tote-Modell» von *Miller/Galanter/Priebram (1978)* vermag dieser Rolle besser gerecht zu werden: Es betont den Regelkreischarakter des zielgerichteten Handelns, d.h. die fortlaufende Prüfung des erzielten Ergebnisses und sein Vergleich mit dem Zielzustand sind die Grundlage für die Ausführung und die Steuerung des Handelns.
Die Kenntnis der psychologischen Deutung des Wahrnehmens und der Handlungsschemata ist für die Lehrperson deshalb wichtig, weil sie/er daraus methodische Regeln für das Vorzeigen ableiten kann: Die Kennzeichnung des Beobachtens als inneres Nachahmen verweist darauf, dass zuerst die Aufmerksamkeit der Teilnehmer/innen bzw. Schüler/innen hergestellt werden muss, bevor die Lehrperson etwas vorzeigen kann, und dass sie/er ihnen Zeit zur inneren Nachahmung einräumen muss. Die Wahrnehmung des Resultates weist darauf hin, dass ein möglichst klares Modell (Bild) sowohl vom Handlungsablauf, als auch vom Ergebnis vorliegen sollte.

**Methodische Regeln des Vorzeigens**

Die Reflexion der eigenen Erfahrungen beim Vorzeigen und die oben kurz dargestellten theoretischen Einsichten erlauben es nun, wichtige methodische Regeln zu notieren, welche die Lehrperson beim Vorzeigen beachten sollte:

1. Ergebnis vorstellen
2. Für Aufmerksamkeit der Teilnehmenden sorgen
3. Langsam, klar und wiederholt vorzeigen
4. Durch knappe Kommentare auf das Wesentliche hinweisen
5. Komplexe Abläufe in Teile zerlegen (Zwischenprodukte visualisieren)
6. Stichworte für die Abfolge der einzelnen Abschnitte auswendig lernen
7. Das Gesehene vorstellungsmässig wiederholen lassen
8. Überprüfungsmöglichkeiten für eigene Tätigkeit geben
9. Die Teilnehmenden müssen den Gegenstand und die Lehrperson die Teilnehmer/innen sehen
10. (gemeinsam) Üben

## 8. Aspekt F: Über Qualität und Zitronen

Auf der Organisationsebene wird «Evaluation» (in etwa übersetzbar mit «Auswertung») zusehends mit Begriffen aus dem Qualitätsmanagement (Qualitätsentwicklung, Qualitätsevaluation, ...vgl. Kapitel VII, 11.) ersetzt.
So definiert *Götz (1993 S.17 ff.)* Evaluation dementsprechend folgendermassen:

> *«Evaluation ist die systematische Sammlung von Informationen, die zur Steuerung von Qualitätssicherung und -optimierung dienen.»*

Im Bereich von wissenschaftlichen Untersuchungen wird der Begriff «Evaluation» im Zuge von Wirksamkeitsüberprüfungen – z. B. solcher von Bildungsmassnahmen – verwendet.
Mit dem tendenziellen Fokus auf die «Kursevaluation» behandeln wir im Folgenden also lediglich einen Ausschnitt von sogenanntem Qualitätsmanagement.
Dem Aspekt der Beurteilung und Qualifikation von Leistungen ist in vorliegendem Buch ein ganzes Kapitel (IV) gewidmet, bezüglich der Thematik des organisationalen Qualitätsmanagements verweise ich auf meine Ausführungen in Kap. VII (11.).
Mit der Metapher der «Kolumbus-Methode» (in diesem Kapitel, 4.) gesprochen, würde Evaluation ein Sammeln und Auswerten von präzisen Daten zwecks Überprüfung von gesteckten Zielen und Eruieren von nötigen Zielkorrekturen («Kalibrieren») bedeuten.
Anhand einiger nun folgenden Fragen lege ich mein Verständnis von Evaluation in der Ausbildung unter dem Schwerpunkt der Kursevaluation vor.

### Wozu wird evaluiert?

Evaluation überprüft geleistete Arbeit und deren Wirkung, vergleicht mit vereinbarten Zielen/Erwartungen und steuert den Optimierungsprozess sowie die Angebotsentwicklung.
Es ist wichtig, dass wir keine Evaluation durchführen, wenn wir an deren Ergebnis nicht wirklich interessiert sind. Dies scheint evident, doch wird in der Ausbildung oft eine Auswertung als Abrundung und Selbstzweck an den Schluss eines Kurses oder einer Lektion gesetzt.
Der Wert einer solchen Schlussrunde soll nicht in Abrede gestellt werden; wir müssen uns aber bewusst sein, dass eine Runde dieser Art oft für Gruppe und Leiter/in eher psychohygienischen als evaluatorischen Wert hat und gelegentlich sogar – im Speziellen, wenn wir Kursleiter/innen uns nichts Dringlicheres als positive Feed backs wünschen – eine eigentliche Evaluation verhindert.

### Mögliche Evaluationsinteressen verschiedener Beteiligter

In jedem Evaluationsprozess gibt es verschiedene Beteiligte, die zum Teil sehr unterschiedliche Anliegen haben, welche sich widersprechen können. Es ist wichtig, dass wir uns bei der Planung einer Evaluation die möglichen Interessenspartner vergegenwärtigen und ihrer Position Rechnung tragen. Die folgende Auflistung soll mögliche Partner mit ihren Interessen aufzeigen:
Teilnehmer/innen wollen

- sich beruflich weiterentwickeln

- Lerninhalte transferieren
- ihr Weiterlernen steuern
- Kurskritik ausdrücken und abstützen
- Mitbestimmung wahrnehmen
- die eigene Leistung einschätzen
- transparent qualifiziert und zertifiziert werden

Kursleiter/innen möchten
- ihre Kursplanung verbessern
- die Kurskritik objektivieren
- ihr Kursleiter/innenverhalten optimieren
- sich gegenüber dem Auftraggeber legitimieren
- ihre Position und Rolle als Kursleiter/in erkennen
- die Lernziele überprüfen

die Trägerinstitution will
- den Mitteleinsatz kontrollieren
- die inhaltliche Programmgestaltung rechtfertigen
- die Kursleiter/innenauswahl verbessern
- die Kursleiter/innenfortbildung planen
- die Angebotsentwicklung steuern

Arbeitgeber der Teilnehmer/innen möchten
- eine dem Arbeitsplatz angepasste Zielerreichung von Leistungen
- ein angepasstes Rollenverhalten der Mitarbeiter/innen
- die Erhöhung von Fachwissen und Know-how der MA's zu Gunsten des Betriebes

Die spezifische Berücksichtigung verschiedener Interessensträger für eine Evaluation von Weiterbildungsveranstaltungen führt nach *Arnold (1995, S. 93 ff.)* zu folgenden Evaluationstypen:

**Evaluationsstypen**

1. Die seminarorientierte Erfolgskontrolle
   Als Kunden werden hier die Lernenden als Kursteilnehmer/innen betrachtet, Zufriedenheits- und Lernerfolg stehen dabei im Zentrum.

2. Die legitimationsorientierte Erfolgskontrolle
   Als Kunden werden die Teilnehmenden und ihre vorgesetzten Stellen betrachtet. Zufriedenheit der Teilnehmenden sowie betriebswirtschaftlicher Erfolg stehen hier im Zentrum.

3. Die transferorientierte Erfolgskontrolle
   Als Kunde wird hier der Lernende und sein direktes Arbeitsumfeld bezeichnet. Umsetzung und Verbesserung im Anwendungsfeld als Transfer sowie betriebswirtschaftliche Aspekte stehen hier im Vordergrund.

4. Die entwicklungsorientierte Erfolgskontrolle
   Solche Evaluationen werden weniger von Weiterbildungskursen, als von massgeschneiderter Beratung und Begleitung «vor Ort» gemacht.
   Lernerfolg und Transfererfolg stehen hier im Zentrum.

Die beiden ersten Formen prüfen aus Sicht der Weiterbildungsveranstalter die Zielerreichung im Sinne des «Veranstaltungserfolges»; bezüglich der Wirksamkeit kann also die Übereinstimmung von beabsichtigter und eingetroffener Wirkung überprüft werden.
Die beiden anderen Evaluationsstypen versuchen den Transfererfolg im Sinne des «kompetenteren Verhaltens» in der Praxis zu messen.
Hier ginge es dann also um Nachhaltigkeit als erfolgreiche Umsetzung beabsichtigten Verhaltens.
Ich verweise hier auf die AEB-Broschüre «Qualitätsevaluation und Qualitätsentwicklung in der institutionellen Weiterbildung» von *Martin Baumgartner-Schaffner (Luzern 2001).*

**Evaluationskriterien**

Häufig wird in der Ausbildungsarbeit zwischen Inhalts- und Prozessebene unterschieden.
Ich differenziere hier etwas genauer folgende Kriterien: Effizienz, Effektivität, Signifikanz und Lernklima.
Auch da setzen wiederum verschiedene Interessensträger spezifische, ausgewählte Schwerpunkte.

Effizienz (Aufwand/Wirtschaftlichkeit)

Bei der Überprüfung der Effizienz wird das Verhältnis von Input und Output erhoben, das heisst, es wird beleuchtet, welche Mittel zur Erreichung welcher Ergebnisse aufgewendet wurden, ob es überhaupt zu Ergebnissen gekommen ist und der Aufwand als vernünftig bezeichnet werden kann.
Wir betrachten also z. B., ob die verschiedenen Kurselemente für die Gestaltung eines Kurses angepasst waren, ob überprüfbarer Lernerfolg überhaupt ersichtlich ist.
Mögliche Kriterien:

- Verhältnis Lernzeit-Lernerfolg
- Wahl und Abfolge von Themen
- Lernzielerreichung
- Rhythmus Input-Verarbeitung
- Quantitativer Personaleinsatz

Effektivität (Wirksamkeit)

Bei der Überprüfung der Effektivität fragen wir uns, ob die zur Verfügung gestellten Mittel und Methoden die richtigen waren und adäquat verwendet wurden, um die gesteckten Ziele zu erreichen. Dies setzt natürlich voraus, dass die Ziele überhaupt definiert, kommuniziert und verstanden worden sind.
(Zusätzlich zu den expliziten Zielsetzungen wirken immer auch Ziele, welche nicht deklariert und trotzdem bedeutsam sind, z. B. die unausgesprochenen Erwartungen und Wünsche von Teilnehmer/innen und Kursleiter/innen.)

Mögliche Kriterien:
- Einsatz von adäquaten Methoden
- Individualisierung / Differenzierung
- Einsatz von Zeit / Raum / Hilfsmitteln
- Personalqualität

Signifikanz (manchmal auch «Pertinenz» genannt)

Der Besuch und die Durchführung eines Kurses ist in den meisten Fällen nicht Selbstzweck, wir wollen damit längerfristig etwas bewirken.
Teilnehmer/innen in einer Weiterbildung erwarten qualitativ hochstehenden Unterricht, sie möchten von den einzelnen Themen mehr verstehen; letztlich erhoffen sie sich jedoch vor allem im Sinne eines Transfers Auswirkungen für ihre Berufspraxis und ihren Lebensplan.
Die umfassende Überprüfung von solcher Wirksamkeit kann nur punktuell während eines Kurses oder im Sinne der Nachhaltigkeitsüberprüfung (lange) nach einem Kurs geschehen.
Mögliche Kriterien:
- Praxisbezug
- Teilnehmer/innenorientierung
- Zukunftsbedeutung
- Verhältnis Bedürfnisse – Ziele

Kohärenz

Als Kohärenz bezeichne ich die Stimmigkeit der inneren Struktur eines Lehrganges, die Passung verschiedener Sequenzen und Elemente sowie die Kooperation der beteiligten Lehrpersonen.
Mögliche Kriterien:
- inhaltlicher «roter Faden»
- Schnittstellen der Elemente
- Kooperation («unité de doctrine») der Lehrenden

Lernklima

Als «atmosphärische» Rahmenbedingung ist das so genannte Lernklima ein zentraler Faktor für das Gelingen von Lernprozessen.
Das Lernklima wird einerseits institutionell geprägt, andrerseits auch durch Beziehungen von Teilnehmer/innen untereinander oder von diesen zur Kursleitung.
Das Lernklima ist immer subjektiven Werten und Wahrnehmungen unterworfen und deshalb auch schwer messbar.
Mögliche Kriterien:
- wertschätzende Interaktion zwischen Kursleitung und Teilnehmer/innen sowie zwischen den Teilnehmenden
- Prozessgestaltung auf der Beziehungsebene zwischen Kursleitung und Teilnehmer/innen
- positive Erwartungshaltung der Kursleitung
- Zufriedenheit der Teilnehmer/innen

Auf der institutionell – organisatorischen Ebene dürfte vielerorts zusätzlich das Kriterium der Rentabilität von Bedeutung sein; eine privatwirtschaftliche Bildungsorganisation muss Kurse so auswählen und gestalten, dass sie Anklang finden und «gefüllt» werden, um damit die laufenden Kosten (Räumlichkeiten, Dozenten, Kursadministration, Werbung, ...) decken zu können.

**Was wird evaluiert?**

Es gibt kaum etwas im Kursgeschehen, das nicht zum Evaluationsgegenstand gemacht werden kann. Das Evaluationsthema kann zum vornherein feststehen oder aber sich aus dem Ausbildungsprozess selber ergeben. Je näher wir mit den Evaluationsgegenständen beim eigentlichen Geschehen sind, umso grösser ist die Chance, dass die Evaluationsarbeit Energien freisetzt (siehe auch meine Ausführungen zur Lernarbeit mit Kontrakten, Kap. I, 3.1).

Als Kursleiter muss ich wissen, welche «Daten» ich brauche, was ich überprüfen (lassen) will (Kriterienorientierung); gleichzeitig ist es notwendig, jeweils Raum zu schaffen für unvorhergesehene Rückmeldungen.

Der jeweilige Evaluationsgegenstand ist manchmal einer, manchmal mehreren übergeordneten Evaluationsebenen (Punkt 2) zuzuordnen.

Die folgende Checkliste soll als Anregung dienen:

Lerninhalte bzgl.:
- der Auswahl
- dem Umfang
- der Relevanz (Praxisbezug)
- ihrer Präsentation

usw.

Lernziele bzgl.:
- dem Verhalten der Teilnehmer/innen
- den Kenntnissen
- den Fähigkeiten, Fertigkeiten
- den Einstellungen

usw.

Kursklima bzgl.:
- den menschlichen Beziehungen, dem Umgangston
- der Austausch- und Kooperationsbereitschaft
- der Zufriedenheit

usw.

Kursgestaltung bzgl.:
- der fachlichen Vermittlung
- des Einstiegs
- der Sequenzierung

- der Zielorientierung
- der Rhythmisierung
- des Medieneinsatzes
- der Methodenwahl
- des Einbezuges der Teilnehmer/innen
- der Gesprächsführung
- des Umganges mit Unvorhersehbarem

usw.

Rahmenbedingungen bzgl.
- des Ortes (Erreichbarkeit)
- der Räume
- der Infrastruktur
- der Kursadministration

usw.

Kursleiter/innenverhalten bzgl.:
- sichtbarer Fachkompetenz
- des persönlichen Auftretens
- dem Leitungsverhalten
- der Reaktion in kritischen Situationen und Konflikten
- der Balance von «Nähe-Distanz» zu den Teilnehmenden
- der Unterstützung/Beratung von Teilnehmenden
- der Sprache
- der Loyalität zum Kollegium und der Institution

usw.

**Wie wird evaluiert?**

Jede Evaluation ist immer wieder «neu zu erfinden».
Gewählte oder konstruierte Verfahren müssen bewältigbar, anregend, praktikabel, norm- und kulturverträglich sein.
Hier einige Beispiele als Übersicht über praktische Techniken der Evaluation im Bereiche von Bildungsarbeit:

## *METHODEN DER EVALUATION*

*aus Eikenbusch 1997, S.30*

Die einen Methoden orientieren sich eher an definierten Qualitäten, sind kriteriengeleitet und fokussiert (Fragebogen, strukturierte Interviews, Dokumentenanalyse, systematische Beobachtung, ...).
Die anderen sind eher «erkundend», explorativ, subjektiv und offen (Brainstorming, SOFT-Analyse, offene Interviews, expressive Verfahren, etc.).
Für eine genaue Beschreibung solcher Methoden verweise ich auf einschlägige Methodenhandbücher; grundsätzlich können viele gängigen Kursmethoden auch für Evaluationen verwendet werden.

### Wann wird evaluiert?

Wenn wir uns vergegenwärtigen, dass jede Evaluation eine Anpassung in Richtung angestrebter Zielsetzung ermöglicht, so ist es einleuchtend, dass Evaluationen nicht nur am Schluss eines Kurses, sondern in möglichst kurzen Intervallen wünschenswert sind. So können Abweichungen rechtzeitig erkannt und «aufgefangen» und etwaige nötige Zielkorrekturen vorgenommen werden.
In der Ausbildung gibt es viele Formen permanenter Evaluation, die jedoch meist nicht formalisiert sind. Eine elementare Form beispielsweise ist die ständige Aufmerksamkeit der Ausbildner/innen bezüglich des Beteiligt-Seins der Teilnehmer/innen.
Wichtig scheint mir, dass der Gedanke an die Evaluation bereits in der Planung einen Niederschlag findet, ja, dass eine eigentliche Haltung «keine Lernprozesse ohne Rückmeldung, resp. Evaluation» die Kursleitungsarbeit prägt.
Damit ist aber nicht gemeint, Teilnehmer/innen evaluatorisch ständig wie Zitronen auszupressen!

### Selbst- und Fremdevaluation

Im Sinne der Temlschen Teilnehmerzentrierung (in diesem Kapitel, 6.5) ist es selbstverständlich möglich und gerade in der Arbeit mit Erwachsenen notwendig, dass didaktische Planungsarbeit gemeinsam erfolgt, oder sogar an die Teilnehmer/innen delegiert wird.
In diesem Sinne könnte ein Teil der Bedingungsanalyse (z. B. das Erfassen des eigenen «Ist-Zustandes» und des daraus abgeleiteten Lernbedarfes), gewisse Zielformulierungen (z. B. bezüglich des eigenen Lernens mittels einem Lernvertrag), die Auswahl von Inhalten sowie die Steuerung des eigentlichen Lerngeschehens den Teilnehmer/innen übergeben werden.
(Selbst-)Kontrolle, Bewertung und Reflexion der Lernprozesse würden dann gleichsam dort, wo das Sinn macht, auch in die Hände der Lernenden gelegt.
In der Regel ist eine solche Steuerungsübergabe sinnvollerweise kontinuierlich steigend zu gestalten.
Ebenso kann eine Bildungsinstitution externe Fachleute mit evaluatorischer Arbeit beauftragen, wenn sie sich als zu «befangen» wahrnimmt und einer unabhängigeren Aussensicht bedarf.

## Literaturverzeichnis Kapitel II


Adam, B. et al.: Die Nonstop-Gesellschaft und ihr Preis, Stuttgart 1998.

Aebli, H.: Zwölf Grundformen des Lehrens, Stuttgart 1983.

Anders, G.: Die Antiquiertheit des Menschen 2, München 1995, 4. Aufl.

Aregger, K.: Didaktische Prinzipien, Aarau 1994.

Arnold, R.: Evaluierungsansätze in der betrieblichen Weiterbildung, in: Gonon, Ph. (Hrsg.): Evaluation in der Berufsbildung, Aarau 1995, 2.Aufl.

Aschersleben, K.: Didaktik, Stuttgart 1983.

Baeriswyl, M.: Wer mit der Zeit geht, spart Geld, in: GDI-Impuls 1/00, Rüschlikon 2000.

Bandura, A.: Lernen am Modell, Stuttgart 1976.

Becker, G. E.: Planung von Unterricht, Weinheim/Basel 1993.

Berner, H.: Didaktische Kompetenz, Bern 1999.

Blankertz, N.: Theorien und Modelle der Didaktik, Weinheim/München 1991, 3. Aufl.

Bloom, B. S. (Hrsg.): Taxonomie von Lernzielen im kognitiven Bereich, Weinheim 1972.

Boscolo, L./Bertrando, P.: Die Zeiten der Zeit, Heidelberg 1994.

Bourdieu, P.: Über die «scholastische Ansicht», in: Gebauer, G./Wurf, Ch. (Hrsg.): Praxis und Ästhetik. Neue Perspektiven im Denken Pierre Bourdieus, Frankfurt 1993.

Brecht, B.: Die Dreigroschenoper, Frankfurt 1975, 11. Aufl.

Brühwiler, H.: Methoden der ganzheitlichen Jugend- und Erwachsenenbildung, Opladen 1994.

Cramer, D.: Der Schwimmlehrer, in: Neue Sammlung, Berlin 1984.

Dick, A.: Vom unterrichtlichen Wissen zur Praxisreflexion, Bad Heilbrunn 1996, 2. Aufl.

Döring, K. W.: Lehren in der Weiterbildung, Weinheim 1992, 2. Aufl.

Dörner, D./Schaub, H.: Handeln in Unbestimmtheit und Komplexität, in: Organisationsentwicklung 3/95, Basel 1995.

Dörner, D. et al. (Hrsg.): Lohhausen – vom Umgang mit Unbestimmtheit und Komplexität, Bern 1994.

Dörner, D.: Die Logik des Misslingens. Strategisches Denken in komplexen Situationen, Reinbek bei Hamburg 1998.

Dürrenmatt, F.: Die Physiker, Zürich 1962.

Eikenbusch, G.: Der kleine Methodenkoffer, in: Pädagogik 5/97, S. 30.

Fischer, R. (Hrsg.): Also sprach Mulla Nasrudin. Geschichten aus der wirklichen Welt, München 1993.

Forneck, H. J.: Methodisches Handeln in der Erwachsenenbildung: Kursinternes Arbeitspapier AEB Akademie für Erwachsenenbildung, Luzern 2001.

Frey, K.: Die Projektmethode, Weinheim/Basel 1984, 2. Aufl.

Frisch, M.: Forderungen des Tages, Frankfurt 1983.

Fröhlich, E./Thierstein, Ch.: Weiterbildung entwerfen, AEB Akademie für Erwachsenenbildung, Luzern 2001.

Geissler, K. A.: Vom Tempo der Welt, Freiburg 1999, 4.Aufl.

Geissler, K. A.: Auf der Suche nach der gewonnenen Zeit, in: Erziehung und Wissenschaft GEW 6/2000, S.11–16.

Gerhard, R.: Bedarfsermittlung in der Weiterbildung, Hohengehren 1992.

Götz, K./Häfner, P.: Didaktische Organisation von Lehr- und Lernprozessen, Weinheim 1992, 2. Aufl.

Götz, K.: Zur Evaluation beruflicher Weiterbildung, Weinheim 1993.

Grell, J. + M.: Unterrichtsrezepte, München/Wien 1996, 11. Aufl.

Grunder, H.-U.: Der Lehrer als Hungerleider und andere Lehrerbilder, in: Grunder, H.-U.:«Der Kerl ist verrückt!» Das Bild des Lehrers und der Lehrerin in der Literatur und in der Pädagogik, Zürich 1999.

Hagmann, T. / Simmen, R. (Hrsg.): Systemisches Denken und die Heilpädagogik, Luzern 1990.

Handy, Ch.: Ohne Gewähr. Abschied von der Sicherheit – Mit dem Risiko leben lernen, Wiesbaden 1996.

Hentig, H. von: Bildung, München /Wien 1996.

Herzog, W./von Felten, R.: Erfahrung und Reflexion. Zur Professionalisierung der Praktikumsausbil-

dung von Lehrerinnen und Lehrern, in: Beiträge zur Lehrerbildung BzL 1/2001, Bern 2001, S. 17–28.
Herzog, W.: Professionalisierung im Dilemma. Braucht die Lehrerinnen- und Lehrerbildung eine eigene Wissenschaft? in: Beiträge zur Lehrerbildung BzL 3/1999, Bern 1999.
Karrer, H.-P.: Ketzerische Gedanken zur Weiterbildung der Weiterbildner, in: Dietrich, St.: Selbstgesteuertes Lernen in der Weiterbildungspraxis, Bielefeld 2001, S. 147–152.
Kästner, E.: Gesammelte Schriften für Erwachsene, Zürich 1969.
Knoll, J.: Kurs- und Seminarmethoden, Weinheim/Basel 1993, 5. Aufl.
Köhnlein, W. (Hrsg.): Der Vorrang des Verstehens, Bad Heilbrunn 1998.
Kron, F. W.: Grundwissen Pädagogik, München/Basel 1996, 5. Aufl.
Kühl, St.: Das Regenmacher-Phänomen. Widersprüche und Aberglaube im Konzept der lernenden Organisation, Frankfurt/New York 2000.
Künzel, M./Kaiser, N.: Fallstudien in der Ausbildung, Kursunterlagen SRK, Bern 1995.
Künzli, R.: Didaktik – Doktrin der Lehrerbildung und Forschungsgegenstand, in: Beiträge zur Lehrerbildung BZL 1/1998, Bern 1998.
Landolt, H.: Erfolgreiches Lernen und Lehren, Aarau 1995.
Landwehr, N.: Neue Wege der Wissensvermittlung, Aarau 1994.
Langosch, I.: Weiterbildung, Enke 1993.
Lehrerseminar Kreuzlingen: Kursunterlage: Überblick verschiedene Unterrichtskonzeptionen 1994.
Mager, R. F.: Lernziele und Unterricht, Weinheim/Basel 1983.
Mager, R. F.: Lernziele und programmierter Unterricht, Weinheim 1972.
Meisel, K. et al.: Kursleitung an Volkshochschulen, Frankfurt/M. 1997.
Memmert, W.: Didaktik in Grafiken und Tabellen, Bad Heilbrunn 1991.
Messmer, R.: Lernen aus Fallgeschichten in der Lehrerinnen- und Lehrerbildung, in: Beiträge zur Lehrerbildung BzL 1/2001, Bern 2001, S. 82–92.
Messner, H. (Hrsg.): Unterrichten lernen, Basel 1981.
Meyer, H.: Unterrichtsmethoden I, Theorieband, Frankfurt 1987.
Meyer, H.: Zur Unterrichtsvorbereitung, Berlin 1999, 12. Aufl.
Miller, G. A. et al.: Strategien des Handelns, Stuttgart 1973.
Moll, P./Lieberherr, H.: Unterrichten mit offenen Karten 1+2, Zürich 1992.
Müller, K. R.: Kurs- und Seminargestaltung, Weinheim/Basel 1994, 5.Aufl.
Müller, P.: Methoden in der kirchlichen Erwachsenenbildung, München 1982.
Nietzsche, F.: Die fröhliche Wissenschaft 1886, Werke Band II 1955, S. 190 ff.
Nietzsche, F.: Jenseits von Gut und Böse, Stuttgart 1988.
Oelkers, J.: Zur Geschichte des Planungsmonopols, in: Pädagogik 4/96, 1996.
Oelkers, J.: Effizienz und Evaluation in der Lehrerausbildung, in: Beiträge zur Lehrerbildung BzL 1/1997, Bern 1997, S.15–25.
Pallasch, W./Reimers, N.: Pädagogische Werkstattarbeit, Weinheim/München 1990.
Peterssen, W.H.: Handbuch Unterrichtsplanung Linz 1992 , 5.Aufl.
Ruf, U./Gallin, P.: Dialogisches Lernen in Sprache und Mathematik Band 1, Seelze-Verber 1998.
Rumpf, H.: Belebungsversuche, Weinheim/München 1987.
Schaller, R.: Das grosse Rollenspiel – Buch, Weinheim/Basel 2001.
Schüpbach, J.: Nachdenken über das Lehren, Bern 2000, 2.Aufl.
Sennett, R.: Der flexible Mensch, Berlin 2000.
Siebert, H.: Didaktisches Handeln in der Erwachsenenbildung, Neuwied/Kriftel 2000
Siebert, H.: Wie lernen Erwachsene? in: Erwachsenenbildung EB 2/2001, S.81–85.
Teml, H.: Unterricht gestalten – Lernen fördern, Linz 1982 (vergriffen).
Terhart, E.: Lehr- Lernmethoden,Weinheim/München 1989.
van Meer, K.: Problemorientiertes Lernen, in: Scharz-Govaers, R. (Hrsg.): Standort Pflegedidaktik, Aarau 1994.
Wagenschein, M.: Verstehen lehren, Weinheim/Basel 1991, 9. Aufl.
Wahl, D. et al.: Erwachsenenbildung konkret, Weinheim 1995, 4. Aufl.
Wahl, D.: Handeln unter Druck, Weinheim 1991
Wanzenried, P.: Stichworte zum Rollenspiel im Unterricht, Kursunterlage AEB Akadmie für Erwachsenenbildung, Luzern 2001
Zinnecker, J. (Hrsg.): Der heimliche Lehrplan, Weinheim/Basel 1975

# Inhaltsverzeichnis Kapitel III

*Kapitel III*

# Leiten von Gruppen

**Standards**

- **Sie können Ihr Verhalten in der Rolle als Gruppen-/Teammitglied differenziert wahrnehmen, analysieren und daraus Schlüsse für Ihr Verhalten als Leiter/in ziehen.**
- **Sie sind fähig, Ihr Verhalten in der Rolle der Leiter/in von Gruppen differenziert wahrzunehmen und zu analysieren sowie dieses bei Bedarf situativ anzupassen und zu optimieren.**
- **Auf Basis theoretischer Kenntnisse und spezifischer Kriterien können Sie Gruppen in ihrer Struktur und Dynamik beschreiben und analysieren, um daraus Schlüsse für Interventionen zu ziehen.**
- **Sie sind in der Lage, auf der Basis der Kenntnisse Ihres Verhaltens sowie theoretischen Wissens Konfliktsituationen zu analysieren und darin als Leitungsperson adäquat zu reagieren.**

Im letzten Kapitel haben wir uns mit Planung und Strukturierung von Lehr-/Lernprozessen auseinandergesetzt.

Planung in Ehren, Unterricht und Ausbildung ist jedoch – wie wir gesehen haben – nicht bis ins Detail planbar, Planungen decken sich nicht mit der sich ereignenden Realität, denn Ausbildende und Auszubildende sind lebendige und unberechenbare «Systeme», welche sich in Interaktion immer wieder neu «erfinden».

Geplantes muss deshalb jeweils neu angepasst, transferiert und verhandelt werden (*Kolumbus* lässt grüssen, siehe Kap. II, 4.).

Nicht selten sind schwierige und herausfordernde Situationen nicht ausschliesslich mit didaktischen Mitteln sondern eher mit der Analyse von Gruppenprozessen und situativ spezifischem Leitungsverhalten lösbar.

Dafür benötigte Kompetenzen sind wiederum nur bedingt lernbar und müssen in der Praxis «geübt» werden. Die Analyse unseres «täglichen Scheiterns» ist deshalb unabdingbar.

Im vorliegenden Kapitel beschäftigen wir uns mit der Thematik des Leitens von Gruppen. Im ersten Teil (Prozesse in Gruppen verstehen) geht es um die Analyse von Gruppenprozessen und um die Reflexion des eigenen Verhaltens in Gruppen. Im zweiten (Leiten von Gruppen) wechseln wir die Perspektive und «üben» – so weit dies in einem Buch überhaupt möglich ist – Leitungsverhalten. Hierzu finden Sie auch Fallbeispiele und Rollenspiele, welche Sie – falls Sie dafür Verwendung finden – jeweils auf Ihre Ausbildungssituation anpassen müssten.

Meist zeigen sich die zentralen Fragen und Aspekte bezüglich Gruppenleitung in sogenannt schwierigen Situationen, bei sogenannt schwierigen Teilnehmer/innen; deshalb hier der Exkurs zu den Themenbereichen «Widerstand» und «Konflikt». Wenn Sie sich als Lehrer/in von Jugendlichen mit der Thematik «Disziplin» auseinandersetzen wollen, finden Sie hier ebenfalls einige Hinweise, da Jugendliche ihre Identität in der Regel in hohem Masse gruppenorientiert aufbauen und Sie als lehrende Person dabei mit etlichen Widerständen konfrontiert sein dürften.

## 1. Prozesse in Gruppen verstehen

### 1.1 Die Gruppe

Auch mit noch so akribisch geplanter Teilnehmer/innenanalyse (siehe Kapitel II, 3.) kann das besondere «Gesicht» einer Ausbildungsgruppe oder einer Klasse nicht auf dem Reissbrett antizipiert werden. Jede Gruppe hat ihre spezifischen Eigenschaften und Eigenarten; sie gewinnt – wie einzelne Menschen auch – im Verlaufe ihrer Entwicklung Identität. Auch bei vergleichbaren Rahmenbedingungen können verschiedene Gruppen durchaus hohe Unterschiede bzgl. (Lern-)Klima, Kommunikation, Arbeitsstil, Lernerfolg etc. aufweisen.

Wir alle leben von klein auf in verschiedenen Gruppen und werden durch unsere eigenen Erfahrungen in Familie, Schulklassen, Jugendgruppen, Arbeitsteams etc. geprägt. In den folgenden Ausführungen richte ich meinen Fokus auf die Ausbildungsgruppe; viele Aussagen gelten jedoch auch für Arbeitsteams und andere Gruppen, manche auch für Organisationen.

Im Gegensatz zu «Mengen» handelt es sich bei Gruppen um differenzierte soziale Gebilde oder Systeme, welche durch folgende Faktoren definiert sind *(vgl. Wellhöfer 1993, S. 5 ff. und Sader 1996, S. 37 ff.)*:

#### Grösse

Bei weniger als drei Teilnehmenden ist es nicht sinnvoll, von einer Gruppe zu sprechen, bei mehr als 12 Teilnehmenden können sich Untergruppen bilden, ab ca. 30 Teilnehmenden spricht man von Grossgruppen. Die Definitionsgrenzen werden uneinheitlich gehandhabt. Um eine optimale Gruppengrösse abzuschätzen, ist der Leistungsauftrag, den die Gruppe zu erfüllen hat, eine wichtige Orientierungshilfe.

#### Ziel

Eine Gruppe benötigt ein gemeinsames Ziel, einen Leistungsauftrag («primary task»). Die Zielsetzungen können sehr unterschiedlich sein: Eine Schulklasse in der Berufsbildung will/muss die Ausbildung zu einem guten Ende bringen, eine Arbeitsgruppe oder ein Projektteam erhält einen definierten Arbeitsauftrag, eine Lerngruppe bearbeitet für eine befristete Zeit eine inhaltliche Fragestellung etc.

Je weniger die Gruppe in Wahl und Formulierung von Leistungsaufträgen involviert ist oder je weniger der spezifische Auftrag bekannt ist, desto schwieriger wird die optimale Nutzung der vorhandenen Gruppenressourcen.

**Dauer**

Eine Gruppe muss über einen längeren (oder zumindest definierten) Zeitraum bestehen, wenn Engagement und Identifikation überhaupt ermöglicht werden sollen.
Eine Gruppe besteht also aus einer Mehrzahl von Personen, welche miteinander über eine Zeitspanne hinweg kommunizieren und interagieren, um ein gemeinsames Ziel zu erreichen.
Wenn Menschen miteinander kommunizieren, strukturieren sie ihre wechselseitigen Beziehungen, konstruieren ihr System «Gruppe», welches komplexer und reichhaltiger ist, als die Summe ihrer Mitglieder.
In stark arbeitsteiligen Formen kann das gemeinsame Gruppenziel mit wenig Zusammenarbeit erreicht werden, weil Einzelleistungen höher bewertet werden, als gemeinsam erbrachte Leistungen. Wir sprechen dann von *koagierender Struktur* in Arbeitsgruppen.
In einer Gruppe, in welcher das gemeinsame Ziel nur durch gemeinsame Leistung erreicht werden kann, sprechen wir von *interagierender Struktur (vgl. Ardelt-Gattinger et al. 1998, S. 5 ff.)*.
Die meisten Teamdefinitionen nehmen im Übrigen den Gruppenbegriff auf und ergänzen ihn je nach Bedarf: Die Aufhebung der organisationalen Arbeitsteilung oder die explizite Erfüllung einer Teilaufgabe in einer Organisation etwa sind solche möglichen Zusatzmerkmale. Verschiedene Autoren unterscheiden Arbeitsgruppen von Teams *(vgl. Überschär 1997)* und schreiben Teams etwa höhere Autonomie gegen aussen, höhere Verbindlichkeit gegen innen sowie ein höheres Innovationspotential zu.
In Betrieben wird gelegentlich auch zwischen festen Teams («family groups») und temporären Teams (Steuerungs- und Projektteams) unterschieden; die deutliche Zunahme von temporären Teams im betrieblichen Alltag korrespondiert mit dem (modularen) Trend der «temporären» Ausbildungsgruppen in massgeschneiderten Bildungsangeboten.
Meist jedoch unterliegt der Teambegriff einer idealistischen Überhöhung (Team-Mythos). Ebenso ist mit «Teamentwicklung» – den Begriff «Gruppenentwicklung» habe ich selten gehört – Verschiedenes gedacht und intendiert, eben je nachdem, wer da wen wohin entwickeln möchte.
Mit der Frage, wie die Strukturierung der wechselseitigen Beziehungen in Gruppen geschieht, beschäftigt sich die sogenannte Gruppendynamik.
Gruppendynamik ist einerseits die Lehre über Struktur, Entwicklung und Arbeitsweise von Gruppen, andrerseits wird damit die erfahrungsorientierte «Selbstuntersuchung» von Gruppen bezeichnet. Mitbegründer der Gruppendynamik war der amerikanische Gestaltpsychologe *Kurt Lewin (1890–1947)*.

Versetzen Sie sich in Gedanken in zwei von den äusserlichen Bedingungen (Anzahl Teilnehmer/innen, ...) her vergleichbare Gruppen, Teams oder Klassen, welche Sie als Teilnehmer/in oder Leiter/in kennen. Wahrscheinlich fallen Ihnen für jede der beiden Gruppen unterschiedliche Gefühle, Begriffe oder Bilder ein.
Wie lassen sich solche Unterschiede erklären?
Die im Folgenden aufgeführten und behandelten Aspekte dienen der Beschreibung und Erhellung der sozialen Wirklichkeit in Gruppen und ermöglichen als Analyseinstrument eine Hypothesenbildung als Grundlage für daraus abgeleitete Interventionsmodalitäten (siehe auch in diesem Kapitel 2.3/2.4):

- offensichtliche und verdeckte Themen
- Entwicklungsphasen
- Normen
- Rollen

### 1.2 Offensichtliche und verdeckte Themen

Der Zusammenhang der offensichtlichen Sachebene und der eher unbewussten oder verdeckten psychosozialen Ebene einer Gruppe lässt sich am Bild eines Eisberges verdeutlichen (in Anlehnung an *Langmaack/Braune-Krickau 1993*).

**EISBERGMODELL FÜR AUSBILDUNGSSITUATIONEN**

*nach Langmaack/Braune-Krickau 1993, S. 67*

Zur *sachlogischen Ebene* gehören Ziele, Vereinbarungen, Aufgaben, zeitliche und örtliche Rahmenbedingungen, formale Strukturen. Die sachlogische Ebene ist sicht- und beschreibbar.

Die *psychosoziale Ebene* steht für Beziehungen, Gefühle, Stimmungen etc., welche für das soziale «Innenleben» einer Gruppe kennzeichnend sind. Die psychosoziale Ebene kann Ort der Verdrängung (Tabus), aber auch der positiven Energiequellen (Motivation, Neugierde, Kreativität etc.) sein.

Die beiden Ebenen stehen in Wechselwirkung zueinander. Wenn sich beispielsweise formulierte Ziele nicht mit individuellen Hoffnungen verbinden lassen, werden Widerstände auftauchen; einzelne Teilnehmer/innen wollen vielleicht explizit auf der Sachebene bleiben, für andere ist die Vertrauensbasis noch zu gering, um «zur Sache» zu kommen.

Krisen und Spannungen einer Gruppe (Ausstieg von wichtigen Gruppenmitgliedern, Leitungswechsel, aufgestaute Unzufriedenheit etc.) können das Gleichgewicht der beiden Ebenen empfindlich stören.

Die Sachebene zeigt sich meist als sogenannte «Vorderbühne» des Alltagsgeschehens, die psychosoziale Ebene als «subkulturelle Hinterbühne».
Sie alle kennen die arbeitshinderliche Atmosphäre, die spannungsvolle Unruhe in Gruppen, wenn Themen aus der psychosozialen Ebene virulent sind. Hier kann es sich wohltuend auswirken, als Leiter/in solche anzusprechen und Klärungsbereitschaft zu signalisieren.

### 1.3 Entwicklungsphasen

Gruppen verändern sich von ihrer «Geburt» weg bis zur Auflösung. Jede Gruppengeschichte ist zwar einzigartig, trotzdem lassen sich gewisse Gesetzmässigkeiten beobachten.
Prozesse verlaufen (zum Glück) meist nicht so linear, wie es Modelle unterstellen. Die weiter unten beschriebenen Phasen sind also eher als zyklisch zu verstehen und sollen Leitungspersonen als Anregung und grobe Orientierungshilfe dazu dienen, möglichst situationsadäquat zu intervenieren und etwaige auftauchende Schwierigkeiten als Entwicklungsschritte zu interpretieren.
Selbstverständlich erscheinen solche Phasen auch nicht in «Reinkultur», bei kurzen Ausbildungseinheiten kann die sogenannte Orientierungsphase eine Stunde dauern, bei dreijährigen Ausbildungen drei Monate. Gewisse Phasen erscheinen in den einen Gruppen deutlicher, in den anderen gar nicht.
Das vorgestelle «Developmental Model der sozialen Gruppenarbeit» *(Kersting /Krapohl 1986 nach Garland 1973)* setzt fünf Entwicklungsstufen jeweils in Bezug zu diagnostischen Kennzeichen, zum Bezugsrahmen (Analogien zu anderen Systemen, Selbstdefinierung des Gruppenrahmens), zu möglichen Programmvorschlägen (Wahl der Inhalte, Aufgaben, methodischen Verfahrensweisen etc.) und zu Leitungsinterventionsmodalitäten.
Für Entwicklungsphasen von Teams existieren etliche ähnliche Modelle.

**Das Developmental Model (Entwicklungsstufenmodell) der sozialen Gruppenarbeit**
*(nach Kersting/Krapohl 1986 in Anlehnung an Garland et al. in: Bernstein et al. 1973)*

**1. Entwicklungsstufe**
Orientierungsphase (Pre-affiliation, «Forming»)

**Aufgabe**
Die «Gruppenwerdung» steht im Zentrum, es müssen erste Ziele für die Gruppe formuliert werden.

**Diagnostische Kennzeichen**
Die Teilnehmer/innen testen und erforschen die Situation, die Leitungsperson und die übrigen Mitglieder.
Es zeigen sich Zuwendungs- und Abwendungstendenzen (Nähe und Distanz).
Die Mitglieder suchen Schutz. Sie bringen sich nur wenig ein; sie riskieren nicht viel, trotzdem halten sie Ausschau danach, wo sie ein anfängliches Engagement einbringen können.

Die Teilnehmer/innen sind auf sich bezogen; zu enge Bindungen mit anderen unbekannten Mitgliedern der Gruppe und zur Leitungsperson werden vermieden.
Die Mitglieder benutzen die Kommunikationsmuster, welche sie in früheren vergleichbaren Situationen verwendet haben. Sie bringen die Normen ihrer bisherigen Bezugsgruppen mit.
Die Teilnehmer/innen halten Ausschau nach Kommunikationssignalen, die ihnen Anhalt geben, ob sie in der Gruppe willkommen sind.

**Bezugsrahmen**
«Gesellschaft»
Formale Gruppen mit wenig Vertrautheit bzw. Intimität.
Die Leitungsperson wird z. B. als Lehrer/in oder als Lehrmeister/in gesehen.

**Programm**
Sinnvoll sind solche Programme, die einen raschen Erfolg versprechen.
Vorzuziehen sind Parallelaktivitäten, d.h. Programme, die nicht zuviel an Koordination bzw. Kooperation erfordern.
Aktivitäten, die ein höheres Mass an Gruppenkohäsion (Zusammenhalt) erfordern, sind zu vermeiden.
Bei den Programmplanungen sind auch die Bedingungen des Raumes, in denen die Programme stattfinden sollen, zu beachten. Es muß die Möglichkeit geben, sich «verstecken» zu können (z. B. in der Form von Untergruppenarbeit).
Aktivitäten, die das wechselseitige Erforschen ermöglichen und erleichtern, sind zu bevorzugen.
Die Leitungsperson sollte Programmvarianten anbieten, aus denen die Teilnehmer/innen auswählen können.

**Interventionsmodalitäten des Leiters/der Leiterin**
Er/sie sollte sich in die Atmosphäre einfügen können. Entsprechend sollte er/sie psychosoziale und räumliche Distanz ermöglichen und unterstützen, Abtasten und Erforschen zulassen.
Die Leitungsperson muß der Gruppe eine anfängliche Struktur geben, z. B. indem sie Programmvorschläge macht und Verfahrensweisen vorschlägt und allenfalls durchsetzt.
Da die Fähigkeit, Kontakte auf lange Sicht zu schließen, noch unentwickelt ist, muß die Leitungsperson sich bewußt sein, daß Anfangsvereinbarungen schnell vergessen werden (die Bewältigung der emotionalen Seite des Gruppenanfangs ist für die Mitglieder mindestens so wichtig wie Sachaufgaben).
Die Leitungsperson wird sich den einzelnen Teilnehmern zuwenden (bei Wahrung der Distanzwünsche der Gruppenmitglieder), wird sie ermutigen, bestätigen und ihnen Anerkennung geben.
Sie wird transparent machen, was in der Zukunft von der Gruppe erwartet werden kann.
Sie gibt sich selbst ein, d.h. bietet Nähe, zeigt was sie kann und wer sie ist.

**2. Entwicklungsstufe**
Machtkampf, Übergangsphase (Power and Control, «Storming»)

**Aufgabe**
Kontraktklärung
(in Lerngruppen: Lernzielabsprache)

**Drei Hauptprobleme sind zu lösen:**
1. Rebellion und Autonomie
2. Die normative Krise
   (Der Austritt aus der Gruppe ist in dieser Phase am höchsten)
3. Schutz und Stützung

**Diagnostische Kennzeichen**
Gehäuft treten emotionale Reaktionen auf. Es finden Kämpfe um die Macht und einflussreiche Positionen in der Gruppe statt. Diese richten sich sowohl auf die Mitglieder als auch auf die Leitung.
«Schwächere» Mitglieder suchen Schutz vor «Mächtigeren».
Es beginnt eine stärkere Auseinandersetzung mit der Leitung, bis hin zum Widerstand.
Es bilden sich manchmal Untergruppen und Koalitionen (bis hin zur Cliquenbildung).
Eventuell beginnt die Suche nach einem «Sündenbock».

**Bezugsrahmen**
«Übergang» (undifferenzierter Bezugsrahmen )

**Programm**
Diagnostische Merkmale, die den Umgang der Mitglieder mit dem Programm kennzeichnen, sind zeitweilige Abbrüche von vereinbarten Programmen.
Eine Durchführung von Langzeitprogrammen ist erschwert. Die Leitungsperson muß Hilfen geben zu Programmplanungen und Alternativen vorschlagen, damit sich erste Regeln und Strukturen herausbilden können.
Brauchbar sind Programme, die die Möglichkeiten bieten, sich mit den Gruppenmitgliedern und der Leitung zu messen und die eigenen Kräfte zu meistern.

**Interventionsmodalitäten der Leitungsperson**
Die Leitungsperson muss sich vor allem immer vor Augen halten, dass Machtkämpfe für die Gruppenentwicklung notwendig sind. Sie muss deshalb Rebellion und Autonomiebestrebungen in geeignetem Rahmen zulassen und ermöglichen.
Sie sollte sich selbst so weit wie möglich aus den Machtkämpfen heraushalten, ihre Position beziehen und klarmachen, aber sich nicht in die Positionskämpfe verwickeln.

Dem einzelnen Gruppenmitglied muss sie Schutz gewähren, jeder Zwang zur Konformität sollte tunlichst vermieden werden.
In der Reflexion klärt die Leitungsperson mit den Beteiligten, was die Machtprobleme der «werdenden» Gruppe sind. Sie macht aufmerksam auf die Analogien, die bestehen zwischen dem, was innerhalb der Gruppe geschieht, und vergleichbaren Situationen ausserhalb der Gruppe. Die Gruppe wird dadurch zum Übungsraum.
Sie beobachtet Sündenbockphänomene und versucht, diese in der Reflexion zu thematisieren (siehe auch «Stigmatisierungsprozess» in diesem Kapitel, 1.6).

**3. Entwicklungsstufe**
Phase der Vertrautheit, Phase der Beziehungen (Intimacy, «Norming» )

**Aufgabe**
Wichtig sind Fragen der emotionalen Beziehungsabklärung, des Treffens von Entscheidungen und Bewältigens von Konflikten.

**Diagnostische Kennzeichen**
Das persönliche Engagement der Gruppe wird intensiviert. Die Bereitschaft, Gefühle zu äussern, die man den übrigen Gruppenmitgliedern und der Leitung gegenüber hegt, wird größer.
Einzelne Gruppenmitglieder wagen es, sich stärker in der Gruppe zu profilieren, sich persönlicher einzubringen.
Es bilden sich Gruppennormen, auf deren Einhaltung Mitglieder bestehen.
Übertragungsphänomene treten auf (siehe auch Kap. IV, 1.3).
Rivalitäten untereinander lassen sich ausmachen und sind stark emotional gefärbt.
Die Mitglieder sind bereit, in die Gruppe zu investieren.
Entscheidungen, die von der Gruppe oder von Einzelnen in Bezug auf die anderen Gruppenmitglieder gefällt werden, sind häufig konfliktbeladen und in der Regel emotional besetzt.

**Bezugsrahmen**
«Familie» (Vater, Mutter, Geschwister, Freunde)

**Programm**
Die Fähigkeit zur Programmplanung wird grösser und die Durchführung sicherer, obwohl manchmal gefühlsgeladene Konflikte in der Gruppe herrschen.
Gruppenprojekte werden möglich.
Diskussionen über die Bedeutung dieser Gruppenerfahrung werden geführt.

**Interventionsmodalitäten der Leitungsperson**
Ihre Aufgabe ist es, die durch Emotionen der Mitglieder manchmal recht wirren Situationen zu strukturieren.
Sie gibt Anregungen zum Konfliktmanagement und beteiligt sich selbst an diesem.

Sie eröffnet den Gruppenmitgliedern in den Entscheidungsprozessen Möglichkeiten für alternative Planungen und Entscheidungen und hilft bei der Klärung der interpersonalen Gefühle und Beziehungsstrukturen in der Gruppe.
Sie achtet darauf, daß die Gruppe tatsächlich zum «Übungsraum» wird.

**4. Entwicklungsstufe**

Kooperationsphase, Differenzierungsphase (Differentiation, «Performing» )

**Aufgabe**

Wichtig sind Fragen des Lösens von Gruppenaufgaben und der Kooperation.

**Diagnostische Kennzeichen**

Die Mitglieder akzeptieren sich untereinander.
Die Leitung wird anerkannt und in ihrer Funktion verstanden.
Es entwickelt sich die Fähigkeit, Situationen differenzierter wahrzunehmen.
Das Mass an Rollenflexibilität und Toleranz von «Andersartigkeit» wächst.
Die Mitglieder, die Gruppenkonstellationen und die Aufgaben werden realitätsbezogener eingeschätzt.
Das Zuschreiben und Übernehmen von Rollen ist funktional.
Die Bereitschaft zur Kommunikation und Kooperation ist vorhanden.
Die Gruppe hat eine Art eigener Identität gewonnen und kann für die Mitglieder zur Bezugsgruppe werden.
Die Gruppenentscheidungen werden sachbezogen gefällt.

**Bezugsrahmen**

Die individuelle Identität dieser Gruppe.

**Programm**

Es sind kooperative und konkurrierende Aktivitäten möglich.
Das Durchhaltevermögen für Projekte ist gesicherter.
Gemeinsame Projekte mit anderen Gruppen sind möglich.
Es sind jetzt auch Programme denkbar, die sich über das Interesse an der eigenen Gruppe hinaus auf die Bereiche der Umwelt, Gemeinde, Gesellschaft und der Welt beziehen.

**Interventionsmodalitäten der Leitungsperson**

Die Leitungsperson versucht, die Gruppe als autonome Einheit zu stärken.
Sie sieht ihre eigene Aufgabe stärker darin, Informationen zu geben und Hilfsquellen zu erschliessen.
In der Reflexion verhilft sie zur Klärung, was die Gruppe für die einzelnen Mitglieder bedeutet; sie nutzt die Analogie zu anderen möglichen Gruppenformationen und verdeutlicht die Funktion der Gruppe als Übungsraum für die Zukunft der Gruppenmitglieder.
Sie hilft, die Transferchancen zu erkennen.
Die Leitungsperson strebt an, daß sich die Sicht der Gruppenmitglieder über die Grenze dieser konkreten Gruppe hinaus weitet.

**5. Entwicklungsstufe**
Trennung, Ablösung (Termination, «Separation»)

**Aufgabe**
Wichtig sind:
1. Die Klärung, ob die Trennung «gruppenentwicklungsbedingt» oder durch die Umstände erzwungen ist;
2. Die Frage nach der Zukunft.

**Diagnostische Kennzeichen**
Es finden häufig Regressionen in frühere Stufen der Gruppenentwicklung statt.
Frühere Gruppenerlebnisse werden (manchmal verklärend) rekapituliert.
Der Abschied wird geleugnet, indem
a) vergessen wird, dass die Gruppe zu Ende geht;
b) sich die Gruppe als unzertrennlich ansieht und eine Überkohäsion mit euphorischen Zügen entwickelt;
c) Phantasien darüber entwickelt werden, dass man die Gruppe (oder die Leitung) unbedingt noch braucht.

Die Folge mag bei einigen Gruppenmitgliedern Destruktion, bei anderen die positive Suche nach Neuem sein.
Es findet sich Trauer über den Verlust der Gruppe.

**Bezugsrahmen**
Diese Gruppe wird als Brücke zu anderen Gruppen betrachtet.

**Programm**
Wichtig sind Aktivitäten, die die Mobilität der Gruppenmitglieder fördern.
Wiederholungen früherer Programme, besonders der ersten Phasen sind angebracht.
Es sollten klare Zeichen für das Gruppenende gesetzt werden, z. B. in der Form eines Abschiedsprogramms, bei dem dann vielleicht ein Wiedersehen für die Zukunft vereinbart wird.

**Interventionsmodalitäten der Leitungsperson**
Die Leitungsperson soll ihr Augenmerk auf die Mobilität der einzelnen Gruppenmitglieder und der gesamten Gruppe richten und diese auch fördern.
Gefühlsmäßig muss sie sich darauf einstellen, dass sie die Gruppenmitglieder loslässt (Verselbständigung als Ziel der Gruppenarbeit).
Sie regt verstärkt Reflexionen und Auswertungen an und hilft dabei.
Sie läßt Trauer, Flucht und Regression bewusst erleben, spricht diese Phänomene offen an und hilft so bei der «Trauerverarbeitung».
Sie schlägt Brücken zu neuen Gruppenformationen und weist Wege zu anderen Aufgaben.

Das Konzept der Entwicklungsphasen kann – gerade was Anfangs- und Schlusssituationen, aber auch schwierige «storming» -Phasen betrifft – einiges erklären und aus der Sicht von temporären Entwicklungsphasen beleuchten.
Dass jede Leitungsperson in irgendeiner Form «getestet» sowie informell (z. B. mit der Verleihung von Übernamen etc.) «verhandelt» wird und mit anderen Leitungspersonen verglichen werden muss, lässt sich beispielsweise aus diesem Phasenmodell ableiten und kann damit den Status von «Normalität» erhalten.
Phasen werden in langjährigen konstanten Gruppen eher sichtbar als in Gruppen, welche sich immer wieder neu zusammensetzen. Aber auch da zeigt sich die Phasendynamik: Neue Mitglieder lösen eine neue Orientierungsphase aus, Aussteiger/innen lassen Abschied und Trennung zum Thema werden.
Bei einem Leitungswechsel testen installierte Gruppen ihre neue Leitung und vergleichen sie in der Regel mit der alten. Gruppen und Klassen «überleben» gelegentlich reihenweise Ausbildner/innen, indem sie ihnen regelrecht das Leben schwer machen.

In einer modulartig aufgebauten Ausbildung leitete ich letzthin ein Modul (zum Thema «Gruppen leiten»), in welchem ein Drittel der Teilnehmer/innen ganz neu war, ein weiterer Drittel schon ein Modul absolviert hatte, der Rest schon zwei Module. Drei Gruppen mit unterschiedlichen Sichtweisen trafen sich hier und verhandelten im Speziellen in den Anfangstagen informell ihre verschiedenen Perspektiven, Erfahrungen und Positionen; Macht und Status waren mehr oder weniger offene Themen. Die Dynamik der zusammengesetzten Gruppe erschien komplex und schwierig einschätzbar – nicht zuletzt dadurch, dass weder ich noch jemand aus meinem Ausbildungsteam in den beiden anderen Modulen mitgearbeitet hatten. Zusätzlich erwies sich noch eine andere Tatsache als relevant und komplexitätserhöhend: Quer über die drei «Modulgruppen» hinweg kannten sich etliche Teilnehmer/innen aus ihren Berufsfeldern, zwei davon standen sogar in einem hierarchischen Verhältnis zueinander.
Interessanterweise erschienen im Verlaufe der fünftägigen Sequenz trotz allmählich erreichter neuer Gemeinsamkeit die drei «Modul-Subkulturen» immer wieder einzeln, sich und ihre Identität bewahrend und vor neuer Nivellierung und «Vereinnahmung» rettend.
Assoziationen zur Dynamik von Organisationsfusionen drängten sich hier auf.

**Reflexionsfragen «Gruppenphasen»**

- **Erinnern Sie sich an Phasen von Gruppen, in welchen Sie Teilnehmer/in waren? Können Sie phasenspezifische Phänomene benennen?**
- **Welche Phasen empfanden Sie eher als schwierig? Welche nicht?**
- **Erinnern Sie sich an Phasenphänomene von Gruppen (z. B. Phasenübergänge) welche Sie geleitet haben oder noch leiten?**
- **Wo fühlen Sie sich interventionssicher, wo nicht?**

### 1.4 Die Soziodynamik von Anfangs- und Schlusssituationen

Aller Anfang ist nicht nur schwer, wir liegen in der Regel auch so, wie wir uns betten. Deshalb hier noch etwas ausführlichere Hinweise zu Einstiegs- oder Anfangssituationen *(vgl. Geissler 1989 und Greving 2000).*
Wie weiter oben schon beschrieben zeichnen sich Anfangssituationen bei Veranstaltungen, Kursen, Weiterbildungen etc. durch spezielle Merkmale aus:

- Die Teilnehmer/innen sind Teil einer sichtbaren, aber unbekannten Einheit.
- Inhalte sind zum Teil klar – Prozesse jedoch nicht voraussehbar, was Unsicherheit oder Ängste auslösen kann.

- Die Erwartungen sind mehr oder weniger diffus, bewusst oder unbewusst vorhanden, aber unausgesprochen; Teilnehmer/innen fragen sich, wieweit diese erfüllt werden können.
- Spielregeln sind unbekannt.
- Kommunikation wird noch vermieden, um sich nicht zu exponieren oder gar blosszustellen.
- Wirksam ist vor allem nonverbale Kommunikation.

Zu Beginn von Veranstaltungen, Kursen etc. herrscht also ein «interaktiver Notstand», von der Leitung wird ein Angebot an Strukturierung und Orientierung erwartet, das helfen soll, die Unsicherheit zu reduzieren.
Die Anfangsphase ist sachlich und emotional anstrengend: von allen (Teilnehmer/innen und Kursleiter/in) ist viel zu leisten (z. B. Kennenlernen von neuen Menschen und deren Bedürfnissen; Klären der eigenen Bedürfnisse und der eigenen Absichten; Erarbeiten von Normen, Spielregeln und Werten, die gelten oder entstehen sollen etc.) .

***Dabei sollte sich die Leitung folgende Fragen stellen:***
- *Wieviele (oder wie wenige) Entscheidungen, die alle betreffen, muss ich als Leiter/in treffen, welche davon in Absprache mit den Teilnehmer/innen?*
- *Wieviele und welche lasse ich offen?*
- *Welche Strukturen sind hilfreich, um die Desorientierung zu reduzieren, welche engen ein und rufen allenfalls Widerstand bei den Teilnehmer/innen hervor?*

Alle Teilnehmer/innen verfügen über Erfahrungen mit Anfangssituationen. Diese werden bei jedem neuen Anfang wieder aktiviert, d.h. angenehme Erfahrungen können zu einer positiven Spannung mit Neugierde und Lernbereitschaft führen, unangenehme zu Verspannungen, ängstlichem Schweigen und Zurückhaltung. Aus diesen Erfahrungen haben sich unterschiedliche Verhaltensweisen herausgebildet, an denen vorerst einmal festgehalten wird.

***Teilnehmer/innen werden sich etwa folgende oder ähnliche Fragen stellen:***
- *Wer bin ich hier? Welche meiner vielen Rollen soll ich spielen?*
- *Wie wichtig darf ich mich machen, damit man mich wahrnimmt? Oder: wie unwichtig muss ich mich machen, um nicht als anspruchsvoll zu gelten?*
- *Wie offen darf ich widersprechen, um mich zu behaupten?*
  *Wieviel muss ich widerspruchslos hinnehmen, um nicht aggressiv zu wirken?*
- *Wie dicht darf ich an andere herangehen, um meine Kontaktwünsche zu befriedigen?*
  *Wie fern muss ich mich halten, um nicht bedrängend zu wirken?*
- *Wie viel darf ich von meinen Einstellungen und Gefühlen verraten, damit die andern mich richtig kennenlernen?*

Auf der Basis vergangener Erfahrungen werden eventuell Gefühlszustände und Verhaltensmuster aus früheren Beziehungen auf die Leitungsperson übertragen (siehe auch Kap. IV, 1.3) – wobei nicht jeder kritische, düstere oder verklärte Blick der Leitungsperson

gilt! Leitungspersonen werden nun einfach hin und wieder verzerrt wahrgenommen. Je bewusster solche Phänomene der Leitungsperson sind, desto mehr wird sie versuchen, vor allem zu Beginn durch eine wertschätzende Akzeptanz ein Klima des Vertrauens zu schaffen sowie klare Strukturen zu bieten, was den Teilnehmer/innen eher ermöglicht, andere Verhaltensweisen und Rollen als gewohnt auszuprobieren.
Die paradox klingende Aussage: «Wenn du wenig Zeit hast, dann nimm dir am Anfang viel davon» erweist sich meines Erachtens immer wieder als bedeutsam.
Im Übrigen ist es auch ratsam, Schlüsse sorgsam zu planen und zu gestalten *(vgl. Geissler 1994)*.

Als Leiter eines dreijährigen Ausbildungsganges in Erwachsenenbildung machte ich die Erfahrung, dass ca. 3 Monate vor Schluss der Ausbildung «irgend etwas in der Gruppe nicht stimmte», es lag etwas «in der Luft», was ich nicht einordnen konnte. Die sonst sehr offenen und direkten Kursteilnehmer/innen wirkten latent desorganisiert und unzufrieden. Ziemlich irritiert sprach ich nach einigen frustrierenden Kurstagen die Gruppe diesbezüglich an.
Diese «explodierte» sozusagen und nun wurde (auch mir) deutlich, dass sich die Teilnehmer/innen gegen den Schluss ihrer Ausbildung an völlig verschiedenen «emotionalen Standorten» befanden: Die einen dachten gar nicht ans Ausbildungsende, andere freuten sich darüber, wieder andere waren traurig etc. Zudem erhielten durch die Aussicht auf das Ende einige scheinbar begrabene Animositäten zwischen einzelnen Teilnehmer/innen wieder Gewicht. Grundsätzlich konstituierte sich die anfängliche Heterogenität erneut. Wir handelten daraufhin einen «Vertrag» für die verbleibende Zeit aus und entschieden uns, das Ausbildungsende bewusst und klar zu gestalten. Diese deutliche rahmensetzende Leitungsintervention entspannte die Situation umgehend, die alte Energie kehrte wieder zurück, und die Schlusszeit konnte prägnant und bewusst gestaltet werden.

***«Aufhören kann jeder, Schluss machen nicht.»***
*Geissler 1994, S. 65*

### 1.5 Die Bildung von Gruppen als Prozess

Häufig werden zu Beginn von Ausbildungsgängen (Unter-)Gruppen als konstante Lern- oder Arbeitsgruppen gebildet. Ein solcher Gruppenbildungsprozess löst bei den beteiligten Personen sowohl Erinnerungen an bereits erlebte Prozesse als auch spezifische Erwartungen an die zu bildenden Gruppen aus. Die Vorerfahrungen und die Erwartungen enthalten einen grossen Anteil Phantasie. Hoffnungen, Wünsche und Ängste sind sehr präsent.
Gruppenbildungsprozesse laufen also weniger rational als vielmehr affektiv ab.
Ein Gruppenbildungsprozess im Ausbildungskontext geschieht im Rahmen eines vorgegebenen Systems. Dabei werden entweder nur die Rahmenbedingungen der Gruppenbildung von der Institution oder der Kursleitung festgelegt oder aber die Gruppenbildung ganz vorgegeben. Immer aber handelt es sich um einen Entscheid, der ausserhalb der Kompetenz der Mitglieder liegt und sie damit mit dem Phänomen der Macht konfrontiert. Die Gruppenmitglieder verhalten sich gegenüber diesem Phänomen unterschiedlich, die Verhaltensweisen reichen von Kooperation bis hin zu Opposition.
Die Teilnehmenden werden konfrontiert mit hohem emotionalem Druck. Stichworte dabei sind: Ablehnung, Anerkennung, Verlust, Verzicht, etc. Dieser Druck kann Abwehrprozesse auslösen. Als klassische Abwehrmechanismen gelten folgende Verhaltensweisen:

- Delegation des Gruppenbildungsprozesses an eine Instanz, also die Leitung, Vertretung der Institution o.ä. («ich lass mich zu- und einteilen»)
- Aggressionsbildung gegenüber dieser Instanz, wenn sie nicht oder vermeintlich falsch entscheidet («hätten die mich anderswie oder anderswo zugeteilt, wäre alles anders geworden»)
- Intellektualisierung (z. B. Pseudo-Objektivierung) des Gruppenbildungsprozesses («ich kann mit allen gleich gut zusammenarbeiten»)
- Ideologisierung des Gruppenbildungsprozesses («im Sinne der Gerechtigkeit müssen alle mit ihrer Zuteilung glücklich und zufrieden sein»)

Gruppenbildungsprozesse stellen somit eine grosse Herausforderung für die Teilnehmenden dar: Sie sind aufgefordert in einer objektiv unsicheren Situation subjektive Kräfte (wie z. B. ein sicheres Selbstwertgefühl) zu mobilisieren. Dabei gilt es, sich relativ angstfrei in ein offenes, wenig strukturiertes Beziehungsfeld einzulassen. Die eigene Kooperationsfähigkeit wird geprüft, diesbezügliche Defizite verstärken die oben erwähnten Prozessmerkmale.

Sogar bei kurzzeitig didaktisch inszenierten Kleingruppenbildungen (Gruppenarbeit) sind ähnliche Phänomene – wenn auch in viel geringerem Masse – zu beobachten. Wenn Sie beispielsweise zu Beginn eines Seminars bei Teilnehmenden, welche sich nicht kennen, eine offene Partnerwahl für das gemeinsame Bearbeiten eines Auftrags einleiten, werden sich die meisten mehr oder weniger schnell an ihre Sitznachbarn wenden. Eventuell wäre dieser «Anfangsstress» sogar zu verhindern, indem die Leitung die Partner (warum nicht gleich die Nachbarn …) für das erste Mal zuteilt.

### 1.6 Regeln und Normen

Unter Regeln verstehen wir transparente Abmachungen, welche Strukturen und Vorgehensweisen festlegen. Sie können vorgegeben oder gemeinsam definiert sein.

Normen beschreiben dagegen eher Verhaltensweisen und Umgangsformen in Gruppen, beleuchten also auch die «ungeschriebenen» Regeln *(vgl. Sader 1996, S. 198 ff.)*.

Regeln und Normen erleichtern die Kommunikation und stärken das Zusammengehörigkeitsgefühl, schränken jedoch auch die Freiheit des Individuums ein.

Häufig lassen sich Unterschiede bezüglich Regeln in Gruppen (Pünktlichkeit, Wortmeldung, Umgangston etc.) nicht logisch begründen, weil sich alle Gruppenmitglieder zwar an sie halten, sie jedoch nicht vereinbart sind.

In den meisten Gruppen existieren formelle Regelungen und ausgesprochene bzw. festgeschriebene Norm- und Wertvorstellungen. Hier können wir von *formellen (oder formalen) Normen und Werten* sprechen.

Die Erledigung von Aufgaben und die Beziehungsgestaltung orientieren sich konkret an solchen (Aufgaben-)Normen. Beispielsweise kann eine Arbeitszeitenregelung mit der Vereinbarung «wir sind pünktlich» bestehen, wobei Abweichungen nicht toleriert werden.

Nun trifft man im Berufsalltag oft Regelungen an, an welche sich gar niemand hält. Gelegentlich ist der Erkundungsprozess, welche «geschriebenen» Regeln wirklich gelten, ein aufwändiger …

Regeln verlangen es, in Erinnerung gerufen, kontrolliert oder allenfalls verändert zu werden.

Im Laufe des Gruppenprozesses bilden sich künftig sogenannte «stille» Abmachungen, die meist nicht einmal allen Gruppenmitgliedern bewusst sind (z. B. im Bereich so genannter Umgangsnormen). Hier spricht man von *informellen Normen und Werten*. Es kann beispielsweise auch Norm sein, sich nicht an Regeln zu halten!
Formelle und informelle Normen decken sich häufig nicht. Die Gruppenmitglieder werden sich dann in erster Linie nach den inoffiziellen Normen ausrichten, wenn der Gruppendruck entsprechend stark ist. Eine Vielfalt von direkten und indirekten Belohnungen und Bestrafungen gewährleistet die Einhaltung von Gruppennormen *(vgl. Wellhöfer 1993, S. 83 ff. und Brocher 1999, S. 49)*.
Normen entstehen durch sog. «Import» (z. B. aus anderen Gruppen), durch Erfahrung, durch Macht oder durch Kontexteinflüsse (Gesellschaft, Institution etc.).
Normen wirken für Gruppen stabilisierend und ordnend, vermitteln Sicherheit, schaffen Identität («Wir-Gefühl»), können sich aber auch im Sinne der Erstarrung als entwicklungshemmend auswirken.
Gruppenmitglieder passen sich in unterschiedlicher Weise an Gruppennormen an. Die Anpassung hängt mit den individuellen Zielen und den Erwartungen an die Gruppe zusammen. Zudem ist bedeutsam, inwieweit ein Gruppenmitglied die Gruppennorm als seine eigene Norm betrachten kann. Für die einen sind «Aufgabennormen» wichtiger, für die anderen «Umgangsnormen» (vgl. auch das «Eisbergmodell» in diesem Kapitel, 1.2) etc.
Das Abweichen von Gruppennormen kann aus verschiedenen Gründen erfolgen:

- Unkenntnis der Norm (z. B. bei neuen Gruppenmitgliedern)
- Unabhängigkeit (z. B. hauptsächliches Interesse an eigenen Zielsetzungen; andere «Werte» bezüglich Gruppenmitgliedschaft)
- Auflehnung (z. B. Unzufriedenheit, Aufmerksamkeitsgewinn, fehlendes Einverständnis mit spezifischen Normen etc.)

Bei abweichendem Verhalten muss mit korrigierenden Reaktionen der Gruppe gerechnet werden; die Gruppe sichert sozusagen ihr Normensystem. Bezeichnenderweise erkennen «Abweichler» die eigentlichen (informellen) Normen erst, wenn sie sie übertreten haben …
Die Reaktion der Gruppe auf abweichendes Verhalten kennt oft verschiedene Phasen:

1. Überzeugen
2. Verführen («sei nicht blöd»)
3. Angriff

Sanktionen können manchmal fein abgestuft sein (Grinsen, Achselzucken, Bemerkungen, Kontaktverminderung, «schneiden» [ignorieren] , verurteilen …).
Als identitätsbildende Strategie produzieren Gruppen hin und wieder regelrecht «Dissidenten», um ein klares Normensystem aufrechtzuerhalten *(vgl. Garland et al. 1975)*.
Als Sündenbock ausgeschlossene und «eliminierte» Mitglieder finden dann schnell «Nachfolger». Die folgende Darstellung (nach Ausführungen *von Goffmann 1975*) zeigt den teufelskreisartigen Prozess der gesellschaftlichen Stigmatisierung (Stigma = altgriechisch «Mal», «Brandmal») zum Zwecke der Stabilisierung des «Normalen» (siehe auch Pygmalion-Effekt, Kap. IV, 1.4); das gesellschaftliche Modell aus der Behindertensoziologie lässt sich ohne weiteres auf (Ausbildungs-)Gruppen übertragen.

## PROZESS DER STIGMATISIERUNG

Eine von der sogenannten Normalität abweichende Eigenschaft eines Individuums oder einer Gruppe wird in der Tat auch negativ bewertet, was zu einem Stigma oder einer Etikettierung führt. Häufig werden einer etikettierten Person weitere negative Eigenschaften zugesprochen, das Etikett zumindest «befestigt».
So wird aus einem schwierigen Schüler umgehend ein schlechter Schüler, das künftige Augenmerk richtet sich zudem auf das «Schwierige» und das «Schlechte», was sozusagen die «Diagnose» wieder bestätigt.
Die Umwelt setzt also das Stigma durch, die stigmatisierte Person muss ihr Stigma «managen», d.h. einen lebbaren Umgang damit finden. Dies kann zu einer Annahme des Stigmas führen, welche man in psychologischer Sprache gelegentlich auch mit «sekundärem Krankheitsgewinn» bezeichnet.
Solche Kreisläufe sind unheimlich schwer zu durchbrechen, da beide «Parteien» Identität aus solchen Kreisläufen gewinnen. Moralische Apelle sind hier meist nicht wirksam.

Ich erinnere mich an einen äusserst schwierigen und aggressiven Schüler aus meiner Zeit als Lehrer von verhaltensauffälligen Jugendlichen. Er war von klein auf in allen Gruppen (Wohnquartier, Kindergarten, Grundschule) in Schlägereien verwickelt und zog Aggression regelrecht an. Erfolglos hatte er auf Anraten von Spezialisten (Schulpsychologin, Therapeutinnen etc.) schon Schulklassen und Schulhäuser am Wohnhort gewechselt. Sein Ruf folgte ihm sozusagen weit voraus.
Nach vielen Gesprächen, Tests und «Behandlungen», auf die ich hier nicht eingehen will, wurde immer deutlicher, dass seiner ganzen Familie bis zurück zu seinen Urgrosseltern eine Art «Stigma» von

Gewalttätigkeit und Opferverhalten anhaftete. Eltern, ältere Geschwister und Grosseltern erzählten nicht ohne Stolz ihre entsprechenden «Geschichten».
Nun, die Situation in meinem damaligen Schulhaus eskalierte, wir konnten den Knaben während Schulstunden und Pausen nur noch einzeln betreuen, um ihn und seine Umgebung zu schützen.
Alle Beteiligten (inklusive Kind und Eltern) entschieden sich daraufhin, den Wohnort und sogar den Kanton zu wechseln.
Die Situation in unserer Schule beruhigte sich alsdann teilweise, in minderem Masse wurden zwar wiederum neue Opfer «erkoren».
Besagter Knabe fand sich aber mitsamt seiner Familie am neuen Wohn- und Schulort in kürzester Zeit wieder in genau derselben sozialen Situation.
Nach einem Jahr zog die Familie wieder in ihre angestammte Wohngemeinde zurück …

Zu einer Änderung bestehender Normen kommt es, wenn diese den Bedürfnissen vieler Gruppenmitglieder nicht mehr entsprechen oder sogar kaum mehr beachtet werden. «Dissidenten» sind dabei manchmal künftige «Trendsetter».
Wenn sich in grösseren Systemen einzelne solcher «Dissidenten» zusammenschliessen, bilden sie wiederum gruppenbildende neue Normen.
Wenn Gruppen ständig Entwicklung zulassen oder gestalten, müssen sich Normen dieser Veränderung anpassen. Entwicklungsfähige Gruppen nehmen Impulse von aussen oder innen auf, um bestehende Normen weiterzuentwickeln.
Für die Arbeit in Gruppen ist es wichtig, dass v.a. im informellen Bereich Unzufriedenheit entdeckt und besprochen wird, Gefühle geäussert werden – vor allem dann, wenn sie die Arbeitsorganisation und -fähigkeit beeinträchtigen.
Leitungspersonen haben in Anfangssituationen die Möglichkeit, durch ihre Modellwirkung fördernde Normen einzuführen. Standortbestimmungen und Kontrakte ermöglichen es, hindernde Informalität bedingt transparent zu machen.
Das Ausmass der persönlichen Offenheit der Gruppenmitglieder untereinander und zur Leitung kann dann künftig durch die entsprechenden Normen beeinflusst werden.
Trotzdem kann «Seid offen zueinander» zwar als offizielle Norm gelten, inoffiziell jedoch das Gesetz: «Fehler werden nicht offen angesprochen, weil …» wirksamer sein. Solche Doublebind-Blockaden belasten nicht selten das Klima von Gruppen erheblich. Pädagogische Appelle in Richtung der wirkungslosen offiziellen Norm dürften dabei eher die informelle Norm verstärken.
Wie real ein solches informelles Gefüge in einer Gruppe (resp. einer Organisation) ist, erfahren Sie vor allem, wenn Sie als Neuling in eine bestehende Gruppe aufgenommen werden wollen – obwohl sie vielleicht durch eine Zuteilung «offiziell» schon Mitglied dieser Gruppe sind. Als Neuling haben Sie es dabei bestimmt nicht ganz einfach, verfügen jedoch zweifelsohne über den Vorteil der – sich zwar allmählich abbauenden – Aussensicht.
Selbstbewusste und offene Gruppen nutzen in der Regel diese Ressource «des anderen Blickes» für ihre eigene Weiterentwicklung.

### 1.7 Rollen

Wie schon in Kapitel I (2.5) erwähnt, bezeichnete «Rolle» im antiken Theater die den Schauspielern vorgegebene Schriftrolle als Textvorgabe.
Das soziologische Rollenkonzept *(vgl. Dechmann/Ryffel 1983 und Tillmann 1996, S. 111 ff.)* beschreibt die Rolle als ein Bündel von Verhaltenserwartungen, welche von sozialen Normträgern an Inhaber/innen von sozialen Positionen gerichtet sind.

Rollen sind demnach an soziale Positionen und nicht an Personen gebunden, Rollenträger sind austauschbar, die Erwartungen an Positionen in einem gesellschaftlichen Gefüge bleiben hingegen bestehen. Jede Position verfügt über einen sogenannten «Status» und ist entsprechend diesem mit mehr oder weniger Rollenmacht ausgestattet. Auch hier können wir wiederum – wie bei Rollen und Normen auch – zwischen formellem Status (Verleihung durch Organisation oder Gesellschaft) und informellem Status (Verleihung durch die Gruppe) unterscheiden. Wir alle wissen, dass gelegentlich auch in Gruppen informelle Leitung höheren Status als formelle Leitung besitzt! Macht ist Bestandteil und soziales Merkmal von Gruppen.

Die einer Position zugehörige Komplementärposition nennt man Bezugsgruppe oder Bezugsperson; diese «senden» der Positionsinhaberin gewissermassen die Rolle. Die Inhaberin der Position selber kann auch als «Selbstsenderin» wirken.

In jede Organisation, in jeder Gruppe existiert also ein mehr oder minder deutlich definiertes «Rollengeflecht», welches das Verhalten der Mitglieder zueinander bestimmt (siehe auch Kap. VII, 9.3).

Viele Rollen sind gesellschaftlich vorgegeben (Ausbildner/in, Ehefrau, Ehemann, ...). Das gilt sowohl für mehr oder weniger selbstgewählte Rollen (Berufsrollen) wie auch für «Zwangsrollen» (Alter, Geschlecht, Hautfarbe, ...). Es gibt Dinge, die ein Rollenträger tun *muss*, andernfalls gefährdet er seine Position, andere Dinge *soll* er tun – sozusagen als Pflicht – wieder andere *kann* er tun – hier besteht Freiwilligkeit.

Rollenvorschriften sind also nicht alle im selben Masse verpflichtend. Man unterscheidet *Muss-, Soll- und Kann-Erwartungen (vgl. Deckmann/Ryffel 1983, S. 99 ff.).*

In Gruppen spricht man von sogenannten «Quasi-Rollen», weil diese Rollen – ausser die Gruppe bestehe aus verschiedenen genau definierten Positionsinhaber/innen – meist nicht von aussen vorgegeben sind, sondern im Gruppengefüge entstehen.

Das folgende Rollenklassifikationsschema gibt in groben Zügen Auskunft über notwendige und häufig auftretende gruppeninterne Rollen:

**Rollenklassifikationsschema nach *Bales***
*(1967, vgl. auch Brocher 1981, S. 119 ff. und 1999, S. 148 ff.)*

Rollen in Bezug auf das Gruppenklima:

- Rollen, die in der Gruppe vorwiegend zur Entspannung der Atmosphäre beitragen: ausgleichende, tolerante, hilfsbereite, aufmerksame, zuhörende, aufheiternde
- Rollen, die in der Gruppe vorwiegend eine gespannte Atmosphäre erzeugen: unzufriedene, bewertende, beherrschende, belehrende

Rollen in Bezug auf die Unterstützung von Einzelnen

- Rollen, die bei einzelnen Gruppenmitgliedern angstreduzierend wirken: leicht Gefühle zeigende, aufmunternde, belohnende
- Rollen, die bei einzelnen Gruppenmitgliedern vorwiegend angsterregende Wirkung haben: konkurrierende, ironisierende, hilflose, bestrafende, schweigende usw.

Rollen in Bezug auf die Gruppenziele

- Rollen, die das Fortschreiten der Gruppe in Richtung Ziel fördern: aufklärende, informierende, anregende, sachberatende
- Rollen, die das Fortschreiten der Gruppe in Richtung Ziel hemmen: blockierende, ausweichende, ablehnende, selbstgefällig erzählende, nivellierende

Für Rollenträger besteht immer ein Interpretationsspielraum. Bei informellen Rollen in Gruppen ist dieser Spielraum in der Regel gross.
Die Beziehungsstruktur in Gruppen stammt oft aus der Anfangsphase (siehe auch 1.3/1.4 in diesem Kapitel), die Beteiligten suchen ihren Platz, allmählich werden Positionen bezogen, Erwartungen (Rollen) entwickeln sich.
Gelegentlich können dann Beziehungsstrukturen auch erstarren und nicht mehr den Bedürfnissen einzelner entsprechen, Gruppenrollen werden zum Gefängnis, die individuelle persönliche Entwicklung ist zwar fortgeschritten, die Rolle im Kontext jedoch unverändert geblieben.
Dieses Phänomen kennen wir von der «Magie» der Rollenrekonstruktion bei so genannten «Klassenzusammenkünften».

Ich sah bei meiner Ankunft drei meiner ehemaligen Kollegen aus meiner Schulzeit vor 30 Jahren schon von weitem auf einer Bank vor der als Treffpunkt vereinbarten Waldhütte sitzen und dachte spontan: Um Himmels Willen, sind die alt geworden, mit ihren schütteren Haaren und Bauchansätzen …
Nach fünf Minuten Begrüssung war alles so, wie es früher war. Und das innert kürzester Zeit. Ich verhielt mich so, wie ich es als Schüler tat (andere wohl auch) und dachte immer wieder, wie seltsam es doch sei, dass sich während einer so langen Zeit ohne gegenseitige Kontakte einfach nichts verändern konnte.
Die informell kurz «präsentierten» Schnellbiografien unterstützten die alten Bilder: Wer als Kind leistungsfähig war, hatte es unterdessen zu was gebracht, die ehemaligen Zögerer zögerten immer noch, Überraschungen gab es keine.
Wenn ich nicht zufällig eine Woche später einen der «Leistungsfähigen» wieder getroffen und mit ihm während einer 20minütigen Eisenbahnfahrt gesprochen hätte.
Er erzählte mir (erst dann) von seinem Studienabbruch, der Trennung von seiner Familie, einem Aufenthalt in einer psychiatrischen Klinik und wie er nun sein Leben allmählich wieder in den Griff bekäme.
Ich traute meinen Ohren nicht und schämte mich. Eine Woche zuvor hatte er mir davon nichts erzählt. Ich habe ihn auch nicht danach gefragt; wahrscheinlich wollte ich auch gar nichts davon wissen …

Manchmal entwickelt sich eine spezifische Form von Rollenkonstruktion, der sogenannte «Rollentausch», welcher genauso zum «Rollengefängnis» werden kann.

**Die Welt ist klein**

Als ich schon ziemlich nervös geworden, zum dritten Mal hintereinander in den unterirdischen S-Bahnhallen des Hauptbahnhofs Zürich meine Postomatkarte in den Automatenschlitz steckte, um nun endlich die richtige Code-Nummer einzugeben, tippte mich jemand von hinten grob an meine Schulter und fragte: «Ist das ihre Postomatkarte?»
Erschrocken drehte ich mich um und gewahrte vor mir – in Uniform, mit Knüppel und Hund – meinen ehemaligen Schüler L.
«Oh, hallo Herr Thomann», stammelte er errötend und sichtlich verlegen, als er mich erkannte.
Die alten Rollen hatten uns schnell wieder und wir sprachen eine Weile miteinander.

L. hatte eine verdammt schwierige Schulzeit: Elf Jahre in Sonderklassen, überall der kleinste und schwächste Schüler, geplagt und drangsaliert. In den Jahren bei mir machte ihm vor allem N. zu schaffen. N. war ein kräftiger, schlauer und ziemlich brutaler Bursche. Ich erinnere mich gut, wie ich L. wohl dutzende Male aus dem Dornengebüsch vor unserem Schulhaus befreite, in welches N. ihn befördert hatte – bis der Abwart das unselige Gestrüpp endlich entfernte.
Übrigens wollte L. immer Polizist werden.
N. ging es schon seit längerer Zeit schlecht, er steckte tief im Drogensumpf – das wusste ich.
Ich wusste aber nicht, dass L. allabendlich N. aus dem HB-Areal vertrieb – wenn es sein musste mit Gewalt, wie L. mir sagte. N. bettelte nämlich jeweils sehr aufdringlich um Geld.
Mir wurde elend bei dieser Schilderung von L.
Die Welt ist klein: Das unterirdische S-Bahn-Areal kam mir vor wie mein altes kleines Schulzimmer, aus den Kindern L. und N. waren Erwachsene geworden, welche sich immer noch bekämpften und einander immer noch irgendwie brauchten – nur die Rollen waren vertauscht; für L. hatte sich das «Blatt gewendet», wie er sich ausdrückte.
L. sehe ich seither hin und wieder und ich bin übrigens ehrlich davon überzeugt, dass er seine Arbeit als Wachmann sehr gut macht. (aus: *Thomann, in: KSH informiert 4/1994*)

### Rollenkonflikte

Verschiedene Erwartungen, welche an dieselbe Position und deren Inhaber/in gerichtet sind, können sich widersprechen und zu Konflikten führen. Dies wird als *«Intra-Rollenkonflikt»* bezeichnet.
Wenn eine Person mehrere Rollen «bekleidet», können Konflikte zwischen den verschiedenen Rollen, so genannte *«Inter-Rollen-Konflikte»*, entstehen *(vgl. Marmet 1991, S. 31 ff.)*.
Wenn Erwartungen mit Eigenerwartungen kollidieren, sprechen wir von *«Selbst-Rollen-Konflikten»*.
Ausbildner/innen und Lehrer/innen sind in hohem Masse anfällig für sogenannte Intra-Rollenkonflikte (vgl. auch Kap. I, 2.5). Für die Analyse eigener Rollenkonflikte im Arbeitsfeld und möglicher Reaktionsweisen verweise ich auf das Instrument der Rollenanalyse (siehe Kap. VII, 9.3).
Das Individuum muss mit Hilfe der sogenannten *«Rollendistanz»* die verschiedenen Erwartungen immer wieder interpretieren, um seine Rolle(n) dadurch gestalten können.
Interessante diesbezügliche Erfahrungen habe ich immer wieder bei innerbetrieblich gebildeten Projektgruppen gemacht; gelegentlich war da die designierte Projektleitung im sonstigen betrieblichen Alltag Unterstellte eines im Projekt «gewöhnlichen» Mitglieds. Rollenklärung sowie Rollendistanz werden hier schon beinahe überlebenswichtig.

## 1.8 Merkmale von Grossgruppen

Ab ca. 30 Teilnehmer/innen wird in der Erwachsenenbildung von Grossgruppen gesprochen. Grundsätzlich gelten ähnliche Merkmale für Grossgruppen wie für kleinere Gruppen (Entwicklungsphasen, Regeln, Normen, Rollen, ...). Einige Aspekte sind jedoch als grossgruppenspezifisch zu bezeichnen:

- Anonymität
  Das Individuum kann sich – zum Vor- und zum Nachteil – in der Grossgruppe verstecken, im Speziellen dann, wenn Uniformität ein wesentliches Merkmal der Grossgruppe ist.
  Anonymität kann nicht nur Individuumsverlust, sondern auch wohlige Nische des Unbehelligt-Seins bedeuten.
- Heterogenität/Unübersichtlichkeit
  Die Verschiedenheit der Mitglieder einer Gruppe wächst mit ihrer Anzahl. Damit stei-

gen die Kontaktwahlmöglichkeiten gleichzeitig mit dem Orientierungsbedarf, resp. dem Druck, sich orientieren zu müssen.

- Informalität/Subkultur
  Diesem Druck und der Unübersichtlichkeit wird in der Regel mit verstärkter Informalität (informelle Strukturen und Kulturen sind wie weiter oben schon beschrieben im Gegensatz zu den formalen nicht offiziell, häufig nicht transparent, jedoch im «Untergrund» sehr wirksam) begegnet. Subkulturen mit je eigener Farbe und Prägung entstehen.
- Subsysteme
  Individuen können sich nicht ständig in Grossgruppen behaupten; sie bewegen sich deshalb häufig in (manchmal wechselnden) Subsystemen, welche teilweise transparent sind, teilweise nicht, teilweise selbstorganisiert entstehen, teilweise «gegeben» sind. Kriterien können sein: Geschlecht, Alter, Position, Sprache und Herkunft, Berufsfeld, Hobbies, Süchte etc.
  Subsysteme sind in ihren Grenzen nicht immer scharf; ebenso können sich diese Grenzen verschieben.
- Potential
  Die Grossgruppe verfügt über viel Potential, welches zum «Guten» oder zum «Schlechten» genutzt werden kann. Missbrauch und Gefahren lauern vor allem in den Extrempositionen von absolutem Chaos und hoher Uniformität. Dies zeigt sich beispielsweise bei so genannten Massenphänomenen *(vgl. Königswieser/Keil 2000)*. Die Grossgruppe bedarf einer sorgfältigen Balance von Selbst- und Fremdorganisation.

**Methodisches Arbeiten mit Grossgruppen**

In den 60er und 70er Jahren wurden v.a. im politisch motivierten Bildungssektor Grossgruppenveranstaltungen durch Methoden wie «Zukunftskonferenz» oder «Vollversammlung» bekannt.

Nach längerer Pause wurde die Grossgruppe im Rahmen der Thematik der «Lernenden Organisation» Ende der 90er Jahre wieder stärker fokussiert. Methoden wie «Open space», RTSC («real time strategic change»), «Future search conference» oder «Planspiel» (siehe auch Kap. II, 7.3) werden vermehrt in grossen Betrieben und Verbänden im Rahmen von Organisationsentwicklungsprojekten eingesetzt *(vgl. Bousen 1995, Malek 2000, Weisbord 1996)*.

An «RTSC-Konferenzen» nehmen bis zu 1000 Personen (desselben Betriebes) teil, welche ihre aktuelle Arbeitswirklichkeit reflektieren, den Veränderungsbedarf erheben, Ziele und Strategien entwerfen sowie Transfermöglichkeiten in den Alltag erarbeiten.

In einer «Future search conference» entwickelt und plant ein interdisziplinäres Team von 10–80 Personen in einer vorgegebenen Struktur die Zukunft ihres Systems. Vergangenheit und gegenwärtige Realität werden untersucht, um Zukunftsbilder zu entwerfen und daraus abgeleitete Massnahmen zu planen.

Bei der «Open space technology» bringen die (bis zu 1000) Teilnehmer/innen eigene Themen zur Bearbeitung mit. Selbstorganisiert werden Arbeitsgruppen gebildet, die in ca. 2-stündigen Workshops an ihren Themen arbeiten.

**Leiten von Grossgruppen**

Komplexität und Unübersichtlichkeit müssen von Grossgruppenleiter/innen «ausgehalten» werden können. Ein Komplexitätsabbau durch «stramme» Organisation verhindert die für die Entwicklung notwendige Selbstorganisation der Grossgruppe.

Ebenso bleibt die Grossgruppenleitung gezwungenermassen distanzierter und «einsamer» als eine Kleingruppenleitung. Der Wunsch nach Macht und Einfluss sowie daraus resultierender Wirkung mögen u.a. wegweisend für eine Affinität zur Leitung von Grossgruppen sein.

## 1.9 Analyse der persönlichen Fähigkeiten und Verhaltensweisen in Gruppen

Zum Schluss des ersten Teils dieses Kapitels sollen folgende Fragen der Analyse des eigenen Verhaltens als Gruppenmitglied dienen. Eine solche Analyse ist für die professionelle Leitung von Gruppen unabdingbar, weil sie Hinweise bezüglich möglichen Identifikationspräferenzen, Projektions- oder Übertragungsmuster geben kann.

**Reflexionsfragen zur Analyse der persönlichen Fähigkeiten und Verhaltensweisen in Gruppen (angelehnt an *Antons 1996, S. 210*)**

- Wie verhalte ich mich als Gruppenmitglied in Anfangssituationen? Weshalb?
- Wie verhalte ich mich in Gruppenbildungsprozessen?
- Bin ich als Gruppenmitglied jeweils an der Entwicklung von informellen und formellen Normen beteiligt? Wie?
- Welche Rollen neige ich in Gruppen zu übernehmen?
- Wie klar kann ich meine Gedanken in der Gruppe ausdrücken?
- Gelingt es mir, aufmerksam und verstehend anderen zuzuhören?
- Kann ich meine Ideen einprägsam und überzeugend vorbringen?
- Vertraue ich anderen?
- Habe ich die Bereitschaft, anderen zu sagen, was ich fühle?
- Will ich die Gruppe dominieren?
- Wie würde ich mein Verhalten anderen Gruppenteilnehmer/innen gegenüber beschreiben?
- Wie reagiere ich auf Kommentare oder Bewertungen meines Verhaltens?
- Kann ich die Gefühle anderer wahrnehmen und verstehen?
- Kann ich Konflikte und Widerstände in der Gruppe aushalten?
- Wie verhalte ich mich, wenn andere mir Äusserungen der Zuneigung und Freundlichkeit entgegenbringen?
- Kann ich andere in der Gruppe beeinflussen?
- Bin ich bereit, auf Ideen anderer Gruppenmitglieder aufzubauen?
- Wie hoch ist meine Bereitschaft, mich von anderen beeinflussen zu lassen?
- Bin ich bereit, zu anderen Gruppenmitgliedern enge persönliche Beziehungen aufzubauen?
- Wie reagiere ich auf Meinungen, die den meinen entgegengesetzt sind?

### 1.10 Die Teamfiktion

Der Mythos der Teamarbeit fusst u. a. auf dem industriellen Erfolg der japanischen Autoindustrie, in welcher mittels so genannter «Produktionsinseln» Arbeiter/innen in Teams ganze Produkte herstellen konnten, statt arbeitsteilig nur für einzelne Segmente verantwortlich zu sein. Einige Berichte *(vgl. Sennett 2000)* zeugen davon, dass dabei der Druck von oben nach unten allmählich zu einem «Seitendruck» umfunktioniert, also delegiert wurde.

Gruppenkonformität und die Drohung des Ausschlusses (Gruppenwechsel) erhöhen gemäss vieler Erfahrungsberichte offensichtlich die Arbeitsmotivation. Hinter den Masken der Kooperativität lauert demnach Existenzangst, Konkurrenz etc.

Teamarbeit ist in diesem Sinne *«die passende Arbeitsethik für eine flexible politische Ökonomie» (Sennett 2000, S. 133).*

Die (Leistungs-)Analogie zum Sport macht dann aus der Führungsperson einen «Coach» oder «Trainer», der seine Schützlinge «moderiert» und die eigentliche Verantwortung den «Spielern» überlässt, um bei nächstbester Gelegenheit ein anderes (besseres?) Team zu übernehmen. Dutzende von jüngeren Debakeln in Grossorganisationen bestätigen diese Entwicklung.

Bei vielen Team-Methoden (z. B. den sog. «Flow teams», *vgl. Gerber/Gruner 1999)* geht es denn auch um den Wunsch nach der Herstellung von «Superteams» mit kurzfristig erhöhter Effizienz und Effektivität.

In einigen Grossbetrieben wird nur noch virtuell kooperiert; «Home working» und «Desk sharing» führen dann gelegentlich paradoxerweise zu organisierten betrieblichen Kompensationsmassnahmen wie den so genannten «Friday evening beers» ...

*«Die Fiktionen der Teamarbeit sind also durch ihren oberflächlichen Inhalt, die Konzentration auf den Augenblick, ihre Vermeidung von Widerstand und die Ablenkung von Konflikten der Machtausübung ausgesprochen nützlich.» (Sennett 2000, S. 155)*

Ein Berater berichtete mir letzthin, dass die Bordcrew-Zusammensetzung in diversen Fluggesellschaften seit einiger Zeit erst kurz vor dem Flug bekanntgegeben würde, damit die Teammitglieder flexibel eingestellt blieben und nicht durch etwaige bestehende (Team-)Beziehungen beeinträchtigt würden (z. B. durch bequeme Gewöhnung oder allfällige Animositäten). Klare vereinheitlichte Arbeitsprozeduren würden zudem den «Teamgeist» ersetzen, was sich fehlereliminierend auswirken soll. Ein interessantes Detail: Auf diese Thematik angesprochen erzählte mir eine mir bekannte Flight attendant, dass einerseits das Kontingent der Mitarbeiter/innen nicht so gross sei, dass man sich mit der Zeit in den «frisch» zusammengesetzten Crews nicht eben doch kenne, andrerseits gäbe es immer wieder informelle Wege, mittels derer man in der Lage sei, frühzeitig die Crew-Zusammensetzungen zu erfahren und mit Kolleginnen und Kollegen «früher als erlaubt» Kontakt aufzunehmen.

Ich überlasse es Ihnen, Querverbindungen zu Ausbildungsgruppen zu schaffen. Im Zuge der Modularisierungstendenzen – welche ich im Übrigen aus Kundensicht zu einem grossen Teil als Fortschritt erachte – werden wir unser Augenmerk vermehrt auf die Ressource «Gruppe» richten müssen und uns die Frage stellen, wieviel gruppale Flexibilität notwendig ist und wo oder von wann an das Fehlen von sozialer Identität und Identifikation Lernprozesse eher behindert.

### 1.11 Virtuelle Teams

Die Veränderung der technischen Basis von Arbeits- und Kommunikationsprozessen führt zusehends zu sogenannten virtuellen Teams oder Gruppen. Diese neue Form von Zusammenarbeit bringt etliche Vorteile, verändert aber auch Arbeitsorganisation, Kommunikation und soziale Dynamik in Teams und Gruppen *(vgl. Hermann/Meier 2001, S. 12)* in erheblicher Weise.

Die folgenden Beispiele zeigen nicht geahnte Schwierigkeiten in der virtuellen Teamdynamik:

- E-mails mit eher «zettelartigem» informellem Charakter werden manchmal länger gespeichert als gedacht und können zu späteren Missverständnissen und Animositäten führen.
- Die Strategie «aus dem Sinn, ab ins Netz» entlastet zwar die Sender, kann Empfänger mit hohem Pflichtgefühl jedoch erheblich belasten und dadurch Beziehungen auf die Probe stellen.
- Andere so genannte «groupware» -Lösungen (webboard als «gemeinsame elektronische Pinwand», Chat, gemeinsamer elektronischer Kalender, gemeinsame Datenablagen, ...) schaffen ungewohnte Transparenz, Einsicht in Arbeitsabläufe, Terminkalender etc. und können Angst vor elektronischer Überwachung bewirken. Vergleiche werden dadurch zwar ermöglicht, Konkurrenz evtl. aber auch verschärft.
- Face-to-face-Kommunikation kann mit nonverbalen Signalen unterstützt werden, bei der virtuellen Kommunikation fällt dies weg; zudem wird eine neue schriftsprachliche Kompetenz des schnellen und effizienten Schreibens verlangt.
- Kommunikation und Wahrnehmung in Teams und Gruppen werden in erheblichem Masse durch die neuen Medien selbst vermittelt. Bilder und Rollen ergeben sich dadurch in neuer spezifischer Art und Weise.

Nach *Schulmeister (1999, S. 47)* zeigen Untersuchungen, dass virtuelle Gruppen weniger interagieren und mehr Zeit für Entscheidungsprozesse benötigen, während jedoch die Kommunikationsmuster gruppenzentrierter seien, als in regulären Seminargruppen.

*Hermann* und *Meier (2000, S. 20/21)* empfehlen deshalb

- den sorgfältigen Erwerb von Medien- und Kommunikationskompetenz in Bezug auf die neuen Medien,
- klare Absprachen und neue Routinen,
- die Ermöglichung von persönlichen Begegnungen zu Beginn einer gemeinsamen Arbeit und zwischendurch,
- Entscheide, welche Themen und Beziehungsformen über welches Medium geregelt werden,
- die systematische Reflexion der Benutzung neuer Medien.

Ich verweise hier auf meine Ausführungen in Kapitel V (8.) und auf weitere Informationen unter folgenden Internet-Adressen: *www.virtuelle-teams.de und www.virtualteams.com*

## 2. Gruppen leiten

### 2.1 Leiten

Es lohnt sich also für Leiter/innen, ihre Gruppe und sich selber hin und wieder unter den Aspekten «verdeckte Themen», «Entwicklungsphasen», «Normen» und «Rollen» zu betrachten.
Im Speziellen das informelle Rollengefüge (und die damit verbundene informelle Statusverleihung) sowie das informelle Werte- und Normensystem dürfen von Leiter/innen keinesfalls als zu beseitigender Störfaktor der formellen Regelungen interpretiert werden; das würde zu erheblichen Spannungen führen. Informelle Regelungen können immer auch zur Weiterentwicklung einer Gruppe beitragen oder als Indikator für eine notwendige Veränderung dienen.
Im Abschnitt über Entwicklungsphasen von Gruppen sind zudem unter dem Aspekt «Interventionsmodalitäten» einige Anregungen für Leitungsverhalten in bestimmten Gruppenphasen zu entnehmen. «Leiten» und «Führen» werden als Begriffe mehr oder weniger synonym verwendet. «Geführt» wird eher in Industrie und Privatwirtschaft, «geleitet» eher in sozialen Organisationen; Gruppen werden eher «geleitet», Teams und Organisationen eher «geführt». «Leiten» wird eher funktional verstanden, «führen» eher mystifiziert. Zusätzlich wird heute zwischen «Management» und «Führung» unterschieden. *Bennis* etwa *(1996, S. 28)* tut dies so: *«Manager machen die Dinge richtig, Führende tun die richtigen Dinge.»*
In meinen Ausführungen bevorzuge ich den Begriff «leiten». So genannte organisationale Führungskonzeptionen, Führungsstile oder Führungstechniken werden in diesem Zusammenhang nicht erörtert. Ausgehend von den Ausführungen im Kapitel VII (z. B. 6.) verweise ich hier beispielsweise auf Aussagen im Buch «Dynamische Unternehmensentwicklung» von *F. Glasl (1996, S. 144–160 und S. 133–144).*

Wesentliches Merkmal von Leitung ist die wechselseitige Bedingtheit in der asymmetrischen Interaktion zwischen Leitenden und Geleiteten.
Leitung kann ich zudem als verliehene Funktion von Macht und Verantwortung interpretieren, als Rolle gestalten; dies werden Leitende gemäss ihren Möglichkeiten, Kompetenzen und Neigungen in ihrem «Stil» tun.
Leitende sichern sozusagen «aussenpolitisch» ihre Organisation oder Gruppe, indem sie deren Grenzen schützen und den Austausch mit der «Umwelt» pflegen; «innenpolitisch» sind sie inhaltlich um Effektivität und sozial um Humanität besorgt *(vgl. Schmidt/Berg 1995, S. 436 ff.).*
Als «Teilzeit»-Leitung in der Rolle des Ausbildners oder der Kursleitung bewegen wir uns zudem immer balancierend zwischen Aufgaben- und Beziehungsorientierung (siehe «Rollenstrauss» in der Einleitung, Kap. I, 2.5 oder «Eisbergmodell», Kap. III, 1.2).
Nicht zu vernachlässigen ist, dass Leitende – v.a. von schon formierten Teams oder Gruppen – selber immer wieder auch in erheblichem Masse von den zu Führenden geführt werden …
Folgende Reflexion soll Ihnen etwas Auskunft über Ihr biografisch gewachsenes Leitungsverständnis geben:

### 2.2. Reflexion Leitungsbiografie

**Denken Sie über Ihre Leitungserfahrungen in Ihrem bisherigen Leben nach. Machen Sie sich zu folgenden Fragen Notizen:**

- **Wo (in welchen Gruppen, in welchen Institutionen, bei welchen Gelegenheiten) haben Sie Leitungssrollen übernommen?**
- **Wann war das? (Alter, Jahr)**
- **Wen haben Sie (an)geleitet?**
- **Was haben Sie dabei genau getan?**
- **Welche Fähigkeiten waren von Ihnen gefordert?**
- **Wie waren Ihre Erfahrungen? (negative und positive)**
- **Welche leitenden Personen haben Sie aus der Perspektive der geleiteten Person als wegweisend («significant others») oder als abschreckend erlebt?**
- **Was genau hat Sie dabei beeindruckt oder abgeschreckt?**
- **Lassen sich daraus Ansprüche an Ihr Leitungsverhalten ableiten? (Wie) Sind diese Ansprüche umsetzbar?**

**Formulieren Sie in wenigen Worten die Umrisse Ihres persönlichen Leitungsverständnisses, wie es sich aus Ihren biografischen Notizen ergibt.**

Einen ausführlichen Test nach *Hersey* und *Blanchard* über das eigene Leitungsverhalten finden Sie bei Bedarf in *Schmidt/Berg (1995, S. 467 ff.).*
Wie Sie der Darstellung «Rollenstrauss der Ausbildnerin/des Ausbildners» (Kap. I, 2.5) entnehmen können, sind die Übergänge der Rollen und Funktionen «Leitung», «Beratung», «Institutionsvertretung», «Beurteilung» etc. fliessend.
Leitungsaspekte tauchen demnach in den Kapiteln VI (Beraten), V (Kommunizieren), IV (Wahrnehmen und Beurteilen) und VII (Organisation gestalten) mit einem speziellen Fokus auf. Daneben ist zwischen Team- (oder Organisations-)Leitung und Gruppenleitung zu unterscheiden. Leiter/innen von Ausbildungsgruppen leiten ihre Gruppe wohl, jedoch unter speziellen strukturellen und zeitlichen (Ausbildungs-)Rahmenbedingungen.
In den folgenden Ausführungen beschäftigen wir uns mit beobachtbarem Leitungsverhalten in Ausbildungssituationen – sogenannten Interventionen – und ihren Auswirkungen auf Gruppen und Einzelne.
Ich lasse mich dabei vor allem von einem Text von Bert Voigt und Klaus Antons *(in: König 1995, S. 202 ff.)* leiten.

### 2.3 Interventionen

Der Begriff «Intervention» stammt vom lateinischen Wort «intervenire» ab, was übersetzt «dazwischentreten» meint.
Wird der Begriff im Zusammenhang mit dem Leiten von Gruppen verwendet, ist damit eine aktive, den Gruppenprozess steuernde Aussage oder Handlung des Gruppenleiters/der Gruppenleiterin – also ein «kompetentes Dazwischentreten» – gemeint. In diesem Verständnis erfolgen Interventionen absichtlich und zielgerichtet, nämlich mit dem Ziel, den Ablauf von Ereignissen in der Gruppe, zwischen zwei Personen oder zwischen

Personen und dem Leiter/der Leiterin zu beeinflussen. Damit unterscheidet sich die Intervention vom unbeabsichtigten, spontanen Verhalten des Leiters/der Leiterin, aber auch vom inhaltlichen, didaktisch-methodisch ausgerichteten Handeln.
Jede Intervention weist damit einen steuernden und einen deutenden Aspekt auf. Sie tendiert auf ein bestimmtes Ziel hin und beruht auf einer bestimmten Einschätzung der Situation.
Beim Leiten von Gruppen ist selten genug Zeit, verschiedene Situationen nach allen Aspekten zu durchleuchten und zu bearbeiten, Interventionen geschehen deshalb häufig «intuitiv» und beruhen auf Erfahrungswissen.
Die folgenden Fragen dienen darum entweder zur nachträglichen Reflexion von Interventionen oder aber zur Vorbereitung auf eine bestimmte Gruppensitzung. Denkt man häufig über seine Interventionen nach oder versucht, Situationen und damit auch die eigenen Interventionen zu antizipieren, gewinnt man immer mehr Übung darin, die Situationen auch mitten im Geschehen adäquat einzuschätzen und situationsgerecht zu intervenieren.

**Fragen zur Planung und Reflexion von Interventionen in Gruppen**
*(vgl. auch Langmaack/Braune-Krickau 1993, S. 145 ff.)*

**1. Einschätzung von gruppalen Situationen**

- Innere Wahrnehmung:
  - Welche Gefühle nehme ich als Leiter/in einer Gruppe oder Einzelnen gegenüber wahr?
  - Welche Gefühle werden von der Gruppe bei mir aktiviert?
- Äussere Wahrnehmung:
  - Was fällt mir in der Gruppe auf in Bezug auf Kommunikation, Leistungsbereitschaft, Kooperation, Art und Weise, Aufgaben anzugehen usw.?
- Kann ich Bezüge zu Konzepten oder Theorien wie
  - Verborgene Themen
  - Entwicklungsphasenmodelle
  - Theorie der Normen
  - Rollentheorie

  herstellen?

**2. Ziele**

- In welche Richtung will ich etwas bewirken, bezogen auf Aufgabe und Thema?
- In welche Richtung will ich etwas bewirken, bezogen auf den Gruppenprozess (Aufgabenverteilung, Rollen, Normen, Verständnis für den Prozess)?

**3. Rahmenbedingungen**

- Wie viel Zeit kann und will ich einsetzen?
- Wie schätze ich Arbeitsstil und Vorerfahrung der Teilnehmer/innen ein?
- Handelt es sich um freiwillige oder unfreiwillige Teilnehmer/innen?
- Bestehen institutionell vorgegebene Ziele?

**4. Entscheid**
Ich entscheide mich für eine bestimmte Intervention, indem ich die Antworten auf die Fragen zueinander in Beziehung setze.

## 2.4 Dimensionen von Interventionen

Interventionen können unterschieden werden im Hinblick auf

### Fokus

Dieser kann sich richten auf
- eine Einzelperson,
- eine Teilgruppe,
- die ganze Gruppe,
- die Organisation oder Teile davon.

Manchmal tappen Kursleiter/innen in die Falle, sich in Dialoge mit einzelnen Teilnehmer/innen verstricken zu lassen und damit andere Teilnehmende zu verärgern, statt die Gruppe immer wieder als Ganzes im Auge zu behalten und anzusprechen. Einzelne Teilnehmer/innen operieren dabei im Übrigen nicht selten als Gruppendelegierte mit «verdecktem» Auftrag. Diejenigen in der Gruppe, welche delegieren, sind als Machtträger im Hintergrund nicht immer sichtbar. Gelegentlich ist es aber durchaus auch notwendig, ausser- oder innerhalb des Gruppenrahmens Einzelne oder Teilgruppen anzusprechen, ohne dabei gleich mit einer Gesamtgruppendynamik rechnen zu müssen.

### Intensität

Die Interventionsstärke kann als
- tangential (keine wesentliche Veränderung des Prozesses, z. B. Verdeutlichen, Aufhellen, Bewusstmachen usw.),
- direkt (gezielte Prozessbeeinflussung, z. B. eingefahrene Muster verändern, Vermeidungen aufheben usw.),
- konfrontierend (Bestehen auf einer bestimmten Aktivität, z. B. Deutungen und Gegenüberstellungen, Benennen von Gefühlen der Leitungsperson), bezeichnet werden.

Hier zeigen sich bei Kursleiter/innen tendenzielle Muster, welche nicht immer situationsadäquat sind. In explosiven Konfliktsituationen ist Konfrontation nicht angebracht, bei schwelenden («atmosphärischen») Arbeitsbehinderungen wirkt manchmal nur direktes Ansprechen etc.

### Ebene

Interventionen können sich auf verschiedenen Ebenen bewegen:
- strukturbezogene Interventionen: Zeit, Arbeitsweise, Setting etc.
- Prozessintervention: Prozessdeutungen, Problemanalysen, Lösungsvorschläge etc.
- personenbezogene Intervention: Stützen, Konfrontation mit Verhalten, Feedback etc.
- auswertungsbezogene Interventionen: Interpretationen, Reflexionen, Metakommunikation, Fokussierungen etc.

Auch hier empfiehlt es sich, sich eigene Vorlieben bewusst zu machen und auch ungewohnte Ebenen, welche der Situation und der Sache dienlich sind, miteinzubeziehen.
Anregend und entwicklungsfördernd wirken sich meiner Meinung nach regelmässige auswertungsbezogene Interventionen aus, beispielsweise durch häufiges «lautes Nachdenken» der Kursleitung.
Vor allem in der Ausbildung von Ausbildner/innen kann dies Modellcharakter haben.

### Tiefe

Interventionen unterscheiden sich auch bezüglich ihrer Tiefe. Es ist wichtig, sich genau zu überlegen, in welcher Tiefe man intervenieren will oder kann. Dies bedingt natürlich auch das Wissen um die «Tiefenstruktur» der jeweiligen Situation oder Problematik. Ein Modell der Interventionstiefe stammt von *Schmidt/Berg (1995, S. 159)*:

***SCHICHTENMODELL ZUR INTERVENTIONSTIEFE***

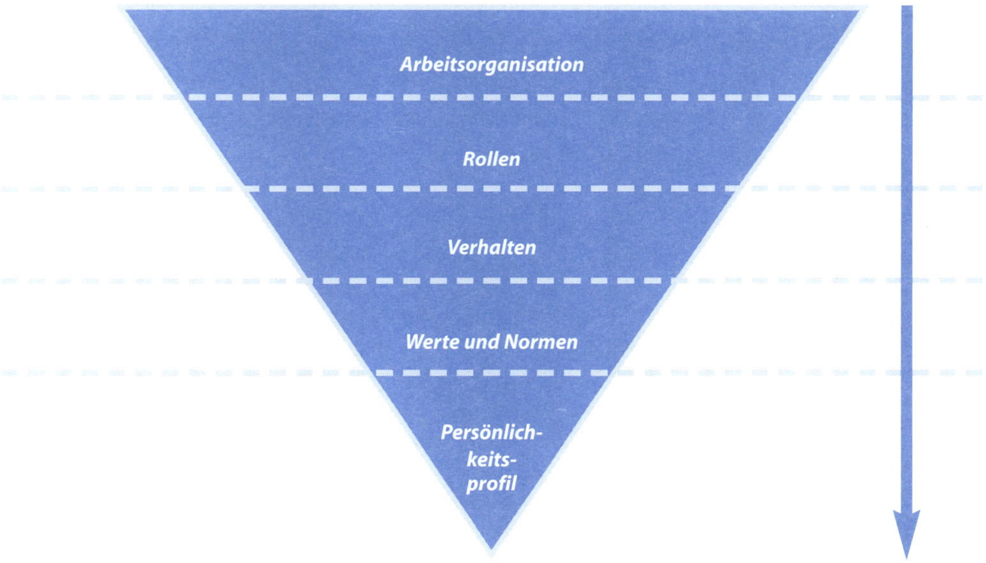


*nach Schmidt/Berg 1995, S.159*

Die Arbeitsorganisation stellt sich als die unverfänglichste, im wahrsten Sinne des Wortes «oberflächliche» Ebene dar. Dies soll aber nicht heissen, dass manchmal nicht auch Interventionen auf dieser Stufe angebracht sind, weil allfällige Probleme eben genau dort liegen.
Wenn beispielsweise Arbeitszeiten unklar sind, müssen sie deklariert oder neu verhandelt werden.
Bei Nicht-Beachtung solcher Regeln (zu spät kommen etc.) kann der Grund jedoch auch rollenspezifisch beleuchtet werden: Zu spät Kommende erhalten vielleicht von Gruppe und Kursleitung Aufmerksamkeit.
Auf der Stufe des Verhaltens kann ich Einzelne oder Gruppen mit ihrem spezifischen diesbezüglichen Verhalten konfrontieren (ohne sie gleich «persönlich» zu verletzen).

Möglicherweise sind sogar informell Normen in der Gruppe entstanden, welche die Arbeitszeit (z. B. späterer Kursbeginn) verändert haben und die Kursleitung hat diesbezüglich nie interveniert und damit die neue Norm ungewollt unterstützt (nichts sagen heisst zustimmen).
Auf der Stufe des Persönlichkeitsprofils urteile ich mit meiner Intervention über die Persönlichkeit von Teilnehmer/innen in einer Art und Weise, welche über das eigene Kursgeschehen hinausgeht. Dies geschieht nicht selten im negativen Sinne bei emotionaler Überforderung durch Zuschreibungen und Unterstellungen.
In der Ausbildungsarbeit sollen Interventionen eher von «oben nach unten» erfolgen, ebenso ist die Interventionsdauer im Sinne der Bearbeitungszeit im oberen Bereich höher. Was nicht heisst, dass kurzzeitige und gezielte Interventionen in tieferen Schichten gelegentlich unabdingbar sind.
In der therapeutischen Arbeit wird häufiger in tieferen Schichten interveniert, (persönliche) Themen werden dort auch bearbeitet, beraterische Tätigkeit ist diesbezüglich je nach vertraglicher Regelung und Intention eher zwischen Ausbildung und Therapie anzusiedeln.
In meiner beraterischen Tätigkeit werden mir nicht selten Probleme auf der Ebene der Arbeitsorganisation präsentiert. Mit der Zeit und genügend Vertrauenszuwachs tauchen später häufig andere «tiefere» Problemstellungen auf, was nach gemeinsamer Vereinbarung meine Interventionsstrategien verändert.
Trotzdem nehme ich jeweils das präsentierte «vordergründige» Problem ernst.

> Gelegentlich fehlen jedoch für solch vertrauensbildende Verfahren Zeit und Möglichkeiten: Letzthin wurde mir von einem Lehrer/innenteam, welches mich als Berater für «ein kleines organisatorisches Problem» angefragt hatte, beim ersten Treffen in ausgesprochen gespannter und explosiver Stimmung ein Arbeitsorganisationsproblem «serviert», über welches die Teammitglieder einander in äusserst aggressiver Form vor mir verbal «die Köpfe einschlugen».
> Intuitiv und ohne viel zu überlegen benannte ich das angespannte Teamverhalten und befragte sie bezüglich ihrer (Umgangs)Normen und möglicher «verborgener» Themen (Original-Ton: «Was ist denn eigentlich hier los?»).
> Ob dieser meiner «Frechheit» verlor ich den Auftrag sozusagen fristlos.
> Einige Monate später wurde ich vom selben Team für eine Konfliktberatung angefragt …

**Reflexion «Interventionen»**

- **Überlegen Sie sich, wie Sie bezüglich Fokus, Intensität, Ebene und Tiefe in Ihrem Ausbildungsalltag intervenieren, wo Sie unbewusst Schwerpunkte setzen und wie Sie Ihr diesbezügliches Repertoire erweitern könnten.**

## 2.5 Interventionstraining/Fallarbeit

*(AEB-Kursunterlage von Karrer, H.-P., ergänzt durch G.T.)*

Die nachfolgenden Fallbeispiele können Sie unter den unten folgenden Fragestellungen alleine, mit jemand anders oder in einer Gruppe analysieren.
Schriftliche Fallbeispiele entsprechen nie der Komplexität der Realität, d.h. Sie sind eingeladen, in Ihrer Analyse Ihre Phantasie walten zu lassen und Ihre Erfahrungen einzubringen.

***Fragestellungen zu den folgenden Fallbeispielen***

- *Wie kann die Gruppensituation charakterisiert werden? Nehmen Sie zur Beschreibung weiter vorne besprochene Modelle (Phasen, Rollen, Normen) zu Hilfe.*
- *Auf welche Weise kann der Kursleiter/die Kursleiterin intervenieren, welche Interventionsstrategien sind hilfreich, welche sind kontraproduktiv?*
  *Aus welchem Grund?*
- *Wie wird die Reaktion des Teilnehmers/der Teilnehmerin ausfallen, wie die Reaktion der Gruppe?*

**Fallbeispiele:**

1. Nach der Mittagspause des letzten Tages eines dreitägigen Seminars haben sich die Reihen unter den Teilnehmenden sichtlich gelichtet. Drei haben sich im Vorfeld ohnehin schon für den ganzen Tag abgemeldet, zwei weitere orientierten Sie am ersten Kurstag darüber, dass sie früher gehen müssten und haben sich vor der Mittagszeit verabschiedet.
   Schliesslich entschuldigte sich ein Teilnehmer vor der Mittagspause bei Ihnen für den Nachmittag; er habe einen dringenden Anruf erhalten …
   Zu guter Letzt erschien eine Teilnehmerin nach dem Essen einfach nicht wieder.
   Die Stimmung in der Gruppe ist irgendwie angespannt, obwohl Sie das Gefühl hatten, der Kurs sei bisher nicht schlecht gelaufen. Sie selber sind stark verunsichert.

2. Sie schlagen im Rahmen eines Kursleiter/innentrainings Folgendes vor: Die Gruppenarbeit mit einem fachspezifischen Thema soll von je einem Mitglied der Kleingruppe präsentiert werden. Die jeweilige Präsentation soll dann von den anwesenden Teilnehmer/innen mit einem differenzierten und strukturierten Feedback beurteilt werden.
   Nach der Gruppenarbeit weigert sich aber eine Kleingruppe, ihre Arbeit zu präsentieren, da niemand unter ihren Mitgliedern die Rolle des Präsentators/der Präsentatorin übernehmen will.

3. Sie wollen zu Beginn einer Gruppensequenz einen längeren theoretischen Teil vermitteln. Nach einer Weile – Sie sind mitten im interessantesten Teil Ihres Referates – fällt Ihnen auf, dass eine kleinere Gruppe von ungefähr vier Personen im hinteren Teil des Schulraumes ziemlich unruhig ist. Sie führen ziemlich laute Seitengespräche mit offenbar humorvollem Inhalt und kichern ausdauernd vor sich hin. Ausserdem machen sie deutlich abwertende Gesten in Ihre Richtung. Sie sind nun im Zweifel: Müssen Sie Ihren Vortrag unterbrechen und die Störung «beseitigen» oder die Gruppe ignorieren und einfach weiterfahren? Sie können nämlich feststellen, dass der grössere Teil der Gruppe Ihren Ausführungen mit offensichtlichem Interesse folgt.

4. Sie haben den Teilnehmer/innen Ihres Kurses für die heutige Unterrichtseinheit den Auftrag erteilt, einen von Ihnen kopierten Text von zehn Seiten

Umfang zu lesen und zu verarbeiten. Als Sie dann am Text anknüpfen wollen, fällt Ihnen auf, dass einige den Text überhaupt nicht gelesen haben. Darauf angesprochen, erklären Ihnen zwei Teilnehmerinnen, dass sie den Text viel zu kompliziert gefunden hätten. Ausserdem kämen sie hierher, um auf erwachsene Weise zu lernen und nicht wie Schüler zu Hause Aufgaben zu machen, die Sie dann noch wie ein Lehrer kontrollieren würden. Und überhaupt seien sie eher am Lernen am Modell interessiert als an Theorien, die für ihre praktische Arbeit sowieso keinen Wert besässen.

5. Sie beabsichtigen, Ihre Gruppe in das Thema des Videofeedback einführen. Zu Beginn der Einheit wollen Sie, um die Gewöhnung an die Kamera zu trainieren, eine kurze Vorstellung der Teilnehmer/innen aufzeichnen und dann zur Kontrolle abspielen lassen. Nachdem Sie Ihre Absicht genau erläutert und begründet haben, beginnen Sie mit der Sequenz. Vorerst läuft alles normal: Eine Teilnehmerin nach der anderen stellt sich bei laufender Videokamera der Gruppe vor. Ganz am Schluss weigert sich die letzte Teilnehmerin plötzlich, vor der Kamera aufzutreten.

Für kompetentes Leitungsverhalten wird mehr benötigt als adäquate Interventionen; folgender erweiterter Kriterienkatalog lässt sich für strukturierte Selbst- und Fremdbeobachtung von Leiter/innen verwenden (siehe auch die Ausführungen zu «Gesprächsführung» in Kap. V).

**2.6 Beobachtung des Leiter/innenverhaltens**

1. Struktur der Gruppenarbeit: Wie strukturiert der Leiter/die Leiterin die Gruppenarbeit, welche Vorgaben gibt sie der Gruppe? Sind Ziele kommuniziert?
2. Atmosphäre: Mit welchen Mitteln beeinflusst die Leitungsperson die Atmosphäre in der Gruppe? Wie ist ihr Umgang(ston)?
3. Einstieg: Wie wird die Einstiegssequenz gestaltet? Gibt es bessere Alternativen? Sind die Gruppenteilnehmer/innen in der Lage, alle Informationen aufzunehmen?
4. Interventionen: Art und Häufigkeit von Leiter/inneninterventionen (verbale und nonverbale, Fokus, Intensität, Art, Tiefe)
5. Steuerungsmittel: Mit welchen Mitteln steuert und beeinflusst der/die Leiter/in den Gruppen- und Entscheidungsprozess sowie die Zielerreichung? Sind diese Mittel adäquat?
6. Entscheidungen: Wie werden Entscheidungen getroffen und kommuniziert?
7. Umgang mit Gruppenmitgliedern:
   Wie verhält sich die Leitungsperson gegenüber besonders aktiven/passiven oder schwierigen Gruppenmitgliedern?
   Werden die Ressourcen der Teilnehmer/innen genutzt?
8. Männerrollen-Frauenrollen: Wie verhält sich der Gruppenleiter/die Gruppenleiterin gegenüber Frauen, gegenüber Männern? Sind Unterschiede feststellbar? Wenn ja, welche?

9. Schwierigkeiten und Konflikte:
   Werden Schwierigkeiten und Konflikte angesprochen, bearbeitet? Wie?
10. Balancegestaltung «Eisberg»:
   Wie gestaltet die Leitungsperson die Balance zwischen Sachzielen und den zwischenmenschlichen Bedürfnissen der Gruppenteilnehmer/innen?

### 2.7 Mit Widerständen umgehen

Die Konzepte zum Begriff «Widerstand» stammen aus der Psychoanalyse. Widerstand wurde dort als (meist unbewusste) Blockierung der Erfüllung von therapeutischen Zielsetzungen verstanden. Durch das Sich-Wehren gegen Veränderung schützt sich die Klientin/der Klient vor bedrohlichen und schmerzhaften Gefühlen und Erinnerungen.
Die heute zu beobachtende Inflation von Innovation und Veränderung macht das Phänomen Widerstand bei Einzelnen, in Gruppen und Organisationen zu einem integralen Bestandteil von Entwicklungskonzepten.
Symptome für Widerstand können mannigfaltig sein:

***SYMPTOME FÜR WIDERSTAND***

| | ***verbal*** *(Reden)* | ***non-verbal*** *(Verhalten)* |
|---|---|---|
| ***aktiv (Angriff)*** | ***Widerspruch***<br>*Gegenargumentation*<br>*Vorwürfe*<br>*Drohungen*<br>*Polemik*<br>*sturer Formalismus* | ***Aufregung***<br>*Unruhe*<br>*Streit*<br>*Intrigen*<br>*Gerüchte*<br>*Cliquenbildung* |
| ***passiv (Flucht)*** | ***Ausweichen***<br>*Schweigen*<br>*Unaufmerksamkeit*<br>*Bagatellisieren*<br>*Blödeln*<br>*ins Lächerliche ziehen*<br>*Unwichtiges debattieren* | ***Lustlosigkeit***<br>*Müdigkeit*<br>*Fernbleiben*<br>*innere Emigration*<br>*Krankheit* |

*nach Doppler/Lauterburg 1996, S. 296*

Zu beachten ist hier, dass ich Widerstand immer aus meiner Optik als solchen *interpretiere* (siehe auch Kapitel IV). Durch diese Interpretation von Widerstand (welcher vielleicht gar keiner ist …), kann ich sogar wirklichen Widerstand auslösen: So kann mich z. B. eine unbeabsichtigte Geste eines Kursteilnehmers in einer emotional angespannten Situation zu einer Bemerkung verführen, welche ihrerseits denselben Kursteilnehmer provoziert, was wiederum … (siehe «Pygmalion-Effekt» in Kap. IV,1.4)

Offensichtlich ist Widerstand also immer eine Beziehungsform von zwei involvierten Individuen oder Parteien, nämlich der Widerstand auslösenden oder wahrnehmenden und der widerstehenden Instanz. Die Initianten von Veränderung (z. B. Kursleiter/in, Berater/in, Lehrer/in) sehen Situationen oft durch eine «emotionale Brille» und erleben Widerstand als defensiv, gegen sich oder das eigene Angebot gerichtet; die «Widerstehenden» hingegen erleben ihre Situation als durch diffuse Forderungen bedroht und nehmen sich als schützend und bewahrend war. Hier besteht durchaus die Gefahr des gegenseitigen Hochschaukelns, der Eskalation und damit der Konfliktentstehung. Wenn Kursleiter/innen Widerstand vorschnell mit Ablehnung gleichsetzen, ist es von hier aus ein kleiner Schritt zur Beschuldigung der Kursteilnehmer/innen zwecks Entschuldigung des eigenen Verhaltens.

Es ist als normal zu bezeichnen, dass jemand der (von Berufes wegen) Veränderung bewirken möchte – und das tun Ausbildner/innen – , sowohl in Kontakt tritt mit Kräften, welche Veränderung unterstützen, als auch mit solchen, welche Veränderung abwehren. Gelegentlich sind solche ambivalenten Kräfte auch «unter der Haut» einer einzigen Person wirksam.

Widerstand ist immer auch Zeichen von Betroffenheit, in diesem Sinne auch Gradmesser für das Wesentliche. Auftretender Widerstand führt uns also gleichsam zu den bedeutsamen Aspekten von Veränderung, zu den Energiequellen für Lernprozesse.

Im Übrigen bewirkt Widerstand auch Wiederherstellung von Gleichgewicht.

Widerständigem Verhalten ist es u.a. zu verdanken, dass Zivilisation und Kultur Bestand haben *(vgl. Schwarz 1997, S. 30 ff.)*.

Auch erhält Widerspruch – «diversity of opinion», mit den Worten *John Stuart Mills (1974, S. 108)* – demokratische Gemeinschaften lernfähig und lebendig, weil dort, wo die Differenz von Positionen, Lebens- und Sichtweisen am grössten ist, eigentlich das stärkste Lern- und Entwicklungspotential vorhanden wäre.

So gerne wir uns verändernd auf einen bestimmten Zustand hin entwickeln möchten, so ungern geben wir unsere liebgewordenen Gewohnheiten auf; dadurch befinden wir uns in einem labilen Gleichgewicht.

Diese innerpsychische Ambivalenz lässt sich durchaus auch bei grösseren Systemen wie Gruppen und Organisationen beobachten.

Wo immer Menschen lernen, aktivieren sie gleichzeitig Kräfte der Erneuerung und Kräfte der Erhaltung.

## *DAS KONZEPT DES WIDERSTANDS*

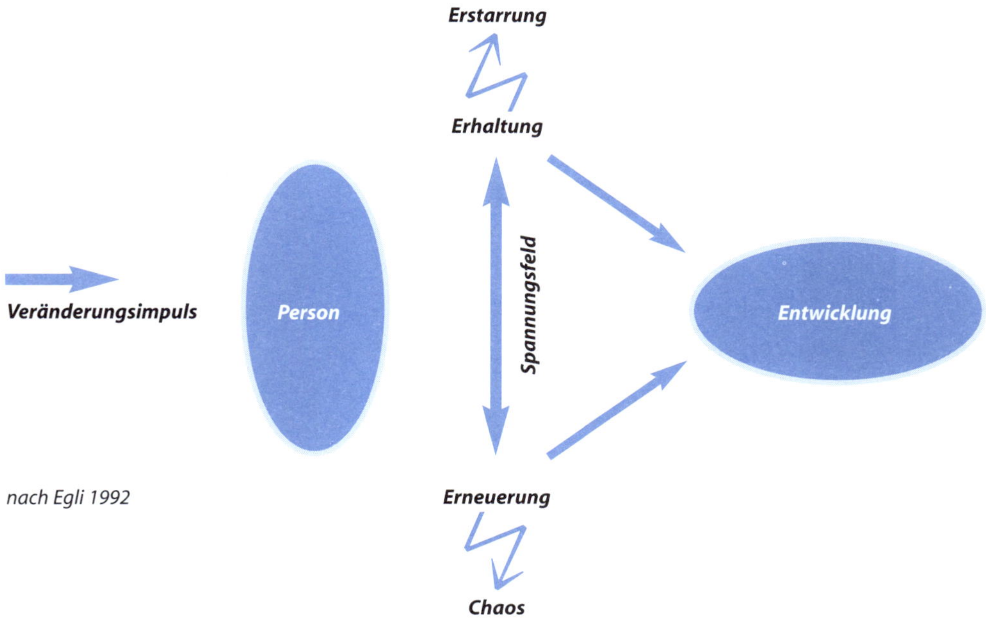


*nach Egli 1992*

Jede Entwicklung vollzieht sich demnach im Spannungsfeld zwischen Veränderung und Erhaltung.

Die Aktivierung dieser beiden Kräfte geschieht wie oben beschrieben intrapersonell, kann aber auch interpersonell auftreten: In jeder Gruppe werden Rollen und Status – wie früher schon beschrieben – häufig in komplementärer Art und Weise ausgebildet: So profilieren sich zum Beispiel Vielredner gegenüber Schweigenden etc. Genauso existieren in Gruppen (oder Organisationen) sog. «Erneuerer» und «Bewahrer».

Diese Realität spiegelt das Potential von Erneuerung und Widerstand innerhalb der Gruppe als Organismus.

> Als «jugendlicher» Innovator identifizierte ich mich früher in Beratungen und Projekten häufig mit den «Veränderern», was wiederum dem Widerstand der «Bewahrer» Nahrung gab und schliesslich Veränderung nur durch einen masslosen Kraftaufwand meinerseits ermöglichte.
> Ob das mit meinem Älterwerden oder mit dem Zeitgeist zu tun hat, weiss ich nicht: Auf alle Fälle frage ich zunehmend bei Aufträgen in Veränderungsprojekten nach dem Umgang und der Bewältigung mit dem Verlust von bisher «Bewahrtem» und Bewährtem (z. B. mit der Frage: «Was wird durch ein allfälliges neues Projekt gefährdet?»).

Ich gehe davon aus, dass wir alle – im Speziellen in Ausbildungssituationen – selber Widerstandsformen entwickelt und geübt haben. Ebenso bin ich davon überzeugt, dass alle Ausbildner/innen tendenziellen Widerstand bei ihren Kursteilnehmer/innen erzeugen. Zudem kennen wir alle unsere spezifischen Mechanismen beim Entstehen von Widerständen unserer Auszubildenden.

**Reflexionsfragen «Widerstand»**

- **Welche Geschichten, Beispiele und Erfahrungen fallen mir zum Thema «Widerstand» ein?**

- **Welches ist meine bevorzugte Widerstandsform?**
- **Welchen Widerstand erzeuge ich als Kursleiter/in tendenziell bei meinen Kursteilnehmer/innen?**
- **Welche für mich typischen Ängste und Mechanismen werden bei mir mobilisiert, wenn Teilnehmer/innen Widerstand leisten? (Und wie reagieren die Teilnehmer/innen darauf?)**

Folgendes «stop and go»-Fallbeispiel (vgl. auch die methodischen Ausführungen zu Fallbeispielen in Kap. II, 7.4) soll Ihnen und Ihren etwaigen Gesprächspartnern dazu dienen, eine «wirkliche Geschichte» in ihrem (sequenzierten) Verlauf mittels sogenannte fragegeleiteten «Unterbrüchen» als Reflexionspausen zu analysieren:

## 2.8 Fallbeispiel Widerstand

*(AEB-Kursunterlage von Karrer, H.-P.)*

### 1. Sequenz

Im Rahmen eines Berufseinführungskurses für Pfarrer und Pfarrerinnen hat der externe Dozent A den Auftrag, während dreier Tage eine Sequenz «Gruppen leiten» zu gestalten. A kennt die Kursteilnehmer/innen nicht persönlich, die Vorbereitung hat er mit dem Kursleitungsteam (bestehend aus einer Frau und einem Mann), das an den drei Tagen aber nicht teilnimmt, abgesprochen. Weiter ist er einmal mit einem sogenannten Vorbereitungsteam, bestehend aus drei Teilnehmer/innen, zusammengetroffen. Diese haben ihm ihre Wünsche betreffend Themen der Sequenz geschildert. Die Sequenz «Gruppen leiten» findet am Anfang eines einjährigen Kurses statt, die Teilnehmer/innen kennen sich bereits von einer Einführungswoche, die einige Zeit vor dieser Sequenz stattfand. In der Einführungswoche seien Konflikte über verschiedene ethische Auffassungen der Berufstätigkeit aufgebrochen, die aber laut Aussagen der Kursleitung für alle befriedigend beigelegt werden konnten. Am Kurs nehmen 20 Teilnehmer/innen teil, davon sind sieben weiblichen Geschlechts. Das Absolvieren des Kurses ist Bedingung für die spätere Berufsausübung.
Nach einer kurzen Vorstellungsrunde erläutert A das Programm für die drei Tage, die Teilnehmer/innen haben dieses bereits schriftlich zugeschickt erhalten. Dabei meldet sich Teilnehmer B, ein Mann von ca. 35 Jahren und äussert seine grundsätzliche Kritik am Inhalt und an der Form der Kurssequenz. Dabei erwähnt er auch, dass er einige Jahre als Sozialpädagoge mit Gruppen von sehr schwierigen Jugendlichen gearbeitet und keine guten Erfahrungen mit gruppendynamischen Modellen gemacht habe. Seiner Meinung nach helfe im Umgang mit Gruppen nur Autorität des Leitenden sowie klare Anweisungen an die Gruppenmitglieder. Man müsse spüren, dass, wer sich nicht einordne, aus der Gruppe ausgegrenzt werde, so gäbe es kaum Probleme.
Während der Intervention von B zeigen mehrere andere Gruppenmitglieder nonverbal demonstrativ ihren Unwillen oder ihre «Langeweile».

***Unterbruch /Analyse***

*Überlegen Sie sich in der Gruppe folgende Fragen:*

*a. Welche Erklärungen für das Verhalten dieses Teilnehmers B können Sie anführen?*

*b. Wie soll sich der Kursleiter A situationsgerecht verhalten? Diskutieren Sie mehrere mögliche Varianten mit den entsprechenden Begründungen.*

*c. Wie könnte der Teilnehmer B auf die Intervention von A reagieren?*

**Überlegungen des Dozenten A zur 1. Sequenz**

Teilnehmer B könnte ein Bedürfnis einer Profilierung gegenüber den anderen Gruppenmitgliedern aufweisen (er hat sich z. B. zu Beginn schnell auf seine professionellen Erfahrungen berufen).

Eventuell handelt es sich auch um ein Konkurrenzsignal gegenüber dem Dozenten A (z. B. durch die Infragestellung des Kurskonzeptes); damit wäre die Machtfrage lanciert.

**Intervention und Folgen**

Der Dozent A geht sinngemäss folgendermassen auf das Signal von B ein:

*«Ich bin damit einverstanden, dass es durchaus Situationen geben kann, wo Ihre Erfahrungen zutreffen können. Ich kenne solche Situationen, wo ich selber klar an meine Grenzen gestossen bin. Trotzdem sind dies für mich Ausnahmesituationen, die ich nicht als Grundlage für mein übliches Verhalten brauchen will. Ich möchte als Gruppenleiter anders mit den Teilnehmern umgehen. Wir werden im Verlauf unseres Kurses auch Gelegenheit haben, gemeinsam unterschiedliche Positionen in Bezug auf Erfahrungen und Verhaltensweisen ausführlich zu besprechen. Im Moment möchte ich aber wie vorgesehen weiterfahren und die erste Sequenz starten. Sind Sie damit einverstanden?»*

B antwortet darauf nichts mehr und wendet sich ab.

***Unterbruch/Analyse***

*Analysieren Sie die Antwort des Dozenten A:*

- *Welche Haltung gegenüber B ist daraus abzulesen?*
- *Welche Wirkung schreiben Sie dieser Intervention zu?*
- *Gibt es Übereinstimmungen oder Differenzen zu Ihren vorher besprochenen Interventionen? Auf welcher Ebene?*

**2. Sequenz**

Nach der Einführung, während der B verschiedene Seitengespräche führt, erklärt der Dozent A die erste Übung. Er teilt die Gruppe in zwei Halbgruppen auf und händigt jeder Gruppe die Unterlagen zu einem Rollenspiel aus, mit der Bitte, die Rollen innerhalb der Gruppe zu verteilen und sie eine halbe Stunde bis zum Beginn des Spiels in der Halbgruppe zu studieren. In der Gruppe, der B zugeteilt wurde, entsteht eine Unruhe. B weigert sich, eine der vorgesehenen Rollen zu übernehmen und will nicht am Spiel teilnehmen.

***Unterbruch/Analyse***

*Fragen zur Gruppendiskussion:*

*a) Wie würden Sie in einer solchen Situation intervenieren? Suchen Sie verschiedene Interventionsmöglichkeiten, diskutieren und begründen Sie sie.*

*b) Beschreiben Sie die vermutete Reaktion von B auf Ihre Intervention.*

*c) Wie reagiert die Gruppe? Warum reagiert sie so?*

**Intervention des Dozenten A in der 2. Sequenz; Folgen:**

Der Dozent A macht der Gruppe den Vorschlag, B als Beobachter am Rollenspiel teilnehmen zu lassen und ihn anschliessend als Hilfe bei der Auswertung der Sequenz einzusetzen. Dabei meldet sich eine weitere Teilnehmerin der Halbgruppe und bittet den Dozenten, ebenfalls statt einer Rolle einen Beobachterposten übernehmen zu können.

***Unterbruch /Analyse***

*Fragen zur Diskussion:*

- *Welche Begründungen liegen der Intervention von A zu Grunde?*
- *Welche Wirkungen vermuten Sie bezogen auf:*
  - *Teilnehmer B?*
  - *die Gruppe?*
  - *Welche alternativen Interventionsmöglichkeiten würden Sie vorziehen? Mit welcher Begründung?*

**3. Sequenz**

Der Kursteilnehmer B akzeptiert die Beobachterrolle. Auch die Gruppe ist einverstanden; sie befürwortet auch die Beobachterinnenrolle der anderen Teilnehmerin. B verhält sich sehr kooperativ, er analysiert sehr differenziert die Arbeit seiner Kollegen und Kolleginnen, gibt positive Feedbacks und kann auch weiterführende Hinweise zum Verhalten mit schwierigen Gruppen geben. Auch in Zukunft ist das Verhalten von B nicht mehr schwierig; er kann im Gegenteil zum Schluss des dreitägigen Seminars eine sehr positive Rückmeldung zur Arbeit des Dozenten abgeben und auch seine eigene Rolle zu Beginn sehr kritisch reflektieren.

**Schlussfrage:**

- Welche tieferliegenden Gründe könnten für das Verhalten von B ausschlaggebend gewesen sein?

Die nun folgenden Grundsätze im Umgang mit Widerstand nach *Doppler/Lauterburg (1994)* sind zum Abschluss der Ausführungen über Widerstand als Anregung, nicht als starres Modell gedacht. Sie sollen dazu verhelfen, etwas Angst vor Widerstandsphänomenen zu verlieren und können durchaus auch als Thesen kontrovers diskutiert werden.

Nicht immer gelingt es nämlich, Widerstand als positive Energie wahrzunehmen und in schwierigen Situationen gelassen zu reagieren! Eher sind wir immer wieder darauf angewiesen, unser Scheitern durch Reflexion in «Produktivität» umzuwandeln.

### 2.9 Widerstand – vier Grundsätze

***Vier Grundsätze (nach Doppler/Lauterburg 1996, S.302)***

- *1. Grundsatz: Es gibt keine Veränderung ohne Widerstand!*
  *Widerstand gegen Veränderungen ist etwas ganz Normales und Alltägliches. Wenn bei einer Veränderung keine Widerstände auftauchen, bedeutet dies, dass von vornherein niemand an ihre Realisierung glaubt.*
  *→ Nicht das Auftreten von Widerständen, sondern deren Ausbleiben ist Anlass zur Beunruhigung.*
- *2. Grundsatz: Widerstand enthält immer eine verschlüsselte Botschaft!*
  *Wenn Menschen sich gegen etwas sinnvoll oder sogar notwendig Erscheinendes sträuben, haben sie irgendwelche Bedenken, Befürchtungen oder Angst.*
  *→ Die Ursachen für Widerstand liegen im emotionalen Bereich.*
- *3. Grundsatz: Nichtbeachtung von Widerstand führt zu Blockaden!*
  *Widerstand zeigt an, dass die Voraussetzungen für ein reibungsloses Vorgehen im geplanten Sinne nicht oder noch nicht gegeben sind. Verstärkter Druck führt lediglich zu verstärktem Gegendruck.*
  *→ Denkpause einschalten – nochmals über die Bücher gehen.*
- *4. Grundsatz: Mit dem Widerstand, nicht gegen ihn gehen!*
  *Die unterschwellige emotionale Energie muss aufgenommen – d.h. zunächst erst einmal ernst genommen – und sinnvoll kanalisiert werden.*
  *→ Druck wegnehmen (dem Widerstand Raum geben), Antennen ausfahren (in einen Dialog treten, Ursachen erforschen), gemeinsame Absprachen treffen (Vorgehen neu festlegen).*

### 2.10 Konflikte bearbeiten

Das lateinische Wort «confligere» bedeutet «zusammenstossen, zusammenschlagen, streiten», im DTV-Brockhaus-Lexikon (1984) wird «Konflikt» als «Widerstreit» und « Zerwürfnis» bezeichnet und soll (individual-)psychologisch, aber auch soziologisch erklärbar sein.
Konflikt könnte man demnach als Zustand bezeichnen, in welchem gleichzeitig unvereinbare energievolle Aktivitäten auftreten. In gegensätzlichen Positionen werden unterschiedliche Interessen vertreten *(vgl. Zuschlag/Thielke 1998, S. 34 ff.)*. Widerstand stösst hier also über längere Zeit auf Widerstand.
Es existieren keine dauerhaften konfliktfreien Beziehungen. Wenn Veränderungen anstehen, sind Konflikte miteinzuberechnen, weil Konflikte jeweils Unterschiede transparent machen; Gemeinschaft ist immer auch *«Bewältigung der Andernheit» (Buber 1986, S.57)*.
Ein niedriges Konfliktpotential senkt interessanterweise in der Regel die Arbeits- und Lerneffizienz, ein mittleres erhöht Leistung und ein hohes beeinträchtigt wiederum die Effizienz *(siehe Grafik unten aus Schmidt/Berg 1995)*.

## *EFFIZIENZ UND KONFLIKTNIVEAU*

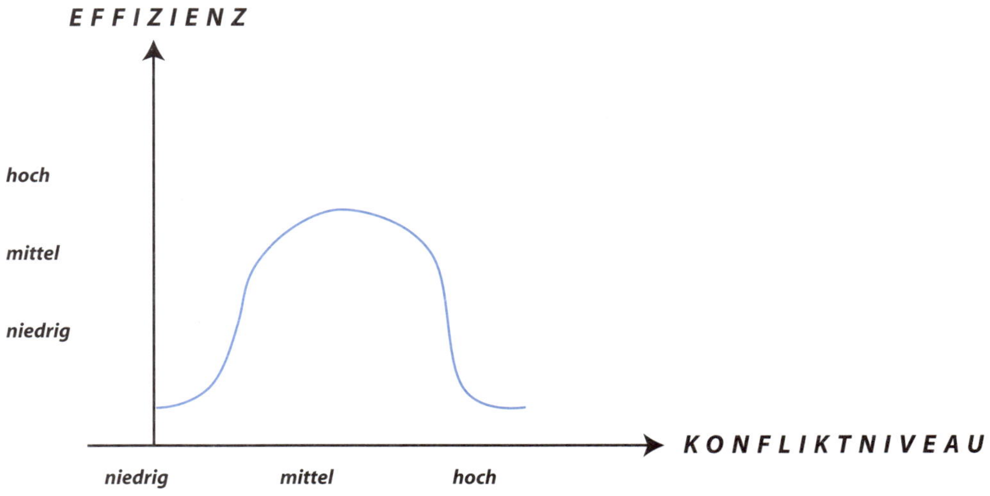


*aus Schmidt/Berg 1995, S.318*

Sie kennen vielleicht Ausbildungsgruppen, in welchen es hin und wieder «prickelt», wo Konkurrenz offen spürbar ist und Direktheit gelegentlich durch Konfrontation ersetzt wird. Konflikte können dann ohne destruktive Folgen *«in reiner Luft ausgetragen werden» (Buber 1986, S.72).*

Sogenannte «langweilige» Gruppen, in denen einfach «nichts läuft» (auch keine Konflikte), werden Ihnen ebenso bekannt sein.

Allen Konfliktsituationen ist gemeinsam, dass die so genannte Perzeption (Wahrnehmung) verzerrt ist: Selektive Aufmerksamkeit, Einengung von Raum- und Zeitperspektiven, verallgemeinernde Bilder von sich und der «Gegenpartei» sind Anzeichen dafür (vgl. auch Kap. IV). Diese Verzerrung führt zusammen mit einer erhöhten Empfindlichkeit zu einem Verlust an Empathie (Einfühlungsvermögen) und zu Willensschwächung. Ohne es zu wollen erstarren und beharren Konfliktparteien, indem sie (ursprüngliche) Ziele mit fixierten Mitteln koppeln. Gegenseitige Verstrickung und Isolierung von der Aussenwelt sowie die Ambivalenz, sich voneinander entfernen zu wollen und sich gleichzeitig nicht trennen zu können sind Zeichen eines solchen «Nullsummenspiels». Dadurch kann schliesslich eine so genannte Konflikteskalation entstehen *(vgl. Glasl 1997, S. 36 und 1995, S. 26 ff.).* Die Projektionen wachsen sozusagen gemeinsam mit der Selbstfrustration.

Die Aussenwelt wird von den Konfliktpartnern aufgefordert, sich bedingungslos zu solidarisieren, schon Neutralität wird dann verdächtig.

Vielleicht kennen Sie die Situation auch, sich allmorgendlich für den nächsten Kampf mit Ihrer schwierigen Gruppe oder Ihrem schwierigen Klienten zu «rüsten» und dadurch sozusagen schon konfliktbereit und ärgerlich den Arbeitsraum zu betreten, was wiederum bei Ihrer Gruppe oder Ihrem Klienten bewirkt, dass …

Vor vielen Jahren habe ich zusammen mit meinen Kollegen einer Amateurjazzgruppe eine gut isolierte und renovierte ehemalige Scheune etwas ausserhalb eines Dorfes als Musikraum gemietet. Das nächste benachbarte Wohnhaus war ca.100 m entfernt.
Wir probten in der Regel ein- bis zweimal pro Woche abends von 19.00–22.00 Uhr.
Nach ca. einem Monat rief uns der Nachbar, welcher in besagtem nächstem Haus wohnte (ich nenne ihn M.), mitten in unsere Probe an und forderte uns in gehässigem Tone ultimativ auf, das Musizieren zu lassen, ansonsten er die Polizei benachrichtigen würde. Wir schlugen M. ein Entgegenkommen vor, welches leiseres Spielen, zeitliche Vorverschiebung der Proben, das Versprechen, die Fenster immer zu schliessen und anderes beinhaltete.
Er ging nicht darauf ein und belästigte uns regelrecht mit Telefonaten, so dass wir während der Proben den Telefonstecker (so war das damals) rausziehen mussten. Daraufhin schrieb er uns zusätzlich wütende Briefe.
Jeweils vor den Proben sahen wir unseren «Freund M.» an seinem Fenster stehen, einen Feldstecher in der einen und ein Notizbüchlein in der anderen Hand haltend. Als wir unser Problem einem anderen Nachbarn erzählten, lachte dieser und klärte uns darüber auf, dass M. seit Jahren gegen «Ruhestörer» in der Umgebung vorginge, auch gegen ihn und den Lärm aus seiner Werkstatt. Er ermunterte uns zudem augenzwinkernd und schadenfreudig, «ruhig etwas lauter zu spielen», die Fenster hin und wieder zu öffnen etc.
Die Situation wurde immer schwieriger, der Probeabend fing damit an, dass wir die Vorhänge im Raum zuzogen und uns über M. ärgerten. M. «gehörte» schon fast zur Musikband, zumindest war er Dauerthema.
In einem Zwischenakt engagierte ein Musikerkollege einen Akustikexperten, der durch eine Messung «objektiv» bestätigen konnte, dass die Musik von ihrer Lautstärke her weder in unserer Scheune noch aus der Entfernung von M.'s Haus als «Lärm» oder «zu laut» bezeichnet werden konnte. Die M. zugestellten Messresultate liessen ihn erst recht wütend werden, was unter anderem zu Telefonaten von M. zu mir nach Hause führte, während derer er behauptete, er sähe und höre mich Klavier spielen. (Ich wohnte 30 km von der Musikscheune entfernt.)
Die ausweglose Situation führte schliesslich zu einem Besuch des Dorfpolizisten bei uns. Dieser konnte uns nach einem langen Gespräch, viel Zuhören und Verständnis für unsere Situation dazu überreden, uns mit M. (nach einem halben Jahr Auseinandersetzung auf Distanz) an einem neutralen Ort (einem Restaurant) an einen Tisch zu setzen.
(Im Nachhinein bezeichne ich die Intervention und Handlungsweise des Dorfpolizisten als meine erste Mediationserfahrung, vgl. auch in diesem Kap. 2.12)
Er wies uns (mir und einem Kollegen als Musikervertretung) und M. einen Platz in gebührender Entfernung voneinander zu, setzte sich dazwischen und forderte uns auf, je zehn Minuten lang ohne unterbrochen zu werden, unsere Sicht der Dinge darzulegen; zudem verlangte er, dass wir nach einer Stunde zu einem (wenn auch noch so kleinen) gemeinsamen «Vertrag» bereit seien.
Die Situation entspannte sich «face to face» offensichtlich. Teilweise begannen wir uns ob unserer Phantasien über M. zu schämen. M. – der uns überraschenderweise übrigens gar nicht unbedingt unsympathisch erschien – ging es, glaube ich, auch so.
Wir erfuhren von M. unter anderem, dass seine Frau vor zwei Jahren verstorben sei und er sehr gerne Schweizer Volksmusik höre.
Aus einem Phantom wurde ein Mensch.
Auf alle Fälle wurden wir einig und formulierten mit Hilfe des Polizisten einen mündlichen Vertrag und ein Folgegespräch.
Wir spielten nachher aus anderen, «internen» Gründen nur noch ca. drei Monate in unserer Musikformation in besagter Scheune. Wir hatten uns nicht mehr viel zu sagen.
Manchmal denke ich heute, dass wir M. irgendwie gebraucht haben …

Wenn Sie sich mehr für solche «Realsatiren» über alltägliche Konfliktsituationen interessieren, verweise ich Sie auf *Thomas Bergmann's* Buch «Giftzwerge – wenn der Nachbar zum Feind wird» *(München 1992).*

### Merkmale von Konflikten

Konflikte können
- bei Personen (intrapersonal)
- in Gruppen oder Organisationen

beobachtet werden und sind durch hohe Energieaufladung gekennzeichnet.

Emotionale Auslöser und Motive von/ für Konflikte sind
- Besitzkämpfe, Status
- Wunsch nach Zugehörigkeit
- Ablehnen von Andersartigkeit
- Widerstand gegen Veränderungen

### Dramaturgie der Konfliktbildung

Die mögliche Eskalation von Konflikten kann wie folgt beschrieben werden *(vgl. Doppler/ Lauterburg 1996, S.369)*:

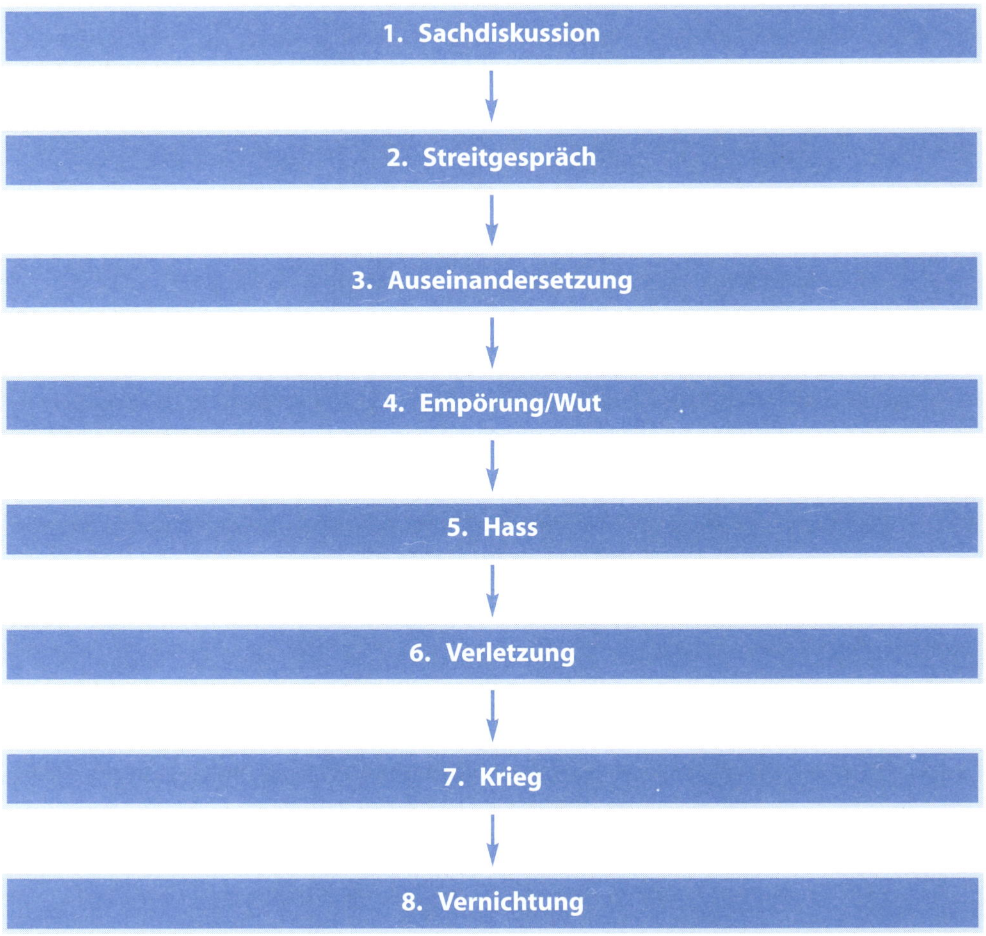


Ab der Stufe 4 kann von einem Konflikt gesprochen werde, ca. ab Stufe 5 von der «heissen» Phase der Eskalation.

Bei Stufe 7 kann durch Verhärtung ein «kalter Krieg» entstehen, welcher durch ein labiles Gleichgewicht das Konfliktpotential latent verdeckt, jedoch reichlich Energien verschlingt. Die Eskalation kann sich beschleunigend (schneller werdendes «Hick-hack»), aber auch sich verlangsamend («Dienst nach Vorschrift», Kommunikationsabbruch) entwickeln.
Auf Basis vieler Erfahrungen als Ausbildner und Berater von Ausbildenden bin ich zur Überzeugung gelangt, dass die erste schwierige Situation, resp. der erste Konflikt und dessen Bearbeitung, modellhaften und «kulturbildenden» Charakter für das weitere «Zusammenleben» von Kursleitung und Teilnehmerschaft hat.
In einer solchen Situation aus Unsicherheit rigid reagierende Kursleiter/innen werden nicht selten mittels weiterer «Tests» oder gar Provokationen in ihrer Rigidität «bestätigt», ohne dass sie dies je gewollt hätten.
Solche Eskalationen können als «win-lose» oder «lose-lose» -Konstellationen bezeichnet werden – damit haben nach *Glasl (1998, S. 29)* nicht wir die Konflikte, sondern die Konflikte uns ...
In zeitlich ausgedehnter Dramaturgie entstandene und mehr oder weniger «still» akzeptierte Konflikte, welche nie angegangen werden konnten, führen zu einer verheerenden Gewöhnungsbalance (beinahe lebensnotwendige Fixierung auf Konflikt und Konflikt«partner»), welche sich in sogenannten «Implosionen» (statt Explosionen) wie psychosomatischen Beschwerden u. ä. bei Betroffenen äussern.
Betroffen sind dabei in der Regel nicht nur die Konfliktparteien, sondern auch das weitere Umfeld.

Vor langer Zeit habe ich über zwei Jahre hinweg ein Schulhausteam beraten, dessen Problem in einem energieraubenden Konflikt zweier Lehrer bestand.
Die beiden Konfliktpartner arbeiteten schon je 20 Jahre lang im selben Schulhaus, «besetzten» die voneinander am weitesten entfernten Schulzimmer und trafen sich nur bei absoluter Notwendigkeit. Meist war in den Pausen nur einer der beiden im Lehrerzimmer anwesend.
Die restlichen vier Lehrerstellen des Schulhauses waren nie länger als drei Jahre durch dieselben Personen besetzt.
Bei einer Anstellung mussten die neuen Lehrperson als Novizen sich jeweils bald entscheiden, zu welchem der beiden Konfliktpartner sie Beziehungen pflegen durften.
Die Stimmung, das Klima war gedrückt, die Fluktuation von jungen Lehrpersonen – welche sich zwar offensichtlich unwohl fühlten, aber nicht viel Initiative zu einer Veränderung ergriffen – gross.
Im Verlaufe meiner dortigen Beratungszeit kündigte der eine Konfliktpartner (nach 21 Dienstjahren!) seine Stellung, was paradoxerweise (oder eben logischerweise) den anderen Konfliktpartner überraschte, tief verunsicherte und beunruhigte, während die «Jungen» im Schulhaus einen «Silberstreifen am Horizont» wähnten und optimistisch in die Zukunft blickten.
Drei Monate nachdem der eine Konfliktpartner das Schulhaus verlassen hatte, wurde seine «Konflikt-Stelle» von einem der neuen Lehrer eingenommen. Das Spannungsfeld war wieder «intakt»: Zwei Lehrer hielten die konflikthafte Spannung aufrecht, welches (jetzt interpretiere ich) den anderen erlaubte, energielos «das Feld zu überlassen» und es irgendwann schliesslich sogar zu räumen.
Auch ich musste dies im Übrigen tun!

### Konfliktkultur

In Gruppen und Organisationen lassen sich nach *Delhees (1979 und 1994)* stark verallgemeinert zwei Denkweisen und Strategien im Umgang mit Konflikten erkennen (zum Begriff Kultur verweise ich auf Kap. VII, 5):

| ***KONFLIKTVERMEIDUNG*** | ***KONFLIKTBEARBEITUNG*** |
|---|---|
| *Konflikte sind grundsätzlich vermeidbar. Sie müssen nur frühzeitig erkannt werden.* | *Belastungssituationen sind unvermeidbar. Innovations-, Wandlungs- und Anpassungsprozesse sind ausgesprochen konfliktträchtig.* |
| *Konflikte sind eine destruktive Macht. Sie stören normale Entwicklung.* | *Konflikte sind produktiv nutzbar. Sie sind für die Persönlichkeits- und Organisationsentwicklung notwendig.* |
| *Konflikte sind grundsätzlich hemmend.* | *Konflikte können die Lösung von Problemen motivieren.* |
| *Konflikte lassen sich immer auf Störenfriede, Aufwiegler und schwierige Personen zurückführen. Sie sind pathologische Erscheinungen.* | *Konflikte sind durch persönliche und strukturelle Faktoren bedingt, die sich nur teilweise aufheben lassen.* |

*nach Delhees 1979 und 1994*

Manchmal erscheint es direkt unheimlich, wie solche Kulturen trotz zahlreicher gut gemeinter Änderungsversuche Bestand haben – auch wenn ganze kulturprägende Leitungen und Belegschaften nicht mehr existent und die «alte» Kultur gar nicht mehr personifizierbar ist.

Als neues Gruppen- oder Organisationsmitglied oder als Berater (siehe Konfliktgeschichte weiter oben) ist mein Einfluss in Bezug auf Veränderungen bei allem Engagement eingeschränkt, obwohl meine unverbrauchte «Aussensicht» mir klare und unmissverständliche Handlungshinweise geben kann.

Interessanterweise prägen Organisationskulturen ihre Team- und Gruppenkultur.

Der Umgang mit Konflikten in Ausbildungsgruppen steht in engem Bezug zum Umgang mit Konflikten auf der Organisationsebene. Diesen Spiegelungseffekt beschreibt das Phänomen der spezifischen «Farbe», des «Geruches» oder der «Stimmung» einer Schule oder einer Ausbildungsorganisation.

In dieser Beziehung existiert die im Ausbildungsfeld vielbeschworene Dyade «ich und meine Gruppe» so eigentlich gar nicht. Dazu aber mehr im Kapitel VII.

Selbstverständlich kennen wir auch unsere (ur)eigenen persönlichen Konflikt-«Kulturen»: Manchmal erfahren wir uns eher als streitlustig mit einer Aggressionstendenz, manchmal eher als konfliktscheu mit einer Fluchttendenz.

### Konfliktverständnis/Konfliktanalyse

Sofern Sie nicht zu sehr in den Konflikt involviert sind, lohnt es sich, mit spezifischen Fragestellungen die Konfliktsituation zu beleuchten und damit die Sicht auf die Komplexität der Realität wieder zu erweitern und der konflikttypischen Einengung der Wahrnehmung zu entgegnen:

***Fragen zum Verständnis und zur Analyse von Konflikten***
*(nach einem Paper von Kramis-Aebischer 1995)*

- *Welches sind die Hauptakteure eines Konfliktes, welches sind die Mitbetroffenen? Sind «Spieler» und «Betroffene» als solche klar zu identifizieren?*
- *Worüber gehen die Meinungen auseinander? Was ist genau das vordergründige Thema des Konfliktes?*
- *Wo können die Wurzeln für die Aufladung der Gefühle der Konfliktpartner liegen? (Wie) Kann dies überprüft werden?*
- *Wie hat sich der Konflikt entwickelt, wie und wo ist er ausgebrochen?*
- *Hat sich der Konflikt abhängig von bestimmten Personen entwickelt oder handelt es sich vorwiegend um einen sogenannten «strukturellen Konflikt»?*
- *Gibt es spezifische Strategien, die von den Konfliktparteien eingesetzt werden?*
- *Wie kann Ihre Rolle im Konflikt beschrieben werden? Gibt es sachliche oder emotionelle Themen im Konflikt, die Sie besonders berühren?*
- *Wie schätzen Sie die Bedeutung dieses Konfliktes für die Beteiligten (Team, Gruppe, Organisation, ...) ein?*
- *Welche Lösungswege halten Sie für sinnvoll? Welche Möglichkeiten haben Sie, wenn Sie den Konflikt für unlösbar halten?*
- *Welche Auswirkungen kann der Konfliktlöseprozess auf die direkt Beteiligten und ihren Kontext haben? Wie lassen sich die positiven Aspekte des Prozesses verstärken?*

Die auf den ersten Blick am Konflikt beteiligten Personen sind übrigens nicht unbedingt identisch mit den zur Problem-Analyse und Problemlösung relevanten!

Anfangs der 80er Jahre hatte ich die in meiner Ausbildnerlaufbahn bisher wohl schwierigste pädagogische Aufgabe, eine kleine Klasse von verhaltensschwierigen und gewalttätigen Jugendlichen zu führen. Die Klasse – ich nenne sie wohl besser Gruppe – bestand aus sechs Schülern, welche einzeln mit Taxis von ihrem Wohnort zu meinem Schulhaus gefahren wurden.
Auf unserem Schulareal waren «die Sechs» einschlägig bekannt, einer davon – 13 Jahre alt und 80 kg schwer – war ihr Anführer und weitherum gefürchtet: Jähzornige Ausbrüche, Vandalenakte, Diebstähle und vorsätzliche Gewalttätigkeiten gehörten zu seinen täglichen Aktivitäten und damit auch zu meinem pädagogischen Alltag.
Wenn in meiner Nähe irgendein Delikt begangen wurde, war sofort allen klar, dass «der Brocken» – so wurde der Knabe genannt – seine Finger im Spiel hatte (auch wenn dies durchaus nicht immer der Fall war).
Damit war – dies nur nebenbei erwähnt – immer auch klar, dass die Krisenintervention in meine Hände fiel und meine «Präventionsarbeit» als gescheitert bezeichnet werden musste.
Nach einem Jahr Ringen, Kämpfen und «Stellung halten» geschah etwas, was in wenigen Minuten mein Situationsbild damals und meinen Blickwinkel bis heute verändert hat: Zufälligerweise betrat ich während einer Pause etwas verfrüht mein Schulzimmer und sah in Sekundenbruchteilen, dass der unscheinbarste, «brävste» und in unserer Umgebung akzeptierteste Schüler meiner «Sechserbande» den gefürchteten «Brocken» – welcher in dieser Situation wie ein ängstlicher Hund dreinblickte – instruierte und ihn nach einer handgeschriebenen Liste, die sie zusammen durchgingen, «pro Gewalttat» in baren Scheinen bezahlte (Konzept: «einen Teil davor, einen danach»).
Mir fiel es wie Schuppen vor den Augen, die anschliessende Auseinandersetzung mit den beiden Jugendlichen bestätigte meinen ersten Eindruck: Eigentlicher Führer der «Sechserbande» war der Unscheinbare, der gewalttätige «Brocken» nichts als dessen ängstlicher «Handlanger» und Sekundant.

**Konfliktmanagement**

Der Begriff «Konfliktmanagement» bezeichnet die notwendige Kompetenz, Konfliktsituationen zu steuern und damit Veränderung oder zumindest Schadensbegrenzung zu ermöglichen.
Jeder Konflikt hat seine Geschichte. Er ist weder ein plötzliches noch ein zufälliges Ereignis, sondern das Ergebnis eines ganz bestimmten Entwicklungsprozesses. Wer einen Konflikt aufarbeiten will, muss dafür sorgen, dass bei allen Parteien Verständnis für das Geschehene wachsen kann, der Konflikt sozusagen wieder «verlernt» wird. Misstrauen wird dadurch schrittweise abgebaut, Vertrauen schrittweise aufgebaut.
Dafür ist meist der Einbezug einer aussenstehenden Person notwendig.
Mögliche Schritte einer Konfliktbearbeitung sind *(nach Doppler/Lauterburg 1996, S. 373 ff. leicht verändert durch M. Christen, Pestalozzianum Zürich 1998 und G.T. 2001)*:

- **Direkte Kommunikation**
  Ein Konflikt kann, wenn überhaupt, nur von den direkt Betroffenen selber gelöst werden. Die direkte Verständigung ist jedoch in einer früheren Phase in der Regel abgebrochen worden. Der erste und wichtigste Schritt besteht darum vorerst darin, den direkten Dialog wieder herzustellen, d.h. die beiden Parteien an einen Tisch zu bringen und damit die *«Gegenseite (wieder) zu erfahren» (Buber, 1986, S. 36)*, ohne dass sie dabei einen «Gesichtverlust» erleiden. Dies geschieht mit Vorteil an einem neutralen Ort.

- **Kontrollierter Dialog**
  Oft können sich die Konfliktparteien ohne fremde Unterstützung nicht mehr verständigen. Die selektive Wahrnehmung könnte innert kürzester Zeit wieder zu Missverständnissen und einem weiteren Streit führen. Eine neutrale, dritte Stelle muss die Interaktion zwischen den Parteien sorgfältig begleiten und überprüfen. Bei jedem einzelnen Schritt geht es darum sicherzustellen, dass die Aussagen nicht anders verstanden werden, als sie gemeint waren. Je nach Situation kann das Aufstellen von klaren und möglicherweise auch rigiden Regeln hilfreich sein.

- **Offengelegte Emotionen**
  Es gibt keine Hoffnung auf eine Lösung des Konfliktes, wenn die subjektiven Empfindungen, die enttäuschten Erwartungen, die Gefühle der Kränkung und der Verletzung auf beiden Seiten nicht offen ausgesprochen werden können. Nur wenn dies geschieht, lässt sich der Druck der gestauten Emotionen senken und der Konflikt auf seinen Ursprung, nämlich den der realen Bedürfnisse und Interessen reduzieren.

- **Konfrontierende «Geschichte»**
  Konfliktlösung kann sich nicht nur auf das Äussern von Gefühlen konzentrieren. In einem weiteren Schritt müssen die beiden Parteien der anderen Seite verständlich machen können, welche Ereignisse, Situationen oder Bemerkungen bei ihnen Frustrationen, Wut oder Enttäuschungen ausgelöst haben und

warum. Dadurch können beide Seiten ihren Anteil am Konfliktgeschehen erkennen und bestenfalls akzeptieren. Zweierlei ist in dieser konfrontativen Phase wichtig: Die verschiedenen Sichtweisen sollen vollständig angehört und nicht zerredet werden, Rechtfertigungen sind zu unterbinden. Im Weiteren gilt es, die eigene Perspektive ohne jede Schuldzuweisung offen auf den Tisch zu legen.

- **Aufbauende Auswertung**
  Nach dem offenen und konfrontierenden Austausch führt eine anschliessende offene Klärung weiter. Möglicherweise gibt es neue Erkenntnisse oder Dinge, die man nicht gewusst oder möglicherweise falsch interpetiert hat. Auch mag es Bilder geben, die ergänzt oder geradegerückt werden müssen. In dieser Phase ist Sorgfalt und empathische und gleichermassen unabhängige Moderation von zentraler Bedeutung. Hier werden Aggressionen, Misstrauen und Vorurteile abgebaut; hier (wenn überhaupt) werden die Voraussetzungen und Grundlagen für den Aufbau von neuem Vertrauen gelegt. Das wesentliche Ziel in dieser Phase ist es, den Verlauf des Konfliktes besser zu verstehen und von Schuld- und Moralfragen wegzukommen, ohne sich harmonisierend zu früh auf einer Scheinbasis zu verständigen.

- **«Gewinnorientierte» Verhandlung**
  Nach den ersten Schritten geht es nun darum, tragfähige Lösungen für beide Seiten auszuhandeln. Entscheidend dabei ist: Es darf keine Verliererseite geben – es ist eine «Win-win-Situation» anzustreben. Es muss sich für beide Seiten wirklich lohnen, über den eigenen Schatten zu springen.

- **Konkrete Umsetzung**
  Es gibt nichts Gutes, ausser man tut es. Die Qualität der Konfliktbearbeitung misst sich an ihrer Umsetzung – und dafür muss einiges getan werden. Die offene Aussprache hat möglicherweise zu einer Erleichterung geführt und die ausgehandelte Lösung ist eigentlich erstrebenswert. Der Alltag aber hat seine Tücken, und die Gefahr, wieder in alte Muster zu verfallen, ist oft gross. Zu einer dauerhaften Lösung gehören nicht nur konkrete Massnahmen im Zusammenhang mit der anstehenden Sachfrage. Zusätzlich können Spielregeln für den alltäglichen Umgang und die Kommunikation getroffen werden.

Konflikte «fressen» meist unser Potential an Humor und Selbstironie; mit den folgenden – gelegentlich etwas paradoxen – Fragen können Sie versuchen, selbst wieder ein wenig Distanz zum konflikthaften Geschehen zu finden:

**Ungewohnte Reflexionsfragen zur Selbsthilfe in Konflikten**
***(nach Brandau/Schüers 1995, S.58)***

- **Was könnte zu diesem Zeitpunkt für alle Beteiligten überraschend und unerwartet sein?**
- **Wenn Sie noch mehr von dem machen, was Sie bisher probiert haben, was hätte das für Auswirkungen?**

- **Wenn Sie das Gegenteil von dem machen, was Sie bisher gemacht haben, was hätte das für Auswirkungen?**
- **Wenn Sie könnten, wie Sie wollten und es dem/den Beteiligten einmal deutlich sagen könnten, was käme da aus Ihnen heraus?**
- **Angenommen, Sie würden das Geschehen einmal als Spiel oder Comic sehen, welcher Titel wäre passend?**
- **Was müssten Sie tun, um Ihr eigenes Scheitern herbeizuführen und zu garantieren?**
- **Was wäre die Konsequenz, wenn sich die derzeitige Situation als nicht veränderbar erweisen sollte?**

Konflikte und deren Bewältigung sind immer schwer theoretisch zu vermitteln, ohne gleich im pädagogischen Sinne moralisch und damit kontraproduktiv zu wirken.
Deshalb schlage ich Ihnen schon fast zum Schlusse des kleinen Ausfluges zum Thema «Konflikt» als Übung zwei Rollenspiele vor, die thematisch in Bildungssituationen situiert sind und sich in ihrer Anlage im Bereiche von Konflikten oder möglicher Konfliktentstehung bewegen. Ganz zum Schluss finden Sie Aussagen zum Instrument «Mediation» als Konfliktlöseverfahren.
Dieses hätte ich genauso in den Kapiteln «Kommunizieren» (V) oder «Beraten» (VI) platzieren können; es macht jedoch an dieser Stelle für mich mehr Sinn.
Selbstverständlich sind die folgenden Rollenspiele als Gruppenmethode gedacht und damit beispielsweise als Trainingssituation in der Ausbildung von Ausbildenden einsetzbar. Die methodische Gestaltung überlasse ich dabei Ihnen.
Den einzelnen Leser/innen rate ich eher an, die beiden Spielanlagen zu überspringen.
Das erste Rollenspiel («English for beginners») wiederspiegelt eine typische drohende Eskalation. Das zweite («Elternbildungskurs Taschengeld») inszeniert auf Grund von hoher Heterogenität von Kursteilnehmer/innen und der Setzung eines Werte- und Normen-Themas (Taschengeld) eine heisse Diskussion, welche eine Konfliktentstehung nach sich ziehen könnte.
Für Beobachtung und Analyse des Leitungsverhaltens empfehle ich Ihnen, die Kriterienliste «Beobachtung des Leiter/innenverhaltens» (in diesem Kap., 2.6) zu verwenden; grundsätzliche Ausführungen zur Methode «Rollenspiel» finden Sie in Kap. II, 7.5).
Ich wünsche Spass und Spannung beim Spielen!

### 2.11 Rollenspiele – Konfliktsituationen

**Rollenspiel 1: «English for beginners»**
*(AEB-Kursunterlage von Karrer, H.-P.)*

***Ausgangssituation***
Im Kurs «English for beginners» einer bekannten Erwachsenenbildungsinstitution gibt es Probleme: In der Ausschreibung wurde den Teilnehmer/innen ein Datenplan abgegeben, der 10 Lektionen mehr enthielt, als die Kursleiterin nachher erteilen wollte, da ihr Auftrag angeblich nur die tatsächlich abgehaltenen

30 Lektionen beinhaltete. Die Kursteilnehmer/innen meldeten ihre Unzufriedenheit bei der Schulleiterin, wurden von der Sekretärin aber mit dem Hinweis auf einen administrativen Irrtum abgewiesen. Daraufhin protestierten sie schriftlich bei der Leitung der Institution und drohten mit rechtlichen Schritten, wenn ihnen nicht entweder ein Teil des Kursgeldes rückerstattet oder wenigstens die versprochenen Lektionen nachgeholt würden. Nun hat die Institutionsleitung ein Gespräch zwischen der Schulleiterin, der Lehrerin und zwei Vertreterinnen der Teilnehmer/innen vereinbart.

**Am Gespräch nehmen folgende Personen teil (Rollenübersicht für Spielende und Beobachter/innen):**

Frau Schnetzler: Leiterin der Schule einer grossen Erwachsenenbildungsinstitution in Basel. Sie ist erst seit ca. einem Jahr in dieser Position, vorher war sie als Kursleiterin an derselben Schule nebenberuflich tätig. Sie ist ausgebildete Pädagogin und hat ein Uni-Diplom für Französisch.

Frau Brigger: Familienfrau und daneben Kursleiterin an dieser Schule. Sie war früher Mittelschullehrerin für Englisch, hat dann ihre Stelle aufgegeben, als die Kinder noch klein waren. Seit ein paar Jahren arbeitet sie wieder teilzeitlich als Kursleiterin für Englisch in dieser Erwachsenenbildungsinstitution, um neben der Tätigkeit in der Familie den Kontakt zu ihrem Beruf nicht zu verlieren. Sie wohnt in unmittelbarer Nähe des Kurszentrums in Basel.

Frau Aumann: Sekretärin und Amerika-Fan. Um ihre geplante Reise in die USA in diesem Jahr noch besser zu geniessen, hat sie sich entschlossen, die Sprache, die sie früher schon einmal etwas gelernt hatte, wieder aufzufrischen. Frau Aumann ist verheiratet und hat keine Kinder.

Herr Müller: Herr Müller hat schon einige Kurse zu verschiedenen Themen in dieser Institution besucht. Meist haben sich die Kursgruppen nach einer ersten Kennenlernphase auch sozial entwickelt; man hat zusammen etwa einen Ausflug oder ein Nachtessen organisiert. Daraus haben sich dann etliche Beziehungen ergeben, auch über den Kursverlauf hinaus. In diesem speziellen Kurs war das jedoch nicht der Fall, Herr Müller hat deshalb den Kurs nur unregelmässig besucht.

**Rollenkarten für individuelle Vorbereitung**

Frau Schnetzler: Sie haben vor einem Jahr die Leitung der Schule übernommen. Ihrer Vorgängerin wurde gekündigt, weil sie mit ihren Aufgaben sowohl inhaltlich wie auch administrativ überfordert war. Die Konflikte an der Schule konnte sie nicht lösen und auch finanziell gab es Probleme, ihre dauernden Bud-

| | |
|---|---|
| | getüberschreitungen wurden von der Institutionsleitung mehrmals negativ vermerkt. Sie hoffen, dass Sie dieses Jahr eine Abrechnung mit einem Gewinn ausweisen können, deshalb kommt Ihnen der Fehler in der Ausschreibung nicht gelegen. Wenn Sie das Kursgeld rückerstatten oder die Lehrerin für die zusätzlichen Lektionen bezahlen müssen, reisst Ihnen das ein Loch in Ihre Kasse. |
| Frau Brigger: | Sie haben sich Mühe gegeben, den Anfängerkurs so gut wie immer zu führen. Leider waren die Kursteilnehmer/innen etwas mühsam, viele von ihnen haben sich immer wieder über Ihren Unterricht beklagt oder haben einfach gefehlt, was dann zu mühsamen Wiederholungen führte. Sie haben deshalb keine Lust, den Kurs noch zu verlängern. Ausserdem haben Sie eine Teilzeitstelle an einer Kantonsschule in Aussicht und werden der Schule sowieso in nächster Zeit kündigen. |
| Frau Aumann: | Sie waren mit dem Kurs nicht so recht zufrieden, da die Kursleiterin wirklich «bei Adam und Eva» angefangen hatte und wenig Rücksicht auf diejenigen Teilnehmer/innen nahm, welche bereits über einiges Wissen verfügten. Dazu kommt die Weigerung, alle versprochenen Lektionen zu erteilen. Sie fühlen sich dadurch um Ihr Recht geprellt. Entweder werden alle Stunden wie versprochen abgehalten und Sie können noch etwas profitieren, oder Sie werden es auf einen Rechtsstreit ankommen lassen. Ihr Mann hat schliesslich Kollegen, die als Juristen in diesen Sachen Erfahrungen haben. |
| Herr Müller: | Sie wollen sich nicht mehr gross engagieren, sind aber der Meinung, für Ihr Geld hätten Sie das Recht, genügend Leistung zu erhalten. Sie wären zufrieden, wenn die Institution einen Teil des Geldes zurückerstatten würde. |

**Rollenspiel 2: «Elternbildungskurs Taschengeld»**

*(AEB-Kursunterlage)*

**Ausgangssituation**

Es handelt sich um einen Elternbildungskurs in einer grösseren Ortschaft der Innerschweiz zum Thema «Erziehungsfragen mit Kindern im Primarschulalter». Der Kurs dauert acht Abende; 35 Personen nehmen daran teil.

Im Plenum werden jeweils mit Referaten Informationen vermittelt und danach in Kleingruppen zu acht Personen verarbeitet oder aber zentrale Themen werden in Kleingruppen besprochen, danach kurz im Plenum präsentiert, um dann eigene Positionen mit einem anschliessenden Expertenvortrag zu vergleichen.

Die Kleingruppen werden von einer Gruppenleiterin oder von einem Gruppenleiter geleitet. Die Gruppeneinteilung bleibt über den ganzen Kurs hinweg dieselbe.

Sie sind eine dieser Kleingruppen. Heute ist der vierte Abend.
Das Thema heisst «Taschengeld». Sie haben eine Stunde Zeit, in der Gruppe über Ihre Erfahrungen und Fragen zu sprechen.
Anschliessend wird es im Plenum – nach den kurzen Zusammenfassungen der Kleingruppengespräche durch die Gruppenleiter/innen – einen Vortrag zum Thema «Kind und Geld» geben.

**Die Rollenübersicht**

1. Die Gruppenleiterin arbeitet regelmässig in der Kirchgemeinde mit (ehrenamtlich). Sie ist Hausfrau und Mutter von drei Kindern im Primarschulalter.
2. Herr A, Prokurist, Vater von zwei Kindern
3. Frau A, mit Herrn A verheiratet, im Moment vollamtliche Hausfrau und Mutter
4. Frau B, alleinerziehende Mutter mit zwei Kindern, Verkäuferin
5. Frau C, Bäuerin, Mutter von 5 Kindern
6. Herr D, Arbeiter in der Munitionsfabrik, seine Frau nimmt auch am Kurs teil, aber in einer andern Gesprächsgruppe, Vater von drei Kindern.
7. Frau E, Frau eines Arztes des Ortes, Mutter von drei Kindern
8. Herr F., Sachbearbeiter bei einer Versicherung, Vater von zwei Kindern
9. Frau F, verheiratet mit Herrn F, besucht im Moment einen Wiedereinstiegskurs.

**Rollenkarten**

| | |
|---|---|
| Herr A: | Sie kommen nur Ihrer Frau zuliebe in diesen Kurs, weil sie nicht gerne allein fortgeht. Eigentlich wissen Sie sehr viel über Erziehung und finden, sie hätten diesen Kurs nicht nötig. Sie teilen Ihr Wissen den anderen ausführlich mit. Die Gruppenleiterin ärgert Sie. Nach Ihrer Meinung müsste sie den Leuten Tipps geben, statt immer über Erfahrungen zu diskutieren. |
| Frau A: | Sie sind schüchtern, reden wenig, haben ein wenig Angst vor Ihrem Mann, der ja immer alles besser weiss. Ihr Hausfrauendasein hat Sie selbst etwas unsicher gemacht. Sie bewundern insgeheim Frau B, die so selbstsicher auftritt. So möchten Sie auch sein, haben aber Angst, dass Sie Schwierigkeiten mit Ihrem Mann erhielten, wenn Sie das zeigen würden. |
| Frau B: | Sie sind sehr interessiert am Thema. Sie sagen Ihre Meinung, sind gewohnt, sich durchzusetzen. Männer, die so auftreten, wie Herr A., können Sie nicht ausstehen. Da werden Sie «giftig» und neigen zu zynischen Bemerkungen. Für Sie ist der Alltag vor allem ein Kampf; unter anderem belasten Sie finanzielle Sorgen. |
| Frau C: | Sie stehen mit beiden Beinen auf dem Boden, verstehen nicht, wie man aus allem ein Problem machen kann. Ab und zu machen Sie gemütliche Sprüche, suchen nach pragmati- |

| | |
|---|---|
| | schen Lösungen. So bereichern Sie des öftern das Gespräch mit einem einfachen, konkreten Hinweis. |
| Herr D: | Sie fühlen sich unsicher gegenüber Personen, die Sie als gebildet empfinden. Trotzdem sind Sie der Meinung, Sie hätten auch etwas zu sagen. Sie reden viel, sind überzeugt von Ihren Erziehungsmethoden und finden es wichtig, dass Sie Ihren Kindern ein «anständiges» Taschengeld abgeben können; Geld soll keine Rolle spielen. Auch Sie können sich heute finanziell einiges leisten, obwohl Sie keine höhere Bildung geniessen durften und keine hohe Berufsposition kleiden. |
| Frau E: | Sie sind befreundet mit der Gruppenleiterin und möchten über Ihre Erfahrungen diskutieren. Daneben ist es Ihnen auch ein Bedürfnis, über die grossen Probleme zu sprechen, die Sie mit Ihren Kindern haben. Sie erwarten von der Gruppenleiterin Unterstützung und sind enttäuscht, wenn diese von anderen absorbiert wird. |
| Herr F & Frau F: | Sie beide hatten in letzter Zeit viele Auseinandersetzungen miteinander über Emanzipationsfragen. Frau F war über längere Zeit in einer Frauengruppe und besucht momentan einen Kurs für Wiedereinsteigerinnen.Sie will unbedingt wieder arbeiten und meint, Herr F solle in seiner Freizeit vermehrt Hausarbeiten und Kinderbetreuung übernehmen. Frau F ist viel wortgewandter als Herr F, dieser kann sich nicht so gut wehren und schliesst sich in der Öffentlichkeit deshalb oft der Meinung seiner Frau an und unterstützt diese. Er fühlt sich als moderner Mann einem Herrn A, der in einer traditionellen Rollenverteilung lebt, haushoch überlegen.<br>Ihre Probleme (Herr und Frau F) sind im Moment so im Vordergrund, dass Sie sie in jede Diskussion hineintragen. Sie schaffen es beide immer wieder, vom Thema Taschengeld zu Ihrem Thema hinüberzuwechseln. |
| Gruppenleiterin: | Sie wissen, dass Sie am Anfang des anschliessenden Plenums eine kurze Zusammenfassung der Diskussion ins Plenum bringen müssen, d.h. verschiedene grundsätzliche Haltungen, die man zum Taschengeld haben kann, darstellen. Die Gruppe hat also neben dem einfachen Erfahrungsaustausch eine konkrete Aufgabe.<br>Sie sind befreundet mit Frau E, von der Sie wissen, dass sie viele Erziehungsprobleme hat. Die andern Gruppenmitglieder kennen sie wenig. |

## 2.12 Instrument «Mediation»

### Was ist Mediation?

Mediation ist ein freiwilliger, von Gerichten unabhängiger Konfliktlöseprozess. Die Beteiligten kommen dabei unter dem Beistand eines neutralen und unparteiischen Vermittlers überein, ihre gegensätzlichen Standpunkte auszutauschen und eine konfliktregelnde Vereinbarung zu treffen, welche den individuellen Bedürfnissen und Interessen gerecht wird (vgl. auch die «Musikraumgeschichte» in diesem Kapitel 2.10).
Die Konfliktparteien übergeben die Lösung also nicht an die Mediatoren/-innen, sondern bleiben Anwälte und Richter/innen ihrer eigenen Sache und Interessen. Sie verhandeln miteinander und lassen sich nicht gegeneinander durch andere vertreten.
Mediation ist in unseren Breitengraden vor allem als aussergerichtliches Verfahren in Ehescheidungsprozessen *(vgl. Montada/Kals 2001)* oder als Konfliktlösestrategie in interkulturell geprägten Projekten (z. B. der Entwicklungszusammenarbeit) bekannt.
Als Beratungsform könnte man die Mediation als «Prozessmoderation» (siehe Kap. VI, 1.4 oder 4.) mit strukturierter Vorgehensweise bezeichnen.
Das Mediationsgespräch bedient sich zudem gewisser Instrumente aus der Gesprächsführung (Moderation). Die folgenden Aussagen können sich dadurch mit anderen zum Thema «Moderation» (siehe Kap. V, 7.1) decken oder diese ergänzen.

### Grundannahmen des Mediationskonzeptes

1. Konflikte sind nicht a priori ungesund, ungelöste oder verdeckte Konflikte aber energieraubend.
2. Meist resultiert ein Konflikt eher daraus, dass die betroffenen Parteien nicht wissen, wie sie ein Problem lösen können, als dass sie dieses nicht lösen wollten.
3. Die an einem Streit Beteiligten können grundsätzlich immer bessere Entscheidungen über Dinge, die sie betreffen fällen als eine externe Autorität (wie z. B. ein Schiedsrichter).
4. Menschen treffen bessere und bewusstere Entscheidungen, wenn sie die Gefühle, die durch Konflikte entstanden sind, bewusst wahrnehmen und in den Entscheidungsprozess integrieren, ohne dass dabei die rationalen Belange Überhand nehmen müssen.
5. Verhandlungen sind eher erfolgreich, wenn die Streitparteien ihre Beziehung nach der Verhandlung fortsetzen.
6. Die Beteiligten einer Übereinkunft halten sich eher an die dabei vereinbarten Bestimmungen, wenn sie selbst für das Ergebnis verantwortlich sind und den Prozess, der zur Übereinkunft geführt hat, akzeptieren.
7. Der neutrale, vertrauensvolle und nicht-therapeutische Charakter von Mediationssitzungen soll ermutigen, daran teilzunehmen.
8. Die in der Mediation erlernten Verhandlungsfähigkeiten sind nützlich, um zukünftige Konflikte zu lösen.

**Strukturierung/Phasen eines Mediationsgesprächs**

**1. Einleitung**

- Im Rahmen der Möglichkeiten enstpannte und vertrauensvolle Atmosphäre schaffen
- Vorstellung der Mediator/innen und Kontrahent/innen
- Bisherigen Stand der Dinge transparent machen: Art der Kontaktaufnahme mit Mediationsperson und Informationsstand der Mediator/innen (Vorgeschichte)
- Diesbezügliche Bestätigung bzw. allfällige Korrektur seitens der Parteien, Erwartungen der Teilnehmer/innen erbitten, bzw. erfragen
- Mediationsprozess erklären: Verfahren, Rolle der Mediator/innen, Grundregeln (aushandeln), ev. zusätzliches Info-Blatt abgeben
- Offene Fragen klären
- Bereitschaft, sich auf das Verfahren einzulassen, erfragen
- Widerstände ernst nehmen und berücksichtigen
- Geschäftliches (Vertrag) und Organisatorisches regeln (Zeitplan, Notizen etc.)
- Evtl. Themen sammeln, ordnen und gewichten
- Tagesordnung/Reihenfolge der Themen festlegen

**2. Sichtweise der einzelnen Konfliktparteien**

- Sichtweise jeder einzelnen Konfliktpartei: Fakten und Gefühle erzählen lassen; Nachfragen, aktives Zuhören, Zusammenfassung durch die Mediator/innen
- Verständnisfragen seitens der Kontrahent/innen
- Rückmeldung durch die Gegenseite(n) soweit möglich und hilfreich: direkte Kommunikation zwischen den Konfliktparteien falls möglich (mit Hilfestellung durch die Mediator/innen), sonst: Kommunikation über die Mediator/innen
- Gemeinsamkeiten und Differenzen festhalten (Mediator/innen)

**3. Konflikterhellung/Vertiefung**

- Befragung zu den einzelnen Problemen durch die Mediator/innen (beide/alle Seiten im Wechsel), mit einfachem und/oder dringlichem Problem anfangen:
  - bisher nicht genannte Interessen, Gefühle und Hintergründe herausarbeiten
  - Wünsche/Idealvorstellungen aussprechen lassen
  - direkte Kommunikation herstellen (besonders bei positiven Ausagen, Ich-Botschaften und Wünschen)
  - Reaktion der anderen Seite(n) erfragen

**4. Problemlösung/Entwurf von Lösungen**

- Lösungsmöglichkeiten sammeln: Ideensammlung (Brainstorming), evtl. Ideen von Mediator/innen einbringen
- Bewertung und Auswahl der interessanten Vorschläge
- Ausarbeitung, Heranziehen von Sachinformationen

**5. Übereinkunft**

- Einigung auf die beste Lösung und Formulierung der Übereinkunft
- Umsetzung, Kontrolle und Umgang mit künftigen Problemen klären
- Unterzeichnung der Vereinbarung
- Abschluss: evtl. mit versöhnlicher Geste, Dank an die Beteiligten

## Literaturverzeichnis Kapitel III


Antons, K.: Praxis der Gruppendynamik, Göttingen/Toronto/Zürich 1996, 6. Aufl.

Ardelt-Gattinger, E. et al. (Hrsg.): Gruppendynamik – Anspruch und Wirklichkeit der Arbeit in Gruppen, Göttingen 1998.

Bales, R. F.: Das Problem des Gleichgewichts in kleinen Gruppen, in: Hartmann, H. (Hrsg.): Moderne amerikanische Soziologie, Stuttgart 1967, S. 311–329.

Bennis, W.: Führungskräfte – Die vier Schlüsselstrategien erfolgreichen Führens, Frankfurt/M. 1996.

Bergmann, Th.: Giftzwerge – wenn der Nachbar zum Feind wird, München 1992.

Bernstein, S./Lowy, L. (Hrsg.): Untersuchungen zur Sozialen Gruppenarbeit, Freiburg 1973, 3. Aufl.

Bousen, M.: simultaneous change – schneller Wandel mit grossen Gruppen (RTSC-Methode), in: Organisationsentwicklung 4/1995, S. 30–43.

Brandau, H./Schüers, W.: Spiel- und Übungsbuch zur Supervision, Salzburg 1995.

Brocher, T.: Gruppendynamik und Erwachsenenbildung, Braunschweig 1981, 16. Aufl.

Brocher, T.: Gruppenberatung und Gruppendynamik, Leonberg 1999.

Buber, M.: Reden über Erziehung, Heidelberg 1986.

Dechmann, B./Ryffel, Chr.: Soziologie im Alltag, Weinheim/Basel 1983.

Delhees, K. H.: Interpersonale Konflikte und Konflikthandhabung in Organisationen, Bern 1979.

Delhees, K. H.: Soziale Kommunikation, Opladen 1994.

Doppler, K./Lauterburg, Chr.: Change management, Frankfurt/New York 1996, 5. Aufl.

DTV-Brockhaus-Lexikon: München 1984.

Egli, O.: Das Konzept des Widerstandes, Kursunterlage AEB, 1992.

Garland, J. A. et al.: Ein Modell für Entwicklungsstufen für Sozialarbeit – Gruppen, in: Bernstein, S./Lowy, L. (Hrsg.): Untersuchungen zur Sozialen Gruppenarbeit, Freiburg 1973, 3.Aufl.

Garland, J. A./Kolodny, R. L.: Das «Sündenbock» – Phänomen – Kennzeichen und Bewältigung, in: Bernstein, S. / Lowy, L.: Neue Untersuchungen zur Sozialen Gruppenarbeit, Freiburg 1975.

Geissler, K. A.: Schlusssituationen, Weinheim/Basel 1994.

Geissler, K. A.: Anfangssituationen, Weinheim/Basel 1989.

Gerber, M./Gruner, H.: FlowTeams – Selbstorganisation in Arbeitsgruppen, in: Orientierung 108, crédit suisse, Zürich 1999.

Glasl, F.: Dynamische Unternehmensentwicklung, Bern/Stuttgart 1996, 2. Aufl.

Glasl, F.: Selbsthilfe in Konflikten, Stuttgart 1998.

Glasl, F.: Konfliktmanagement, Bern/Stuttgart 1997, 5. Aufl.

Goffmann, E.: Stigma – über Techniken der Bewältigung beschädigter Identität, Frankfurt 1975.

Greving, J.: Unterrichtseinstiege, Berlin 2000, 5. Aufl.

Herrmann, D./Meier, Chr.: Teamarbeit auf Distanz in: Organisationsentwicklung 2/01, Basel 2001, S. 12–34.

Karrer, H-P.: AEB-Kursunterlagen, 1996.

Kersting, H. J./Krapohl, L.: Das developmental model der sozialen Gruppenarbeit, Unterlage Institut für Beratung und Supervision, Aachen 1986.

Königswieser, R./Keil, M. (Hrsg.): Das Feuer grosser Gruppen, Stuttgart 2000.

Kramis-Aebischer, K.: Konfliktverständnis – Fragen, paper 1995.

Langmaack, B./Braune-Krickau, M.: Wie die Gruppe laufen lernt, Weinheim 1993, 4. Aufl.

Malek, C.: open space: Arbeit mit grossen Gruppen – Handbuch, Weinheim/Basel 2000.

Marmet, O.: Ich und du und so weiter – kleine Einführung in die Sozialpsychologie, München/ Weinheim 1991.

Mill, J. St.: On liberty, Harmondsworth/Middlesex 1975.

Montada, L./Kals, E.: Mediation – Lehrbuch für Psychologen und Juristen, Weinheim 2001.

Sader, M.: Psychologie der Gruppe, Weinheim/München 1996, 5. Aufl.

Schmidt, E. R./Berg, H. G.: Beraten mit Kontakt, Offenbach 1995.

Schulmeister, R.: «Surfer» konsumieren viel – und lernen wenig, in: Psychoscope 1/99, 1999, S. 4–7.

Schwarz, G.: Konfliktmanagement, Wiesbaden 1997, 3. Aufl.
Sennett, R.: Der flexible Mensch, Berlin 2000.
Taschen-Heinichen Latein-Deutsch: Stuttgart 1975
Thomann, G.: Die Welt ist klein in: KSH informiert 4/1994, Zürich 1994
Tillmann, K.-J.: Sozialisationstheorien, Reinbek bei Hamburg 1996, 7. Aufl.
Überschär, N.: Mit Teamarbeit zum Erfolg, Wien 1997.
Weisbord, M: Zukunftskonferenzen: Methode und Dynamik, in: Organisationsentwicklung 1/1996, S. 4–13.
Wellhöfer, P. R.: Gruppendynamik und soziales Lernen, Stuttgart 1993.
Voigt, B./Antons, K.: Systematische Anmerkungen zur Intervention in Gruppen, in: König, O. (Hrsg.): Gruppendynamik, München 1995.
Zuschlag, B./Thielke, W.: Konfliktsituationen im Alltag, Göttingen 1998.

# Inhaltsverzeichnis Kapitel IV

*Kapitel IV*

# Wahrnehmen und beurteilen

**Standards**

- **Sie sind sich Ihrer eigenen Wahrnehmungssubjektivität und der daraus resultierenden «Interpretationsfallen» bewusst und haben daraus Folgerungen für Ihre Beurteilungspraxis gezogen.**
- **Sie sind in der Lage, sozialpsychologische Phänomene zu erkennen, zu beschreiben und für Ihre Beurteilungspraxis zu berücksichtigen.**
- **Sie haben Ihre Beurteilungsrolle im organisationalen und gesellschaftlichen Kontext reflektiert und können sich im Rollenfeld Beurteilen – Führen – Beraten sicher bewegen.**
- **Sie verfügen über Beurteilungsinstrumente und können mit deren gezieltem Einsatz Beurteilungssituationen gestalten.**

## 1. Wahrnehmen

***«Die Erkenntnis der Erkenntnis verpflichtet. Sie verpflichtet uns zu einer Haltung ständiger Wachsamkeit gegenüber der Versuchung der Gewissheit.»***

*Maturana/Varela 1987, S. 264*

***«Sie stehen nicht im Stau, Sie sind der Stau!»***

*gelesen an einer Autobahnbrücke*

In den einführenden Überlegungen des Kapitels I habe ich unter anderem eine hohe (Selbst-) Wahrnehmung für eine gelingende Integration der verschiedenen Ausbildnerrollen vorausgesetzt. Dort setzen wir – nach den dynamischen Ausführungen des letzten Kapitels zum sozialen Phänomen der Gruppe – wieder ein, wechseln damit die Perspektive und fokussieren für dieses Kapitel vorerst auf den Themenbereich «menschliche Wahrnehmung», um anschliessend die ausbildnerische Handlungsrolle des Beurteilens näher zu betrachten. Dies geschieht dann auch unter Rücksichtnahme auf soziale, institutionelle und gesellschaftliche Rahmenbedingungen.
Für dieses Kapitel habe ich überarbeitete Textteile meiner Publikation «Wahrnehmen – Beurteilen – Beraten» aus der AEB-Publikationsreihe «Aus der Praxis für die Praxis» (1999) verwendet.

## 1.1 Wahrnehmung

Unter Wahrnehmung verstehen wir die Aufnahme und Verarbeitung von Informationen aus unserer menschlichen Lebenswelt. Wahrnehmung dient also dem Zweck der Orientierung, der Bedürfnisbefriedigung und des Überlebens. Bei der Beschreibung von Wahrnehmungsprozessen unterscheiden wir äussere und innere Wahrnehmung.
Die *äussere Wahrnehmung* beschreibt die physiologische Aufnahme und Verarbeitung von Reizen über äussere Sinnesorgane und das Gehirn. Sinnesrezeptoren wandeln Reize um und machen sie damit für unser Nervensystem fassbar. Schon die physiologische Aufnahme von Reizen unterliegt jedoch so genannten neurologischen Einschränkungen: Viele physikalische Phänomene liegen ausserhalb der Grenze unserer menschlichen Sinne. Beispielsweise hören wir Schallwellen unter 20 Schwingungen pro Sekunde oder über 20 000 pro Sekunde nicht mehr. Zudem müssen wir uns zwecks einer bewussten Aufnahme von Informationen diesen «zuwenden». Die Wahrnehmungspsychologen sprechen hier von Apperzeption.
In unserem Gehirn geschieht eine weitere Auswahl (90% aller «Meldungen» an das Gehirn werden als unbedeutend ausgefiltert), eine erste Organisation und (unbewusste) Interpretation von Sinnesdaten, zum Beispiel in der Form von Klassifikation und Bedeutungszuordnung. Wenn diese Impulse in der Sehrinde des Gehirns landen, werden sie als Bild interpretiert, wenn sie in der Hörrinde ankommen, als Ton oder Geräusch.

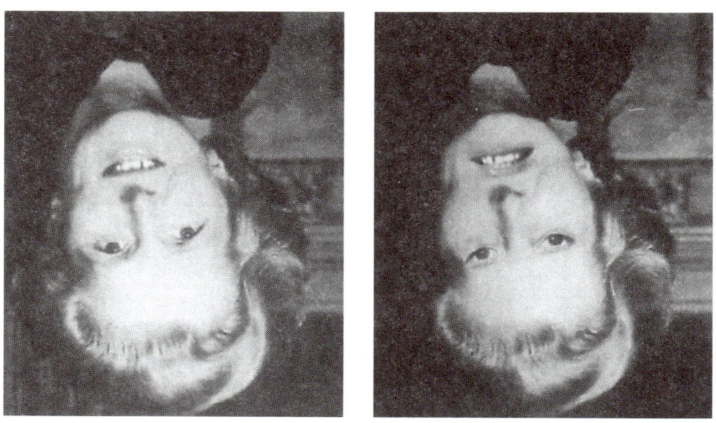

*«Thatcher» aus Zimbardo 1988, S. 181*

Eines der Bilder scheint um Mund und Augen leicht verändert, dreht man dieses Buch auf den Kopf, sieht es etwas anders aus ... Auf Grund unserer (Wahrnehmungs-) Erfahrung bemerken wir subtile Unterschiede in Form und Lage von Auge und Mund, jedoch nur dann, wenn sie sich in ihrer typischen aufrechten Stellung befinden.

Bei der *inneren Wahrnehmung* handelt es sich um eine psychologische Auswertung der erhaltenen Daten. Die Begriffe «trocken/nass» oder «heiss/kalt» beispielsweise existieren in der «objektiven» Umwelt nicht, sondern erhalten ihre Bedeutung als psychologisches Phänomen erst durch eine entsprechende Auswertung der Informationen sowie durch eine *Empfindung*. Auch hier wieder erhält nur ein Bruchteil der wahrgenommenen Sinnesdaten die Qualität von Empfindungen. Bei intakten Sinnesorganen, resp. physiologischen Voraussetzungen und ähnlichem Erfahrungshintergrund führen alsdann (nur) *eindeutige* Informationen bei verschiedenen Personen annähernd zu ähnlichen oder gleichen Wahrnehmungen. Bei einer Reizaufnahme werden erhaltene Informationen mit früher gemachten Erfahrungen verglichen und gegliedert. Wenn wir also von *selektiver* oder *subjektiver Wahrnehmung* sprechen, kann diese Selektivität oder Subjektivität abhängig sein von soziokulturellen Faktoren (der jeweiligen kulturspezifischen Sozialisation entsprechende «Sicht der Dinge») und/oder von individuellen Bedingungen (persönliche Eigenarten, Bedürfnisse, Motive, Gefühle). Zudem können selektiv/subjektiv aufgenommene, verarbeitete und interpretierte Daten zwar gespeichert, jedoch wiederum (nur) selektiv und subjektiv erinnert werden. Hier zeigt sich die unwahrscheinlich hohe Filterwirkung unserer Wahrnehmung.

**Die Schule riecht**

Letzhin besuchte ich meine ältere Tochter in ihrem idyllischen, wunderschön gelegenen und gut geführten Kindergarten. Meiner Tochter fühlt sich da sehr wohl.

Beim Öffnen der Türe, beim Übertreten der Schwelle kam er mir entgegen – der Geruch.

Der Geruch nach Schule.

Nicht dass mich jetzt beschäftigen würde, weshalb ein Kindergarten nach Schule riecht oder ob dieser das überhaupt tun dürfe.

Nein, es roch nach *meiner* Schule. (Nach meinem Kindergarten konnte es im Übrigen gar nicht riechen, weil ich keinen besucht hatte.) Ich kann nicht sagen, ob es die Tische waren, die Spielzeuge, die Kästen oder der Boden, das Putzmittel oder ob Kinder von heute so riechen wie wir früher.

Ich ging im Übrigen in einem anderen Kanton zur Schule, Gerüche scheinen zumindest nicht föderalistisch zu sein.

Das Geruchserlebnis im Kindergarten produzierte in mir eine ganze Menge lernbiographischer Geruchssalven. Ich sah mich geneigt über meinem Buchstabensetzkasten in der Primarschule, erinnerte mich an meinen Mathematiklehrer im Gymnasium, den ich – dies auf Grund seiner ziemlich penetranten und in einem grossen Radius wirkenden künstlichen Duftmarke – jeweils roch, lange bevor ich ihn sah.

Zehn Jahre danach stieg mir übrigens in einem Zürcher Tram derselbe Mathe-Geruch in die Nase, was in mir emotional sozusagen das ganz grundsätzliche Gefühl von mathematischem Versagen auslöste. Mein ehemaliger Mathe-Lehrer sass in der Tat ganz hinten in derselben Strassenbahn!

Dann wären da noch die Turnhallen, die Geräteräume, der mir als miserablem Turner verhasste Geruch von Kletterstangen. Ich hab's nie geschafft, an einer solchen Stange hochzuklettern, auch dann nicht, als ich in meiner praktischen Abschlussprüfung der Lehrerausbildung im Fach Turnen das Thema «Einführung des Kletterns» fasste. (Glücklicherweise fand ich in der mir zugeteilten Schulklasse geübte Kletterer.)

Ich erinnere mich aber auch daran, mich am Ende einer 10-jährigen Amtszeit als Lehrer vor allem auch «riechend» von meinem Schulzimmer, vom Lehrerzimmer, von «meiner» Schulbibliothek verabschiedet zu haben. Ich habe diese Gerüche noch in der Nase und sie erwecken in mir viele lebendige Bilder, Stimmen, Gesichter und Ereignisse.

Eigentlich seltsam, dass Gerüche nicht schon didaktisch-methodisch genutzt sind. Es gab da einmal einen Kinofilm, während welchem man nach Anleitung durch Ziffern an der Leinwand an einer «Geruchskarte» rubbeln durfte und dadurch die Szenen hätte riechen sollen.

Stellen Sie sich vor, es gäbe sozusagen den offiziellen national einheitlich geregelten schulischen «Deutsch-Geruch», oder den sogenannten« Prüfungsgeruch».

Kreative Schulentwicklungsgeister könnten sogar eigentliche Duftnoten, Erfolgsdüfte, Misserfolgsgestänke etc. erfinden. Dann hätten wir in der Tat so etwas wie bewusst gestaltete homogene lernbiografische Geruchserfahrungen und eine darauf aufbauende gemeinsame Geruchssprache.

Nein, in Wirklichkeit bin ich doch darüber froh, dass Gerüche noch nicht einheitlich benannt und – zumindest nicht bewusst – «lernfördernd» eingesetzt werden. (Laut unbestätigtem Bericht sank die

Fehlerquote von Datatypistinnen einer japanischen Firma um 50%, als die Arbeitsräume durch die Klimaanlage mit Zitrone parfümiert wurden!)
Wer wen nicht riechen kann, was wem stinkt, wer dufte ist oder verduften soll, darf ruhig etwas subjektiv und individuell bleiben. Die Schule riecht auch so schon; wenn auch nicht nach dem Duft der grossen weiten Welt.
Für Oskar, den kleinen aber wirksamen Protagonisten in *Grass'* «Blechtrommel» «bedurfte es doch nur einer flüchtigen Geruchsprobe, um von der Schule endgültig die Nase voll zu haben.» *(1999, S.109)*
Wie riecht's in Ihrem Schulzimmer? *(verändert aus: Thomann, in: Schweizer Schule 8/98)*

Eine spezielle Filterwirkung wird unseren Sprachsystemen beigemessen: In einer amerikanischen Indianersprache (Maidu) stehen beispielsweie nur drei Worte zur Beschreibung des Farbenspektrums zur Verfügung (lah = rot, tit = grün-blau, tulah = gelb-orange-braun). Physiologisch gesehen kann der Mensch aber tausende von Farbunterscheidungen erkennen! Die nordamerikanischen Hopi-Indianer sollen dasselbe Wort für «Fliege» und «Flugzeug» verwenden (ohne dabei in Schwierigkeiten zu geraten).
Die Inuit benötigen für «Schnee» viele verschiedene Wörter (fallender Schnee, Eisschnee, Schnee auf dem Boden, fliegender Schnee, ...). *(vgl. Whorf 1988)*
Die Gestaltpsychologie hat im Übrigen schon vor beinahe 100 Jahren *(Wertheimer 1963, Koehler 1951)* nachgewiesen, dass nicht die Reize unsere Wahrnehmung strukturieren, sondern wir selbst. Wir neigen in den Begriffen der Gestaltpsychologie vor allem dazu, «unvollkommene Gestalten» in Eigenkonstruktion in «vollkommene» zu verwandeln. Bei folgender Abbildung *(nach Kanizsa 1955)* existiert objektiv kein weisses Dreieck mit Konturen:

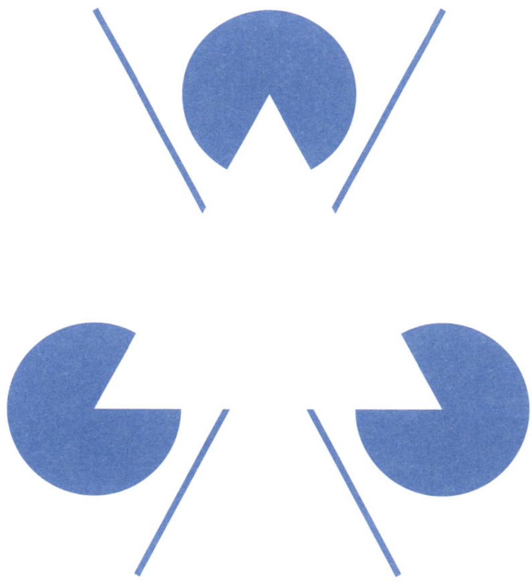

*nach Kanizsa 1955 aus Kebeck 1994, S.13*

Wahrnehmung kann auch sozial inszeniert oder beeinflusst werden:
*Jean Baudrillard* beispielsweise beschreibt in seinem schon vor über 20 Jahren veröffentlichten Büchlein «Agonie des Realen» (1978), wie innerhalb eines Experimentes eine durchschnittliche amerikanische Familie in ihrem Alltagsleben sieben Monate lang

ununterbrochen gefilmt wurde. Der Aufnahmeleiter soll gesagt haben: «Sie haben so gelebt, als ob wir nicht dabei gewesen wären!» *(S. 45)*. Eine schauderhafte Vorstellung: Dass wir tagtäglich und nachtnächtlich so lebten, wie wenn wir «gesendet» würden – sozusagen in medialer Reproduktion .
Diverse Inseln, «Big Brother» und «die Bar» lassen grüssen.
Fotos ersetzen Erinnerungen, Einschaltquoten setzen Wertmasstäbe.

> ***«Zudem gilt in unserer Gesellschaft als real tendenziell nur noch das, was medial produziert oder reproduziert wird.»***
> *Welsch 1993, S.58*

**TV-Quoten**
Zürich. – Die Ballonlandung von Bertrand Piccard und Brian Jones hat dem Schweizer Fernsehen DRS traumhafte Einschaltquoten beschert: Die erste Sondersendung – sie fand immerhin am Sonntagmorgen um sieben Uhr statt – verfolgten 388 000 Zuschauerinnen und Zuschauer, wie Chefredaktor Peter Studer sagte. Das Fernsehen DRS hatte damit 83 Prozent des frühen Sonntagmorgenmarktes bei sich. Und obwohl es vorwiegend Szenen aus dem Kontrollzentrum in Genf zu sehen und die Stimme einer Reporterin zu hören gab, bewerteten die Zuschauer die Sendung mit der guten Note 5,1. Die zweite Sondersendung um 8.30 Uhr schauten sich noch 270 000 Leute an, eine Stunde später waren es wieder 351 000.
Von Piccard profitiert hat auch die Hauptausgabe der «Tagesschau»: 1,5 Millionen Menschen schauten zu, der Marktanteil betrug 70 Prozent. *(in: Tages-Anzeiger vom 23.3.99, S. 16)*

Wir Menschen konstruieren – anders als Bienen und Kühe – unsere Welt im Kopf. *Max Frisch* schrieb 1976:

> *«Jeder Mensch erfindet sich früher oder später eine Geschichte, die er für sein Leben hält.» (S. 45)*

Diesen Aspekt der Selbstkonstruktion von Wirklichkeit, unter Ausschluss einer existierenden Objektivität, betonen Vertreter des so genannten «radikalen Konstruktivismus».

## 1.2 Wahrnehmung und Konstruktivismus

> ***«Im China des 19. Jahrhunderts beobachtete ein Chinese zwei Engländer, die in der brütenden Juli-Sonne Tennis spielten. Er erkundigte sich, ob sie nicht zwei Dienstboten hätten, die diese anstrengende Tätigkeit für sie verrichten könnten.»***
> *Quelle unbekannt*

Viele Disziplinen (Philosophie, Mathematik, Kunst, ...) verstehen und verstanden unter «Konstruktivismus» aktiven Aufbau und Gestaltung von gegebener Natur und gegebenen Materialien im Sinne eines kreativen Aktes. Die Vorläufer reichen von der idealistischen Philosophie (Kant) über die Phänomenologie bis zur Kognitionspsychologie (Piaget). Ideen des Konstruktivismus verbinden sich aktuell in unübersichtlicher Weise mit systemischen Ansätzen *(Luhmann)*, Aspekten der Komplexitätsforschung *(Dörner)* und Positionen des radikalen Konstruktivismus *(von Foerster, von Glasersfeld, Maturana/Varela, Watzlawick)*.

Der so genannte «radikale Konstruktivismus» negiert zusätzlich die Möglichkeit, eine Wirklichkeit ausserhalb von sich erfassen zu können. Jegliche Wahrnehmung und Erkenntnis sind in diesem Verständnis kreative Tätigkeiten: Ein Bild, das wir sehen ist nicht minder ein Ergebnis eigenen Handelns, als ein Bild, welches wir malen.

Diese Idee geht unter anderem auf den neapolitanischen Philosophen *Giambattista Vico* zurück *(17./18. Jh. vgl. von Foerster et al. 1998, S. 29/30)*.

Wir kreieren nach dieser Theorie Handlungs- und Denkweisen, welche in der radikalkonstruktivistischen Sprache als «viabel» bezeichnet werden *(vgl. von Foerster 1998, S. 19 und S. 30, sowie Siebert 1999, S. 43 ff.)*, das heisst an allen Hindernissen vorbei zum erwünschten Ziel führen.

Für den Menschen existiert demnach keine Erfahrung einer realen Welt; wir erzeugen buchstäblich die Welt, in der wir leben, indem wir sie leben. Was wir Wirklichkeit nennen, ist also eine Erfindung, nicht eine Entdeckung. «Äussere Wahrnehmung» (siehe 1.1 in diesem Kapitel) existiert somit in konstruktivistischem Sinne gar nicht.

Die Neurobiologen *Maturana* und *Varela (1987)* prägten den Begriff der «Autopoiese», welche sie als System verstehen, das zirkulär die Komponenten erzeugt, aus denen es selbst besteht. Dies gilt sowohl für unser Gehirn wie auch für Organisationen oder andere Systeme. Eine solche Form von (gewünschter) Selbstregulierung taucht in der Bildungsarbeit als «Selbstorganisation» auf.

Vor allem *Watzlawick (1989/1991)* beschäftigte sich zudem mit der Tatsache, dass Menschen statt sich an Beobachtbarem zu orientieren, durch Diagnosen (z. B. in der Psychiatrie) und Deutungen Wirklichkeiten selbst erschaffen.

Teilweise beruft sich der radikale Konstruktivismus ursprünglich auf die Philosophie der Solipsisten im alten Griechenland. Diese vertraten die Auffassung, dass alleine das Individuum und seine Bewusstseinszustände existieren. In diesem Sinne richtet sich das Interesse aus konstruktivistischer Sicht in erster Linie auf unsere Alltagestheorien, unsere mentalen Modelle oder unsere subjektiven Theorien (siehe auch Kap. I).

Im Gegensatz zum Solipsismus jedoch, ist im radikalen Konstruktivismus Erkennen zwar subjektiv, aber nicht beliebig. Die Menschen nämlich «einigen» sich verhandelnd und deutend innerhalb ihrer Kultur auf eine bestimmte Art und Weise, die Welt zu sehen, zu beschreiben und zu erklären. Menschliches Erkennen ist somit ein soziales Phänomen; im Speziellen lässt sich dabei die Sprache als Medium der Beschreibung von Wirklichkeiten als sozial wirklichkeitserzeugend bezeichnen.

Aus konstruktivistischer Sicht ergäben sich u.a. folgende Konsequenzen für die Bildungsarbeit *(vgl. auch Gasser 1999, S. 68–70 und Arnold/Siebert 1999)*:

- Bildungsarbeit muss sich nicht nur mit der Aneignung neuen Wissens, sondern vor allem mit der Vergewisserung, der Überprüfung und der Modifizierung vorhandener Deutungen beschäftigen.
- Instruktive Einflussmöglichkeiten sind gering; pädagogische Interventionen haben lediglich den Stellenwert von Anregungen und Verstärkungen, Lernende sind nur begleitbar.

- Die Didaktik als System des Glaubens an Gestalt- und Planbarkeit hat ausgedient, Bildungsveranstaltungen sind nur bedingt planbar, ihre Wirkungen nicht abzuschätzen.
- Im Sinne von lebendigen Systemen handeln Lehrende und Lernende selbstorganisiert, autonom und selbstreferentiell.
- Lernende sind immer auch Konstrukte von Lehrenden.
- Die Heterogenität von Lernenden, ihre Differenzen schaffen die grösste Möglichkeit von erfolgreichen Lernprozessen.
- Die Reflexion als «Beobachtung 2. Ordnung», respektive als Selbstbeobachtung des Beobachters *(nach Watzlawick)* ist das zentrale Instrument für Selbsterkenntnis und Professionalisierung.

Folgende Kritik am trendigen Konstruktivismus ist durchaus angebracht:
- Der Konstruktivismus blendet tendentiell gesellschaftliche Prozesse aus und unterstützt den umstrittenen Trend der Individualisierung («Wenn es dir schlecht geht, liegt das an deiner Wirklichkeitskonstruktion», *siehe Arnold/Siebert 1999, S. 23).*
- Somit ist der Konstruktivismus als apolitisch zu bezeichnen und neigt dazu, Machtbeziehungen auszublenden und emanzipatorische didaktische Positionen zu negieren.

Als Leerhülse ist der Begriff «Konstruktivismus» gegenwärtig in aller Munde und wird beliebig gefüllt.
Beinahe jede neuere Publikation im Bereiche von Didaktik und Lernpsychologie begründet alten didaktischen Wein in neuen konstruktivistischen Schläuchen.
Begriffe schaffen zwar – vor allem bei Einigungs- und Klärungsprozessen – eine gemeinsame Sprache und ein gemeinsames Verständnis.
In diesem Falle jedoch reduziert der Begriff «Konstruktivismus» nach meinem Dafürhalten in zu schneller Einigkeit Phänomene auf das Generelle und Kategorisierende.
Deshalb werde ich in meinen Ausführungen selten explizit «konstruktivistisch» argumentieren.

### 1.3 Personenwahrnehmung und Beurteilung

Der Prozess der Personenwahrnehmung unterscheidet sich von der dingorientierten Wahrnehmung durch die Tatsache, dass agierende und reagierende Wesen im Sinne der Interaktion Wahrnehmungen beeinflussen können. Es kann zwischen *Selbstwahrnehmung* und *interpersonaler Wahrnehmung* unterschieden werden.
Die interpersonale Wahrnehmung dient nicht nur der blossen Wahrnehmung, sondern schon einer gewissen Urteilsbildung, in unserem Falle sogar einer Beurteilung. Wahrnehmung ist demnach eine allgegenwärtige Voraussetzung für gezielte Interaktion.
Die folgende Darstellung stammt von *Graumann (1969, in: Strasser 1992)* und bietet einen Überblick über Faktoren, welche in einer Beurteilungssituation die soziale Wahrnehmung beeinflussen können. Anschliessend werde ich die einzelnen Faktoren hinsichtlich der Bedeutsamkeit in Bezug auf verschiedene Beurteilungssituationen erläutern; wobei ich unter Beurteilung hier nicht nur konkrete ausbildungsrelevante Handlungen verstehe. Schon ein Erstkontakt mit Lernenden oder ein beiläufiger Wortwechsel zwischen Tür und Angel ist für uns Ausbildner/innen als Rollen- und Funktionsträger einschätzungs- und beurteilungswirksam.

## MODELL DER PERSONENWAHRNEHMUNG (NACH GRAUMANN)

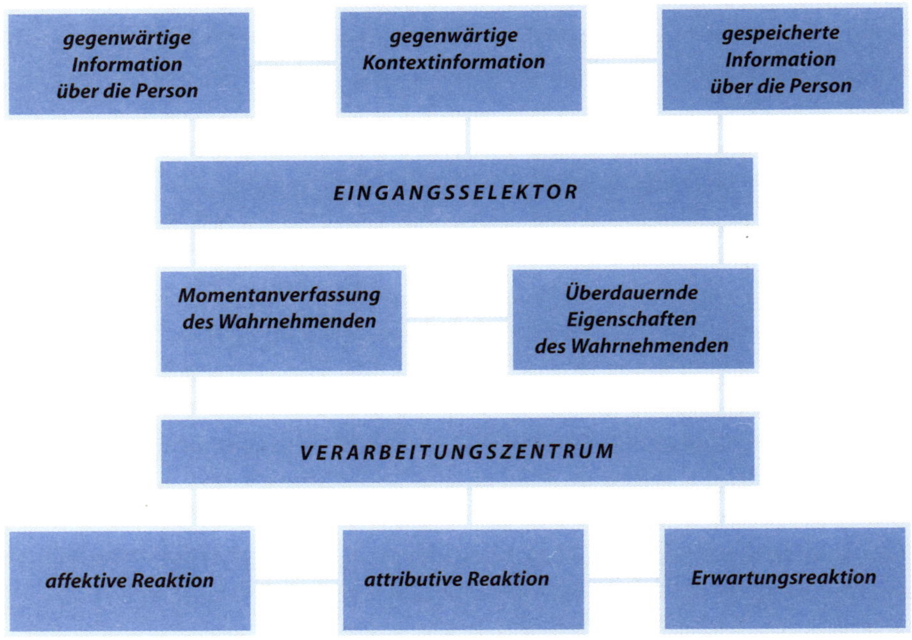


*Graumann 1969, in: Strasser 1992, S. 30*

### Gegenwärtige Information über die Person

Aussehen, Geschlecht, Körpergrösse, Gesicht, Haare, Kleidung, Mimik, Gestik und Verhaltensweisen bestimmen mit, welche affektiven (emotionalen) und attributiven (zuschreibenden) Reaktionen oder Erwartungshaltungen bei mir als Beurteilungsperson auftauchen. Im Sinne der Gestaltpsychologie neige ich dazu, mir beim Vorliegen von unvollständigen Informationen einen subjektiven «Gesamteindruck» meines Gegenübers zu verschaffen.

### Gegenwärtige Kontextinformation

Rahmenbedingungen im engeren und im weiteren Sinne prägen die Wahrnehmung in Beurteilungssituationen. Gesellschaftliche Vorgaben, institutionelle Bedingungen, die «Kultur» meiner Organisation (vgl. Kap. VII, 5.), der Raum, in welchem zum Beispiel eine Beurteilung stattfindet und der zur Verfügung stehende Zeitraum, beeinflussen allesamt Beurteilungssituationen.

### Gespeicherte Informationen über die Person

Vielleicht kenne ich die zu beurteilende Person aus einem anderen Kontext oder vom «Hören-Sagen», oder habe über sie schriftliche (Beurteilungs-)Berichte gelesen. Solche Vorinformationen können, je nach meiner Verfassung oder Wahrnehmungseigenart, meine Erwartungshaltung und mein Verhalten prägen.

**Momentanverfassung des Wahrnehmenden**

Wenn ich direkt aus einer hitzigen Konferenz komme oder Kopfschmerzen habe, übermüdet bin, eventuell Trauer verspüre, nicht bei der Sache bin, oder auch wenn ich rundum glücklich und entspannt bin, dann bestimmt dieser Zustand meine Wahrnehmung(sfähigkeit) und somit die Beurteilung. Je nachdem neige ich zu mehr Selektivität und Subjektivität und reagiere affektiver oder attribuierender. Druck und belastender Stress, Wut und Angst sind bedeutsame «Wahrnehmungsverzerrer» (vgl. auch Kap. III, 2.10).

**Überdauernde Eigenschaften des Wahrnehmenden**

Meine ureigene neurologisch und biographisch begründete Art wahrzunehmen, meine eigene Selektivität und Subjektivität sowie mein gelernter Umgang mit meinen eigenen Reaktionen, Einstellungen, Werten und Normen, bestimmen die Beurteilungssituation mit.

**Reaktionen der beurteilenden Person**

**a) affektive Reaktionen**

Jeder Interaktionspartner, also auch jede Beurteilungsperson reagiert auf Grund von wahrgenommenen Merkmalen und Verhaltensweisen einer/eines zu Beurteilenden und dessen Kontext individuell. Affektive Reaktionen hängen auch von der individuellen Persönlichkeitsstruktur und der eigenen Lebens- und Lerngeschichte ab. Unbewusste wahrnehmungsverzerrende Prozesse im affektiven Bereich sind aus der Tiefenpsychologie bekannt:

- Identifikation
  Wir versetzen uns unbewusst in die Lage der zu beurteilenden Person und fühlen, denken und handeln in der Folge so, wie sie (es tun würde). Wird dieser Prozess nicht bewusst reflektiert, kann beispielsweise einseitige Parteinahme Konsequenz sein.
- Übertragung
  Wir übertragen einen positiven oder negativen Affektbezug eines nahen Menschen (Vater, Mutter, Geschwister, Partner) auf die zu beurteilende Person. Dadurch werden unsere früher erlebten Beziehungen reaktiviert und inszeniert. (Selbstverständlich können wir auch «Übertragungsopfer» sein!)
- Projektion
  Wir schreiben einer zu beurteilenden Person eigene (verdrängte) Mängel oder (unterdrückte) Bedürfnisse zu. Die Projektion kann wahrgenommen und abgewehrt werden, im schlimmeren Falle aber auch «als Ersatz» in Erfüllung gehen.

**b) attributive (zuschreibende) Reaktionen/Erwartungsreaktionen**

Aus der Sozialpsychologie sind eine ganze Reihe von Wahrnehmungs- und Reaktionsfallen bekannt. Die wichtigsten liste ich hier auf. Teilweise überschneiden sich diese theoretischen Ansätze untereinander oder erklären in anderen Worten Sachverhalte, welche ich weiter vorne geschildert habe. Ich lehne mich dabei ergänzend an die Zusammenstellung von *Strasser (1992, S. 36):*

- Implizite Persönlichkeitstheorie
  Unsere individuelle und private Theorie über den Menschen, die verschiedenen Eigen-

schaften einer Person, deren Beziehung untereinander und das Entstehen von Verhalten bestimmen mit, wie wir die Lücken in der Wahrnehmung von Personen füllen und ergänzen (vgl. auch die Ausführungen über die so genannten «subjektiven Theorien» Kap. I, 3.3).

- Attribution, Attribuierung
  Die Lücken zwischen der wahrgenommenen Wirklichkeit und dem persönlichen Eindruck schliessen wir durch Zuschreibung von nicht beobachteten Eigenschaften und durch Interpretationen bezüglich den Ursachen und Motiven für ein bestimmtes Verhalten.
- Stereotypisierung
  Wir belegen Angehörige einer Gruppe, einer sozialen Schicht, einer Rasse oder eines Geschlechts mit überdauernden, starren Sichtweisen und Überzeugungen bezüglich ihren Merkmalen und Eigenschaften.
- Halo- oder Hof-Effekt (Halo = Hof des Mondes)
  Aufgrund von positiv oder negativ wahrgenommenen Eigenschaften und Verhaltensweisen nehmen wir entsprechend dieser einen Beurteilung alle weiteren Eigenschaften und Verhaltensweisen entsprechend wahr, währenddem wir die gleichen Merkmale bei anderen Personen nicht beachten oder sogar als positive Eigenschaften beurteilen (vgl. auch «Stigmatisierungsprozess», Kap. III, 1.6).
- Pygmalion-Effekt (auch Rosenthal-Effekt oder Selbsterfüllende Prophezeiung)
  Unsere Erwartungen bezüglich des Verhaltens eines zu beurteilenden Menschen bewirken mit grösserer Wahrscheinlichkeit, dass sich dieser in Richtung der entsprechenden Erwartung verhält.
- Milde-Effekt
  Wir tendieren unter Umständen dazu, positiv wahrgenommene und wünschenswerte Eigenschaften stärker zu gewichten sowie negative und ungünstige zu mildern.
- Primacy-Effekt
  Der erste Eindruck, ein erster Kontakt, prägen bewusst oder unbewusst das weitere (Beziehungs-)Geschehen.
- Nikolaus-Effekt
  Eine bevorstehende Beurteilung hat auf Grund der beidseitigen gespannten Erwartung Auswirkungen auf mich und die zu beurteilende Person.
- Reihungs-Effekt
  In der Reihenfolge von Beurteilungen (Präsentationen, schriftliche Arbeiten etc.) neige ich dazu, von «trend settern» beeinflusst zu werden und die eine Beurteilung mit der zuvor durchgeführten zu vergleichen.

Es gilt als gesichert, dass, wenn zwei Personen die gleiche andere Person beobachten, sich etwa 47% der wahrgenommenen Merkmale decken *(vgl. Tacke 1985, S. 17)*.
Sie können sich vorstellen, was passiert, wenn ich Kursteilnehmer/innen wahrnehme, sie mich, sie sich untereinander, ...
Exemplarisch möchte ich mich nun etwas eingehender mit einem ausgewählten Mechanismus der sozialen Wahrnehmung beschäftigen, dem so genannten Pygmalion-Effekt:

## 1.4 Der Pygmalion-Effekt oder die «selffulfilling prophecy»

Der römische Dichter *Ovid* beschrieb in seinen «Metamorphosen», wie Pygmalion, ein König und Künstler, eine Frauengestalt aus Elfenbein (Galathea) formte, wie er sich in sie verliebte und Aphrodite, die Liebesgöttin, inständig bat, ihr Leben einzuhauchen. Sein Wunsch wurde erhört und erfüllt, Pygmalion nahm Galathea zur Gemahlin. Vielleicht erinnern Sie sich auch an *Bernard Shaw's* «Pygmalion». Dort ist es der Linguist Prof. Higgins, der bei einem Blumenmädchen aus der Unterschicht einen hohen sprachlichen Bildungseffekt und eine Persönlichkeitswandlung erwartet (Vorlage für das musical «My fair lady»).

Mitte der 60er Jahre wurden in South San Francisco, USA, an der Oak-school 18 Klassen der Primarschule mit einem Intelligenztest geprüft. Der Test sollte Aussagen über die mögliche zukünftige Leistungssteigerung der Schüler/innen erlauben sollte. Den Lehrer/innen wurden 20% der Schüler/innen genannt, welche aus verschiedenen Gründen voraussichtlich eine solche Leistungssteigerung erwarten liessen. In Wirklichkeit jedoch waren diese Schüler/innen zufällig ausgewählt worden. Die Lehrer/innen erwarteten infolgedessen von dieser 20%-Auswahl eine eindeutige Leistungssteigerung. In einer weiteren Untersuchung zwei Jahre danach, wiesen die besagten, als leistungsfähiger benannten Schüler/innen, eine signifikant höhere IQ-Steigerungsrate als die anderen auf. Dieser spektakuläre, jedoch auch (methodisch) kritisierte Befund der Forscher *Rosenthal* und *Jacobsen* wird gemäss ihrem Buch «Pygmalion in the classroom» auch als «Pygmalion im Unterricht» (1971) bezeichnet.

Viele weitere Untersuchungen bei Erwachsenen, ja sogar bei Tieren, zeigen, dass dieser Pygmalion-Effekt in Alltag und Ausbildung von hoher Relevanz ist. Dieser Vorgang wird auch mit dem vom amerikanischen Soziologen *Merton* in den 40er Jahren geprägten Begriff als «Sich selbst erfüllende Prophezeiung» (selffulfilling prophecy) bezeichnet. Gemäss diesem Effekt nimmt die Wahrscheinlichkeit eines spezifischen Verhaltens bei Menschen zu, wenn dieses Verhalten erwartet wird. Erwartungen, welche an einen Menschen gerichtet sind, werden von diesem sukzessive übernommen und wirken verursachend auf sein Verhalten. Wobei solche Erwartungen nicht nur explizit geäussert werden müssen; nonverbale Signale reichen unter Umständen schon aus.

Nach *Merton* ist der Effekt der «selffulfilling prophecy» allgegenwärtig. Denken Sie an den medizinischen Placebo-Effekt oder die Labilität von Börsendaten. Die «Millennium»-Befürchtungen hätten sich beinahe bewahrheitet: Wenn Unmengen von verängstigten Bankkunden die Bankomaten Ende 1999 geleert hätten, weil sie befürchteten, diese könnten zu Beginn des Jahres 2000 nicht mehr funktionieren, wäre die Wahrscheinlichkeit der Fehleranfälligkeit besagter Automaten durch den intensiven Gebrauch tatsächlich gestiegen, was wiederum wirklich zu einem technischen Zusammenbruch hätte führen können.

Kennen Sie die von *Watzlawick (1978, S. 92)* erzählte Geschichte des Experimentes der so genannten Palo-Alto-Gruppe? Zwei erfahrene Schizophrenie-Therapeuten wurden einander mit der Vorinformation überwiesen, der jeweilig andere sei an unheilbarer Schizophrenie erkrankt. Eine Therapiesitzung, in welcher beide einander zu therapieren begannen, wurde mit Video aufgezeichnet. Beide diagnostizierten danach am jeweilig anderen hochgradige Schizophrenie; der eine soll sogar beim anderen einen «Schuss Grössenwahn» erkannt haben, weil dieser immerzu behauptet hätte, er sei Psychiater …

Hierzu hat im übrigen *Fritz B. Simon* in seinem Buch «Meine Psychose, mein Fahrrad und ich» ein interessantes Rollenspiel konzipiert *(1997, S. 132–136).*

In meinem eigenen Unterricht zeige ich jeweils meinen in zwei Gruppen getrennten Studierenden drei Photos von Drogenabhängigen aus einer Portraitreihe des Tages-Anzeiger-Magazins. Der einen Gruppe gebe ich lediglich den Auftrag, sich Gedanken über Möglichkeiten von Lebensart und Kontext der Porträtierten zu machen, die zweite Gruppe erhält anfangs zusätzlich die vorhandenen Kontextinformationen (zum Beispiel, dass es sich bei den Porträtierten um Drogenabhängige handle). Nach den gruppeninternen Gesprächen lasse ich Vertreter/innen aus beiden Gruppen «mischen» und ihre Wahrnehmungen austauschen. Ich mache jedesmal die Erfahrung von eklatanter Irritation und hoher Betroffenheit von Vertreter/innen beider Gruppen bezüglich der Unterschiedlichkeit von Wahrnehmung zu Beginn des Austausches, welche durch eine einzige zusätzliche (oder weggelassene) Vorinformation provoziert wird. Im Übrigen werden die Kontextinformationen im anschliessenden Austausch der beiden Gruppen blitzschnell verbreitet, was wiederum in einer zweiten Phase zu hoher Einheitlichkeit der Einschätzung führt.
Nun, hier handelt es sich lediglich um individuell und sozial konstruierte «Bilder» von Menschen(gruppen), die Interaktion mit besagten Drogenabhängigen hat damit reell noch nicht begonnen. Man könnte sich jedoch gut vorstellen, dass ...
Bilder scheinen weniger widersprüchlich und dauerhafter zu sein als die Realität.

Sozialpsychologen unterscheiden *interpersonale und intrapersonale Erwartungen.* Wir haben uns weiter oben mit Pygmalion-Effekten in pädagogischen Beziehungen, also mit interpersonalen Erwartungen beschäftigt. Es muss sich dabei im Übrigen nicht nur um «Opfer» unter Schüler/innen handeln, wir Ausbildner/innen unterliegen in der Konstruktion unseres «Rufes» seitens unserer Teilnehmer/innen mindestens ebenso starken Erwartungshaltungen, welche sich gelegentlich auch erfüllen!
Der intrapersonalen Erwartung, also der Erwartung an mich selbst, kommt zusätzlich hohe Bedeutung in Bezug auf mein eigenes «Misserfolgs- oder Erfolgskonzept» zu. Zur Dynamik der Interdependenz von Selbst-und Fremderwartungen verweise ich auf das Instrument 1 (2.9 in diesem Kapitel). Dieses erklärt das System des so genannten «Teufels»- oder «Engelskreises» bezüglich (Lern-)Leistungen.
Eine besondere Form der «selffulfilling prophecy» besteht darin, etwas Geschehenem oder Geschehendem einen Sinn zu geben, einfach weil es geschehen ist oder gerade geschieht. Wir verteidigen eine (Beurteilungs)Situation oder ein (Beurteilungs-)Ergebnis, weil wir Angst davor haben, unser Gesicht zu verlieren. «Zugszwang» nennt man das üblicherweise *(siehe von Hentig/Frisch 1977, S. 55).*
*Rosenthal* hat in späteren Publikationen bezüglich Lehrverhalten, welche den Pygmalion-Effekt bewirken, immer wieder betont, dass Lehrer/innen, welche eine positive Erwartung von ihren Schüler/innen haben,

- ein wärmeres und lernförderlicheres Klima erzeugen,
- mehr Rückmeldungen über den (Leistungs-)Stand ihrer Schüler/innen geben,
- höhere Anforderungen stellen sowie mehr inhaltliche und didaktische Informationen liefern und
- ihren Schüler/innen mehr Gelegenheit geben, zu fragen und zu antworten,

als solche, welche von eher negativen Erwartungshaltungen ausgehen.

Ich weiss nicht, wie es Ihnen, liebe Leserinnen und Leser, jetzt geht.
In etwas erdrückender Weise kommen mir etliche Bilder und Szenen aus meinem Aus-

bildneralltag in den Sinn: Der Mann in meiner Kursgruppe, dessen Frau in einer meiner früheren Gruppen Teilnehmerin war. Die Frau aus dem Team, welches ich berate, mit der ich in einem anderen Kontext eine nicht unproblematische Auseinandersetzung geführt hatte. Teilnehmer/innen, deren Stimmen oder Gesten mich an andere Menschen erinnern, in Prüfungssituationen zu Beurteilende, vor welchen ich von Kollegen «gewarnt» worden bin, erste Kurstage, an welchen ich die Namen der Teilnehmer/innen lerne, indem ich als «Eselsbrücke» notiere, an wen sie mich erinnern, meine eigenen «Bilder» von ganzen Berufsfeldern, meine eigene männliche (Lern-)Biographie ...

Wenn ich mir die erklärenden Faktoren von *Rosenthal* ansehe, müsste es ganz einfach sein: Ich nehme mir nur noch positive Erwartungen vor, welche sich alsgleich erfüllen. Think positive, and that's it! Zum Glück und beileibe nicht! Es ist unmöglich, alle Erwartungen willentlich zu vermeiden oder zu steuern. «Sei doch optimistisch, neutral und gerecht!» reicht noch nicht aus, um in mir einen Teufelskreis-Mechanismus zu unterbrechen. Das wäre, wie wenn ich dem schielenden Huhn sagen würde, es solle gefälligst nicht schielen.

**Das schielende Huhn**

Ein schielendes Huhn sah die ganze Welt etwas schief und glaubte daher, sie sei tatsächlich schief. Auch seine Mithühner und den Hahn sah es schief. Es lief immer schräg und stiess oft gegen die Wände. An einem windigen Tag ging es mit seinen Mithühnern am Turm von Pisa vorbei.
«Schaut euch das an», sagten die Hühner, «der Wind hat diesen Turm schiefgeblasen.»
Auch das schielende Huhn betrachtete den Turm und fand ihn völlig gerade. Es sagte nichts, dachte aber bei sich, dass die anderen Hühner womöglich schielten. *(aus Malerba 1997, S. 14)*

Glücklicherweise sind wir nicht in der Lage, Menschen mittels Erwartungen einfach zu «machen». Trotzdem kann ich den Versuch wagen, mir der erwartungsgenerierenden Quellen etwas bewusster zu werden, mir und anderen die Chance zu geben, einmal andere nicht erwartungsgemässe Erfahrungen zu machen, meinem unbewussten «Einordnungstrieb» etwas zu widerstehen, mir eine Pause für Vorüberlegung und Überprüfung zu gönnen.

Hier als Extrakt einige bedeutsame Fragen für Beurteilungssituationen in Bezug auf Faktoren des Wahrnehmungsprozesses – selbstverständlich aus meiner Sicht:

**Reflexionsfragen zu Wahrnehmungsprozessen in Beurteilungssituationen**

- **Welches sind meine externen Informationen über die zu beurteilende Person?**
- **Welche «schnellen Bilder» mache ich mir?**
- **Welches sind meine individuellen Wahrnehmungs- und Verarbeitungsmuster?**
- **Wie ist die Beziehung zwischen uns Beteiligten?**
- **Wie kann ich die Kommunikation beschreiben?**
- **Wie ist die aktuelle Befindlichkeit der beteiligten Personen?**
- **Wie ist der konkrete Rahmen (Raum, Klarheit der Ziele, Klarheit der Aufgabenstellung, Vorgehen)?**

Eine letzte Empfehlung: Tauschen Sie ihre Ausbildungs-, Beratungs- und Beurteilungserfahrungen aus, weil Sie immer «einäugig», «schwerhörig» oder gar «blind» sind. Stehen Sie zu Ihren Bildern, legen Sie die Karten – zumindest vor sich selber – auf den Tisch.
*Pechtl (1989, S. 25)* schrieb von der Notwendigkeit der «abgesprochenen Wirklichkeit», um der «subjektiven Wirklichkeit» und ihren Fallen etwas entgegenzuhalten. Der Austausch erhöht zwar vorübergehend wieder die Wahrnehmungskomplexität, wenn Sie jedoch dadurch einen Moment Ihrem «Einordnungsblick» *(Rumpf 1991, S.20)* widerstehen können, sehen Sie vielleicht – wenn auch nur kurz – den Elefanten (siehe weiter unten).
Wenn's denn wirklich einer ist ...

**Die Blinden**
Es war einmal ein kleines Dorf in der Wüste. Alle Einwohner dieses Dorfes waren blind. Eines Tages kam dort ein grosser König mit seinem Heer vorbei. Er ritt auf einem gewaltigen Elefanten. Die Blinden hatten viel von Elefanten erzählen hören und wurden von einer heftigen Lust befallen, heranzutreten und den Elefanten des Königs berühren zu dürfen und ihn zu untersuchen, um eine Vorstellung davon zu bekommen, was das für ein Ding sei.
Die Gemeindeältesten traten vor und verneigten sich vor dem König und baten um Erlaubnis, seinen Elefanten berühren zu dürfen. Der eine packte ihn beim Rüssel, der andere am Fuss, ein dritter an der Seite, einer reckte sich hoch auf und packte das Ohr, und ein anderer wieder durfte einen Ritt auf dem Rücken des Elefanten tun.
Entzückt kehrten alle ins Dorf zurück. Die Blinden umringten sie und fragten, was denn das ungeheuerliche Tier Elefant für ein Wesen sei.
Der erste sagte:«Es ist ein grosser Schlauch, der sich hebt und senkt, und es ist ein Jammer um den, den er zu packen kriegt.»
Der zweite sagte: «Es ist eine mit Haut und Haaren bekleidete Säule.» Der dritte sagte: «Es ist wie eine Festungsmauer und hat auch Haut und Haare.»
Der, der ihn am Ohr gepackt hatte, sagte: «Es ist keineswegs eine Mauer, es ist ein dicker, dicker Teppich, der sich bewegt, wenn man ihn anfasst.»
Und der letzte sagte: «Was redet ihr für Unsinn? Es ist ein gewaltiger Berg, der sich sogar bewegt!»
*(Kazantzakis, Quelle unbekannt)*

### 1.5 Beobachten als gezieltes Wahrnehmen

Unter Beobachtung verstehen wir zielgerichtete und methodisch – soweit wie möglich – kontrollierte Wahrnehmung.
Im täglichen Leben gehen Wahrnehmung und Beobachtung selbstverständlich fliessend ineinander über, beiläufige Wahrnehmungen können plötzlich in bewusstes Beobachten umschlagen. Beim hier gemeinten Beobachten geht es also um die planvolle und differenzierte «Datendiagnose», welche wir unter Bemühung um Sachlichkeit, später zwecks einer Beurteilung auswerten wollen (z. B. mittels Gesprächen). Wir können dabei unter dem Gesichtspunkt von möglichst hoher Objektivität und Kontrollierbarkeit von Ergebnissen unterscheiden:

1. Unsystematische Beobachtungsmethoden
   Dabei halte ich beispielsweise erste Eindrücke, besondere Vorkommnisse und Gelegenheitsbeobachtungen protokollarisch oder tagebuchartig fest.

2. Systematische Beobachtungsmethoden
   In möglichst wissenschaftlicher Weise halte ich Beobachtungen, wenn möglich über längere Zeit mit Hilfe eines vorstrukturierten Kriterienplanes fest.

Die unsystematische Beobachtung lässt sich schwerer von der ungerichteten Wahrnehmung trennen. Intuitiv erfasse ich eventuell Relevantes, ich mache mich jedoch dadurch auch abhängiger von (eigenen) Wahrnehmungsverzerrungen. Systematische Beobachtung kennen wir beispielswiese vom Beurteilungsinstrument «Assessment Center» (AC) *(siehe Karrer 1997)*, mittels welchem Beurteilende anhand eines vorstrukturierten Anforderungsprofils und davon abgeleiteter Kriterien, im Bereiche von Selbst- und Sozialkompetenzen beobachtet und anschliessend bewertet werden. Interessant ist dabei, dass in einem solchen AC immer mehrere so genannte Assessorinnen oder Assessoren eine zu prüfende Person beobachten. Dies scheint ein Versuch zu sein, durch das Berücksichtigen mehrerer Perspektiven der «Objektivität» näher zu kommen. Wenn eine solche Anlage beiden «Parteien» eine Lernmöglichkeit in förderlichem Klima bietet, kann man sie durchaus als effizient bezeichnen (gelegentlich werden Assessment Centers aber auch als «Assassination Centers» missverstanden).
Selbstverständlich gilt für die gezielte Beobachtung dieselbe Anfälligkeit auf Störungen (eigene Alltagstheorie, persönliche Wertvorstellungen, Projektionen, situative Bedingungen etc.) wie weiter vorne beschrieben. Gerade dann, wenn ich lebendige Systeme, also Menschen, einzeln oder interagierend beobachte, verändert sich das beobachtete System bedingt durch die Beobachtung genau so sehr, wie ich mich selbst als Beobachter im Sinne einer Wechselwirkung verändere. Häufig erschweren hier Bedeutungsschwankungen der Begriffe das Beurteilen; das gemeinsame Übersetzen und Klären von formulierten Beobachtungskriterien ist unabdingbar.
Beobachtungen werden meist verbal zu Beschreibungen verschriftet. Hier ist für mich immer wieder interessant, dass in vielen schriftlichen Beobachtungs- und Beurteilungsberichten «adjektivisch» vorgegangen wird: «Sie ist zurückhaltend, aggressiv etc.» Ich empfehle hier – und muss mir dies auch jeweils selber immer wieder vornehmen – verbal zu formulieren, das heisst Verhalten zu beschreiben: «Sie übernimmt Verantwortung», «er unterstützt seine Mitlernenden» etc., weil solche Verhaltensbeschreibungen mit reellen beobachteten «Facts» verbindbar und überprüfbar sind und sein müssen. Damit können wir kategorisierende Zuschreibungen eher vermeiden.
Trotzdem entbindet uns niemand der Verantwortung, in Selbstkontrolle unser Beobachtungsverhalten stets zu überpüfen und uns unserer blinden Flecken sowie unserer «Wahrnehmungsbrille» bewusst zu werden.

***Blinder Fleck***

*Machen Sie eine Lese- Pause und halten Sie dieses Buch so in der Hand, dass Sie links das Kreuz und rechts den weissen Kreis vor Augen haben. Halten Sie das Buch mit der rechten Hand, schliessen Sie das linke Auge und fixieren Sie mit dem rechten Auge das Kreuz. Bewegen Sie nun das Buch entlang der Sichtlinie langsam hin und her, bis überraschenderweise der weisse runde Fleck plötzlich unsichtbar wird. Gewöhnlich findet das bei einer Entfernung von 30–35 cm statt.*
*Sie sehen nicht die «Aussenwelt» sondern erleben Ihr visuelles Feld.*

# 2. Beurteilen

## 2.1 Beurteilung

***«Die Widersprüche halten die Wahrscheinlichkeit offen, dass die Welt eine andere sein könnte, als sie augenblicklich erlebt wird.»***

*Meueler 1993, S. 40*

Ein Urteil über Personen setzt sich also aus Wahrnehmungen, Beobachtungen, vorgefassten Meinungen etc. zusammen und ist somit ein sekundärer Vorgang. Wir setzen wahrgenommenes Verhalten oder beobachtete Leistung in Beziehung zu einem Massstab, ordnen sie in ein Bezugssystem ein, interpretieren und bewerten.

Ein ausserschulisch durchaus «normales» Verhalten kann im Bezugssystem «Schule» plötzlich als inadäquat erscheinen. Ein indischer Heiliger kann in seinem Lande verehrt werden, wogegen es bei uns im Westen durchaus im Bereiche des Möglichen liegt, dass dieser für verrückt erklärt wird.

Ein aggressiv und «sozial inkompetent» erscheinender Teilnehmer Ihrer Ausbildungsgruppe kann im Bereich seines Arbeitsfeldes ohne weiteres als erfolgreich und effizient wahrgenommen werden.

Zudem ist eine Beurteilungssituation immer als Interaktion in komplementärer Art vom Verhältnis Macht – Ohnmacht geprägt – auch wenn wir uns als Beurteilende noch so nett und fördernd verhalten. Falsch verstandene Partnerschaftlichkeit kann zu Beurteilende irritieren, ja sogar als «strategische» Anbiederung verstanden werden. Ich erfahre immer wieder von verunsicherten Beurteilenden, welche in Beurteilungsgesprächen zu Beurteilende sich zuerst selber einschätzen lassen und sich dann darüber wundern, dass diese sich vorsichtig ausdrücken, den «Puls» der Beurteilungsperson «fühlen» etc. Zum Glück sind sie vorsichtig! Aus der «ohnmächtigen» Perspektive heraus benötigt es viel Vertrauen und Vertrauenserfahrung, Mut und Selbstbewusstsein, welches geübt und systematisch aufgebaut werden muss.

Im beruflichen Alltag wird zwischen den Begriffen «Beurteilung» und «Qualifikation» häufig nicht unterschieden. In Schulen werden Lernende eher beurteilt, Lehrer/innen aber (gelegentlich lohnwirksam) qualifiziert, in Betrieben wird eher von «Qualifikation» gesprochen.

In der folgenden Darstellung und in meinen Ausführungen verwende ich «Beurteilung» als Überbegriff und «Qualifikation» als sozusagen verbindlichste Beurteilungsmassnahme, welche häufig auch im Zusammenhang mit gesellschaftlichen Berechtigungsnachweisen steht. In zusätzlichem Sinne werden Qualifikationen ja auch «verteilt», «erworben» und «anerkannt».

Feedback wäre dann die unverbindlichste Beurteilungsmassnahme, wobei in einer Beurteilungsbeziehung natürlich jedes Feedback von der zu beurteilenden Person qualifizierend verstanden werden kann – und dies nicht selten aus guten Gründen. Die in der Darstellung unten aufgeführte Möglichkeit, Feedback abzulehnen ist somit nicht immer gegeben.

(Interessanterweise wird in manchen Betrieben im Bereiche der Personalentwicklung zwischen «weichem» und «hartem» Feedback unterschieden – die Grenzen sind also fliessend.)

***BEURTEILUNG***

| ***Qualifikation*** | ***Standortbestimmung*** | ***Feedback*** |
|---|---|---|
| *Fällen eines Urteils* ↓ *Selektion/Klassifikation* ↓ *ev. Sanktion* ↓ *ev. Ausschluss/Auflage* | *Entwickeln von Lern-Empfehlungen, gemeinsames Planen von Massnahmen und weiteren Schritten* | *Rückmeldung mit offener Möglichkeit für Annahme oder Ablehnung* |

→ *Abnahme der Verbindlichkeit* →

Wie hier ersichtlich wird, sind bei Beurteilungen in Bildungssystemen zwei Relevanzen zu orten sind, die pädagogogische und die gesellschaftliche:

### 2.2 Die Pädagogische Relevanz von Beurteilungen

Nach *Ingenkamp (1995, S. 18)* dient das Beurteilungssystem aus pädagogischer Sicht der Verbesserung des Lernens und unterstützt folgende Aspekte:

- die Selbst- und Fremdeinschätzung der Lernprodukte
- das Erkennen von Lerndefiziten
- die Bestätigung erfolgreicher Lernschritte
- die Motivation durch Hinweise auf Lernerfolge und Steuerung des Schwierigkeitsgrades nächster Lernschritte
- die Verbesserung der Lernbedingungen

Hier bewegen wir uns also eher auf der Ebene von Standortbestimmung und Feedback. Im Zentrum stehen die individuellen Lerner/innen und deren Begleitung.

### 2.3 Die gesellschaftliche Relevanz von Beurteilungen

Beurteilungen dienen hier der Zuweisung von Lebens- und Berufschancen (Einteilung in Schultypen, Abschluss- und Eingangsprüfungen in Ausbildungen, etc.).

Die aktuellen Tendenzen, selektive Bildungsbarrieren zu beseitigen, Ausbildung zu individualisieren, die Durchlässigkeit zwischen Bildungsgängen zu vergrössern und Bildungssackgassen zu öffnen (Stichwort international: «lebenslanges Lernen», Stichworte Schweiz: «Berufsmaturität», «Gegliederte Sekundarstufe» etc.), täuschen über eines hinweg: Der Wettbewerb und die Konkurrenz werden – auch in Bildungssystemen – verschärft. Zertifikate und Diplome verlieren mit ihrer quantitativen Zunahme an qualitativem Wert. In dem Masse wie Qualifikationen «erworben» statt zugewiesen werden, nimmt auch die Erfahrung des individuellen Scheiterns zu. Durch Bildung allein lässt sich nicht (Chancen-)Gleichheit produzieren.

*Dahrendorf (1980, S.12)* sprach hier von einem *«System der Produktion von Enttäuschung.» Tawney (1951)* formulierte schon vor bald 50 Jahren bitterböse: *«Chancengleichheit erscheint mir wie die Impertinenz einer höflichen Einladung an unwillkommene Gäste – in der Gewissheit, dass die Umstände sie von der Annahme abhalten werden».*
Der Rollenkonflikt von uns Ausbildner/innen ist vorprogrammiert: Im Sinne des pädagogischen Ethos fördern, begleiten und beraten wir Studierende. Gleichzeitig werden wir – und dies im Speziellen, wenn wir in zertifizierenden Bildungssystemen arbeiten – als Garanten für (neue) Berufsschancen wahrgenommen. Wir verteilen – sozusagen stellvertretend für die Gesellschaft – Lebens- und Berufsmöglichkeiten.
Was institutionell-gesellschaftlich überprüft oder qualifiziert wird, dem wird gelegentlich sogar in der «Beurteilungshierarchie» mehr Wert zugesprochen, damit dieser Wert als «Wertschätzung» auch dem Beurteilungsgegenstand (Inhalt) oder gar der Beurteilungsinstanz (Beurteiler/in, Institution) zukomme.

**Religion ist ein Fach, in dem man auch durchfallen kann**
«Ein anderes, beliebig herausgegriffenes Beispiel: Der Klassenlehrer eben erst neu eingeschulter Gymnasiasten – ein Religionslehrer – eröffnete den ersten Schultag (in Gegenwart der Schülereltern) mit der «Feststellung»: «Religion ist ein Fach, in dem man auch durchfallen kann.» Ich bin überzeugt, dass weder ein Schüler noch einer der anwesenden Schülereltern in dieser Aussage etwas Besonderes gesehen hat. Um die pädagogische «Ungeheuerlichkeit» einer solchen «Eröffnung» richtig einschätzen zu können, möge man sich zum Vergleich vorstellen, ein Chirurg würde, um die Qualität und Effektivität seines Berufes zu verdeutlichen, seinen (versammelten) Patienten mit Stolz eröffnen: «In meiner Praxis kann man auch sterben!» Aber das ist doch sicher kein Indikator für besonderes Prestige oder besonderen Erfolg. Eben ganz anders in der schulischen und unterrichtlichen Praxis (unter gegenwärtigen gesellschafts- und bildungspolitischen Bedingungen): Der Religionslehrer wollte nicht mehr und nicht weniger als die Bedeutung seines Faches und seinen Unterrichts unterstreichen.»
*(Heid in: Lukesch/Nöldner/Peez (Hrsg.), München 1989, S.47)*

Im glücklicheren Falle versuchen wir uns täglich in möglichst hoher Transparenz einigermassen bewusst zwischen diesen widersprüchlichen Vorgaben und Erwartungen zu bewegen.
Dieser Umstand ist auch dann von Bedeutung, wenn Sie als Ausbildner/in *nicht* selektionierende oder zertifizierende Funktionen haben, weil viele Ihrer Teilnehmer/innen gewisse biografische «Qualifikationsschädigungen» aufweisen.

Dem war nicht immer so: Die Bildungs- und Berufszuweisung war früher sozialständisch organisiert – Knaben (und nur Knaben!) wurden in die väterliche Linie hineingeboren.
Ca. nach 1700 wurde in Europa der Geburtsadel in seiner Macht geschwächt und das aufstrebende Bürgertum war bestrebt, gesellschaftliche Führungspositionen zu übernehmen.
In den meisten europäischen Staaten wurden erstmals im 18. und 19. Jahrhundert Prüfungen für den öffentlichen Dienst eingeführt (weil zu viele Bewerber existierten!). So genanntes Geburtsrecht (oder teilweise später gar «Ämterkauf») funktionierte bis weit in das 20. Jahrhundert hinein: Bis in die 20er Jahre des letzten Jahrhunderts blieb beispielsweise, wer in ein deutsches Gymnasium eintrat, bis zum Abschluss dort. Häufig hatten die Gymnasiasten zuvor keine Grundschule absolviert (Einführung der vierjährigen Grundschule in Deutschland 1920). Das Recht auf Schulbildung existiert in der Schweiz seit 1874, die Berufsbildung wurde bundesweit 1930 (re)organisiert. Erst in den 60er Jahren wurde diese sozialständische Differenzierung aufgebrochen. Politisch bewegt, sprach man damals von der «Mobilisierung von Begabungsreserven», von Chancengleichheit. Um diese Chancengleichheit zu Gunsten der unteren sozialen Schichten zu ermöglichen, bemühten sich Heerscharen von Psycholo-

gen um eine gerechtere und objektivere Diagnostik. Unzählige Tests und andere Verfahren wurden für Aufnahme-, Eignung- und Abschlussprüfungen entwickelt. Ausbildner/innen und Lehrer/innen übernahmen fortan zu- und abweisende Funktionen *(vgl. Forneck 1991)*.

Die reine fachliche Leistungsorientierung («Fachkompetenzen») wurde Ende der 70er Jahre durch die ergänzende Berücksichtigung von «Selbst- und Sozialkompetenzen» ergänzt, was wiederum zu neuen Beobachtungs- und Überprüfungsverfahren führte.

In den letzten 10 Jahren bemühen sich viele Pädagogen und Erziehungswissenschafter darum, so genannte «Schlüsselqualifikationen» (Kenntnisse, Fähigkeiten und Fertigkeiten, welche nicht berufsspezifisch sind, lange anhalten und unvorhersehbare Anforderungen bewältigen lassen, *vgl. Mertens 1988*) in beobachtbare und überprüfbare Kriterien zu übersetzen, um daraus entsprechende didaktische Handlungsweisen und Beurteilungskriterien abzuleiten(vgl. auch Kap. I, 2.3).

**Reflexionsfragen «Beurteilung»**

- **Schauen Sie sich die Verbindlichkeitsdimension «Qualifikation – Standortbestimmung – Feedback» an: Wo bewegen Sie sich eher, wo weniger? Sind die verschiedenen Settings für Sie und die betroffenen Teilnehmenden klar und transparent?**
- **Wie denken Sie über die gesellschaftliche Relevanz von Beurteilungen? Spüren Sie das Dilemma zwischen pädagogischer Beratungs-/ Begleitungsfunktion und institutionell-gesellschaftlicher Qualifikationsfunktion in Ihrem Praxisalltag? Wie?**
- **Welche Formen von Beurteilung nutzen Sie?**

### 2.4 Kontext und Werthintergrund von Beurteilungssituationen

«Leistung», «Qualität» oder «Effizienz» lassen sich begrifflich beliebig füllen. Meine eigene Einstellung, meine Werte- und Normvorstellungen beeinflussen Beurteilungssituationen ebenso, wie die Vorgaben der nächstgrösseren Systeme, diejenigen der Bildungsorganisation, in welcher ich tätig bin, oder des Bezugssystems «Gesellschaft». Wenn heute also zertifizierte Leistung zählt, kann ich mich diesem Umstand nicht entziehen.

Wenn innerhalb meiner Bildungsorganisation beispielsweise ausschliesslich das Leistungsendprodukt und die Effektivitätssteigerung das Wertesystem prägen, beeinflusst diese Tatsache jede Beurteilungssituation. Wenn ich dann als Ausbildner in einer solchen Institution (trotzdem) für mich als prioritären Aspekt die Persönlichkeitsentwicklung der Lernenden in den Vordergrund rücke, entstehen «kulturelle» (vgl. Kap. VII, 5.) Reibungsflächen. Solche können sich darin äussern, dass Kollegen sowie Auszubildende von mir allenfalls mehr Druck, «Strenge» und Qualifikation erwarten und verlangen.

Wenn innerhalb meiner Ausbildungsorganisation «soziales Lernen» und «personale Kompetenz» gross geschrieben werden, kann ich nicht lediglich fachorientiert und gar «autoritär» disziplinierend auftreten, ohne mich damit zu exponieren und mir Schwierigkeiten einzuhandeln.

Wobei dies immer jeweils vom Spielraum einer Kultur («Rigidität versus Flexibilität») und derer Fähigkeit mit Unterschieden umzugehen abhängig ist.

Auch dann können (Rollen-) Konflikte entstehen, wenn das Normsystem der Organisation sich stark von demjenigen der Organisationsumgebung (gesellschaftlich-politische Verhältnisse, ...) unterscheidet. Studierende können da nicht selten nach einem geschützten «Inseldasein» plötzlich «im kalten Regen» stehen.

Ebenso spiegeln Führungsphilosphien Wertvorstellungen von Organisationen. (Wie ich in den Wald rufe, ruft's zurück.) In jeder Beurteilungssituation, in Beurteilungskriterien und deren (Be-)Wertung offenbart sich also sowohl die beurteilende Person als auch die betreffende (Bildungs-) Organisation, welche sich sogar damit selber prüft. *«Tests test tests.»*, schrieb *Heinz von Foerster (1999, S. 67)*. Oder: Jede Ausbildung hat die Prüfungen, welche sie verdient *(vgl. Obrist/Städeli 2001, S. 10)* ...
Bei Überprüfungen von (Lern-)Leistungen zeigen sich auch implizite oder explizite didaktische und lerntheoretische Annahmen im Sinne der Kohärenz, oder sie sollten sich zumindest zeigen: Automatisiertes Verhalten (Reiz – Reaktionslernen) überprüfe ich anders als Prinzipien, welche an eine neue Situation angepasst werden müssen (kognitives Lernen). Schritte zur Persönlichkeitsentwicklung (formale Bildung) kann ich nicht in der gleichen Art und Weise beurteilen, wie in der Praxis anzuwendendes Expertenwissen (technologisches Theorie-Praxis-Modell). Wenn es um die Überprüfung von Schlüsselqualifikationen geht, reicht ein Multiple Choice-Test nicht aus etc.
Gelungene Beurteilungssituationen schaffen bewusste individuelle und institutionelle Transparenz.

**Protokoll einer Lehrerprüfung aus dem Jahre 1721**

«Nachdem auf geschehenes tödliches Ableben des bisherigen Schulmeisters sich nur fünf Liebhaber gemeldet, so wurde zunächst vom Ortspfarrer in der Kirche vor Augen und Ohren der ganzen Gemeinde die Singprobe mit den Bewerbern fürgenommen und nach deren Beendigung dieselben im Pfarrhaus noch weiter auf folgende Art und Weise geprüft:

1. Martin Otto, Schuster allhier, 30 Jahre des Lebens alt, hat in der Kirche drei Lieder gesungen. Hat aber noch viel Melodie zu lernen, auch könnte seine Stimme besser sein. Gelesen hat er Genesis 10.26 bis aus, buchstabierte Vers 16 bis 19. Das Lesen war angehend, im Buchstabieren machte er zwei Fehler. Dreierlei Handschrift hat er gelesen – mittelmässig. Drei Fragen aus dem Verstand beantwortet – recht; aus dem Katechismus die 54. Frage hergesagt ohne Fehler; drei Reihen nach dem Diktat geschrieben – vier Fehler: des Rechnens ist er durchaus unerfahren.
2. Jacob Mähl, Weber aus D., hat Fünfzig hinter sich, hat drei geistliche Lieder gesungen, doch Melodie ging ab in viele andere Lieder; Stimme sollte stärker sein, quälte mehrmalen, so doch nicht sein muss. Gelesen Josua 19.1 bis 7, mit 10 Lesefehlern; buchstabierte Josua 18.23 bis 26 ohne Fehler. Dreierlei Handschriften gelesen – schwach mit Stocken; drei Fragen aus dem Verstand – hierhin gab er Genügen. Aus dem Katechismus die 41. Frage hergesagt ohne Fehler; des Rechnens auch nicht kundig.
3. Philipp Hopp, Schneider aus G., schon ein alter gebrechlicher Mann von 60 Jahren, sollte lieber zu Hause geblieben sein, als sich dies vermessen. Hat zwei geistliche Lieder gesungen. Stimme wie ein blökend Kind, auch öftermals in unrecht Lieder verfallen. Gelesen Josua 15.22 bis 23, mit viel Anstossen, das grosse 'T' ein Stein des Anlaufens, kam endlich drüber. Drei Fragen aus dem Verstand – blieb fest sitzen. Dreierlei Handschriften gelesen, schon im Anfang gesagt, dass er dessen nicht erfahren sei. Nach Diktat nur drei Wörter geschrieben, mit Mühe zu lesen. Rechnen ganz unbekannt, er zählte an den Fingern wie ein kleines Kind. Wurde ihm gemeldet, dass er töricht gehandelt habe sich zu melden, was er auch mit Tränen und Seufzen bekannt.

Nr. 4 und 5, ein Kesselflicker und ein Unteroffizier, der ein Bein verloren hatte, kommen im Protokoll bedeutend besser weg. Da man, wie es in dem Protokoll weiter heisst, dem Kesselflicker, «sintemalen er durch das Land streichen würde», nicht trauen zu können glaubte, der Kriegsknecht dagegen wohl die Fuchtel gegen die wehrlosen Kinder zu stark gebrauchen würde, was den mitleidigen Müttern derselben doch «sehr ins Herz stechen und wehe tun könne», so wurde seines guten Rufes wegen Jacob Mähl einstimmig zum Schullehrer gewählt.» *(in Reusser 1999, S. 6, zitiert aus Hierdeis 1977)*

Die folgenden Fragen sind als Anregung für die Gestaltung von Beurteilungen gedacht:

**Fragen zur Gestaltung von Beurteilungssituationen**

- Beachte ich, dass Beurteilen mit Angst und Stress verbunden ist?
- Habe ich Erwartungen oder Vorurteile gegenüber den zu Beurteilenden, bin ich voreingenommen? Warum?
- Wen muss der/die Lernende bestätigen? Sich selbst, die Dozierenden (mich?), die Schule/Institution?
- Ist das Lernziel transparent? Bezieht es sich auf das institutionelle Ausbildungskonzept?
- Ist die Erreichungsnorm transparent?
- Stimmt die Aufgabe mit dem Lernziel überein?
- Ist die Aufgabe verständlich und adressatenbezogen?
- Ermöglicht die Aufgabe mehr als Reproduktion von Wissen? Entspricht sie dem institutionellen Lehr-/Lernverständnis?
- Ist der Ablauf allen klar?
- Ermögliche ich durch das Beantworten der Aufgabe bei Lernenden auch Einsichten?
- Ermöglicht die Rückmeldung Einsichten über falsche Inhalte, über den Lernprozess und Hinweise für zukünftiges Lernen?
- Ist es möglich Selbsteinschätzung einzubauen? Wann und wie?
- Baue ich regelmässig Beurteilungen ein (auch ausschliessliche Selbstbeurteilung und gegenseitige Beurteilungen)?
- Was bedeutet mir persönlich und «meiner» Institution eine gute Leistung? Was bedeutet sie wohl den zu Beurteilenden?
- Existiert so etwas wie ein explizites (oder implizites) institutionelles Beurteilungskonzept? Wie situiere ich mich darin?

## 2.5 Arten und Funktionen von Beurteilung

Im Sinne der Entflechtung des konfliktbehafteten Beurteilungsdilemmas schlugen die Autoren der Studie «Primarschule Schweiz» der EDK *(Heller et al. 1986)* folgende Struktur, welche ich nur leicht verändert habe, vor:

**a) Summative Beurteilung** (meist Fremdeinschätzung)

Hier handelt es sich um ein (immer wieder) abschliessendes, zusammenfassendes Urteil über die bis zu einem bestimmten Zeitpunkt erworbenen Kenntnisse und Fähigkeiten im Sinne einer bilanzierenden Ergebnisorientierung. Die Hauptfunktion besteht im Erhalten von präzisen Informationen über den Leistungsstand der zu Beurteilenden (vor allem auch auf Grund einer institutionell-gesellschaftlichen Nachweispflicht). In der summativen Beurteilung lassen sich wiederum zwei Verfahren unterscheiden:

- kriterienorientiertes Verfahren
  Individuelle Lernschritte werden in Bezug auf das Leistungssoll, also auf Lernziele überprüft. Kriterien und Ziele sind beispielsweise mittels eines Kompetenzprofils in einem Ausbildungskonzept formuliert.

- normorientiertes Verfahren
  Die Position einer Person wird innerhalb einer Gruppe (und im Vergleich zu ihr selbst) bezüglich einer bestimmten Leistung überprüft. Bekannt ist hier beispielsweise die Zensurenverteilung nach der Gausschen Kurve (1/3 in der Mitte, 1/3 leistungsstark, 1/3 leistungsschwach) als Vorgabe. Der «Durchschnitt» ist also zum Vornherein bekannt.
  Formen: Prüfungen, Tests, Lernkontrollen.

**b) Formative Beurteilung** (Selbst-/ Fremdeinschätzung)

Hier steht das Aufzeigen von Entwicklungsschritten im Sinne einer Prozessorientierung im Vordergrund. Die lernende Person soll damit Orientierung für die Planung ihres Lernprozesses erhalten. Die möglichst selbständige Steuerung und Kontrolle des eigenen Lernprozesses kann so verbessert werden. Es geht hier also um eine Analyse des Lernprozesses und lernfördernde Massnahmenentwicklung.
Formen: Lerntagebuch, Standortbestimmungen, Beurteilungsgespräche, Portfolio etc.

**c) Prognostische Beurteilung** (meist Fremdeinschätzung)

In der prognostischen Beurteilung werden Aussagen über die Zukunftsaussichten von Personen in Bezug auf die Aufnahme in eine Ausbildung oder die Einnahme eines bestimmten Arbeitsplatzes oder einer Position innerhalb einer Organisation gemacht (Laufbahnentscheidungen etc.).
Formen: oben beschriebene Formen, Assessment Centers etc.

Im Vergleich mit der Darstellung zu Beginn dieses Kapitels kann die «Standortbestimmung» oder das «Feedback» am ehesten als formativ verstanden werden. Die «Qualifikation» stützt sich meist auf die summative Beurteilungsform.
Wobei im Beurteilungsalltag häufig mehr oder weniger sinnvolle Mischformen zu beobachten sind. Nach einem summativ beurteilten Unterrichtsbesuch ( «erreicht» oder «nicht erreicht», «bestanden» oder «nicht bestanden») können beispielsweise hinsichtlich einer zweiten Chance in einem (formativen) Gespräch die Beurteilung analysiert und Empfehlungen im Sinne einer Auflage abgegeben werden.
Häufige Diskussionen in Bildungsorganisationen gehen dahin, ob und wie summative und formative Beurteilung getrennt werden können.
Ein Beispiel: Diplomarbeiten von Studierenden werden nicht von den sie vorwiegend begleitenden Kursleiter/innen beurteilt, sondern von anderen institutionsinternen Ausbildner/innen. Die Studierenden wählen frei eine externe Beratungsperson, die sie bezüglich der Diplomarbeit begleitet. Ein zusätzliches Fremdgutachten einer wiederum durch die Studierenden gewählten Person, ergänzt die institutionelle Beurteilung.
Wobei hier der mögliche Rollenkonflikt «Begleitung/Beratung – Beurteilung» (vgl. auch Kap. VI, 2.3) zwar nicht als «Trennlinie unter der Haut» von einzelnen Ausbildner/innen zu orten ist, dafür aber in der (institutionellen) Auseinandersetzung zwischen Ausbildner/innen mit verschiedenen Rollenanteilen wirksam wird. Auch als Lernbegleiter ohne explizite Qualifikationsfunktion verfüge ich über qualifizierende Rollenanteile, wenn ich in einer qualifizierenden Institution arbeite.
Verheerend wirkt sich in der Praxis häufig die Durchmischung von norm- und kriterienorientiertem Verfahren in der summativen Beurteilung aus.

In vielen Ausbildungskonzepten sind Kompetenzprofile und Ziele formuliert (Kriterienorientierung), Beurteilungen werden aber nach wie vor normorientiert, das heisst nach Durchschnittswerten vorgenommen. Gerade im Bereiche der Zensurierung herrscht hier meiner Meinung nach Wildwuchs. Ein guter Grund dafür kann aber auch sein, dass Kriterien und Ziele unterfordernd oder beliebig formuliert sind oder die allfällige selektive Funktion von der Institution in intransparenter Weise an die einzelnen Ausbildner/innen delegiert wird. Die Zurückhaltung bei der Erfüllung solcher Aufgaben kann dann wiederum im Sinne einer Alibiübung dazu führen, dass die Leistungsnorm tief angesetzt wird und «schlechte» Beurteilung vermieden wird. Dies bewirkt bei Lernenden – so setzt sich der Teufelskreis fort – ein Gefühl des Nicht-Ernst-Genommenwerdens sowie die Forderung nach «strengerer» Bewertung (als Wertschätzung).
Die etwaige Neigung, als Ausbildner/in lieber zu beraten als zu begleiten, unterstützt diesen Kreislauf sicherlich.
Diese Tatsachen zeigen wiederum, dass Beurteilungssituationen in engem Zusammenhang mit institutionellen und individuellen Kontextbezügen gesehen werden müssen. Zudem soll die Erarbeitung von Ausbildungskonzepten eine Theorie der Beurteilung und Konzepte der Beurteilungspraxis unter Einbezug (und eventuell Schulung) aller Beurteilenden beinhalten.
In der «freien», nicht selektionierenden Erwachsenenbildung ist im Speziellen die summative Beurteilung als störanfällig und fragil zu bezeichnen.
Negativ-Assoziationen zum selbst erlebten Leistungsforderungssystem «Schule» rufen bei manchen erwachsenen Teilnehmer/innen Angst und Abwehrreaktionen hervor. Da kann es sehr wohl geschehen, dass formative Beurteilungssituationen misstrauisch als summativ phantasiert werden. Auch hier wieder gilt es auf der Teilnehmer/innen-Ebene sowohl biographische Muster zu erkennen und auszutauschen, als auch seitens der Ausbildner/innen hohe Transparenz in Bezug auf Lernwege und Lernziele zu zeigen. Gelegentlich kann es hilfreich sein, das Thema «Prüfungsangst» ins Auge zu fassen (siehe auch Instrument 1, 2.9 in diesem Kapitel).
Für die prognostische Beurteilung wird häufig der Begriff «Gesamtbeurteilung» verwendet. Eine solche Gesamtbeurteilung sollte sich aus nachprüfbaren Aspekten von summativer und formativer Beurteilung zusammensetzen. Leider wird die «Gesamtbeurteilung» aus Erfahrung schnell zu einem intuitiven und für Wahrnehmungsverzerrungen anfälligen Urteil oder sie widerspiegelt ganz einfach zum Vornherein schon klare institutionelle (Durchschnitts-)Vorgaben. Wenn nicht geklärt ist, woraus sich eben dieses «Gesamt» zusammensetzen soll.

Für die Aussagen zur evaluativen Funktion von Beurteilungen, bei welcher das Interesse der Qualität des Lernens und Lehrens und deren messbare Wirkung oder aber organisationale Qualität im Mittelpunkt steht, verweise ich auf meine Aussagen zur Evaluation von Bildungsveranstaltungen im Kapitel II (8.) und zum Qualitätsmanagement im Kapitel VII (11.).

### 2.6 Formen von Beurteilung

Mit der folgenden kurzen Zusammenstellung erhalten Sie einen Überblick über die gängigsten Beurteilungsformen:

- Beurteilungsgespräche
  haben informierende, selbstoffenbarende, beziehungsklärende und zielsetzende – als Qualifikationsgespräche auch qualifizierende – Funktion (formativ und/oder summativ).
- Evaluation
  ist eher auf Institutionen oder (Kurs-) Programme, nicht explizit auf (einzelne) Personen bezogen (formativ).
- Lernerfolgskontrollen (schriftliche Berichte, Fallstudienbearbeitung, Präsentationen etc.) dienen der Optimierung von Lehr-/Lernprozessen oder zur Standortbestimmung; in der prozessorientierten Form kann hier neben einem Endergebnis auch der Prozess der Planung, Problemlösung und Reflexion mitberücksichtigt werden (formativ und/oder summativ).
- Prüfungen
  führen in der Regel zu Zertitikaten, welche (Zugangs- und Abschluss-) Berechtigungen oder auch andere Vorteile verschaffen (summativ).
- (Leistungsmessende) Tests
  ergeben ein (in Zahlen) ausgedrücktes Ergebnis und werden mit (möglichst) objektiven Verfahren durchgeführt (summativ).
- Assessment-Center
  ist eine vielschichtige, gleichzeitige Beurteilung mehrerer Teilnehmer/innen durch mehrere Beobachter/innen unter Einsatz verschiedener Methoden. Ziel ist das Eruieren von Eignung für bestimmte Aufgaben oder das Ermitteln von Entwicklungsbedürfnissen (prognostisch, eventuell auch formativ).
- Portfolio
  ist eine kontinuierliche Sammlung von Belegen des Werdegangs von Lernenden in ihrem Lernprozess, ausgewählt und kommentiert von Lernenden und der Lehrperson in der Absicht der Bewertung (summativ und formativ).

Aus dem angelsächsischen Raum erreicht uns in neuerer Zeit die Idee des Portfolios als Beurteilungsinstrument *(Behrens 1997, Reusser/Stebler 1999)*. Ein Portfolio können wir uns als lerntagebuchartigen Ordner mit einer lernzielbezogenen Sammlung von Arbeiten vorstellen. Damit werden sozusagen die Geschichte des Lernens erzählt und so genannte «Lernspuren» sichtbar gemacht.
Eine Spezialform des Portfolios wird in den USA diskutiert: das *Testportfolio*. Auf Grund des Umstandes, dass in den USA in Schulen und Ausbildungen mittels standardisierter Testbatterien isoliertes Faktenwissen und Routinekompetenz überprüft werden, möchte man dazu auch im summativen Sinne Fachleistungen und Lernkompetenzen beurteilen, indem man Verstehensprozesse und Problemlösestrategien festhält und weiterentwickeln kann.
Hier handelt es sich also um eine Kombination von formativer und summativer Beurteilung, welche in beiden Arten Selbsteinschätzung miteinschliesst. Die objektive Durchführung und Auswertung einer solchen Beurteilung wie auch der summative Einsatz dieses Instrumentes stellt hohe Anforderungen an Beurteilende, zu Beurteilende und Bildungsorganisationen *(siehe Behrens 1997)*.

Am 1.3.2001 wurde von der Schweizerischen Erziehungsdirektorenkonferenz EDK zusammen mit anderen Institutionen das neue *Sprachenportfolio* für Jugendliche und Erwachsene lanciert.
Dieses ist im Rahmen des Europäischen Sprachenportfolios anzusiedeln, welches 1999–2000 in diversen Mitgliederländern des Europarates erprobt wurde. Die europäischen Sprachenportfolios beziehen sich auf ein gemeinsames kohärentes Niveausystem.
Transparent gemachte Sprachkompetenzen sollen damit gleichzeitig Informations- und Lernbegleitungsfunktion haben. Ein Portfolio besteht dabei aus einem Sprachenpass, einer Sprachbiografie und einem Dossier.

Die strukturierte Portfoliosammlung wird (anders als bei einer Sammelmappe von Architekten oder Künstlern) nach vorgegebener Struktur in unterschiedlicher Art von Lernenden selbst zusammengestellt, immer wieder ergänzt und aktualisiert.
Zentrale Aspekte dieses Portfolios sind also Mobilität, Transparenz, erweiterte Leistungsbeurteilung und autonomes Lernen *(vgl. www.sprachenportfolio.ch)*.
Die akademische Vereinigung des Mittelbaus (Assistenten) an der ETH Zürich stellt in ihrer Homepage einige interessante Überlegungen zum «teaching portfolio» zur Verfügung: www.aveth.ethz.ch unter «Dienstleistungen».

Sie finden Instrumente zur Gestaltung von Prüfungen/Lernkontrollen (Instrument 2) und Beurteilungsgesprächen (Instrument 3) am Schluss dieses Kapitels (2.10 und 2.11).

### Selbst- und Fremdeinschätzung

Beurteilung, im Speziellen «qualifizierende» Beurteilung ist traditionsgemäss eine summative Fremdbeurteilung. Bei der formativen Beurteilung handelt es sich jedoch um eine – wenn auch komplementäre – Interaktion, einen Dialog.
Wenn also Vorgesetzte oder Ausbildungsverantwortliche Mitverantwortung und Engagement von ihren Teilnehmer/innen oder Mitarbeiter/innen verlangen, geht das nicht ohne eine Selbsteinschätzung der zu Beurteilenden.
Über Tücken und Fallen der Selbsteinschätzung habe ich weiter vorne schon geschrieben. Sie sind wiederum in unklaren Bezugssystemen und nicht geklärten Vorerfahrungen und Erwartungen anzusiedeln (z. B. Prüfungsangst, Intransparenz bezüglich Kriterien und Vorgehensweisen in Beurteilungssituationen, ungeklärtes Normensystem, ungeklärte Wertvorstellungen, schnelle Wechsel von Fremd- zu Selbstbeurteilung etc.).
Die Selbstbeurteilung kann eine Fremdbeurteilung nie ersetzen. Wenn die beiden Einschätzungen voneinander abweichen, besteht im Suchen nach den Gründen dafür eine beidseitige Lernchance – es gilt, «die Wirklichkeit» miteinander «abzusprechen».

## 2.7 Mitteilungsformen in der Beurteilung

In der Beurteilungspraxis lassen sich drei Mitteilungsformen unterscheiden:

- Gespräch (mündlich, evtl. mit Protokoll, zweiwegig)
- Schriftliche Arbeitsberichte (schriftlich, einwegig)
- Ziffernnoten oder Wortzeugnisse (einwegig)

Über Zensuren oder Ziffernnoten muss ich mich nicht näher auslassen. Sie sind seit längerem umstritten, auch wenn sie weniger verfänglich sind als schlecht geschriebene Beurteilungsberichte.

Ein mir bekannter Gymnasiallehrer (Fächer Deutsch und Geschichte) war in den 70er Jahren dafür bekannt, «zu gute» Noten zu erteilen. Auf Grund einer Intervention seiner Kollegen bei der kantonalen Erziehungsdirektion erhielt er daraufhin einen Verweis mit der dringenden Empfehlung, dem kantonalen Durchschnittswert von 30 % ungenügenden Noten (Gaussche Kurve) zu genügen. Nach Absprache mit seinen Schülerinnen und Schülern setzte besagter Lehrer diverse Prüfungen an und benotete diese alle mit einer 1 (schlechteste Note), machte anschliessend davon Kopien und sandte diese mit dem Vermerk «habe für die nächsten Jahre das Soll von ungenügenden Noten erfüllt» (o. ä.) an die Erziehungsdirektion …

Beim Wechsel von Ziffernnoten zu «Worthülsen» oder schriftlichen Arbeitsberichten hat sich leider – aus traditioneller Sicht auch aus verständlichen Gründen – das Kategoriensystem, der «Code» von Zensuren, einfach auf Worte übertragen. Man übersetzt sozusagen Worte in die alten Zensurensysteme; die schriftlichen Berichte gleichen einander wie fast ein Ei dem anderen.
Noten oder Beurteilungsberichte bewerten immer Leistungen im Hinblick auf deklarierte Anforderungen während einer bestimmten Zeit in einer bestimmten Institution und stellen keine Persönlichkeitsbewertungen dar. Leistungen – ob nun gute oder schlechte – sind zudem nicht a priori Zeichen von Kompetenz und Intelligenz, sondern vom Erfüllen oder Unterschreiten von spezifischen Anforderungen *(vgl. Oelkers 2001).*
Formative Beurteilung ist auch in ihrer Mitteilungsform anstrengend und aufwändig. Meine eigene Wahrnehmungs-, Beobachtungs- und Dialogfähigkeit als Beurteilende(r) wird hier ebenso «geprüft». Vielleicht bräuchten wir Ausbildner/innen für unsere diesbezügliche Kompetenzentwicklung genauso viel Zeit, wie sie die Lernenden in solchen verhältnismässig neuen Beurteilungsarrangements benötigen. Hilfreich wären hier eigene reflektierte Erfahrungen als Beurteilte.

### 2.8 Dilemmata in der Beurteilung

In folgendem abschliessenden Dilemmata-Schema zeigt sich, dass die Gegensätze, welche Beurteilungssituationen prägen, gelegentlich vereinbar, gelegentlich unvereinbar sind.
Wenn wir die gesamte Dimension dieser Gegensätze in uns selber austragen müssen, sind wir wirklich gefordert. Leider lassen sich im beruflichen Alltag die Pole nicht immer auf einfache Weise personifiziert trennen; sonst würden wir in unseren Bildungsinstitutionen einen Graben zwischen «Begleitungssofties» und «Qualifikationshardlinern» auftun. Dabei vermute ich, dass die meisten von uns sich lieber auf die beratende und begleitende Seite schlagen würden. Ich behaupte aber, dass das «harte» Controlling unser pädagogisches «Betreuungspotential» im Sinne der Prägnanz durchaus nutzbringend «in die Zucht» nehmen kann …
Es bleibt uns also nichts anderes übrig, als mit bestem Wissen und Gewissen sowie hoher Transparenz mit diesen Dilemmata und etwaigen (Rollen-) Konflikten zu leben und uns kontinuierlich mit uns, den Lernenden, unseren Kolleginnen und Kollegen sowie mit institutionellen und gesellschaftlichen Bedingungen auseinanderzusetzen.
Nach der folgenden Darstellung werden drei Beurteilungsinstrumente, auf welche ich im Text schon verwiesen habe, dieses Kapitel beenden.

**DILEMMATA IN DER BEURTEILUNG**

| | | |
|---|---|---|
| *Selektion* | ↔ | *Begleitung* |
| *gesellschaftlich-institutionelle Norm* | ↔ | *individuelle Norm* |
| *summative Beurteilung* | ↔ | *formative Beurteilung* |
| *Objektivität* | ↔ | *Subjektivität* |
| *Fachkompetenz* | ↔ | *Selbst-/Sozialkompetenz* |
| *Fremdbeurteilung* | ↔ | *Selbstbeurteilung* |
| *«Stoff»-Orientierung* | ↔ | *Zielorientierung* |
| *Methodik* | ↔ | *Intuition* |
| *Lenkung* | ↔ | *Unterstützung* |
| *Forderung* | ↔ | *Förderung* |
| *Qualifikation* | ↔ | *Beratung* |
| *etc.* | | |

## 2.9 Instrument 1: Der Teufels-/Engelskreis bezüglich Lern- und Verhaltensschwierigkeiten

*(leicht verändert nach Betz/Breuninger 1987)*

Aus systemischer Sicht sind Lernschwierigkeiten immer auch Beziehungsstörungen und lassen sich somit nie nur kausal an einem isolierten Symptom erklären.
In den folgenden Kreislaufschemata bedeuten

- S: Selbstwertgefühl
- U: Umwelt (Lehrer/innen, Familie, Partner, Freunde, Chef/in etc.)
- L: Leistungsbereich

Beim «Teufelskreis» wiederholt sich «schlechte Leistung» (L-) – also Misserfolg – kontinuierlich; beim «Engelskreis» (welcher uns meist weniger bewusst ist) sind wir «erfolgreich» (L+). Der gesamte Kreislauf lässt sich in drei kleinere zusammenhängende – nämlich den psychologischen, den pädagogischen sowie den sozialen Kreislauf – unterteilen.

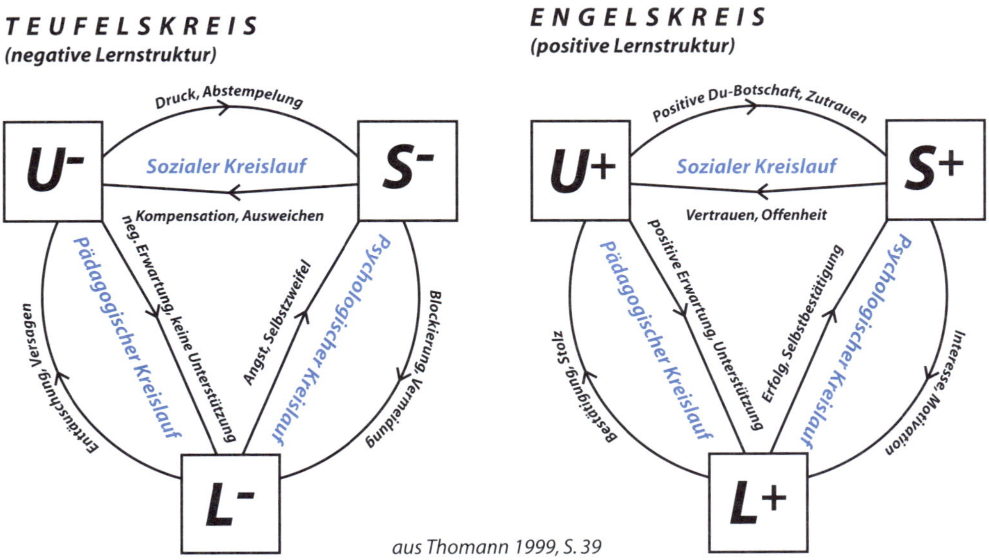


aus Thomann 1999, S. 39

**Anleitung**
Entnehmen Sie Ihrem Erfahrungsbereich eine «Leistung» (oder ein Verhalten), welche Ihnen immer wieder gelingt und/oder eine solche, die Ihnen immer wieder misslingt. Zeichnen Sie einen Kreislauf, beschriften Sie diesen mit Ihren eigenen Worten und «fahren» Sie eine Zeitlang der Richtung der Pfeile nach. Überlegen Sie sich, wie und wo solche Kreisläufe zu durchbrechen wären und notieren Sie sich gegebenenfalls mögliche Handlungsweisen.
Tauschen Sie Ihre Erfahrungen, Fragen und Erkenntnisse mit jemand aus.

## 2.10 Instrument 2: Gestalten von Prüfungen und Lernkontrollen

### a) allgemeine Regeln

- Unabhängige Leistungsaspekte einzeln beurteilen
- Teilfunktionen in unabhängigen Prüfungen erfassen
- Kurze, voneinander unabhängige Aufgaben stellen
- Nicht Einzelwissen, sondern Zusammenhänge erfragen
- Das Wissen umformen lassen
- Das Wissen und Können anwenden lassen

### b) Checkliste zur Vorbereitung und Durchführung von Prüfungen und Lernkontrollen

- Transparenz von Ziel und Funktion der Prüfung
  - Welches ist die Funktion: formative Lernkontrolle, bilanzierend-lernzielorientierte oder normative Prüfung?
- Festlegung des Stoffes
  - Welches waren die Ziele dieser Stunde, dieser Unterrichtseinheit, dieses Schuljahres?
  - Wurde alles, was geprüft werden soll, auch behandelt?
- Festlegen der Anforderungen an die Lernenden
  - Welche Art Anforderung wird verlangt: Faktenwissen, Fertigkeiten, Erkennen von Zusammenhängen/Gesetzmässigkeiten, (selbständiges) Anwenden/Entwickeln von Lösungsstrategien, kritische Beurteilung eines Sachverhaltes etc.?
- Prüfungsstoff gewichten
  - Was ist für den weiteren Unterricht bedeutsam?
    Was ist mir als Ausbildner/in besonders wichtig?
- Prüfungsform festlegen
  - Welche Form eignet sich: mündlich oder schriftlich, Einzel-, Partner- oder Gruppenarbeit?
- Aufgaben formulieren und Beurteilungskriterien festlegen
  - Prüfen die einzelnen Aufgaben das, was geprüft werden soll (vgl. oben)?
  - Welches sind die Beurteilungskriterien?
  - Sind die Aufgaben unabhängig voneinander, oder ist die richtige Lösung einer Aufgabe von der korrekten Lösung einer vorhergehenden abhängig?
  - Sind die Aufgaben so formuliert, dass die Studierenden sie verstehen?
  - Sind verschiedene Aufgabenarten berücksichtigt?
  - Variiert das Anspruchsnivau der Aufgaben?

- Punkteverteilung festlegen
  - Was gibt wieviele Punkte?
  - Entspricht die Punkteverteilung meiner Gewichtung (siehe oben)?
- Festlegen des Gütemasstabs (ist bei formativen Lernkontrollen von untergeordneter Bedeutung)
  - Welches ist die Genügend/Erreicht-Limite?
  - Sind allfällige Abstufungen sinnvoll?
- Vorbesprechung der Prüfung
  - Ist es angebracht, die Aufgaben, die Beurteilungskriterien, die Punkteverteilung, den Gütemassstab mit einem Kollegen/einer Kollegin zu besprechen?
- Ankündigung und Transparenz
  - Wurde die Prüfung genügend früh angekündigt?
  - Hatten die Lernenden Gelegenheit, Unklarheiten noch zu klären?
  - Ist den Lernenden das Ziel der Prüfung klar? Sind sie genau informiert, welcher Stoff geprüft wird? Sind Ihnen die Art der Aufgaben, die Prüfungsform vertraut? Kennen sie die Beurteilungskriterien, die Punkteverteilung, den Gütemassstab?
  - Haben die Lernenden alle Unterlagen zur Vorbereitung?
- Optimale Durchführungsbedingungen schaffen
  - Ist die Bearbeitungszeit genügend?
  - Haben die Lernenden noch andere Prüfungen am selben Tag?
  - Stehen allfällige Hilfsmittel bereit?
  - Können alle ungestört arbeiten? Was machen die, die fertig sind?
  - Wie gehe ich als Ausbilnder/in mit Verständnisproblemen um? Gehe ich individuell darauf ein oder besprechen wir die Aufgaben vor Beginn gemeinsam?
- Prüfungen korrigieren
  - Wie kann ich Wahrnehmungsfehler bzw. Beurteilungstendenzen (Reihungseffekt, Hofeffekt, Sympathiebeurteilung etc.) vermeiden?
  - Ist es sinnvoll, meine Korrekturen hinsichtlich der Auswertungsobjektivität stichprobenartig durch eine Kollegin oder einen Kollegen überpüfen zu lassen?
- Analyse der Prüfung
  - Haben sich die Aufgaben bewährt? Sind bestimmte Aufgaben systematisch falsch oder nicht gelöst worden? Welche könnte ich erneut verwenden, welche nicht?
  - War meine Punkteverteilung angemessen?
  - War mein Gütemasstab verantwortbar? War die Prüfung zu leicht oder zu schwer?
  - Entspricht das Resultat meinen Erwartungen?
  - Zeigen einzelne Lernende ab einem gewissen Schwierigkeitsgrad einen plötzlichen Leistungseinbruch? Weshalb?
- Weiteres Vorgehen
  - Wie intensiv soll die Prüfung besprochen werden? Einzeln oder in der Klasse/Gruppe?
  - Müssen gewisse Dinge nochmals aufgegriffen werden? Einzeln oder in der Klasse/Gruppe?
  - Muss die Prüfung teilweise oder insgesamt wiederholt werden? Einzeln oder die ganze Klasse/Gruppe?

## 2.11 Instrument 3: Das Beurteilungsgespräch

### a) Gründe für ein Beurteilungsgespräch

- Die Lernenden erhalten Hinweise bezüglich Stärken und Schwächen.
- Die Lernenden erhalten Rückmeldungen über ihr Verhalten.
- Die weiteren Schritte können gemeinsam geplant werden.
- Die Beurteilungsperson muss «Rechenschaft» ablegen und eigene Einschätzungen vertreten und begründen.
- Die Beurteilungsperson erhält Rückmeldung über ihre Wirkung/ihr Verhalten.
- Das Gespräch ist eine vertrauensbildende Massnahme.

### b) Vorbereitung des Beurteilungsgesprächs

- Ankündigung, Transparenz von Kriterien, Zielsetzung und Verfahren
- Sammeln von überprüfbaren Beobachtungen im zu beurteilenden Arbeitsfeld
- Hinterfragen von eigenen Vorurteilen und «Bildern»
- Einstimmung auf den Gesprächspartner
- Wahl des Gesprächsortes

### c) Struktur des Beurteilungsgesprächs

- Selbsteinschätzung
  - Persönliche Beurteilung der eigenen Arbeit anhand der vereinbarten Kriterien
- Fremdeinschätzung
  - Durch Vorgesetzten/Ausbildner/in etc. bezogen auf die entsprechenden Kriterien anhand eines Rasters (Kriterien sind beiden Beteiligten bekannt)
  - Unterscheidung zwischen Wahrnehmung und Beurteilung
- Formulieren von Konsequenzen
  - Neue Ziele bestimmen für entsprechende Veränderungen
  - Wege beschreiben, die zu diesen Zielen führen können
  - Termine setzen für Absolvierung allfälliger Massnahmen, Erreichen der (Teil-) Ziele, weiteres Gespräch
- Feedback
  Auswertung des Gesprächs, Austausch von Eindrücken über Inhalt, Gesprächsverhalten und Verlauf
- Gesprächsprotokoll
  - Schriftliche Fixierung der Fremdeinschätzung, der Konsequenzen
  - Geht an beide Gesprächspartner und allenfalls an die vorgesetzte Stelle

### d) Checkliste für die Leitung eines Beurteilungsgesprächs

- Beschränke ich mich bei der Besprechung auf wenige Punkte?
- Lasse ich den Beurteilten/die Beurteilte zuerst seine/ihre eigenen Eindrücke schildern? Ist es sinnvoller mit einer Fremdeinschätzung zu beginnen?
- Erwähne ich zuerst die positiven Punkte?
- Wirkt mein Lob glaubwürdig?
- Kann ich die vorgebrachten kritischen Punkte genügend begründen?

- Zeige ich an konkreten Beispielen Alternativen auf, die zu Verbesserungen führen können?
- Gebe ich entsprechende Hilfeleistungen und Anregungen?
- Fasse ich am Schluss die Kernaussagen der Besprechung nochmals zusammen?
- Lasse ich den Beurteilten/die Beurteilte angemessen zu Wort kommen?
- Leite ich das Gespräch genügend klar?
- Wirken meine Bemerkungen weder verletzend noch belehrend, sondern ermutigend?
- Kann ich eine abweichende Meinung des/der Beurteilten akzeptieren?
- War das Gespräch ein Dialog?
- Habe ich aus dem Gespräch auch für mich einen Nutzen gezogen?

## Literaturverzeichnis Kapitel IV


Arnold, R./Siebert, H.: Konstruktivistische Erwachsenenbildung, Hohengehren 1999.

Baudrillard, J.: Agonie des Realen, Berlin 1978.

Becker, G. E.: Auswertung und Beurteilung von Unterricht, Weinheim 1986.

Behrens, M.: Das Portfolio zwischen formativer und summativer Bewertung, in: Beiträge zur Lehrerbildung BzL 2/97, Bern 1997.

Betz/Breuninger: Teufelskreis Lernstörungen, München 1987.

Dahrendorf, R.: Chancengleichheit ist nur ein Traum, in: Die Zeit Nr. 46, 7.11.1980.

Forneck, H. J.: Schülerbeurteilung versus Leistungsmessung, in: Schweiz. Lehrer/innenzeitung Nr. 12/91, Zürich 1991.

Frisch, M.: Mein Name sei Gantenbein, Frankfurt/Main 1976.

Frisch, M./von Hentig, H.: Zwei Reden zum Friedenspreis des Deutschen Buchhandels 1976, Frankfurt/Main 1977.

Gasser, P.: Neue Lernkultur, Aarau 1999.

Gasser, P.: Lernpsychologie, Aarau 2000.

Grass, G.: Die Blechtrommel, München 1999, 9. Aufl.

Heid, H., in: Lukesch, H./ Nöldner, W./ Peez, H. (Hrsg.): Beratungsaufgaben in der Schule, München 1989.

Heller, W. (Redaktion): 22 Thesen zur Entwicklung der Primarschule, Bern 1986.

Ingenkamp, K.: Lehrbuch der pädagogischen Diagnostik, Weinheim 1995.

Karrer, H.-P.: Assessment-Center, AEB Akademie für Erwachsenenbildung, Luzern 1997.

Kazantzakis, N.: Die Blinden, Quelle unbekannt

Kebeck, G.: Wahrnehmung, Weinheim/München 1994.

Köck, P.: Praxis der Beobachtung, Donauwörth 1990.

Koehler, I.: Über Aufbau und Wandlungen der Wahrnehmungswelt, Wien 1951.

Ludwig, P. H.: Sich selbst erfüllende Prophezeiungen im Alltagsleben, Stuttgart 1991.

Malerba, L.: Die nachdenklichen Hühner, Berlin 1997.

Maturana, N./Varela, F.: Der Baum der Erkenntnis, Bern 1987.

Mertens, D.: Das Konzept der Schlüsselqualifikationen, in: Siebert, H./ Weinberg, J. (Hrsg.): Literatur und Forschungsbericht Weiterbildung, Bd. 22, Frankfurt 1988.

Meueler, E.: Die Türen des Käfigs, Stuttgart 1993.

Morrison, V.: Back on top (CD), Dublin 1999.

Obrist, W./ Städeli, Chr.: Wer lehrt, prüft – aktuelle Prüfungsformen konkret, Bern 2001.

Oelkers, J.: Nur ein Lapsus? in: Tages-Anzeiger, Zürich 31.3.2001.

Pechtl, W.: Zwischen Organismus und Organisation, Linz 1989.

Reusser, K.: Diskussionsfeld «Assessment» – Neue Wege der Einschätzung und Beurteilung von Fachleistungen, Personen und Bildungsinstitutionen, in: Beiträge zur Lehrerbildung BzL 1/99, Bern 1999.

Reusser K./ Stebler R.: Authentizität bei der Beurteilung von Fachleistungen und Lernkompetenzen, in: Beiträge zur Lehrerbildung Nr. 1/99, Bern 1999.

Rosenthal, R./Jacobson, L.: Pygmalion im Unterricht, Weinheim 1971.

Rumpf, H.: Didaktische Interpretationen, Weinheim/Basel 1991.

Siebert, H.: Pädagogischer Konstruktivismus, Neuwied/Kriftel 1999.

Simon, F. B.: Meine Psychose, mein Fahrrad und ich, Heidelberg 1997.

Strasser, U.: Wahrnehmen, Beurteilen, Handeln, Luzern 1992.

Tacke, G.: Alltagsdiagnostik. Theorien und empirische Befunde zur Personenwahrnehmung, Weinheim/Basel 1985.

Tages - Anzeiger (tis): TV-Quoten, 23.6.1999, S. 16.

Tawney, R. H.: Equality, London 1951.

Thomann, G.: Wahrnehmen – Beurteilen – Beraten, AEB Akademie für Erwachsenenbildung, Luzern 1999.

Thomann, G.: Die Schule riecht, in: Schweizer Schule 8/1998.

von Foerster, H./von Glasersfeld, E. et al.: Einführung in den Konstruktivismus, München 1998, 4. Aufl.

von Foerster, H. /Pörksen, B.: Wahrheit ist die Erfindung eines Lügners, Heidelberg 1999, 3. Aufl.

Vögeli-Mantovani, U.: Mehr fördern, weniger auslesen, Aarau 1999.

Watzlawick, P.: Wie wirklich ist die Wirklichkeit? München 1978.
Watzlawick, P.: Münchhausens Zopf, Bern/Stuttgart/Toronto 1989, 2.Aufl.
Welsch, W.: Ästhetisches Denken, Stuttgart 1993.
Wertheimer, M.: Drei Abhandlungen zur Gestalttheorie, Darmstadt 1963.
Whorf, B.L.: Sprache - Denken - Wirklichkeit, Reinbek b. Hamburg 1988.
Zimbardo, Ph. G.: Psychologie, Berlin 1992.

## Inhaltsverzeichnis Kapitel V

*Kapitel V*
# Kommunizieren

**Standards**
- **Sie können Eigenarten, Stärken und Schwächen Ihres kommunikativen Handelns benennen und gezielt verbessern.**
- **Sie verfügen über Kriterien und Instrumente in Gesprächsführung; im Besonderen sind Sie in der Lage, Ihren Gesprächspartnern zuzuhören und mit ihnen in einen Dialog zu treten.**
- **Sie sind in der Lage, Gespräche zu leiten und zu moderieren.**
- **Sie sind fähig, packend zu erzählen und prägnant zu erklären.**

## 1. Einleitung

***«Wo Kommunikation ohnehin kaum zu klappen scheint, gilt es meist schon als kommunikativ, wenn man in der allgemeinen Praxis mitmacht und zumindest von Kommunikation spricht.»***
*Meggle 1997, S. 5*

Die webweite Suche einer Suchmaschine im Internet zur Eingabe «Kommunikation» ergab 338 000 Einträge; die meisten davon zur Thematik der Datenübertragung mittels Neuer Medien, viele zum Thema «visuelle Kommunikation» (z. B. für Werbezwecke), einige im Bereiche von PR und Marketing («interne/externe Kommunikation»), wenige Begriffe zur «interkulturellen Kommunikation» und einige zur «zwischenmenschlichen Kommunikation» (im Sinne von Kursausschreibungen wie: «Small talk leicht gemacht»).
Der lateinische Ausdruck «communicare» bedeutet «etwas gemeinsam machen» oder «mitteilen».
Schon hier zeigt sich der Unterschied, den man gelegentlich als den zwischen «Einweg-» und «Zweiwegkommunikation» bezeichnet: Mitteilungen können ohne Anspruch auf Antworten oder folgende Gespräche «gesendet» werden, «etwas gemeinsam machen» hingegen ist nur möglich, wenn verschiedene betroffene Partner *interagieren*.
(Nebenbei gesagt empfinde ich die in Kommunikationshandbüchern üblichen «Sender-Empfänger-» Analogien als im Wesentlichen unbrauchbar, da sie unterstellen, dass Informationen hin und her übertragen werden können wie in der Fernmeldetechnik.)
Sprach-, Verhaltens- und Wahrnehmungsdimensionen bedingen einander und treten also in Art und Kompetenz des verbalen und nonverbalen Interagierens in Erscheinung *(vgl.*

*Baacke 1973, S. 103).* In diesem Sinne sind Aspekte der letzten beiden Kapitel dieses Buches (z. B. die Themen «Wahrnehmung» und «soziale Interaktion in Gruppen») eng mit der vorliegenden Thematik verwoben. Ebenso werden Sie Verbindungen knüpfen können zu Aussagen im Kap. VII (z. B. bzgl. des Themas «Organisationskultur»).

Die Kommunikationsforschung beginnt wahrscheinlich bei der Rhetorik des Aristoteles, wobei dort vor allem Sprache im Sinne der Einflussnahme auf andere Menschen benutzt wird.

*Bächtold (1999)* unterscheidet nach *Habermas* im sozialen und kommunikativen Handeln die *Erfolgsorientierung* (Erfolg durch Einflussnahme mittels Suggestion, Irreführung, Manipulation, Macht, Gewalt, Drohung etc.) von der *Verständigungsorientierung*, welche auf intersubjektiver Anerkennung und Verständigung sowie Bewältigung gegebener Situationen basiert.

Wir wenden uns in folgenden Ausführungen vor allem dieser «verständigungsorientierten Kommunikation» zu. Dies gilt auch für meine späteren Ausführungen zu verbaler Kommunikation – obwohl die Beschäftigung mit der «Erfolgsorientierung» in Bezug auf das Phänomen «Wort als Waffe» durchaus seinen Reiz hätte: Spitze Zungen, polemischer Spott und bissige Schlagfertigkeit sind zweifelsohne allgegenwärtige Phänomene.

Kommunikation ist nie «nur» Verhalten, sondern setzt immer auch Bewusstheit, Intentionalität und Interaktion mit Mitmenschen voraus (wobei der Begriff auch im Hinblick auf die Frage erweiterbar wäre, ob denn Kommunikation mit sich selber nicht auch möglich sei ...).

Bewusstheit und Intentionalität sind in routiniertem kommunikativem Alltagshandeln vielleicht nicht mehr spürbar und doch haben wir die Kompetenz, Informationen zu «entziffern» irgendwann und irgendwie gelernt.

Die Interaktion zwischen Menschen beruht immer auf einem Repertoire sozial anerkannter Symbole verbaler oder nonverbaler Art.

Die uns interessierenden Kommunikationstheorien sind demnach als Handlungstheorien entweder im Bereiche von Psychologie und Soziologie anzusiedeln (z. B. Psychologie der sozialen Interaktion mit Themen wie Einstellungen, Vorurteile, Attribuierung, Gruppe etc. siehe Kap. III und IV).

Hierzu ist auch der theoretische Ansatz der Forschergruppe um Watzlawick (siehe 3. in diesem Kapitel) zu zählen.

Oder aber sie sind der Linguistik und Sprachphilosophie zuzuordnen.

Die meisten Ansätze beider theoretischen Richtungen sind sich darin einig, dass Verhalten von Menschen immer auch konventionelle Bedeutung hat, d.h. dass wir «Zeichen» zur Verständigung verwenden, welche entweder intersubjektiv festgelegt oder zumindest decodierbar sind.

Dass eine Nichtbeachtung solcher Konventionen irritieren kann (wenn etwa das Weltbild nicht zur Welt passt), zeigt die Geschichte vom Pferd *(aus Simon 1997, S. 268,* nach einer beliebten chinesischen Volkssage):

**Kann sein (eine Geschichte vom Pferd)**

Die Geschichte von einem Bauern, dessen Pferd davonlief.

Am Abend versammelten sich die Nachbarn und bemitleideten ihn, weil er solches Pech hatte. Der Bauer sagte: «Kann sein.» Am nächsten Tag kam das Pferd zurück und brachte noch sechs Wildpferde mit, und die Nachbarn kamen und riefen, welches Glück er hatte. Er sagte: «Kann sein.» Und am folgenden Tag versuchte sein Sohn, eines der wilden Pferde zu satteln und zu reiten, er wurde abgeworfen und brach sich ein Bein. Wieder kamen die Nachbarn und bekundeten ihr Mitleid wegen seines Unglücks. Er sagte: «Kann sein.» Am anderen Tag kamen Offiziere ins Dorf und zogen junge Männer als Rekruten für die Armee ein, aber der Sohn des Bauern wurde wegen seines gebrochenen Beines zurückgestellt. Als die Nachbarn herein kamen und ihm sagen wollten, wie glücklich sich alles gewendet hatte, sagte er: «Kann sein.»

Konventions-Codes geben der Welt Bedeutung. Sie schaffen unter anderem durch das Symbolsystem Sprache Normen und Annahmen, welche kulturspezifisch und kulturbildend sind und strukturieren damit unser Denken, Fühlen und Handeln *(vgl. Whorf 1988* und *Flusser 2000)*.

*Flusser* bezeichnet solche Codes und Symbole aus denen diese Codes bestehen, als *«zweite Natur» (2000, S.10)*, welche als kodifizierte Welt die erste und wirkliche Natur, welche Einsamkeit, Leiden und Tod miteinschliesse, vergessen lasse. Kommunikation würde in diesem Sinne der (wohl scheinbaren) Reduktion von Lebenskomplexität dienen.

Menschliche Kommunikation wäre demzufolge ein künstlicher Vorgang, welcher auf Erfindungen, auf Instrumenten, auf zu Codes geordneten Symbolen beruht. *(vgl. Flusser 2000, S. 9)*

Solche Codes kennen wir auch aus der Sozialisationstheorie *(vgl. Hurrelmann 1993)*, wo sogenannte Beziehungs- oder Betriebsklimata interaktiv-kommunikativ strukturiert sind und ein so genanntes «Sozialisationsmilieu» bilden.

Man denke nur an Sprache, Mimik und Gestik von Menschen in dogmatischen Gruppierungen oder an die im Quervergleich zu anderen Gruppen manifesten Verhaltensähnlichkeiten von Menschen derselben Berufsgruppe (vgl. meine Ausführungen zu Organisationskultur im Kap. VII, 5.) oder auch an die spezifische Sprache von einzelnen Familien oder Organisationen. Oder daran, dass in fusionierten Betrieben noch jahrzehntelang die ehemalige Organisationsidentität der entsprechenden Mitarbeiter/innen an Sprache, Verhalten und Kleidung erkennbar bleibt (dies gemäss zahlreichen Meldungen aus fusionierten Grossfirmen der Schweiz).

Kommunikationsstrukturen schaffen Identität, leben von dieser und überleben – wenn auch nur als Subkultur – manche neuen «Corporate identities».

**Ein Mensch in einer fremden Stadt fragt: «Wo gehts denn hier zum Bahnhof?»**

Es antworten ihm …

| | |
|---|---|
| ein Gesprächstherapeut: | «Sie möchten wissen, wo der Bahnhof ist?» |
| ein Psychoanalytiker: | «Sie meinen diese dunkle Höhle, wo immer was Langes rein- und rausfährt?» |
| ein Verhaltenstherapeut: | «Heben Sie den rechten Fuss. Schieben Sie ihn nach vorn. Setzen Sie ihn auf. Sehr gut. Hier haben Sie ein Bonbon.» |
| ein Gestalttherapeut: | «Du, lass es voll zu, dass Du zum Bahnhof willst.» |
| ein Hypnotherapeut: | «Schliessen Sie die Augen. Entspannen Sie sich. Fragen Sie Ihr Unterbewusstsein, ob es Ihnen bei der Suche behilflich sein will.» |
| ein Provokativ-Therapeut: | «Ich wette, da werden Sie nie drauf kommen!» |
| ein Reinkarnations-Therapeut: | «Geh zurück in der Zeit – bis vor Deine Geburt! Welches Karma lässt Dich immer wieder auf die Hilfe anderer Leute angewiesen sein?» |
| ein Familientherapeut: | «Welches ist Dein sekundärer Gewinn, wenn Du mich nach dem Weg zum Bahnhof fragst? Möchtest Du meine Bekanntschaft machen?» |
| ein Bioenergetiker: | «Machen Sie mal sch…sch…sch…!» |

| | |
|---|---|
| ein Sozialarbeiter: | «Keine Ahnung, aber ich fahr Dich schnell hin.» |
| ein Esoteriker: | «Wenn Du da hin sollst, wirst Du den Weg auch finden.» |
| ein Soziologe: | «Bahnhof? Zugfahren? Welche Klasse?» |
| ein NLP'ler: | «Stell Dir vor, Du bist schon im Bahnhof! Welche Schritte hast Du zuvor getan?» |
| ein Coach: | «Wenn ich Ihnen die Lösung vorkaue, wird das Ihr Problem nicht dauerhaft beseitigen.» |
| ein Benchmarker: | «Kennen Sie jemanden, der ähnliche Logistikprobleme bereits erfolgreich gelöst hat? Wie lässt sich dessen Vorgehen sinnvoll auf Ihre Situation übertragen?» |
| ein Moderator: | «Welche Lösungswege haben Sie schon angedacht? Schreiben Sie alles hier auf diese Kärtchen.» |
| ein Zeitplanexperte: | «Haben Sie überhaupt genügend Pufferzeit für meine Antwort eingeplant?» |
| ein Manager: | «Fragen Sie nicht lange. Gehen Sie einfach los.» |
| ein Priester: | «Heiliger Antonius, gerechter Mann, hilf, dass er ihn finden kann. Amen.» |

*(aus Orgasys 1/98 und Trainer-Presse-Spiegel 3/97)*

Um den Einfluss von kulturellen Interaktionsregeln zu erfahren, empfehle ich Ihnen (Sie müssten dafür mindestens zu zweit sein) die folgende Übung:

**Übung**

**Konventionsübung nach *Schein***

Diese kurze Übung sollte nur durchgeführt werden, wenn genug Zeit vorhanden ist, um zu analysieren, was sich nach der formalen Übung abspielt.

Setzen Sie bewusst während eines Gespräches mit einem Freund oder Kollegen ihre Publikumsrolle aus.

1. Lassen Sie ihren Gesichtsausdruck «einfrieren» und halten Sie ihn so lange Sie können.
2. Behalten Sie auch Ihre Körperhaltung bei, unterlassen Sie es, mit dem Kopf zu nicken oder sich vorwärts zu lehnen.
3. Schweigen Sie; d.h. unterlassen Sie es, zu brummen oder auf sonstige Weise zu bestätigen, dass Ihr Gegenüber spricht.

Nach bereits zehn bis zwanzig Sekunden werden Sie feststellen, wie Sie und Ihr Gegenüber sich unwohl zu fühlen beginnen, und sehen, wie schwierig es ist, die Schritte 1, 2 und 3 durchzuhalten. Ihr Gegenüber wird in seiner Geschichte innehalten und Fragen stellen wie: «Stimmt etwas nicht?», «Was ist denn los?» und «Bist du noch da?»

Diskutieren Sie, welche Gefühle es auslöste, dass Sie Ihre Rolle als aktives Publikum aufgaben, und untersuchen Sie, wie automatisch wir uns entsprechend den kulturellen Interaktionsregeln verhalten.

Kehren Sie die Rollen um, um herauszufinden, was es bei Ihnen auslöst, wenn Ihr Gegenüber aufhört zu reagieren.»

*(aus Schein 2000, S. 156)*

Kulturelle Interaktionsregeln sind gelernte Regeln, welche uns häufig nicht mehr bewusst sind und meist einer (zumindest scheinbaren) Aufrechterhaltung eines Dialoges dienen. Die Soziologen sprechen beispielsweise von «face work», wenn ich mit meiner «Gesichtsarbeit» meinem Gegenüber dazu verhelfe, «sein Gesicht nicht zu verlieren» oder dieses eben «zu wahren». Wenn Ihr Arbeitskollege schon laut lachend einen Witz als unmässig amüsant ankündigt, werden Sie nach dem Zuhören auch bei fehlender Pointe und ohne im Geringsten amüsiert zu sein, ihr Gesicht zu einem Grinsen oder zumindest zu einem (müden) Lächeln verziehen (falls Sie keine Beleidigung riskieren wollen). Sie erhalten damit die Konvention und kompensieren mit Hilfe Ihrer Gesichtsmuskeln die fehlende spontane Reaktion nur zu Gunsten ihres Interaktionspartners.
Unser Zeitalter der Dynamik und der Beschleunigung beschert uns ständig wechselnde Kunden, Beziehungen und Kontakte. Wir sind gefordert, uns stets neu einzulassen und adäquat und schnell zu «decodieren».
Menschen der vorindustriellen Zeit konnten sich in überschaubarem Kontext auf sich wiederholende Interaktionen in bekanntem Rahmen beziehen und sich darauf verlassen. Zwar suggerieren uns globale «codes» – vermittelt durch elektronische Medien – das anonyme «Weltdorf», doch dürften einerseits die «Dorfbewohner» schon beträchtlich einheitlich und auserwählt sein, andrerseits ist auch die «neue Weltsprache» offensichtlich nicht frei von Missverständnissen und Decodierproblemen.
Zudem werden verbale Kommunikationscodes allmählich durch bildliche ersetzt: Piktogramme, Videoclips, Schaubilder, Fotografien und ihr wachsender täglicher Gebrauch sind Zeichen der an Bedeutung zunehmenden Erscheinungsform einer visuellen Kultur. Bilder erzählen ihre Geschichte schnell, man muss sie nicht zuerst «lesen», zudem sagen sie oft «mehr als tausend Worte». Wahrnehmung wird technisiert, der Vormarsch der virtuellen Realität (Computeranimation, Flugsimulation, Chirurgie etc.) ist nicht aufzuhalten. Politiker werden beispielsweise offensichtlich zusehends besser bekannt durch ihre Gesichter, als durch das, was sie sagen oder schreiben. Die mediale Öffentlichkeit, in welcher dies geschieht, stellt sogar selbst einen bedeutsamen Teil der Politik darstellt *(vgl. Doelker 1997)*.
Das Design bestimmt das Sein.
Übrigens ist mir letzthin eine Kursausschreibung aufgefallen, die in etwa hiess: «Dresscodes – Chiffrierschlüssel für persönliche Botschaften».

Nach *Schein (2000)* hat menschliche Kommunikation sechs Funktionen:
1. Befriedigung unserer Bedürfnisse
2. Begreifen der anderen
3. Verstehen mehrdeutiger Situationen
4. Vorteilsnahme
5. Aufbau kollaborativer Beziehungen
6. Ausdruck und Verständnis der eigenen Persönlichkeit

In den nächsten Ausführungen beleuchte ich v.a. die Funktion 5, teilweise auch 2, 3, und 6.

## 2. Nonverbale Kommunikation

Die Trennung von verbaler und nonverbaler Kommunikation behagt mir nicht, weil sie künstlich und nicht immer hilfreich ist. Im Teil 1 dieses Kapitels bezeichneten «Codes» oder «Symbole» sowohl sprachliche als auch nonverbale Signale.
Unsere Körpersprache umfasst Mimik, Gestik, Blickverhalten, Stimme, Körperhaltung, Distanzverhalten, Geruch und äussere Erscheinung. Einige Körpersignale können als angeboren bezeichnet werden. So gelten ähnliche Gesichtsausdrücke in der Regel für ähnliche Gefühle (z. B. Lachen, Weinen), wobei hier aber kulturelle Unterschiede in Ausdruck und Interpretation zu beachten sind: Hierzulande kann «die Zunge herausstrecken» bedeuten, sich über jemanden lustig zu machen, die neuseeländischen Maori-Krieger haben damit ihre Feinde erschreckt und in die Flucht geschlagen.
Spielregeln, Konventionen, Standards und Vorschriften werden in verschiedenen Kulturen verschieden gehandhabt und wirken strukturierend auf eine Gesellschaft.

> *«Die interessanteste Körperhaltung bei den Japanern ist die Verbeugung, die wie das Händeschütteln eine Begrüssungsform ist. Die Verbeugung dient dazu, seinen Status im Verhältnis zum anderen zum Ausdruck zu bringen. Die weniger gewichtige Person verbeugt sich tiefer; die bedeutendere Person kann ihren höheren Rang zur Geltung bringen, indem sie sich weniger verbeugt als der andere. Oder es gibt einen Wettstreit in der Höflichkeit. In jedem Falle achtet jeder genau darauf, wie tief der andere sich verbeugt.» (aus Argyle 1996, S. 92)*

*Argyle*, der sich im Übrigen auch mit dem interessanten Phänomen des kulturell verschiedenen Umgangs durch Blickkontakt und Körpernähe befasst hat, notiert beispielsweise folgende verschiedenen Begrüssungssignale:

**BEGRÜSSUNGSSIGNALE IN VERSCHIEDENEN KULTUREN**

| **Begrüssungssignal** | **Kultur** |
|---|---|
| *Händeklatschen (die höchste Form einer höflichen Begrüssung)* | *Volk von Loango* |
| *Hände klatschen und mit den Ellbogen auf die Rippen trommeln* | *Volk von Balonda* |
| *Seine Kleider hergeben (als ein Zeichen für Hingabe bei der Begrüssung)* | *Assyrer* |
| *Sich bis zum Gürtel entblössen* | *Abessinier* |
| *Den Hut abnehmen oder ihn nur berühren; Händeschütteln* | *Amerikaner und Europäer* |
| *Die Hände fassen und die Daumen zusammendrücken* | *Wanyiika-Volk* |
| *Die Hände fassen und mit einem Ruck trennen, so dass sie mit Daumen und Fingern schnalzen* | *Nigerianer* |
| *Eine Art Rauferei betreiben, wobei jeder versucht, die Hände des anderen zu seinen Lippen zu heben; den Bart küssen* | *Araber* |

| | |
|---|---|
| *Die Hände bei der begrüssten Person von den Schultern die Arme hinab bis zu den Fingerspitzen streifen, oder die Hände gegenseitig zusammenreiben* | *Ainus (Japan)* |
| *Sich gegenseitig in die Hände oder die Ohren blasen* | *einige Präliteraten* |
| *Über das eigene Gesicht mit den Händen des anderen streicheln* | *Polynesier* |
| *Sich gegenseitig die Wangen beriechen und sich mit den Nasen berühren und reiben* | *Mongolen, Malayen, Burmesen, Lappen* |
| *Mit den Fingern schnalzen* | *Dahomen und andere* |

*aus Argyle 1996, S. 81/82*

*Argyles* Beispiele mögen etwas weit hergeholt sein und Sie allenfalls zum Lächeln bringen. Das Lächeln jedoch dürfte Zeichen der Differenz zur eigenen kulturellen «Heimat» sein.

Und: Mit etwas weniger Differenz werden Sie problemlos kulturelle Unterschiede in der Art des Begrüssens oder Verabschiedens bei Familien, Organisationen, Berufsgruppen etc. entdecken.

Wissenschafter sagen, dass das sog. «Engelslächeln» des ungeborenen Kindes eine reine unbewusste motorische Übung sei, der bewusste Ausdruck im Alter von ca. sechs Wochen einsetze und der «Sprachschatz» nonverbaler Kommunikation zumindest bis in die Adoleszenz stetig wachse *(Arnet im Tages-Anzeiger vom 9.3.2001).*

Wissenschaftlich fassbar ist die nonverbale Kommunikation jedoch schlecht, auch wenn seit *Johann Caspar Lavaters 1772* erschienenem Buch «Von der Physiognomik» etliche Versuche von kategorieller «Übersetzung» von menschlichem Ausdruck unternommen wurden.

Interessante Untersuchungen weisen auch hier bezüglich der Beurteilung und Einschätzung von Menschen (z. B. Politiker/innen) auf kulturelle Stereotype und Vorurteile hin *(Frey 2000).*

Folgende Zusammenstellung gibt Ihnen eine Übersicht über nonverbales Verhalten, welches in Ausbildungssituationen bedeutsam sein kann. Darunter verstehe ich alles Nichtsprachliche, welches aber stimmliche Phänomene durchaus mit einschliesst.

## NONVERBALES VERHALTEN

**stimmlich (paralinguistische Phänomene)**

***zeitabhängige Aspekte***
- *Sprechdauer*
- *Sprecher- Hörer-Wechsel*

***stimmabhängige Aspekte***
- *Tonfall,*
- *Tonlage*
- *Stimme*
- *Artikulation*
- *Lautstärke*

***kontinuitätsabhängige Aspekte***
- *Rhythmus*
- *Sprechgeschwindigkeit,*
- *Dynamik*

**nicht-stimmlich**

***kinesiologisch***
- *Mimik*
- *Gestik*
- *Blick*
- *Körperbewegung und -haltung*

***physiochemisch***
- *Geruch, Geschmack*
- *Berührung*
- *Temperatur*

***ökologisch***
- *Raumverhalten*
- *persönliche «Aufmachung»*
- *Nähe/Distanz*
- *Sitzverteilung*

Die Beziehung zwischen unseren Wahrnehmungstendenzen, unserer individuellen körperlichen Befindlichkeit – *Schmitz* nannte dies *«leibliche Resonanzfähigkeit» (1997, S. 59)* – und der sogenannten «Atmosphäre» eines uns umgebenden Raumes darf in ihrer Wirkung auf unser Verhalten nicht unterschätzt werden.
Manchmal «ergreifen» uns Räumlichkeiten und nehmen uns regelrecht «in Besitz» *(vgl. Freimuth 2001, S.5)*.
Mit dem Betreten und Verlassen von Räumen atmen wir anders, fühlen wir uns anders.
Zudem sind bei Gruppenaktivitäten immer wieder verschiedene «Zwischenräume» erkennbar, welche das System «Nähe – Distanz» der anwesenden Menschen repräsentieren.
Die Wirkung von Räumlichkeiten lässt sich ebenso wenig didaktisieren wie Menschen selber, räumliches Wohlbefinden ist in hohem Masse individuell. Am besten nimmt man gemeinsam von einem Raum «Besitz», indem man ihn entsprechend den anwesenden Menschen, der aktuellen Aufgabe und den Möglichkeiten gestaltet.

Ebenso skeptisch bin ich bei anderen Versuchen, mich in Ausbildungssituationen «gemütlich» und entspannt zu stimmen: Ich erinnere mich an meinen Französischunterricht in der Mittelschule, wo ich am Boden liegend mit Hilfe der «vier Jahreszeiten» von Vivaldi entspannt Französischwörter hätte lernen sollen, die mittels Packpapier regelrecht an die Schulhauswände tapeziert waren.
Das hatte leider zur Folge, dass Vivaldi seither bei mir keine Chance mehr hat …
Wirksam war diese Methode somit zweifellos!

**Reflexionsfragen «nonverbales Verhalten»**
- **Welche kulturspezifischen Gesten, Zeichen etc. sind Ihnen aus einer anderen Kultur bekannt?**
- **Können Sie spezifische nonverbale Merkmale in Ihrer innerfamiliären Kommunikationskultur benennen?**

- **Machen Kleider Leute? Wie handhaben Sie diesen Aspekt als Kursleiter/in?**
- **Wie denken Sie, gestalten Sie Ausbildungssituationen nonverbal (Körperhaltung, Gestik, Mimik, Tonfall)?**
- **Existieren spezielle nonverbale Merkmale, spezielles nonverbales Verhalten – z. B. berufsspezifisches oder altersbedingtes – bei Ihren Kursteilnehmer/innen /Studierenden?**
- **Schildern Sie Ihr «Raum- und Bewegungsverhalten» als Kursleiter/in.**
- **Erinnern Sie sich an von Ihnen geleitete Bildungsveranstaltungen: Wie nehmen Sie nonverbale Signale von Teilnehmer/innen wahr?**

Sich selber bzgl. nonverbalem Verhalten zu beobachten oder gar zu kontrollieren ist sehr anspruchsvoll und schwierig. Deshalb soll Ihnen folgende Gruppenübung konkrete Hinweise geben.Weitere Hilfestellung zur Selbstbeobachtung kann Ihnen zudem das Video-Feedback (5.3, in diesem Kapitel) geben.

**Übung**

**Nonverbale Kommunikation**
Benötigt werden: 1 Geschichtenerzähler/in und 1–3 Beobachter/innen

Jemand erzählt eine Geschichte (z. B. einen Zwischenfall mit dem Auto; ein einschneidendes Erlebnis wie Heirat, Kennenlernen der Partner/in).
Die anderen hören zu und beobachten den/die Erzähler/in z. B. bezüglich

- Tonfall, Lachen, Seufzer
- Schnelligkeit oder Langsamkeit der Sprache
- Körperhaltung
- Körpersprache

Verändern sich die paralinguistischen Phänomene und die nonverbale Sprache mit der Dynamik der Geschichte?
Tauschen Sie im Anschluss Ihre Beobachtungen und Erkenntnisse aus. Können Sie aus dieser Übung Folgerungen für Ihre Kurstätigkeit ableiten?
Machen Sie die Übung noch einmal und verteilen Sie die Rollen neu (Beobachter/innen, Geschichtenerzähler/in).

## 3. Metakommunikation

*Watzlawick, Beavin* und *Jackson* nannten in ihrem Grundlagenwerk «Menschliche Kommunikation» *(1990)* die Kommunikation über die Kommunikation «Metakommunikation».
Ihre These geht von der Annahme aus, dass kommunizierende Menschen im Sinne eines kreisförmigen Verhaltens in ihrer Interaktion voneinander abhängig sind und einander

bedingen. Eine solche zirkuläre Betrachtungsweise schliesst allfällige einfache «Ursache-Wirkungs-Hypothesen» aus und macht eine gemeinsame klärende «Metakommunikation» notwendig.

Als mögliches Instrument einer solchen Metakommunikation formulierten die Forscher die folgenden *«fünf pragmatischen Axiome» (1990, S. 51)*. Die aus obgenanntem Buch zitierten Abschnitte werde ich je kurz kommentieren:

1. ***Axiom: «Man kann nicht nicht kommunizieren.»*** *(S.53)*
   *«Verhalten hat vor allem eine Eigenschaft, die so grundlegend ist, dass sie oft übersehen wird: Verhalten hat kein Gegenteil, oder um dieselbe Tatsache noch simpler auszudrücken: Man kann sich nicht nicht verhalten. Wenn man also akzeptiert, dass alles Verhalten in einer zwischenpersönlichen Situation Mitteilungscharakter hat, d.h. Kommunikation ist, so folgt daraus, dass man, wie immer man es auch versuchen mag, nicht nicht kommunizieren kann. Handeln oder Nichthandeln, Worte oder Schweigen habe alle Mitteilungscharakter: Sie beeinflussen andere, und diese anderen können ihrerseits nicht nicht auf diese Kommunikationen reagieren und kommunizieren damit selbst. Es muss betont werden, dass Nichtbeachtung oder Schweigen seitens der anderen dem eben Gesagten nicht widerspricht. Der Mann im überfüllten Wartesaal, der vor sich auf den Boden starrt oder mit geschlossenen Augen dasitzt, teilt den anderen mit, dass er weder sprechen noch angesprochen werden will, und gewöhnlich reagieren seine Nachbarn richtig darauf, indem sie ihn in Ruhe lassen. Dies ist nicht weniger ein Kommunikationsaustausch als ein angeregtes Gespräch.»*

Diesen Mitteilungscharakter kann ich selbstverständlich phantasierend interpretieren, auch wenn keine (bewussten) Mitteilungsintentionen vorliegen.
Wer kennt nicht die Kraft des Bildes von «unaufmerksamen» und «desinteressierten» Kursteilnehmer/innen in den Augen der Kursleiter/innen. Wenngleich während des Unterrichts mit Zeitunglesen beschäftigte Lernende ohne Zweifel sehr aufmerksam sein können! Ebenso können die interessierten Blicke und das ewig zustimmende Nicken («Nickkabinett») von Studierenden in Richtung Kursleitung – meist handelt es sich hier um langjährig eingeübte Strategien im Umgang mit Unterrichtssituationen – signalisieren: «Sprich nur weiter, lass mich in Ruhe, ich komm Dir dann auch nicht in die Quere!»

2. ***Axiom: «Jede Kommunikation hat einen Inhalts- und einen Beziehungsaspekt, derart, dass letzterer den ersteren bestimmt und daher eine Metakommunikation ist.»*** *(S. 56)*
   *«Wenn man untersucht, was jede Mitteilung enthält, so erweist sich ihr Inhalt vor allem als Information. Dabei ist es gleichgültig, ob diese Information wahr oder falsch, gültig oder ungültig oder unentscheidbar ist. Gleichzeitig aber enthält jede Mitteilung einen weiteren Aspekt, der viel weniger augenfällig, doch ebenso wichtig ist – nämlich einen Hinweis darauf, wie ihr Sender sie vom Empfänger verstanden haben möchte. Sie definiert also, wie der Sender die Beziehung zwischen sich und dem Empfänger sieht, und ist in diesem Sinn seine persönliche Stellungnahme*

*zum anderen. Wir finden somit in jeder Kommunikation einen Inhalts- und einen Beziehungsaspekt.» (S. 53)*
*«Der Inhaltsaspekt vermittelt die «Daten», der Beziehungsaspekt weist an, wie diese Daten aufzufassen sind.» (S.55)*

Die folgende *Corn-Flakes-Geschichte* von *Watzlawick* erinnert Sie vielleicht an viele erlebte Missverständnisse in privaten und beruflichen Beziehungen:

**Corn Flakes**
«Nehmen wir an, eine Frau fragt ihren Mann: «Diese Suppe ist nach einem ganz neuen Rezept – schmeckt sie dir?» Wenn sie ihm schmeckt, kann er ohne weiteres «ja» sagen, und sie wird sich freuen. Schmeckt sie ihm aber nicht, und ist es ihm ausserdem gleichgültig, sie zu enttäuschen, kann er ohne weiteres verneinen. Problematisch ist aber die (statistisch viel häufigere) Situation, dass er die Suppe scheusslich findet, seine Frau aber nicht kränken will. Auf der sogenannten Objektebene (also was den Gegenstand Suppe betrifft) müsste seine Antwort «nein» lauten. Auf der Beziehungsebene müsste er «ja» sagen, denn er will sie ja nicht verletzen. Was sagt er also? Seine Antwort kann nicht «ja» und «nein» sein, denn das Wort «jain» gibt es in der deutschen Sprache nur als Witz. Er wird also versuchen, sich irgendwie aus der Zwickmühle zu winden, indem er zum Beispiel sagt: «Schmeckt interessant», in der Hoffnung, dass seine Frau ihn richtig versteht.* Die Chancen sind minimal.
Da empfiehlt es sich schon eher, dem Beispiel eines mir bekannten Ehemannes zu folgen, dessen Frau ihm nach der Rückkehr aus den Flitterwochen beim ersten Frühstück im neuen Heim eine grosse Schachtel Corn Flakes auf den Tisch stellte, in der (auf der Beziehungsebene) wohlgemeinten, aber (auf der Objektebene) irrtümlichen Annahme, dass er sie gern ässe. Er wollte sie nicht kränken und nahm sich vor, das Zeug halt in Gottes Namen zu schlucken, und sie dann, wenn die Schachtel leer war, zu bitten, keine neue zu kaufen. Als gutes Weib aber hatte sie aufgepasst, und noch bevor die erste Schachtel ganz aufgebraucht war, stand bereits die zweite da. Heute, 16 Jahre später, hat er die Hoffnung aufgegeben, ihr schonend beizubringen, dass er Corn Flakes hasst. Ihre Reaktion könnte man sich ausmalen.
*Die Puristen unter den «Kommunikationstrainern», die treuherzig annehmen, es gebe so etwas wie «richtige» Kommunikation, deren Grammatik man erlernen kann wie die einer Fremdsprache, haben dazu allerdings eine Antwort; etwa «Die Suppe schmeckt mir nicht, aber ich bin dir herzlich dankbar für die Mühe, die du dir damit gemacht hast». Nur in den Büchern dieser Fachleute fällt ihm die Frau dann gerührt um den Hals.» *(in: Watzlawick 1983, S. 72 ff.)*

3. ***Axiom: «Die Natur einer Beziehung ist durch die Interpunktion der Kommunikationsabläufe seitens der Partner bedingt.»*** *(S. 61)*
*«Dem unvoreingenommenen Beobachter erscheint eine Folge von Kommunikationen als ein ununterbrochener Austausch von Mitteilungen. Jeder Teilnehmer an dieser Interaktion muss ihr jedoch unvermeidlich eine Struktur zugrunde legen, die Bateson und Jackson in Analogie zu Whorf die «Interpunktion von Ereignisfolgen» genannt haben.»*
*«... Sie führen aus: Die Versuchsratte, die sagte: «Ich habe meinen Versuchsleiter so abgerichtet, dass er jedesmal, wenn ich den Hebel drücke, mir zu fressen gibt», weigerte sich, die Interpunktion anzunehmen, die der Versuchsleiter ihr aufzuzwingen versuchte.» (S. 57)*

Ich verweise hier auf die wunderbare Geschichte «Die Bedingungen für eine Nahrungsaufnahme» von *Franz Hohler (in: Thuswaldner 1987, S.18–25)*, in welcher es in zunehmender (nonverbaler) kommunikativer Paradoxie und Eskalation unklar wird, ob nun die

Eltern ihr Kleinkind konditionieren oder sie selber durch dieses konditioniert werden. Auch die Corn-Flakes-Geschichte würde hier wieder passen: Je nach Ort und Zeitpunkt des Einstiegs in einen Kommunikationsprozess, verändern sich Sichtweise und Interpretation der Ereignisse und ihrer Folgen. Dies kann eine totale Kommunikationsblockade zur Folge haben, weil häufig nicht mehr eruierbar ist, ob nun das «Huhn oder das Ei» zuerst da war.
Zumindest mir unterliefen – gerade in Ausbildungsinstitutionen, in welchen ich verschiedene Gruppen von Lernenden immer nur zeitlich «portioniert» unterrichtete, so zum Beispiel in der Lehrer/innenbildung – häufig zwei Fehler: Ich setzte bei derselben Klasse wieder dort ein, wo ich letztes Mal aufgehört hatte, obwohl sich diese nach einer vergangenen Woche deutlich an einem anderen Standort befand. Oder ich nahm sozusagen mich selber und meine Gedanken von Klasse zu Klasse mit und «spann den Faden» am falschen Ort weiter, indem ich es unterliess, eine Teilnehmer/innenanalyse zu machen und damit meinen Unterricht der neuen Situation (und Klasse) anzupassen.
Zusätzlich erschwerend wirkt sich in solchen lektionssegmentierenden Unterrichtsarrangements die Tatsache aus, dass die Lernenden meist sowohl vor als auch nach meinen Lektionen in anderen Fächern unterrichtet werden.
Ich selber und mein Unterricht sind dann sozusagen eine kleine Station im täglichen Hürdenlauf der Schüler, welche somit – im Gegensatz zu den Lehrer/innen – die Schule als Ganzes aus der Unterrichtsperspektive erleben.
Dass Lernende dann Prioritäten setzen und ihre Energien einteilen, ist mehr als verständlich. (Ich verweise hier auch auf meine Ausführungen zur Konfliktdynamik in Kap. III, 2.10).

**Die Geschichte mit dem Hammer**
Ein Mann will ein Bild aufhängen. Den Nagel hat er, nicht aber den Hammer. Der Nachbar hat einen. Also beschliesst unser Mann hinüberzugehen und ihn auszuborgen. Doch da kommt ihm ein Zweifel: Was, wenn der Nachbar mir den Hammer nicht leihen will? Gestern schon grüsste er mich nur so flüchtig. Vielleicht war er in Eile. Aber vielleicht war die Eile nur vorgeschützt, und er hat etwas gegen mich. Und was? Ich habe ihm nichts angetan; der bildet sich da etwas ein. Wenn jemand von mir ein Werkzeug borgen wollte, ich gäbe es ihm sofort. Und warum er nicht? Wie kann man einem Mitmenschen einen so einfachen Gefallen abschlagen? Leute wie dieser Kerl vergiften einem das Leben. Und dann bildet er sich noch ein, ich sei auf ihn angewiesen. Bloss weil er einen Hammer hat. Jetzt reicht's mir wirklich. – Und so stürmt er hinüber, läutet, der Nachbar öffnet, doch noch bevor er «Guten Tag» sagen kann, schreit ihn unser Mann an: «Behalten sie Ihren Hammer, Sie Rüpel!» *(in: Watzlawick 1983, S. 37–38)*

### 4. *Axiom: «Menschliche Kommunikation bedient sich digitaler und analoger Modalitäten.» (S. 68)*

*«Es gibt grundsätzlich verschiedene Weisen, in denen Objekte dargestellt und damit zum Gegenstand von Kommunikation werden können. Sie lassen sich entweder durch eine Analogie (z. B. eine Zeichnung) ausdrücken oder durch einen Namen. ... Namen sind Worte, deren Beziehung zu dem damit ausgedrückten Gegenstand eine rein zufällige oder willkürliche ist.» (S. 62)*
*«Es besteht kein Zweifel, dass die meisten, wenn nicht alle menschlichen Errungenschaften ohne die Entwicklung digitaler Kommunikation undenkbar wären. Dies gilt ganz besonders für die Übermittlung von Wissen von einer Person zur anderen und von einer Generation zur nächsten. Andererseits aber gibt es ein weites Gebiet, auf dem wir uns fast ausschliesslich nur der analogen Kommunikationsformen*

*bedienen, die wir von unseren tierischen Vorfahren übernommen haben. Dies ist das Gebiet der Beziehung.» (S.63)*

*«Kinder, Narren und Tieren wird ja seit alters eine besondere Intuition für die Aufrichtigkeit oder Falschheit menschlicher Haltungen zugeschrieben; denn es ist leicht, etwas mit Worten zu beteuern, aber schwer, eine Unaufrichtigkeit auch analogisch glaubhaft zu kommunizieren. Eine Geste oder eine Miene sagt uns mehr darüber, wie ein anderer über uns denkt, als hundert Worte.» (S. 64)*

Gerade die Tendenz der wachsenden elektronischen Kommunikation erschwert es uns gelegentlich, «zwischen den Zeilen» zu lesen.

Ein international tätiger Manager der Technikbranche erzählte mir letzthin, dass multinational tätige Arbeitsteams und Netzwerke Unmengen von Geld ausgegeben hätten, weil die persönliche Kommunikation über e-mail, Video- und Telefonkonferenzen zu so viel Missverständnissen geführt hätten, dass trotzdem oder gerade deswegen zunehmend Treffen «von Angesicht zu Angesicht» notwendig wurden (vgl. Kap. III, 1.11). Heute würde sein Betrieb an einem Kommunikationskonzept arbeiten, in welchem sie Leitlinien festlegten, was «digital» kommuniziert werden könne und wo «analoge» Kommunikation unabdingbar wäre. Ähnliche Erfahrungen zeigen sich im Ausbildungskontext in vielen e-learning- Versuchen (vgl. auch 8., in diesem Kapitel).

***5. Axiom: «Zwischenmenschliche Kommunikationsabläufe sind entweder symmetrisch oder komplementär, je nachdem, ob die Beziehung zwischen den Partnern auf Gleichheit oder Unterschiedlichkeit beruht.»*** *(S. 70)*

*«Im ersten Fall ist das Verhalten der beiden Partner sozusagen spiegelbildlich und ihre Interaktion daher symmetrisch. Dabei ist es gleichgültig, worin dieses Verhalten im Einzelfall besteht, da die Partner sowohl in Stärke wie Schwäche, Härte wie Güte und jedem anderen Verhalten ebenbürtig sein können. Im zweiten Fall dagegen ergänzt das Verhalten des einen Partners das des anderen, wodurch sich eine grundsätzlich andere Art von verhaltensmässiger Gestalt ergibt, die komplementär ist. Symmetrische Beziehungen zeichnen sich also durch Streben nach Gleichheit und Verminderung von Unterschieden zwischen den Partnern aus, während komplementäre Interaktionen auf sich gegenseitig ergänzenden Unterschiedlichkeiten basieren.*

*«... Komplementäre Beziehungen beruhen auf gesellschaftlichen oder kulturellen Kontexten (wie z. B. im Fall von Mutter und Kind, Arzt und Patient, Lehrer und Schüler) ...» (S. 69/70)*

*«Es ist nicht etwa so, dass ein Partner dem anderen eine komplementäre Beziehung aufzwingt; vielmehr verhalten sich beide in einer Weise, die das bestimmte Verhalten des anderen voraussetzt, es gleichzeitig aber auch bedingt.» (S.70)*

Viele solcher Interpretationsmuster in Kommunikationsabläufen zwischen Lehrenden und Lernenden sind uns bekannt. Je nachdem, wer in welcher Rolle was sagt, wird von anderen Rollenträgern spezifisch und manchmal falsch verstanden.

So kann ein Feedback eines Lehrenden in einer angespannten Situation – obwohl es nicht so gemeint ist – als Disqualifikation verstanden werden (vgl. auch Kap. IV, 2.1).

# 4. Verbale Kommunikation – Sprechakte

Wie schon weiter oben erwähnt, bedingen sich verbale und nonverbale Kommunikation gegenseitig und lassen sich nur mittels Analyse und metakommunikativer Reflexion trennen. *Hackney* und *Cormier (1998, S. 48/49)* beschreiben diese Verknüpfung von verbaler und nonverbaler Kommunikation anhand dreier für Berater/innen untauglicher Kommunikationsmuster, welche sich als dysfunktionale Kommunikationsstile in der alltäglichen Praxis präsentieren: (A) zu geringe Beteiligung («underparticipation»), (B) zu starke Beteiligung («overparticipation») und (C) unsystematische Beteiligung («distracting participation»).

## 4.1 Dysfunktionale Kommunikationsmuster

### A Underparticipation

Sich in Interaktionen gering beteiligende Berater/innen teilen – meist ungewollt – mehr auf der nonverbalen als der verbalen Ebene mit. Sie erwecken den Eindruck von Desinteresse oder Inkompetenz und können dadurch ungewollt einen Vertrauensverlust bewirken. Mögliche Ursachen für ein solches Verhalten können Angst oder bestimmte Befürchtungen sein. Bei Beratern mit zu geringer Beteiligung sind oft folgende Verhaltensweisen zu beobachten *(nach Hackney/Cormier 1998, S. 48)*:

Nonverbale Merkmale:

- Wirkt steif; wenig Körperbewegung.
- Körperhaltung wirkt oft vom Klienten abgewandt.
- Der Blick ist oft abgewandt, Berater/in wirkt «abwesend».
- Manchmal beobachtet man schlaff herabhängende Schultern, manchmal hilflos wirkendes Schulterzucken.

Verbale Merkmale:

- Mehr einsilbige Antworten oder Satzfragmente als ganze Sätze.
- Die Sprechweise wirkt oft ungleichmässig.
- Gelegentliche selbstunsichere Äusserungen.
- Die Antworten sind ausschliesslich oberflächlich reflektierend.

Sprachbegleitende Merkmale:

- Leise und unsichere Stimme; die Antworten werden häufig durch Schweigen und Pausen unterbrochen.

### B Overparticipation

Berater/innen mit zu hoher Interaktionsbeteiligung ziehen oft voreilig Schlussfolgerungen und äussern sich eher oberflächlich, ohne die emotionale Lage ihres Gegenübers genügend zu berücksichtigen.

Eventuell wird hier versucht, eigene Unsicherheiten zu überdecken und durch Kontrolle «in den Griff» zu bekommen.

Solche Verhaltensweisen sind oft wie folgt (nach *Hackney/Cormier 1998, S. 48*):

Nonverbale Merkmale:
- Häufige und ausgeprägte Körperbewegungen; viele Gesten, unruhig.
- Lebhaft, machmal sogar sprunghaft.

Verbale Merkmale:
- Starker Redefluss; oft zwanghaft wirkender Wortschwall.
- Viele Aussagen sind mit nebensächlichen Dingen überladen; häufig Wiederholungen.
- Die Äusserungen der Berater/in sind meist viel umfangreicher als diejenigen des Klienten.

Sprachbegleitende Merkmale:
- Schnelles Sprechtempo; wenig Pausen.
- Hohe und laute Stimme.

### C Distracting participation

Ein weiteres Kommunikationsmuster, welches gelegentlich bei Beratern zu beobachten ist, erweist sich als für Beratungen ungeeignet: Die unsystematische und sprunghafte Beteiligung des Beraters. Eine solche Beratungsperson mag zwar engagiert sein, hat jedoch Mühe, sich auf den Klienten und dessen Probleme zu konzentrieren. Sie reagiert häufig auf zweitrangige und unwichtige Bemerkungen. Bei ihr sind oft folgende Verhaltensweisen zu beobachten (nach *Hackney/Cormier 1998, S. 49*):

Nonverbale Merkmale:
- Unangebrachtes Lächeln, manchmal nervöses Lachen.

Verbale Merkmale:
- Die Sprechweise ist unausgeglichen; der Berater/die Beraterin geht eher auf sekundäre Gesprächsinhalte des Klienten ein.
- Häufiger und sprunghafter Themenwechsel.
- Der Berater/die Beraterin geht mehr auf andere Dinge als auf den Klienten ein. Er/sie vernachlässigt gegenwärtige Dinge und verwendet Zeit und Aufmerksamkeit auf Vergangenes.

Selbstverständlich existiert nie vollständige «Kompatibilität» zwischen Berater/in und Klient/in oder Kursleiter/in und Teilnehmer/innen. Zudem sind alle Beteiligten in mehr oder weniger differierenden Kommunikationskulturen «aufgewachsen» oder «zu Hause». Das manchmal mühevolle Decodieren kann durch keine Methode umgangen werden.
Trotzdem erachte ich das Bewusstsein eigener Tendenzen gerade in der Verbindung von verbaler und nonverbaler Kommunikation genauso als unabdingbar wie die Pflicht, mir antizipierend zu überlegen, mit welchen Menschen und welcher Kommunikationskultur ich es wohl zu tun habe.
Ich selber beispielsweise muss mich immer wieder kontrollieren bezüglich Geschwindigkeit und Mass meiner Sprache und meiner Bewegungen. Kursteilnehmer/innen, welche sich «ruhigere» Kurssequenzen gewohnt waren, wurde zu Beginn meiner Veranstaltungen hin und wieder «schwindlig». Mein Tempo und das mir eigene assoziative Vorgehen

werden wohl – genauso wie anderes spezifisches Kursleitungsverhalten – gewöhnungsbedürftig sein.

Ganz ändern kann ich mich nicht; ich selber halte auch nichts von Ausbildner/innen, welche wie angelernte Kommunikationsmaschinen wirken. Im Sinne eines Dialoges jedoch bin ich – vor allem in Ausbildungssituationen oder kurzen Kursen – angehalten, mich etwas anzupassen und zu kontrollieren.

*Klippert (1996, S. 18,* leicht verändert und ergänzt durch G.T.) unterscheidet folgende (verbalen) Grundformen der Kommunikation, welche für Ausbildungstätigkeit von Bedeutung sind. In sog. «monologischen Sprechakten» ist jeweils eine Person beteiligt, in «dialogischen Sprechakten» mehr als eine.

### 4.2 Sprechakte in Ausbildungssituationen

| ***Monologische Sprechakte in Ausbildungssituationen*** | ***Dialogische Sprechakte in Ausbildungssituationen*** |
|---|---|
| *Argumentieren* | *Gruppengespräch* |
| *Assoziieren* | *Paargespräch* |
| *Kritisieren* | *Telefongespräch* |
| *Rede halten* | *Verhandlung* |
| *Erläutern/erklären* | *Beurteilungsgespräch* |
| *Erzählen* | *Arbeitsgespräch* |
| *Antworten* | *Streitgespräch* |
| *Nacherzählen* | *Freie Aussprache* |
| *Berichten* | *Podiumsgespräch* |
| *Fragen* | *Kreisgespräch* |
| *Vortragen/präsentieren* | *Rollenspiel* |

*nach Klippert 1996, S. 10*

Einige dieser aufgeführten Formen werde ich im Verlaufe meiner Ausführungen in diesem Kapitel näher erläutern.

Vorerst möchte ich bei den so genannten «dialogischen Sprechakten» und darin beim Begriff «Dialog» (altgriechisch: Zwiegespräch) ein wenig verweilen, um diesen in eher qualitativem Sinne zu beleuchten.

#### Der Dialog

Wenn ein Kommunikationsprozess ein wechselseitiges Einbringen von Identitätsanteilen bedeutet und sozusagen den *«konsensuellen Verhaltensbereich» (Maturana 1994, S. 73)* konstituiert, kann «im Dialog sein» nur bedeuten, unterschiedliche Sichten für gemeinsame Einsichten zu nutzen ohne zu «verschmelzen».

*Schein* nennt diesen Akt *«interaktiven Tanz» (2000, S. 133), Buber (1986, S. 36)* spricht von der *«Erfahrung der Gegenseite»* oder der *«Umfassung als Erweiterung der eigenen Konkretheit» (ebd S. 38).*

In einer interessanten Schrift («Der Dialog – das offene Gespräch am Ende der Diskus-

sion», *2000)* zieht *Bohm* der Diskussion (lateinisch: Zerschlagung) den Dialog (griechisch: Zwiegespräch) vor und behauptet, dass menschliches Denken «diskutierend» eher fragmentiert werde und Fragmente keine organische Beziehung zueinander hätten.
Der Dialog kann also (z. B. in einer Gruppe, welche als Mikrokosmos die Gesellschaft repräsentiert) im Gegensatz zur Diskussion zu neuen «ganzheitlichen» Erkenntnissen führen.

> *«Wenn der Gesprächspartner daher antwortet, erkennt die erste Person einen Unterschied zwischen dem, was sie sagen wollte, und dem, was der andere verstanden hat. Beim Nachdenken über diesen Unterschied wird vielleicht das Erkennen von etwas Neuem möglich, das sowohl für die eigene Sichtweise wie auch für die Sichtweise des Gesprächspartners relevant ist.» (Bohm 2000, S. 27)*

Aufschlussreich ist in diesem Zusammenhang auch der heutzutage nicht mehr so gebräuchliche Begriff «Konversation», der in etwa «verkehren», «sich umdrehen» bedeutet und damit Dynamik und Bewegung eben einer solchen Konversation beschreibt.
*Schein (2000, S. 259, vgl. auch Fatzer 2001, S.44)* unterscheidet deshalb nach *Isaacs (1993* und *2001)* zwei verschiedene Gesprächsformen, die dialogische und die diskutierende je in ihren Entwicklungsmöglichkeiten. (Diese Unterscheidung erinnert auch wieder an Habermas' Erfolgs- und Verständigungsorientierung in diesem Kapitel, 1.)
Laut *Schein* muss und kann ich in einer Gesprächssituation, in welcher ich nicht verstanden werde oder grundsätzlicher Dissens herrscht als Gesprächsleiter/in, aber auch als Gesprächsteilnehmer/in eine strategische Entscheidung treffen:

## GESPRÄCHSFORMEN NACH SCHEIN: DIALOG UND DISKUSSION

***Gespräch***

↓

***Überlegungen***
*Unverständnis; Dissens; grundsätzliche Entscheidung; Evaluation der eigenen Wahl- und Strategiemöglichkeiten*

| ↓ | ↓ |
|---|---|
| ***In der Schwebe halten***<br>*in sich hineinhören, Differenzen annehmen, gegenseitiges Vertrauen aufbauen* | ***Diskussion***<br>*einen Standpunkt vertreten, den gegnerischen Standpunkt angreifen und widerlegen* |
| ↓ | ↓ |
| ***Dialog***<br>*die eigenen und die Annahmen der anderen hinterfragen, Gefühle zeigen, gemeinsame Basis schaffen* | ***Dialektik***<br>*Gegensätze erkunden* |
| ↓ | ↓ |
| ***Metalog***<br>*als ganze Gruppe fühlen und denken, neue gemeinsame Annahmen, Kultur schaffen* | ***Debatte***<br>*Probleme lösen durch Logik und Niederschlagen* |

*Schein 2000, S. 259 nach Isaacs 1993*

Höre ich mir sozusagen vorerst mal selber zu, ohne gleich meinen Standpunkt zu vertreten («in der Schwebe halten») oder soll ich in das verbale «Hick-Hack» («Diskussion») einsteigen?
Diskutierend kann ich sofort aktiv werden, meinen Standpunkt vertreten, auch wenn dann manchmal eine Patt-Situation entsteht, in welcher sich Positionen in Schach halten.
Beim Entscheid für das «schwebende» Warten geschieht es hin und wieder – so meine Erfahrung – dass meine eigene Sichtweise und Position im Verlaufe des Gespräches (vertreten durch andere) bestätigt werden, ohne dass ich diese intervenierend und kämpfend vertreten musste.
Selbstverständlich ist der Weg der Diskussion und der Debatte ein spannender und ein lustvoller, um Probleme zu lösen oder Entscheidungen zu treffen. Ich glaube aber, dass die Gesprächsteilnehmer/innen sich dafür gut genug verstehen und kennen sollten, um «dieselbe Sprache» sprechen und verstehen zu können (Decodierung). Ansonsten könnten Verletzungen oder aber falscher und verfrühter Konsens den wirklichen Dialog verhindern.
Mit dieser qualitativen Sicht nach *Schein* wäre also – anders als in der Tabelle von *Klippert* weiter oben aufgezeigt – die Diskussion keine dialogische Gesprächsform im eigentlichen Sinne und die meisten eben da unter «dialogischen Sprechakten» aufgeführten Gesprächsformen (z. B. Gruppengespräch, Podiumsgespräch etc) könnten dialogisch vor sich gehen aber eben auch nicht.
Ein Dialog entsteht somit nicht nur dadurch, dass Menschen miteinander sprechen.

Wir wenden uns in unserer Thematik nun nach theoretischen Aussagen über Kommunikation und der Reflexion von alltäglichen Kommunikationssituationen expliziter der Kommunikation in Ausbildungssituationen zu. Sie werden infolgedessen anschliessend vermehrt Instrumente und Übungsanleitungen für Ihre Praxis finden.

### Verbale Kommunikation im Ausbildungsalltag

Kommuniziert werden kann im Ausbildungskontext zwischen Lernenden, zwischen Lehrenden und Lernenden, zwischen Lehrenden, zwischen Lehrenden und (Schul-)Leitung, zwischen einzelnen Ausbildungsabteilungen oder Ausbildungsorganisationen oder zwischen dem Bildungsunternehmen und seinen Kunden.
Ich beziehe mich in meinen Ausführungen am ehesten auf die Ausbildungsrealität im engeren Sinne, also auf den Unterricht. Hier können Unterrichtsgespräche, Beratungsgespräche, Konfliktgespräche, Moderation etc. unterschieden werden.
Abgesehen von solchen formalisierten Kommunikationsstrukturen kann – wie auch schon im Kapitel III «Gruppen leiten» besprochen – so genannte informelle Kommunikation (Seiten-, Pausengespräche, nonverbale Codes) bedeutsam sein. Überhaupt scheint sich Kommunikation – wie wir erfahren haben – gruppen- und organisationsspezifisch «kulturell» zu konstruieren.
So können verschiedene «Sprachen» in verschiedenen geografisch nicht unbedingt weit voneinander entfernten Schulen entstehen, ja sogar Kursgruppen oder Klassen entwikkeln je eigene Kommunikationsstrukturen.
Sogar eine Dyade «Lehrperson – Klasse» wird über einen längeren Zeitraum hinweg Kommunikationsstrukturen installieren, die je nachdem für das gemeinsame Lernen förderlich oder hinderlich sein können.

*Krapf (1993, S. 165)* beschreibt seine Erfahrungen mit formalisierten Unterrichtsgesprächen in der Sekundarstufe folgendermassen:

> *«Ein auffälliges Merkmal meinten wir in der Formlosigkeit vieler Gespräche zu erkennen. Sie wickelten sich in ganz verschiedenen Lektionen gleich ab. Der Unterricht gedieh bis zu einer bestimmten Stelle. Dann bat die Lehrerin oder der Lehrer die Klasse, zu der eben behandelten Sache, dies konnte ein Text, ein Versuch, ein Bild oder eine Karte sein, etwas zu sagen. Manchmal wurde eine ganz präzise Frage gestellt. Und nun entwickelte sich in den meisten Fällen ein Klassengespräch, das man als Mehrfachdialog mit der Lehrkraft (nach jeder Schüleräusserung spricht die Lehrperson) oder als Sequenzdialog (zwei oder drei SchülerInnen sagen nacheinander etwas, spätestens dann spricht der Lehrer oder die Lehrerin weiter) bezeichnen kann. Unterrichtsgespräche mit der Klasse scheinen mit diesen zwei Konzepten auszukommen. Die Bemerkung «Formlosigkeit» ist daher ungenau. Wir müssten viel eher eine Einschränkung auf zwei ähnliche Modelle feststellen. Sie unterscheiden sich offensichtlich auch von einem «natürlichen» Gesprächsverlauf, in welchem jene Gesprächsteilnehmer/innen zu Worte kommen, die das wünschen. Auch die Reihenfolge der Sprechenden scheint gesteuert. Viele Lehrer/innen bestimmen ohne Rücksicht auf die Wortmeldungen, wer sprechen darf.»*

Abgesehen davon, dass *Schein* die oben beschriebenen Gesprächsformen nicht als «Dialog» bezeichnen würde, hoffe ich, dass die nachfolgenden Instrumente «Feedback», «Gesprächsverhalten» und «Gespräche leiten» (5.–7.) Ihnen dazu dienlich sind, allfälligen kommunikativen «Einschränkungen» oder «Formlosigkeiten» entgegenzuwirken.
Die Instrumente präsentieren sich als Materialiensammlungen mit Grundlagen, «Landkarten», Übungen, Anregungen und kritischen Gedanken; daraus können Sie nehmen und/oder lassen, was Ihnen und wie es Ihnen beliebt.

## 5. Instrumente 1: Feedback

### 5.1 Grundlagen

Der Feedback-Begriff entstammt der Kybernetik als Lehre von Regelungsprozessen und bedeutet «Rückmeldung» oder «Rückkoppelung» von Informationen.
Dieses eher technische Verständnis lässt sich nur schlecht auf die komplexen Vorgänge zwischenmenschlicher Kommunikation übertragen.
Sozialwissenschafter benutzten den Begriff eher im Sinne des Versuches, eigenes und fremdes Erleben und Verhalten aufeinander abzustimmen und Wechselwirkungen in der zwischenmenschlichen Kommunikation anzuregen und zu vereinfachen.
Das von der Gruppendynamik *(Luft 1971)* anfangs der 70er Jahre eingeführte Instrument wird heute auch organisational für die Weitervermittlung von interner Kultur oder für das Aufrechterhalten von Kundenbeziehungen benutzt sowie im Rahmen der Mitarbeiterbeurteilung (z. B. «360°-Feedback») angewendet.
Sie finden also Bezüge zwischen Feedback und Evaluation (vgl. Kap. II, 8.), Feedback und Qualitätsmanagement (vgl. Kap. VII, 11.) sowie Feedback und Beurteilung (vgl. Kap. IV, 2.1).

Im hier gemeinten Sinne soll Feedback mit nicht qualifizierendem Charakter einzelnen Personen in Ausbildungssituationen dazu verhelfen, ein realistisches Selbstbild zu entwickeln, eigenes Verhalten zu überprüfen und dieses bei Bedarf und nach Möglichkeit zu verändern.
Dafür sollen solche Feedbacks als Rückmeldungen zwar persönlich und konkret, immer jedoch auch konstruktiv aufbauend sein.
Dabei unterscheiden sich Feedbacks – vor allem in ihrer Wirkung – je nachdem, ob es sich um ein kollegiales Feedback in «symmetrischen» Beziehungen (z. B. zwischen Lernenden) oder um ein «komplementäres» Feedback (z. B. von Kursleitung zu Teilnehmer/in) handelt.

**Grundsätze und Annahmen des Feedbacks:**

- Entscheidend für meinen persönlichen Erfolg ist nicht, wie ich mich sehe, sondern wie die anderen mich wahrnehmen und wie ich wirke.
- Wie andere mich wahrnehmen, bleibt mir selbst teilweise verborgen.
- Die meisten Menschen haben Hemmungen, anderen ihre Wahrnehmungen offen und ehrlich mitzuteilen.
- Der Hauptgrund für mangelnde Offenheit im Umgang miteinander ist Angst vor Verletzungen und vor Sanktionen.
- Arbeitspartner und -partnerinnen wissen viel über mein Erscheinungsbild und mein Verhalten; dieses Wissen zu erfahren, wäre für mich selbst eventuell wertvoll.
- Wenn ich weiss, wie andere mich wahrnehmen, verstehe ich das Verhalten anderer mir gegenüber besser.
- Wenn ich weiss, wie ich auf andere wirke, kann ich mich selbst (und andere) besser steuern und einschätzen.

**Funktionen des Feedbacks können sein:**
*(in: Fengler 1998, S. 21 nach London 1997)*
Feedback:

- steuert Verhalten.
- hilft, zielgerichtet zu arbeiten.
- ermutigt.
- hilft bei der Fehlersuche.
- fördert persönliche Lernprozesse.
- hebt die Motivation.
- hilft bei der Selbsteinschätzung.
- ermöglicht, sich gezielt hilfreiches Feedback zu beschaffen.
- führt zu einem Zuwachs an Einfluss sowohl beim Empfänger wie beim Geber von Rückmeldungen.
- bewirkt eine engere Verbindung mit der Aufgabe.
- hilft bei der Identifikation mit der Arbeitsumgebung und der Planung der beruflichen Entwicklung.
- hilft in Verhandlungen bei der Einschätzung von Angeboten und Situationen.
- hilft, die Qualität von Entscheidungen zutreffend zu bewerten und zu beurteilen.

**Ziele des Feedbacks sind:**

- Mehr darüber zu erfahren, wie andere mich, mein Verhalten und meine Leistungen wahrnehmen und einschätzen.
- Zu lernen und zu üben, mich selbst, mein Verhalten und meine Leistungen kritisch zu überprüfen.
- Zu lernen und zu üben, anderen in konstruktiver Weise sowohl positive als auch kritische Rückmeldungen zu ihrem Verhalten und ihren Leistungen zu geben.

**Regeln für das Geben von Feedback:**
*(nach Antons 1996, S.109/110):*

- Feedback soll *beschreibend* sein, nicht wertend. Indem ich meine eigene Wahrnehmung beschreibe, überlasse ich es dem andern, diese Information zu verwenden oder nicht. Indem ich Bewertungen möglichst unterlasse, verringere ich beim anderen den Impuls, sich zu verteidigen oder zu verschliessen.
- Feedback soll *konkret* sein. Es soll sich auf beobachtbare Ereignisse und Verhaltensweisen beziehen, kriterienorientiert sein und nicht verallgemeinernd die ganze Person und deren Gesamtverhalten beschreiben oder gar bewerten.
- Feedback soll *angemessen* sein. Es soll die konkrete Situation und die Bedürfnisse aller Beteiligten berücksichtigen. Feedback kann auch verletzen und zerstörend wirken. Wer Feedback einsetzt, soll es nicht nur zum eigenen Vorteil tun.
- Feedback soll *brauchbar* sein. Es soll sich auf Verhaltensweisen beziehen, welche der Empfänger/die Empfängerin ändern kann. Werde ich auf Unzulänglichkeiten aufmerksam gemacht, die ich selbst nicht ändern kann, werde ich bestenfalls frustriert und meine Verhaltensänderung besteht in Rückzug.
- Feedback soll *erbeten* sein, nicht aufgezwungen. Feedback ist dann am wirkungsvollsten, wenn der/die Empfänger/in selbst die Frage formuliert hat, auf die hin der/die andere Rückmeldungen gibt (Anm. G.T.: diese Möglichkeit ist gerade in Beurteilungssituationen nicht immer gegeben).
- Feedback soll *rechtzeitig* erfolgen. Feedback ist umso wirksamer, je kürzer die Zeit zwischen dem betreffenden Verhalten und der Information über die Wirkung dieses Verhaltens ist.
- Auch über positive Wahrnehmungen soll Feedback möglich sein. Das beinhaltet eine Veränderung der üblichen Gewohnheit: «Solange alles in Ordung ist, sage ich nichts.»

**Regeln für das Empfangen von Feedback:**

- *Zuhören:* Versuchen Sie erst einmal, ruhig zuzuhören und zu prüfen, ob Sie auch richtig verstehen, was gemeint ist.
- *Nicht rechtfertigen:* Versuchen Sie, sich nicht gleich zu verteidigen oder die Sache klarstellen zu wollen.
- *Darüber nachdenken:* Lassen Sie das Gehörte auf sich wirken, nehmen Sie wahr, was es bei Ihnen auslöst.
- *Mitteilen:* Teilen Sie dem Gegenüber mit, wie das Gehörte bei Ihnen «angekommen» ist und was es bei Ihnen ausgelöst hat. Teilen Sie später auch mit, was Sie daraus für sich gelernt haben.

**Ein Beispiel einer Vorgabe für das Formulieren von Feedbacks bei schriftlichen Rückmeldungen**
*(aus Ruf/Gallin 1999, S. 40)*

Mir gefällt …
Es ist schön …
Am stärksten wirkt …
Ich finde es gut …
Das ist ein Wurf!
Ich bin überrascht, wie …
Es wundert mich …
Ich verstehe nicht ganz, warum …
Könntest Du Dir vorstellen …
Es nimmt mich wunder …
Ich möchte gern wissen …

Hier fehlt mir …
Ist es zwingend, dass …
Da bin ich gestolpert …
Ich habe Mühe mit dem Satz …
Könnte man auch …
Stellst Du Dir vor, dass …
Ich frage mich, ob …

Damit kann ich nichts anfangen …
Das hat mich nicht angesprochen …
Hier melden sich Zweifel bei mir …
Da muss ich widersprechen …
Das sehe ich anders …

In der Ausbildungsarbeit lohnt es sich – gerade wenn Lerngruppen über einen längeren Zeitraum hinweg bestehen – Feedback-Regeln für den formalen Rahmen des Unterrichtes zu bestimmen; einen Teil davon kann und wird vor allem in Anfangssituationen die Kursleitung definieren, ein anderer Teil kann (in der Regel dann, wenn sich Lernende schon ein wenig kennen) gemeinsam «kontraktiert» und bei Bedarf später neu verhandelt werden.
Für das Einhalten solcher Regeln und das Traktandieren von Regelveränderungen wird die Kursleitung gemeinsam mit den Teilnehmenden die Verantwortung tragen.
Ein solcher Aufbau von formaler Feedback-Kultur hat meist auch einen grossen Einfluss auf formale und informelle Gesprächskulturen.
Feedback kann nicht als Technologie benutzt werden, um das Verhalten von Menschen zu verändern. Die Komplexität von Kommunikationsstrukturen – welche differenzierte Rollen- und Beziehungsqualitäten beinhaltet – verhindert dies glücklicherweise. Als Anregung jedoch, eigene Verhaltensweisen adäquat und freiwillig zu überprüfen, kann dieses Instrument zweifellos Hilfe bieten.
Die «technologische» Anwendung wird unter anderem dadurch erschwert, dass Feedbacks nicht selten auch doppel- oder mehrdeutig «gesendet» und damit falsch verstanden werden oder aber auch anders interpretiert werden als sie eigentlich gemeint waren. Eine metakommunikative Feedback-«Kulturbildung» ist deshalb unumgänglich.

Diese Problematik zeigt sich häufig, wenn Feedback aus strukturellen Gründen offen oder verdeckt qualifizierenden Charakter hat (vgl. Kap. IV, 2.1).
Schon *Schulz von Thun (1995)* unterschied «vier Seiten einer Botschaft», womit erwartet werden kann, dass Äusserungen von mir als Feedback-Geber vier Mitteilungen enthalten können:

- sachliche Aussagen (Inhalt)
- Äusserungen über mich selber als Feedback-Gebender (Selbstoffenbarung)
- Verständnis der Beziehung zwischen mir und dem Empfänger (Beziehungen)
- Handlungsaufforderungen an Letzteren (Apell).

Diese Aspekte von möglicher Mehrdeutigkeit und Doppelbödigkeit, von latenten und manifesten Signalen, von Verständnis und Missverständnis, erhellt *Schein* mit seinen «Kommunikationsebenen».

### 5.2 Kommunikationsebenen nach *Schein*

Wir reagieren in einer kommunikativen Situation nie nur auf den manifesten Inhalt einer Äusserung, sondern deuten und interpretieren jeweils eine Botschaft. Gelegentlich können sich dann manifeste und latente Bedeutungen widersprechen, verbale Signale durch nonverbale «gestört» werden, irritierende Mehrdeutigkeiten entstehen. Bateson *(in Watzlawick 1990, S.194 ff.)* sprach hier beispielsweise von «double bind-Prinzip».
Wenn solche doppelten Botschaften in ihrer Wirkung bewusst sind, lassen sich Missverständnisse klären.
Folgende Darstellung des so genannten «Johari-Fensters» *(Schein 2000, S. 163 nach Luft 1961)*, einem Vier-Felder-Schema, unterscheidet verschiedene Ebenen von Person und Interaktion:

***TEILE DES SELBST***

*Schein 2000 nach Luft 1961*

Der rechte Rand des Fensters (Quadranten 1 + 3) meint Aspekte von uns, welche wir anderen zeigen, der obere Rand (Quadranten 1 + 2) zeigt solche, welche uns bekannt sind.
Quadrant 1 repräsentiert also unser «offenes Selbst», d.h. die Bereiche, deren wir uns bewusst sind und welche wir bereitwillig auch anderen zeigen.
Quadrant 2 repräsentiert unser «verborgenes Selbst», also die Aspekte, welche wir bewusst oder absichtlich vor anderen verbergen.
Der 3. Quadrant, unser «blindes Selbst» meint die Dinge, welche wir unbewusst vor uns selbst verbergen, die aber anderen nicht verborgen bleiben.
Der 4. Quadrant ist unser wirklich unbewusstes Selbst, von dem weder wir noch die anderen eine Ahnung haben.
*Schein* unterscheidet dabei beim «unbekannten Selbst» weiterführend *(S. 164):*

1. unterdrücktes Wissen/Gefühle als psychologische Abwehr
2. implizites Wissen (z. B. kulturelle Annahmen, subjektive Theorien, mentale Modelle, Anm. G. T.), welches durch Reflexion aktiviert werden kann
3. verborgene Potentiale, welche sich nur in emotional extremen oder in kreativen Situationen entwickeln können.

*Schein (2000)* ergänzt alsdann das Johari-Modell und bezeichnet folgende Formen von Botschaften in einer Zwei-Personen-Kommunikationssituation:

### *FORMEN VON BOTSCHAFTEN IN EINER ZWEI-PERSONEN-KOMMUNIKATIONSSITUATION*

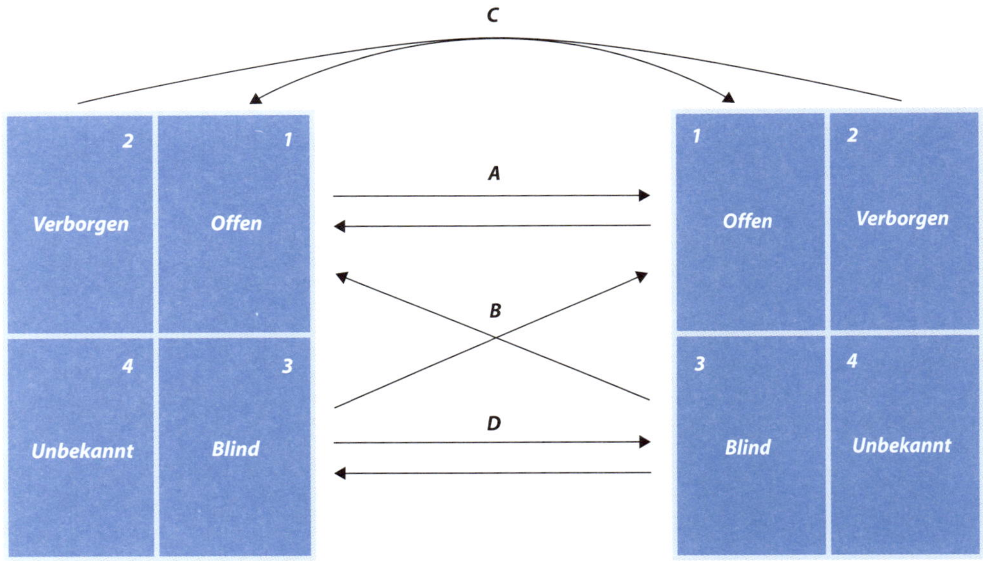


***A Offene Kommunikation***
***B Aufscheinen oder unbewusste Enthüllungen***
***C Anvertrauen oder «ehrlich sein»***
***D Emotionale Ansteckung***

*in: Schein 2000, S. 165 f.*

**1. Offene Kommunikation** (Pfeil A)
Ein Grossteil der Kommunikation findet auf dieser ersten Ebene statt, zwischen den zwei «offenen Selbst». Die meisten populären Analysen des Kommunikationsprozesses beschränken sich auf diese Ebene.

**2. Unbewusste Kommunikation** (Pfeil B)
Eine zweite Kommunikationsebene besteht aus den Signalen oder Bedeutungen, die uns vom «blinden Selbst» eines Menschen zukommen, jedoch nicht bewusst gesendet werden. Diese Art von Kommunikation erinnert an ein «Aufblitzen».

**3. Vertrauen, «ehrlich sein»** (Pfeil C)
Eine dritte Kommunikationsebene tritt in Erscheinung, wenn wir bewusst etwas preisgeben, was wir normalerweise für uns behalten. Wir bezeichnen das gemeinhin als «Vertrauen» oder «ehrlich sein», wenn wir unter dem Eindruck von Ereignissen jemandem unsere Reaktionen oder Gefühle anvertrauen.

**4. Emotionale Ansteckung** (Pfeil D)
Diese Kommunikationsebene ist relativ selten anzutreffen, aber deshalb nicht weniger wichtig. Am besten lässt sie sich mit dem Begriff «emotionale Ansteckung» beschreiben. Eine Person beeinflusst die Gefühle einer anderen, ohne dass sich die beiden des Ursprungs dieses Gefühls bewusst sind.
Selbstverständlich wird von einem Gegenüber eine entsprechende Botschaft immer auch subjektiv verstanden; deshalb greift die technische Sender-Empfänger-Analogie zu kurz; die analytische Beschreibung der reellen Zirkularität von Kommunikationsprozessen in Gruppen oder gar Organisationen würde in einer ungeahnten Komplexität daherkommen …

Interessanterweise erachten wir so genannte «Kongruenz» von Botschaften (aus verschiedenen Teilen des «Selbst») als positiv und dementsprechend den sie «sendenden» Menschen als offen und authentisch.
«Gemischte» (doppelbödige) Botschaften werden negativ bewertet, wobei wir – wenn wir ständig offen kommunizieren würden – uns dauernd gegenseitig unsere «Nacktheit» vor Augen führen müssten (vgl. das Märchen von des Kaisers neuen Kleidern).

Die Mehrdeutigkeit und Interpretationsmöglichkeit von Kommunikationsprozessen hat also durchaus auch schützenden Charakter. Vor irgendetwas müssen sich zum Beispiel Führungskräfte schützen, wenn sie gemäss dem theoretischen Konzept der «eingeübten Inkompetenz» immer folgendermassen vorgehen:

1. Entwirf eine Botschaft, die ganz klar zweideutig und ganz präzis unpräzis ist.
2. Handle so, als sei die Botschaft nicht widersprüchlich.
3. Stelle die Zweideutigkeit und Widersprüchlichkeit der Botschaft als undiskutierbar hin.
4. Enthebe die Undiskutierbarkeit des Undiskutierbaren ebenso jeder Diskussion.

*Argyris1993, in: Fatzer 1999, S. 19*

Bewusstes Feedback (im Sinne eines geplanten Lernprozesses) lässt uns herausfinden, ob wir uns durch unser Verhalten, ohne dass wir dies wollen, am Erreichen eines gesteckten Zieles hindern.
Mit mehr Informationen über unsere impliziten Annahmen (siehe auch Kap. I, 3.3), welche uns mitsteuern, kann dies besser realisiert werden.
In diesem Sinne kann Feedback auch als Information über unseren Lernprozess auf dem Wege einer Zielerreichung verstanden werden. Zentral dabei ist die Fähigkeit, temporär die *«kulturellen Regeln zur Gesichtswahrung» (Schein 2000, S. 167)* als schützende kommunikative Konventionen (vgl. «face work», in diesem Kap., 1.) aussetzen zu können. Dazu kann eine aussenstehende Person – zum Beispiel als Berater/in – welche für das Aufstellen und Einhalten von Regeln besorgt ist, behilflich sein.
Die folgende Feedback-Übung nach *Schein (2000, S. 182)* lässt sich ohne Probleme mit Gruppen von 15–20 Teilnehmer/innen durchführen:

**Übung**

**Feedback-Übung in Gruppen – «Johari-Fenster» nach *Schein* (ca. 30 Min.)**

1. Bitten Sie nach einer kurzen Vorstellung des Johari-Fensters jeden Teilnehmer und jede Teilnehmerin Ihrer Gruppe, zwei leere Blätter Papier vor sich hinzulegen. Es sollen keine Namen darauf stehen.
2. Anleitung 1: «Notieren Sie auf dem ersten Blatt ein oder mehrere Dinge, derer Sie sich bewusst sind, die Sie aber ganz bewusst vor anderen verbergen. Halten Sie sich dabei nicht zurück, diese Übung ist anonym.» (Verborgenes Selbst)
3. Anleitung 2: «Notieren Sie auf dem zweiten Blatt ein oder mehrere Dinge, die Ihnen bei anderen auffallen, bei denen Sie sich aber ziemlich sicher sind, dass diese dies unbewusst kommunizieren.» (Blindes Selbst)
4. Sammeln Sie die Blätter ein. Achten Sie dabei darauf, die Blätter mit den Notizen zum «verborgenen Selbst» und die Blätter mit den Notizen zum «blinden Selbst» getrennt zu halten.
5. Vermischen Sie jeweils die beiden Stapel, damit die einzelnen Blätter nicht mit den jeweiligen Personen in Verbindung gebracht werden können.
6. Lesen Sie der gesamten Gruppe ein paar Beispiele dafür vor, was in der Regel von anderen geheimgehalten wird (erster Stapel). Wenn Sie genug Beispiele haben, können Sie sie auf eine Tafel oder ein flip schreiben und nach Themen sortieren. Fordern Sie die Gruppe auf, die Aussagen mit Ihnen gemeinsam zu analysieren, um ein Gefühl dafür zu bekommen, was wir gemeinhin für uns behalten wollen.
7. Lesen Sie der gesamten Gruppe ein paar Beispiele dafür vor, was wir gewöhnlich in anderen sehen, ohne dass sie selbst dies bewusst kommunizieren (zweiter Stapel). Sortieren Sie auch diese Beispiele nach Themenbereichen.
8. Analysieren Sie den Zusammenhang zwischen diesen beiden Listen. Sind die Themen vollkommen verschieden? Gibt es Bereiche, die wir zu verbergen trachten, die aber dennoch «aufscheinen» und von anderen erkannt werden?

Was spräche dagegen, was dafür, mehr Offenheit zu zeigen und anderen Feedback zu geben, was ihre «blinden Flecken» angeht?

9. Helfen Sie der Gruppe, den Zusammenhang zu erkennen, dass Person 1 nicht an ihren blinden Flecken arbeiten kann, solange Person 2 nicht etwas offen legt, was sie normalerweise zurückhält, das heisst, «dass zwei dazugehören, um einen zu sehen.»

Die nun folgenden konkreten Anleitungen sollen Ihnen zusammen mit einem Übungsvorschlag einen Einblick in das Video-Feedback geben, welches mittels einer (scheinbar) exakteren Realitätsspiegelung Hinweise auf menschliches Verhalten geben kann. Dabei werden meiner Erfahrung nach vor allem nonverbale Kommunikationsaspekte wirksam, weil diese eben nicht nur – wie im konventionellen Feedback – «gehört», sondern auch sichtbar werden.
Video-Feedback ist in hohem Masse dafür geeignet, ausbildnerisches Lehrverhalten zu analysieren und zu überprüfen.

## 5.3 Das Video-Feedback

**Grundlagen und Anleitung** *(überarbeitete AEB-Kursunterlage)*

### Chancen und Gefahren

Videoaufnahmen ermöglichen einer betroffenen Person selbst den direkten Blick auf ihr Auftreten und Verhalten in bestimmten Situationen. Trotzdem ist das Video-Feedback keineswegs «objektiv»: Anlage und Umfeld des Video-Feedbacks, Kameraführung, Bildausschnitt, Ausschnitt der Wiedergabe, Technik, Örtlichkeiten, usw. ermöglichen nach wie vor nur einen Ausschnitt der Sicht auf die Realität. Und: Menschen mit all ihren Prägungen sehen die Videoaufnahme, interpretieren sie und geben ihren Kommentar ab – selbstverständlich subjektiv geprägt.
Einen weiteren Irrtum gilt es auszuräumen: Das Video-Feedback verändert – genauso wie verbales Feedback – nicht einfach Verhalten. Unser Verhalten ist so nachhaltig gelernt, dass es für dessen Modifikation grosser Anstrengung und vieler kleiner Schritte bedarf. Unsere üblichen schützenden Abwehrmechanismen zur «Gesichtswahrung» (rechtfertigen – vermeiden – ablehnen) spielen deshalb auch beim Video-Feedback eine Rolle.
Trotz dieser Vorbehalte kann das Video-Feedback eine taugliche Methode in der Ausbildungssituation zur Überprüfung von Verhalten und zur angeleiteten Selbstreflexion sein. Voraussetzung dafür ist jedoch ein gezielter und sorgfältiger Einsatz.

> *«Verhaltensänderungen sind nur vor dem Hintergrund der gefühlsmässigen Einstellungen und des Selbstkonzeptes des Lernenden möglich. So ist es äusserst wichtig, gefühlsmässige Prozesse nicht nur zuzulassen, sondern sie zum zentralen Gegenstand des Trainings zu machen. Denn sie sind der Schlüssel zu einer wirklichen Einstellungsveränderung, was sich durch ein neues, anderes Verhalten zeigt. Da der Mensch vor allem, was ihm neu ist, Angst hat, benötigt er beim Lernprozess viel Zeit und Raum, um langsam Vertrauen zu gewinnen, sich an das Neue zu gewöhnen.»*
> *(Toelstede/Gamber 1993, S. 56)*

**Vorbereitung**

technisch

- sich mit der Bedienung des Videogerätes vertraut machen
- Probeaufnahme machen (Lichtverhältnisse, Kameraposition, usw.)
- Tontest durchführen

didaktisch

- Ziel des Video-Feedbacks formulieren
- Beobachtungs- resp. Auswertungskriterien festlegen (eingrenzen)
- Zeitplanung: Zeit der Aufnahmen kurz halten – die Auswertung braucht viel Zeit
- Ablauf der ganzen Sequenz planen

**Vorbereitung der Teilnehmer/innen**

- Die (erste) Konfrontation mit der eigenen Stimme und dem eigenen Bild kann Ängste auslösen. Daher müssen die Teilnehmer/innen auf die Situation vorbereitet werden. Folgende Schritte eignen sich dazu:
  - Versuchshandeln mit Aufnahme und Wiedergabe
  - Teilnehmer/innen zuerst in unexponierter Lage aufnehmen
  - Aufgabe wählen, die der/die Teilnehmer/in sicher lösen kann
- Wie bei anderen Übungen stellt sich die Frage nach der Art und Weise der Rückmeldungen. Neben dem genau formulierten Kriterienkatalog (worauf geben wir Rückmeldungen?) geht es dabei auch um die Feedback-Kultur (Wie wird kritisiert?). Es empfiehlt sich mit den Teilnehmer/innen auch über diese Aspekte der Rückmeldungen zu reden, zum Beispiel durch
  - ein Gespräch über konstruktive/destruktive Kritik
  - Festlegen von Feedback-Regeln usw.
- Die Teilnehmer/innen sollen genügend Zeit zur Vorbereitung haben. Es gilt auf verschiedenen Ebenen eine solide Basis zu legen:
  - anwärmen
  - genaue Schilderung der Situation: Akteure, Rollen, Interessen, Rahmenbedingungen, besondere Schwierigkeiten
  - Verteilung der Rollen
  - Kennenlernen der Beobachtungskriterien
  - Gefühle zu dieser Situation besprechen
  - Vorgehen klären

**Aufnahme**

In der Regel sollte mit einer fixen Kameraposition (Stativ) gearbeitet werden. So ergeben sich fester Beobachtungsstandort und fixer Beobachtungswinkel, Störungen durch die Art und Weise der Kameraführung und der Aufnahme werden weitgehend vermieden. Nah- und Detailaufnahmen können sehr verletzend wirken, sie sind daher zu vermeiden. Der Aussagewert solcher Aufnahmen ist zudem meist gering.
Die Technik soll beim Videofeedback nicht dominant sein, deshalb:

- Kamera in genügendem Abstand positionieren
- Technik so weit als möglich im Hintergrund halten
- vor der Aufnahme Funktionskontrolle durchführen
- Kamera frühzeitig einschalten und Aufnahme rechtzeitig beginnen («Achtung-fertig-los»-Effekt vermeiden)
- Zähler zu Beginn der Aufnahme auf 0 stellen.

**Auswertung**

Die Auswertung soll grundsätzlich zu Erkenntnissen der Gefilmten über ihr Verhalten führen. Je nach Zielsetzung des Video-Feedbacks müssen die Auswertungsschritte anders gewählt werden.

Die nachstehende Aufstellung ist ein Beispiel für den Ablauf einer Auswertung (Situation: Beobachtung einer einzelnen Person):

- Die Selbstwahrnehmung der gefilmten Person wird erfragt. Welches Bild hat er/sie vom eigenen Verhalten?
- Die Beobachter/innen (und evtl. Mitakteure) teilen ihre Beobachtungen, Wahrnehmungen und Gefühle mit. Es ist ratsam, solche Feedback-Runden strukturiert vorzunehmen, das heisst mit klaren Fragestellungen. Es sollen in der Regel alle ihre Beobachtungen mitteilen, auch wenn es dabei zu Wiederholungen kommt.
- Nun betrachten alle gemeinsam die Aufzeichnung. Es werden nochmals Beobachtungskriterien gesetzt (nicht zu viele Aspekte anschauen, zum Beispiel «achtet besonders auf die folgenden drei Punkte: ...» )
- Die Teilnehmer/innen schreiben ihre Beobachtungen auf.
- Es folgt eine zweite Visionierung. Die Teilnehmer/innen melden sich, wenn sie ihre Beobachtung anbringen wollen. Das Band wird gestoppt und die entsprechende Stelle besprochen, evtl. mehrmals. Die Besprechung hat zum Ziel, dem/der Gefilmten zu zeigen, wo er/sie mit dem Verhalten was auslöst. Um einige Dinge besonders markant herauszuarbeiten, kann die Technik zu Hilfe genommen werden:
  - Zeitraffer oder Körpersprache
  - nur Ton für Sprache/Stimme/Betonung
  - Standbilder zur Beobachtung der Haltung

  Manchmal verhilft das Abdecken von Bildteilen zu einer intensiveren Beobachtung.
- Zum Abschluss soll der/dem Gefilmten nochmals das Wort gegeben werden. Sie/er kann abrunden, zurechtrücken, in Frage stellen, usw. Unter Umständen ist es sinnvoll zusammen oder im anschliessenden Zweiergespräch Gefilmte – Ausbildner/in nach möglichen Schritten zur Verhaltensänderung zu suchen und Ziele zu formulieren.

Bei der Auswertung von Gesprächssituationen (längere Aufnahme) empfiehlt es sich, Notizen über den Verlauf des Gespräches zu machen und den entsprechenden Stand beim Zähler des Gerätes zu vermerken. In den allermeisten Fällen ist nur eine gezielte Visionierung sinnvoll.

## Übung

**Video-Feedbackübung «Einstieg in ein Thema»**
*(überarbeitete AEB-Kursunterlage)*

### Zielsetzung

Bei der folgenden Übung geht es darum, vor laufender Kamera die Zuhörenden im Rahmen eines Kurzreferates während drei bis vier Minuten in ein ihnen vertrautes Thema einzuführen. Die anschliessende Betrachtung der Aufnahme bietet die Möglichkeit, sich anhand von einigen wenigen Kriterien Feedback zum verbalen und nonverbalen Kommunikationsverhalten zu holen. Dieses Feedback ergibt wichtige Rückmeldungen zur (unterschiedlichen) Wirkung auf andere.

### Ausgangslage

Entscheiden Sie sich für einen Inhalt aus Ihrer Berufspraxis, mit dem Sie gut vertraut sind. Nicht geeignet sind jedoch sehr fachspezifische und abstrakte Themen, welche stark an ein Berufsfeld gebunden sind und daher von den Zuhörenden in keiner Weise nachvollzogen werden könne (z. B. Berechnungen von Elektrizitätsverbrauch bei Bodenheizungen, Messwerten bei EKG's etc.). Es geht bei der Präsentation nicht um didaktische Perfektion, sondern um das verbale und nonverbale Kommunikationsverhalten vor Publikum. Sinnvoll ist es, ein Hilfsmittel einzusetzen, welches in die Präsentation miteinbezogen ist und Ihre Ausführungen auch visuell unterstützt.

### Ablauf

In einer ersten Phase erfolgen die Aufnahmen aller Teilnehmenden ohne Kommentar. Die Aufnahme wird nach ca. 3–4 Minuten unterbrochen. Nach dem Wechsel und der Neueinstellung der Kamera folgt die nächste Aufnahme.

### Auswertung

- In einem ersten Durchgang werden die Aufnahmen der Reihe nach ohne Unterbruch gezeigt. Dabei notieren sich alle zu allen einen ersten Eindruck mit wenigen Stichworten.
- Einzelarbeit: Definieren der Feedback-Kriterien (zu was möchten Sie sich von den anderen ein Feedback holen?)
- Zweite Durchsicht der Aufnahmen:
  - Vor dem Start schildern Sie kurz, welchen Eindruck die Aufnahme bei Ihnen hinterlassen hat, wie es Ihnen ergangen ist und geben Ihre gewünschten Kriterien den anderen bekannt.
  - Anschliessend visionieren wir den Ausschnitt gemeinsam.
  - Nach der Visionierung erhalten Sie Feedback von Kolleg/innen gemäss der Beobachtungskriterien.
  - Sie haben das Schlusswort.
- Schlussrunde in der Teilgruppe: Klärungen, Ergänzungen etc.

### 5.4 Feedback – Grenzen eines Denkmodelles

Feedback haben wir in unseren Ausführungen durchwegs positiv gewertet. Selbstverständlich existieren allgegenwärtig auch negative und destruktive Rückmeldeprozesse (vgl. Pygmalioneffekt, Kap. IV, 1.4, Teufels-/Engelskreis, Kap. IV, 2.9 und Stigmatisierungsprozess Kap. III, 1.6).
Lernen ist in diesem oben erläuterten Sinn als positiver Entwicklungsprozess gedacht und ohne Rückmeldung über das eigene Handeln nicht möglich.
Sehr viel einfacher funktioniert diese Annahme von Lernen wohl zwischen einzelnen Personen als Interaktionspartner, denn in gruppalen Interaktionsprozessen, in welchen hochkomplex «Signale» bewusst oder unbewusst sowohl verschieden «gesendet» als auch «empfangen» werden.
Im Weiteren unterschlägt der Begriff «Feedback» (meist mit «Rückmeldung» übersetzt) die Zirkularität von Interaktionsprozessen: ein «feed forward» müsste hierbei eigentlich auch enthalten sein.
Ebenso sind innerfamiliäre, organisationale und gesellschaftliche Sozialisationsprozesse (z. B. bezüglich so genannter «Feedback-Kultur») weit über einzelne (Ausbildungs-)Gruppen hinaus wirksam und gegenüber Änderungsversuchen mittels Feedback in erheblichem Masse resistent.
Das von *Schein* (dieses Kap., 5.2) geforderte temporäre Aussetzen der *«kulturellen Regeln der Gesichtswahrung»* unterschlägt, dass die Visibilisierung von so genannten «blinden Flecken» genauso zu einer «Erleuchtung» wie zu einem «Zusammenbruch» von Menschen und ganzen Systemen führen kann.
Nicht jeder erträgt zu jeder Zeit «Beleuchtung», Helligkeit kann blenden.
Auch wäre es verheerend, nach der Übermittlung eines Feedbacks dieses als beendet zu betrachten und die Feedback-Empfänger mit der Erhellung der Differenz von Selbstbild und Fremdbild in die Verwirrung zu entlassen. Feedback wäre so nichts anderes als Moralvermittlung *(vgl. Radatz 2001, S. 30/31)* oder verkappte Instruktion.
Dass Feedback gelegentlich nicht nur als Qualifikation phantasiert wird, sondern auch als solche gedacht ist, haben wir schon in den Ausführungen zu «Beurteilung» vermerkt.
Überhaupt lässt sich darüber diskutieren, ob «Wertfreiheit» in der Kommunikation praktikabel ist.
Wie sie sehen, ist Feedback immer als «Mittel zum Guten» gedacht und dieses «Gute» eben auch über das Feedback als Methode nie ganz erreichbar.

## 6. Instrumente 2: Gesprächsverhalten

### 6.1 Aktives Zuhören

Gelingendes gemeinsames kommunikatives Handeln äussert sich in einem Gleichgewicht von Erkunden und Plädieren *(vgl. Ross/Roberts, in: Senge et al. 1996, S. 291 ff.)* Schweigendes Zuhören, Fragen und Reden sind Aspekte eines solchen Dialoges.
Als wichtigste kommunikative Kompetenz erachte ich das Zuhören. Eine Gesprächspartnerin oder ein Gesprächspartner kann noch so wortgewandt sein, wenn sie oder er nicht in der Lage ist, einfühlsam und genau zuzuhören, wird das Gespräch kaum den gewünschten Erfolg bringen.

*Delhees (1994)* unterscheidet sogar ganz grundsätzlich die «Redekommunikation» von der «Zuhörkommunikation».
*Thomas Gordon*, ein amerikanischer Psychologe, hat im Zusammenhang mit seiner Tätigkeit als Erziehungsberater die Methode des «Aktiven Zuhörens» entwickelt. Er beschreibt sie unter anderem in seinem Buch «Lehrer-Schüler-Konferenz» *(1980)*.
Wenn ich aktiv zuhöre, stelle ich mich auf den Gesprächspartner oder die Gesprächspartnerin ein und versuche, mich in seine/ihre Lage zu versetzen. Ich halte meine eigene Meinung, Ratschläge, Erinnerungen etc. zurück und konzentriere mich auf mein Gegenüber. Ich vermeide Interpretationen, Diagnosen und Etiketten und versuche, das Gehörte anschliessend mit eigenen Worte wiederzugeben (paraphrasieren). Mittels dieser Rückversicherung hat der Partner oder die Partnerin die Möglichkeit, zu kontrollieren, ob er oder sie richtig verstanden worden ist.
Wichtig beim «Aktiven Zuhören» sind:

- für eine entspannte Gesprächsatmosphäre zu sorgen: Signalisieren Sie der Partnerin oder dem Partner, dass Sie Zeit und Geduld haben. Falls dies nicht zutrifft, klären Sie die Situation und schlagen Sie allenfalls einen anderen Zeitpunkt vor.
- wenig selber zu sprechen: Sie können nicht oder nur ungenügend zuhören, während Sie selber reden.
- sich in die Lage der Partnerin/des Partners zu versetzen: Versuchen Sie mit seinen/ihren und nicht mit Ihren eigenen Gedanken zu gehen.
- zu unterstützen: Unterstützen Sie Ihren Gesprächspartner mit Präsenz und Blickkontakt.
- auf das nonverbale Gesprächsverhalten zu achten: Versuchen Sie bewusst wahrzunehmen, was sie oder er auf dieser Ebene Ihnen mitteilen will, nehmen Sie auch sich selber darin wahr.

Ungeeignet für das «Aktive Zuhören» sind *(nach Antons 1996, S. 89)*:

- keine ungeteilte Aufmerksamkeit bieten zu können,
- schon weiter zu denken und ungeduldig Ihre Antwort zu «proben» und zurechtzulegen, statt aufmerksam zuzuhören, während Ihr Partner/Ihre Partnerin noch spricht,
- dazu zu neigen, Details zu hören und sich Gedanken über diese zu machen, anstatt den ganzen Sinn und die wesentlichen Mitteilungen zu erfassen,
- den Gedanken des/der Sprechenden schon weiter zu denken und mehr zu wiederholen, als Ihr Partner/die Partnerin gesagt hat,
- zu versuchen, die Meinung Ihres Gesprächspartners mit der Ihren in Übereinstimmung zu bringen.

**Übung**

**Gruppenübung zum «Aktiven Zuhören»**

**Ziel**
Das Ziel der Übung ist es, aktives Zuhören konkret anzuwenden, zu trainieren und die Erfahrungen damit auszutauschen.

**Rahmen**

Die Übung ist für eine Dreiergruppe konzipiert. Es stehen 90 Minuten zur Verfügung.

**Ablauf**

1. Jede Teilnehmerin, jeder Teilnehmer führt sich eine schwierige Situation oder einen Konflikt aus dem beruflichen Umfeld vor Augen und beschreibt das Problem kurz für sich in einigen Stichworten.

2. Verteilung der Rollen
   - A schildert das Problem
   - B hört aktiv zu
   - C beobachtet das Einhalten der Regeln des Aktiven Zuhörens

3. Gespräch während 15 Minuten führen
   Das Ziel des Gesprächs besteht darin, das Problem zu klären und die zentralen Aspekte herauszukristallisieren. Die Suche nach Lösungen ist sekundär und soll nur angestrebt werden, wenn A gegen Schluss des Gesprächs danach fragt. B darf in diesem Gespräch nur Aktives Zuhören einsetzen – verboten sind folgende Gesprächsverhalten: Ratschläge, Lösungsvorschläge, Belehrungen, Urteile, Erklärungen etc. C beobachtet und mischt sich nur ein, wenn die Regeln des aktiven Zuhörens über eine längere Phase verletzt werden.

4. Anschliessend wird das Gespräch während 10 Minuten ausgewertet.
   Dabei gilt folgendes Vorgehen:
   - Wie ist es A ergangen, hat er oder sie neue Erkenntnisse gewonnen?
   - Wie fühlte sich B? Wo war es schwierig sich an die Regeln zu halten?
   - Was hat C beobachtet? Wie verlief das Gespräch? Wurden die Regeln eingehalten? Hat B gut zugehört? Was zeigt sich auf der nonverbalen Ebene?

5. Anschliessend werden die Rollen gewechselt und nochmals Gesprächsrunden geführt, bis alle einmal jede Rolle innehatten.

Die Übung baut auf der Methode von Gordon auf. In der Anlage ist sie der Übung «Kontrollierter Dialog» von Klaus Antons entnommen *(vgl. Antons, 1996, S. 87 ff.)*.

### 6.2 Ich-Du-Botschaften

Wie weiter oben schon beschrieben enthält jede Botschaft eine «Selbstoffenbarung», welche jedoch nicht immer deutlich ist oder wird, sondern sich hinter Appell- oder Sachaspekten verbergen kann; solche «versteckten» Mitteilungen erreichen uns häufig als so genannte «Du-Botschaften» (Beispiel: «Immer kommst du zu spät!»). Diese werden meist als vorwurfsvoll und abwertend erlebt und können Widerrede, Trotz und Verstummen zur

Konsequenz haben. Ebenso können wir uns mit Wendungen wie «man» und «wir» («man sollte ...», «wir denken eben, dass ...») hinter Verallgemeinerungen verstecken und uns damit als Vertreter von gültigen Normen darstellen, ohne uns in direkte Auseinandersetzungen begeben zu müssen.

Im Übrigen werden verdeckte «Du-Botschaften» meist auch «analog» – so zum Beispiel am Tonfall oder an der Gestik – erkannt.

Ich-Botschaften beschreiben konkret die eigene Wahrnehmung des Verhaltens des Gesprächspartners sowie die eigenen Gefühle und die konkrete Wirkung dieses Verhaltens auf uns. (Beispiel: «Ich ärgere mich, wenn du zu spät kommst, weil ich mich gerne auf einen pünktlichen Beginn einstelle».)

Ich-Botschaften können den anderen anregen, ebenso Ich-Aussagen zu machen, um damit eine gesprächsfördernde Situation zu schaffen.

Feedback-Kultur basiert massgeblich auf Ich-Botschaften. Wohlgemerkt ist nicht jede Ich-Aussage eine solche Ich-Botschaft («Ich finde, du bist ein Idiot ...»!)

Ebenso ist damit nicht gemeint, Auseinandersetzungen und harte Diskussionen zu vermeiden oder nur noch Nabelschau zu betreiben und ausschliesslich über persönliche Befindlichkeiten zu sprechen.

## 6.3 Fragen

***«Wer fragt, ist fünf Minuten lang ‹dumm›, wer nicht fragt, ein Leben lang.»***

*Chinesisches Sprichwort, Quelle unbekannt*

***«Passt der Leuchtturmwärter auf, dass das Meer nicht gestohlen wird?»***

*fragte mich meine Tochter einst vor der atlantischen Küste.*

Fragen beunruhigen, irritieren, geben zu denken, regen an, zumindest wenn sie richtig gestellt sind. Sokrates verstand unter der «Kunstfertigkeit von Hebammen» *(Mäeutik)* die Kunst von «geistiger Entbindung», was bedeutete, andere (seine Schüler) durch geschicktes Fragen zu neuen Erkenntnissen zu führen.

Leider wurde aus dieser Kunstfertigkeit im schulischen Kontext mehrheitlich die «Kenntnisfrage», mittels welcher Teilnehmer/innen und Schüler/innen «abgefragt» werden können oder die von *Grell/Grell (1996)* kritisierte «Erarbeitungsfrage», welche in demotivierender Art und Weise einem Ratespiel als Quizverfahren gleicht.

*Von Foerster* nennt solche Fragen, deren Antworten schon bekannt sind «illegitime Fragen» – im Gegensatz zu «legitimen Fragen» *(1999, S.73)*.

Gelegentlich neigen wir Lehrenden sogar dazu, unsere Fragen an Lernende umgehend gleich selbst zu beantworten ...

*Köhl (1996, S. 50 ff.)* unterscheidet vier Fragearten für den Ausbildungskontext:

- **Kenntnisfragen**, welche auf Reproduktion von Gelerntem angelegt sind (siehe oben).
- **Fragen, welche zu konvergierendem Denken anleiten.**
  Hier werden Lernende vor ein neues Problem gestellt, für welches es nur eine Lösung gibt, für welche sie auf erworbene Kenntnisse zurückgreifen können.

Dabei wird/ werden:
- Wissen geordnet, Neues aus Bekanntem abgeleitet;
- Einzelfakten in Beziehung gesetzt;
- Gemeinsamkeiten/Unterschiede herausgearbeitet; etc.

Konvergierendes Denken ist zielorientiert und strukturiert.

- **Fragen, welche zu divergierendem Denken anleiten.**
  Hier werden Lernende angeregt zu assoziieren, zu phantasieren etc.
  Auf solche Fragen sind immer mehrere Antworten möglich, man bezeichnet sie auch als «offene Fragen».
- **Fragen, die zum bewertenden Denken anleiten.**
  Hier wird von Lernenden erwartet, vorliegende Informationen nach bestimmten Kriterien zu beurteilen.

Die meisten Ausbildner/innen – so meine These – benutzen Kenntnisfragen, selten auch solche, die zu konvergierenden oder zu bewertendem Denken anregen *(vgl. auch Dubs 1995, S. 90 ff.)*.
Wenn Antworten noch nicht gefunden sind, wird divergierendes Denken benötigt. Um Fragen, welche divergierendes, aber auch konvergierendes und bewertendes Denken anregen (z. B. in Lernberatungssituationen) näher zu beleuchten, werfe ich einen Blick in die Werkzeugkiste von Berater/innen, welche professionell mit «unfertigen» Situationen und der Suche nach Antworten, also mit Fragen beschäftigt sind:
*Tomm (2001, S. 179 ff.)* unterscheidet vier Hauptgruppen von Fragen für die Beratungsarbeit aus systemischer Sicht:

**Vier Arten von Fragen**

**1. Lineale Fragen**

Lineale Fragen dienen dazu, spezifische Ursache eines Problems zu lösen. Die Absicht hinter solchen Fragen ist also untersuchender oder diagnostischer Art. Die fragende Person verhält sich wie ein Detektiv und benutzt meist sogenannte W-Fragen («wer tut was, wo, wann und warum?»).
Lineale Fragen können problemklärend oder -definierend sein, provozieren in ihrer erwünschten Eindeutigkeit jedoch häufig auch problemerhaltende Wirkung, weil sie tendenziell schnelle und kausale Antworten intendieren.

**2. Zirkuläre Fragen**

Die Absicht von zirkulären Fragen ist exploratorisch; die fragende Person sieht sich in einer forschenden und entdeckenden Rolle.
Diese Fragen sollen Muster und Verbindungen freilegen, da in der dieser Frageart vorausgesetzten Annahme alle Themen und Gedanken miteinander verbunden seien.
*Tomm (2001)* unterscheidet hier «Fragen nach Unterschieden» und «kontextuelle Fragen». Zirkuläre Fragen sind oft ungewöhnlich. (Beispiel: «Wenn das für Sie problematisch ist, für wen wäre es unproblematisch?»)
Sie können – zum Beispiel durch einen Perspektivenwechsel – befreiende, aber auch überfordernde Wirkung zeigen.

**3. Strategische Fragen**

Dieses Frageverhalten kann am ehesten als tendentiell «dozierend» bezeichnet werden, auch wenn sich dies durch die Frageform nur indirekt zeigt.
Die fragende Person versucht ihrem Gegenüber lenkend oder gar suggerierend bestimmte Sichtweisen nahezulegen. Das Gegenüber kann sich dadurch in die Ecke gedrängt fühlen. Möglicherweise wird solches Frageverhalten jedoch auch gewünscht und kann gelegentlich sogar positive Folgen zeigen, wenn dadurch beispielsweise festgefahrene «Ordnungen» aufgebrochen werden können.
(Beispiel: «Wäre es Ihnen nicht lieber, sich darüber keine Gedanken mehr machen zu müssen?») Solche Fragen neigen dazu, einschränkende Wirkungen zu haben.

**4. Reflexive Fragen**

Die Absicht hinter reflexiven Fragen ist eine fördernde. Die fragende Person agiert in beratendem Sinne so, dass die Befragten über ihre Wahrnehmungen und Handlungen und deren Wirkung nachdenken und eigene Möglichkeiten zu Problemlösungen nutzen können (Beispiel: «Was wäre anders in ihrem Leben, wenn …?»).
Reflexive Fragen üben produktive Wirkung aus und können auch provokant formuliert sein (zum Beispiel in der Art von so genannten «Verschlimmerungsfragen» wie: «Was müssten Sie tun, um Ihre Situation zu verschlimmern, wie könnte ich Ihnen dabei helfen?»).

Lineale und zirkuläre Fragen könnte man eher als orientierend, strategische und reflexive Fragen als beeinflussend bezeichnen.
Lineale und strategische Fragen wiederum zeigen Gemeinsamkeit in der diagnostischen Wirkung, zirkuläre und reflexive Fragen wirken eher informationserzeugend.
Keine dieser beschriebenen Fragearten ist von Grund auf «besser».
Ich glaube jedoch, dass wir in unserem Frageverhalten – gerade wenn wir ausbilden – gewissen Tendenzen ausgeliefert sind; ich behaupte, dass Lehrende vorwiegend «strategische Fragen» *(nach Tomm)* und «Kenntnisfragen» *(nach Köhl)* stellen.
Im Verlaufe eines Gesprächs können im Übrigen dieselben Worte Verschiedenes bedeuten und verschieden wirken, je nachdem in welcher Weise die fragende Person Haltung und Frageverhalten kongruent gestaltet oder wie befragte Personen «hören». Das heisst, dass unter Umständen «reflexive Fragen» eben doch strategisch gemeint sind oder so verstanden werden.
Grundsätzlich gilt, dass wir nicht auf gewohnte Art und Weise fragen dürfen, wenn wir ungewöhnliche Antworten erwarten.

**Reflexionsfragen «Frageverhalten»**

- **Stimmt die These, dass Sie im Ausbildungsalltag vor allem Kenntnisfragen *(nach Köhl)* oder solche, welche zu bewertendem und konvergierendem Denken anregen, stellen?**
- **Fallen Ihnen Beispiele zu den Tommschen Fragegruppen aus Ihrem Praxisalltag ein? In welchen Situationen benutzen Sie tendenziell welche Frageart?**

- **Welche Art von Fragen behagt Ihnen, wo fühlen Sie sich als Fragesteller/in kompetent?**
- **Welche Fragen möchten Sie besser stellen können? Weshalb?**
- **Wie würde Ihr Ausbildungsalltag aussehen, wenn Sie nur noch die für Sie ungewohnteste Art, Fragen zu stellen, benutzen würden?**

Gewisse Ähnlichkeiten mit den eben geschilderten zirkulären und reflexiven Fragearten hat der Vorschlag von *Stefan Kühl (2000, S. 196 ff.)*, mit der Methode der so genannten *«Nichtigkeit-Fragen»* nach dem «Nicht» zu stellen und damit Dilemmata (in seinen Ausführungen solche von Organisationen) und «blinde Flecken» bewusst zu machen. Solche Fragen dienen dazu, um (mit Folgefragen) an kritische Punkte vorzudringen.

*Beispiele von Nichtigkeits-Fragen*

- Welche Ziele werden nicht verfolgt?
- Womit identifizieren Sie sich nicht?
- Wer kommuniziert nicht miteinander?
- Wo wollen wir keine Selbstorganisation?
- Wo wollen wir gar nicht lernen?

etc.

Zum Schluss dieses Exkurses zum Frageverhalten und zur Fragetechnik empfehle ich Ihnen, die folgenden wohl eher unüblichen Fragen von *Max Frisch* zu lesen und sich zu überlegen, wie sie auf Sie wirken und weshalb sie das wohl tun.
Viel Vergnügen!

***Fragen von Max Frisch*** *(1974, S. 9–11)*

1. *Sind Sie sicher, dass Sie die Erhaltung des Menschengeschlechts, wenn Sie und alle Ihre Bekannten nicht mehr sind, wirklich interessiert?*
2. *Warum? Stichworte genügen.*
3. *Wie viele Kinder von Ihnen sind nicht zur Welt gekommen durch Ihren Willen?*
4. *Wem wären Sie lieber nie begegnet?*
5. *Wissen Sie sich einer Person gegenüber, die nichts davon zu wissen braucht, Ihrerseits im Unrecht und hassen Sie eher sich selbst oder die Person dafür?*
6. *Möchten Sie das absolute Gedächtnis?*
7. *Wie heisst der Politiker, dessen Tod durch Krankheit, Verkehrsunfall usw. Sie mit Hoffnung erfüllen könnte? Oder halten Sie keinen für unersetzbar?*
8. *Wen, der tot ist, möchten Sie wiedersehen?*
9. *Wen hingegen nicht?*
10. *Hätten Sie lieber einer anderen Nation (Kultur) angehört und welcher?*
11. *Wie alt möchten Sie werden?*
12. *Wenn Sie Macht hätten zu befehlen, was Ihnen heute richtig scheint, würden Sie es befehlen gegen den Widerspruch der Mehrheit? Ja oder Nein.*
13. *Warum nicht, wenn es Ihnen richtig scheint?*
14. *Hassen Sie leichter ein Kollektiv oder eine bestimmte Person und hassen Sie lieber allein oder in einem Kollektiv?*

15. *Wann haben Sie aufgehört zu meinen, dass Sie klüger werden, oder meinen Sie's noch? Angabe des Alters.*
16. *Überzeugt Sie Ihre Selbstkritik?*
17. *Was, meinen Sie, nimmt man Ihnen übel und was nehmen Sie sich selber übel, und wenn es nicht dieselbe Sache ist: wofür bitten Sie eher um Verzeihung?*
18. *Wenn Sie sich beiläufig vorstellen, Sie wären nicht geboren worden: beunruhigt Sie diese Vorstellung?*
19. *Wenn Sie an Verstorbene denken: wünschten Sie, dass der Verstorbene zu Ihnen spricht, oder möchten Sie lieber dem Verstorbenen noch etwas sagen?*
20. *Lieben Sie jemand?*
21. *Und woraus schliessen Sie das?*
22. *Gesetzt den Fall, Sie haben nie einen Menschen umgebracht: wie erklären Sie es sich, dass es dazu nie gekommen ist?*
23. *Was fehlt Ihnen zum Glück?*
24. *Wofür sind Sie dankbar?*
25. *Möchten Sie lieber gestorben sein oder noch eine Zeit leben als ein gesundes Tier? Und als welches?*

### 6.4 Reden – erklären – erzählen

Im Bereiche des lehrerzentrierten, darbietenden Unterrichtes gehört der «Informationsinput» (*vgl. Grell/Grell 1996* oder in diesem Buch Kap. II, 6.4) zum alltäglichen «Geschäft». Auch wenn Sie sich in Ihrem Unterricht eher «dezentral» zurückhaltend und beratend verhalten sollten, werden Sie um Erklärungen (zum Beispiel in Form von Anleitungen) nicht herumkommen. Vielleicht erzählen Sie aber auch hin und wieder ganz gerne eine Geschichte.

#### Rede und Referat

Unter Rede verstand man seit der aristotelischen Rhetorik – damals vornehmste Disziplin eines Studiums neben der Dialektik und der Grammatik sowie gleichzeitig universale Erkenntnismethode – die Kunst mittels Rede- und Gesprächstechniken auf Zuhörer/innen einzuwirken. Man sprach und spricht denn auch von «Überzeugungsreden» oder vom «Argumentieren»; die Technik der Fragestellung war hier übrigens immer mitgemeint, so wie wir dies heute noch in Prozessreden im Zusammenhang mit dem Vollzug demokratischer Gerichtsbarkeit kennen.
Dies unterscheidet im eigentlichen Sinne die Rede vom Vortrag oder Referat, letztere wollen in erster Linie darstellen und informieren.
Folgende Aussagen können für beides gelten:

Vier dimensionale Merkpunkte, so genannte *«Verständlichmacher»*, prägen nach *Schulz von Thun (1993, S. 140, ff.)* die Verständlichkeit von Reden und Referaten; diese sind demnach sinngemäss besser

| | | |
|---|---|---|
| 1. einfach | statt | kompliziert |
| 2. übersichtlich gegliedert | statt | zusammenhangslos/ unübersichtlich |
| 3. kurz und prägnant | statt | weitschweifig und verschachtelt |
| 4. anregend-anschaulich | statt | langweilig und trocken |

zu formulieren.

Einfachheit bedeutet, dass der Satzbau kurz und nachvollziehbar ist und Formulierungen verständlich sind. Im Sinne der Publikumsanalyse muss ich mir auch überlegen, inwieweit ich Gefahr laufe, einem Fachjargon mit unentzifferbaren «Codes» zu erliegen.
Klarer Ablauf, logische Reihenfolge von Gedanken und Argumenten und Visualisierung der Struktur können der Übersichtlichkeit dienen. Wichtig ist schon bei der Vorbereitung, die relevanten Gedanken zu «portionieren».
Kürze und Prägnanz bedeuten, dass die wichtigen Gedanken und Argumente gewählt und betont werden und dass die Informationsdichte die Zuhörer/innen nicht überfordert.
Anregung im Sinne des «Fesselns» kann durch eingebaute eigene Geschichten oder Assoziationen, durch Wiederholungen, durch Modulierung der Stimme etc. geschehen. Die Kraft von Bildern ist dann nutzbar, wenn Bild und Sprache eine Einheit bilden und Bilder nicht noch zusätzlich sprachlich erklärt werden müssen.
Selbstverständlich wird ein Redner, eine Referentin auch durch Artikulation (deutliche Aussprache, Stimmmelodie, Akzentsetzen, Sprechtempo, Lautstärke und Pausen und nicht zuletzt auch durch Gestik, Mimik und Raumnutzung) Wirkung erzeugen (vgl. dieses Kap. 2.). Kleine Pausen mit Blickkontakt ins Publikum wirken sich in der Regel entspannend für Referierende und Zuhörer/innen aus.
Wenn – wie gerade bei Reden – Argumente eine wichtige Rolle spielen, können diese auf der rationalen (mit einem Appell an die Vernunft), der emotionalen (Apelle an Gefühle, Ängste und Hoffnungen) oder der moralisch-ethischen (Apell an Werte) Ebene zugeordnet werden. Geschickte Redner wechseln diese drei Ebenen je nach Situation und Zuhörerschaft. Politische Beispiele dafür existieren zu Hauf.
Grundsätzlich würde ich bei einer Rede im Speziellen auf Einstieg und Schluss achten sozusagen nach dem Motto: «Der erste Eindruck entscheidet, der letzte bleibt».
Mögliche Einleitungen sind zum Beispiel:

- Vorspann (Bezug nehmen auf Ort/Personen, Einladung etc.)
- Aufhänger (Begebenheit, persönliches Erlebnis, Geschichte)
- Denkreiz (Frage stellen, Meinung vertreten)
- Direkt zum Thema (ohne Schnörkel «in medias res»)

Bei der Vorbereitung empfiehlt es sich, die Ziele zu konkretisieren, die Vorkenntnisse und Erwartungen des Publikums in Betracht zu ziehen sowie sich die Situation (Zeit, Raum, Ort) zu vergegenwärtigen.

### Erklären

Die unscheinbarsten Fragen von Lernenden werden üblicherweise von Lehrenden mit regelrechten Grundsatzreferaten «gekontert».
Redundanz und Weitschweifigkeit prägen gelegentlich unsere Erklärungen und Anleitungen.
Für Erklärungen, die geplant oder aus einer Unterrichtssituation heraus notwendig werden, gelten dieselben «Verständlichmacher» wie für die Rede.
Bei Erklärungen nimmt die Lehrperson im Unterschied zur Rede eher ein einzelnes Element aus einem Sinnganzen und versucht, dieses Ganze durch zusätzliche Informationen fass- und verstehbar zu machen (vgl. auch die Ausführungen zur «didaktischen Reduktion» im Kap. II, 5. und die Erklärung der Methode «Vorzeigen – Nachmachen» in Kap. II, 7.6).

Zentrale *«Gütekriterien» für Erklärungen* (gelten teilweise auch für Referate) sind:

- Kenntnisse des Vorwissens der Lernenden
- Anschliessen an Bekanntes
- angepasste Sprache
- Kürze und Prägnanz
- kein Erarbeiten mit Pseudo-Fragen an Lernende, dafür Raum für Verständnisfragen nach der Erklärung

Sinnvollerweise üben wir Erklärungen, indem wir komplexe Sachverhalte möglichst kurz und verständlich in eigenen Worten wiedergeben.

## Geschichten erzählen in Ausbildungssituationen

Man bat einen Rabbi, dessen Grossvater ein Schüler des Baalschem gewesen war, eine Geschichte zu erzählen. «Eine Geschichte», sagte er, «soll man so erzählen, dass sie selber Hilfe sei.» Und er erzählte: «Mein Grossvater war lahm. Einmal bat man ihn, eine Geschichte von seinem Lehrer zu erzählen. Da erzählte er, wie der heilige Baalschem beim Beten zu hüpfen und zu tanzen pflegte. Mein Grossvater stand und erzählte, und die Erzählung riss ihn so hin, dass er hüpfend und tanzend zeigen musste, wie der Meister es gemacht hatte. Von der Stunde an war er geheilt. So soll man Geschichten erzählen.» *(in: Buber, Zürich 1992, S. 6)*

Füsse und Hände, Bilder und Häuser, Wände, Gesichter, Filme und Musik «erzählen» Geschichten.
Organisationen und Gesellschaften leben von Mythen, Legenden, Metaphern, Gerüchten, welche die Menschen zur Beschreibung ihrer Erfahrungen nutzen.
Menschen und Völker gestalten erinnernd ihre «aufgeschichteten» Erlebnisse als Lebensgeschichte, welche sich identitätsbildend fortlaufend weiter entwickelt (vgl. auch Kap. I, 3.1 oder *Hof 1995*).
Geschichten, «wie sie das Leben schreibt», sind komplex, vieldeutig und widersprüchlich. Wobei die meisten erzählten Geschichten «aus dem Leben gegriffen» und gestaltet worden sind. Im Freiraum der Fiktion schaffen wir (uns als) Figuren. Erzählen hat hier durchaus etwas Spielerisches; Geschichten sind Varianten und nicht unbedingt Tatsachen. Geschichten «tun als ob».
Erzählen ist alltäglich; man denke an das scheinbar unstillbare Bedürfnis von Menschen, sich gegenseitig Neuigkeiten von anderen, nicht anwesenden Menschen, zu erzählen oder an die etwas verharmlosend als «Klatsch» bezeichneten Geschichten.
Die gängige Didaktik zieht leider «das Erklären» dem «Erzählen» vor; Geschichten dienen dann häufig nur dazu, Aufmerksamkeit zu wecken und ein günstiges Klima für anschliessende Erklärungen zu schaffen, statt Lernende zur eigenständigen Produktion von Geschichten anzuregen.
Singuläre (d.h. individuelle und «unwissenschaftliche») Begegnungen mit etwelchen Inhalten oder Menschen lassen sich mit erzählten Geschichten (Assoziationen, Erinnerungen etc) beschreiben und vertiefen. Das Erzählen eigener wie auch das Hören anderer Geschichten eröffnet ungeahnte Zugänge.
Die «regulären» Erklärungen erklären sich dann vielmals von selbst *(vgl. Ruf/Gallin 1999, S. 177 ff.)*.

Die Magie des gemeinsamen Geschichtenerzählens und -zuhörens wird in (Praxis-)Beratungsgruppen genutzt, wo sich erzählte Geschichten mittels assoziativer Anreicherung der Anwesenden sozusagen innerhalb der Gruppe «spiegeln» (so genannte Balint-Gruppen praktizieren diese Art von Fallbesprechungen nach einem Konzept des gleichnamigen Ärzte-Paares).
Im Bereiche des erkenntnis- oder problemorientierten Unterrichtes wird – beispielsweise mit Hilfe von Fallbeispielen oder Rollen- und Konferenzspielen – die Kraft von (gespielten) Geschichten genutzt (vgl. Kap. II, 7.4 und 7.5).
Auch hier sinkt diese Qualität von Geschichten mit der Erhöhung von didaktischer Absicht. Absichtsvoll inszenierte Geschichten, in welchen Lernende ohne zu wissen weshalb, mitspielen müssen *(vgl. Geisslinger 1992)* erachte ich als manipulative Experimente. Geschichten wirken durch sich selbst und beanspruchen für sich eine Prise Unberechenbarkeit.
Eine sehr schöne sich assoziativ zwischen einem alten Mann und einem Jungen entspinnende Geschichte («die Geschichte der Geschichten») – ohne übliche moralische Einflussversuche in didaktischer Absicht – erzählt *Christoph Meckel (in: Ein roter Faden, Frankfurt 1985).*
Eigentlich ist beinahe jede (sprachliche) Aussage schon eine individuell gestaltete Geschichte, wenn sie sich Ereignendes oder Ereignetes beschreibt. Sprache «kleidet» gewissermassen die Sache oder die Situation, verdeckt sie und bildet aber gleichzeitig ihr Skelett, welches ihr zur Figur verhilft.

> «Während ich Geschichten erzähle, beschäftige ich mich nicht mit der Wahrheit, sondern mit den Möglichkeiten der Wahrheit. Solange es noch Geschichten gibt, so lange gibt es noch Möglichkeiten. Deshalb basiert die Frage an den Geschichtenerzähler, ob seine Geschichte wahr sei, auf zwei Irrtümern.
> Der erste Irrtum: es gibt keine Geschichte, die nicht Wahrheit enthalten würde, und es gibt im Prinzip keine Erfindungen …
> Der zweite Irrtum: Sprache kann nie wiedergeben, was eigentlich ist, sie kann Realität nur beschreiben. Die Personenbeschreibung eines Augenzeugen zum Beispiel ist nicht etwa deshalb ungenau, weil er kein gewandter Schriftsteller ist. Der Augenzeuge kann ein noch so guter Beobachter sein, er wird mit Sprache den Täter optisch nicht fixieren können. Wichtig für den Bericht des Augenzeugen ist ja nicht nur das, was er gesehen hat. Genau so wichtig sind seine zusätzlichen Erfahrungen: seine Beschreibung ist von allem abhängig, womit er die Person des Täters vergleichen kann.» *(Bichsel 1982, S. 11/12)*

Im Folgenden erhalten Sie Hinweise über verschiedene Arten von Geschichten sowie mögliche Funktionen und Einsatzfelder von Geschichten im Unterricht:

**Verschiedene Arten von Geschichten**
*Quellen: Zusammenstellung von Humm, H. und diverse Lexika und Wörterbücher*

- Anekdote
  Knappe, pointierte Geschichte zur Charakterisierung einer (meist historischen) Person oder Situation.

- Ballade
  Eine volkstümliche, in Versform gesungene Geschichte mit meist tragischem Inhalt; später gab es Kunstballaden (Beispiele: «Des Sängers Fluch» von *Ludwig Uhland*; «Der Ring des Polykrates» von *Friedrich Schiller*).

- Epos
  Eine längere Geschichte in Versen, die meist von uralten Mythen und Heldentaten berichtet (Beispiele: Gilgamesch-Epos, Odyssee, Nibelungenlied).

- Fabel
  Eine kurze, beispielhafte Geschichte aus der Tierwelt in Vers- oder Prosaform; meist wird eine Lehre daraus gezogen (Beispiel: «Der Fuchs und der Rabe»; bekannte Fabeldichter oder -sammler sind: *Aesop, Phaedrus, Leonardo da Vinci, La Fontaine*).

- Legende
  Eine volkstümliche Geschichte aus dem Leben eines oder einer Heiligen, die nicht verbürgt ist (Beispiel: Legenden des heiligen *Franz von Assisi*).

- Märchen
  Eine im Volksmund weiter getragene Erzählung, oft von abenteuerlichen oder phantastischen Geschehnissen geprägt. Es werden Volksmärchen (Beispiel: Sammlung der *Gebrüder Grimm*) und Kunstmärchen (u.a. von *J.W. Goethe, Ludwig Tieck, Novalis, E.T.A. Hoffmann, Wilhelm Hauff, H.Chr. Andersen*) unterschieden. Volksmärchen sind in der Erwachsenenbildung besonders geeignete Geschichten, da sie – ähnlich wie die Mythen – tiefere Schichten im Menschen ansprechen.

- Mythos
  Die überlieferte bildhafte Vorstellung eines Volks über die Entstehung und das Wesen der Welt, der Menschen und der Götter (Beispiele: Die Sagen von Wilhelm Tell und Arnold Winkelried). Die Gesamtheit aller Mythen eines Volkes wird Mythologie genannt. Gleich heisst auch die Wissenschaft, die sich mit der Entstehung und dem Wesen der Mythen befasst.

- Parabel
  Eine kurze Erzählung über eine alltägliche Situation als Sinnbild für eine höhere Wahrheit. Parabel ist gleichbedeutend mit Gleichnis (Beispiel für ein moralisch-belehrendes Gleichnis: Ring-Parabel in *Lessings* «Nathan der Weise»; Beispiel einer Sinn-Parabel: *Berthold Brechts* «Rundköpfe und Spitzköpfe»).

- Sage
  Eine mündlich überlieferte, meist lokal begrenzte Volkserzählung mit meist phantastischem Inhalt und einem wahren Kern (z. B. der Ort). Es werden Natur-, Helden- und mythologische Sagen unterschieden.

- Witz
  Eine kurze Geschichte, die dank einer bestimmten sprachlichen Struktur Spannung erzeugt und einen inneren Zusammenhang verbirgt und die in einer verblüffenden, humorvollen Lösung aufgedeckt wird.

> ***«Während sich alltägliches Handeln zum grossen Teil im Aufbau und Erhalt von Sicherheiten erschöpft, kreist das Geschehen der Geschichte um den Zufall. Durch den Wechsel des Wahrscheinlichen zum Unwahrscheinlichen haben die in sie Verstrickten sich ständig auf neue, unberechenbare Situationen einzustellen.»***
> *Geisslinger 1992, S. 2*

**Funktionen von Geschichten im Unterricht**

Mögliche Funktionen von Geschichten und deren Erzählung in Ausbildungssituationen sind:

- Weitergabe von Traditionen, Kultur, Regeln, Werten, Normen (Schaffen von Identität)
- Erzählende Gestaltung/Verarbeitung von Erlebnissen/Erfahrungen
- Darstellung von komplexen Situationen, in welche Lernende sich identifizierend eintauchen können
- Stellvertretende Erfahrung im «geschützten» Rahmen
- Assoziatives «singuläres» Anknüpfen von Lerninhalten (Erinnerungen, Reflexionen, Assoziationen)
- Kommentieren von Sachinformationen
- Lautes Zur-Verfügung-Stellen von eigenen Gedanken, Vorgehensweisen, Strategien, Bezügen («modeling»)
- Sich-Zeigen
- Schaffen eines gemeinsamen (Phantasie-) Rahmens
- Entspannung
- Aktivierung von Gefühlen, Phantasien, Ängsten
- Sprachliche Kompetenzerweiterung
- Soziale Komptetenzerweiterung und Aufmerksamkeitsschulung (Zuhören können)

> ***«Eine Irritation, eine Kränkung, eine Überraschung, ein Entzücken – irgendetwas, was aus der routinierten Erwartung fällt – das scheint allemal dabei zu sein, wenn jemand eine Geschichte für erzählenswürdig hält.»***
> *Rumpf in: Binneberg 1997, S. 37*

### Einsatz von Geschichten im Unterricht

Geschichten können im Unterricht unter anderem eingesetzt werden als:

- Einstimmender Einstieg in ein Thema oder eine Sequenz (macht eine sorgfältige Planung notwendig, um mit einem solchen Einstieg nicht vom folgenden Thema wegzuführen)
- Verdeutlichung/Anschauung eines Inhaltes
- Inszenierung von Geschichten zur Kompetenzerweiterung in Problemlösestrategien durch Wirklichkeitssimulation (zum Beispiel Rollenspiel, Konferenzspiel, Planspiel, Fallbeispiel, Themenzentriertes Theater)
- Austausch von Lebensgeschichten (biografische Arbeit), Praxiserfahrungen und Reflexionen für metakognitive, kommunikative und interaktive Zwecke
- Verankerung/Vernetzung von Gelerntem durch gesteuerte Entwicklung von Assoziationen und Geschichten (z. B. Mnemotechnik)
- Provokation von Fragen und Irritation (paradoxe Geschichten) als anregende «produktive Verwirrung»
- Erfinden und Gestalten von Geschichten zur sozialen Gemeinschaftsbildung

> «... Geschichten sind Miteilungen besonderer Art. Es gibt zwei Gründe, sie hören zu wollen und sie zu erzählen, und also zwei Typen von Geschichten: Die eine Art von Geschichten erzählt von etwas, was wir noch nicht kennen – Neuigkeiten, Noch-nicht-Dagewesenes, Interessantes – und unterhält und belehrt uns dadurch. Die andere erzählt etwas, was immer schon war, offenbart, deutet, bestätigt es und bewegt und bereichert uns dadurch. Sehr gute Geschichten verbinden beides. Und beides, weil es in Worten daherkommt – nicht sichtbar und nicht fassbar – regt die Einbildungskraft des Hörers an, in dem das Erzählte neu entsteht. Dieser Vorgang bereitet Lust, die immer ein Anzeichen dafür ist, dass wir das brauchen, was sie auslöst. ...» *(von Hentig 1996, S. 105)*

Folgende Kriterien können für *gutes Geschichtenerzählen* gelten:

- Kenne Deine Geschichte!
- Denke, dass sie gut ist!
- Erzähle sie gerne
- und auf Deine Weise!
- Beziehe die Zuhörer/innen mit ein!
- Achte auf Beginn, Dynamik und Schluss Deiner Geschichte!

*(nach: Todd, in: Merkel/Nagel (Hrsg.) 1982)*

**Reflexionsfragen «Geschichten erzählen»**

- **Welches ist die erste «Geschichte», an welche Sie sich erinnern?**
- **Kommt Ihnen jemand in den Sinn, der/die Ihnen spannende und interessante Geschichten erzählt hat?**
- **Was daran war spannend?**
- **Hören Sie jetzt noch gelegentlich erzählten Geschichten zu? In welchem Zusammenhang?**
- **Erzählen Sie selber hin und wieder Geschichten? Welche? Wie tun sie dies?**
- **Was gefällt Ihnen an Ihren Geschichten und Ihrer Art zu erzählen?**
- **Wo sehen Sie diesbezügliche Optimierungsmöglichkeiten?**

Mullah Nasruddin wurde einmal aufgefordert, eine Geschichte zu erzählen. Er stellte sich vor die Zuhörer und fragte: «Wisst Ihr, worüber ich sprechen will?» Sie sagten: «Nein». Da ging er davon und brummte: «Dann werdet ihr sie auch nicht verstehen können.» Sie baten ihn wieder. Und wiederum fragte er: «Wisst Ihr, worüber ich sprechen will?» Sie hatten sich untereinander abgesprochen und sagten deshalb: «Ja.» Da ging er wieder davon und brummte: «Dann kennt ihr sie ja schon.» Und sie baten ihn ein drittes Mal. Auch diesmal fragte er: «Wisst Ihr, worüber ich sprechen will?» Gewitzigt sagten sie diesmal: «Die eine Hälfte weiss, worüber du sprechen willst, doch die andere Hälfte nicht.» Da sagte er zu ihnen: «Wunderbar, dann soll die Hälfte, die es weiss, den anderen erzählen, worüber ich sprechen will» und ging auch diesmal wieder davon. *(Aus: Fischer [Hrsg.] 1993)*

**Übung**

**Übungen zum lehrerzentrierten, darbietenden Unterricht**

1. «Erklären» (Partnerarbeit)
   - Lassen Sie sich von einem Partner (aus einem anderen Berufsfeld) über ein Fachthema ausfragen, welches Sie beherrschen.
   - Versuchen Sie kurze und prägnante Erklärungen zu geben
   - Ihr Partner gibt Ihnen anschliessend Feedback anhand der «Gütekriterien» (siehe weiter oben unter «Erklären»)

Wechseln Sie die Rollen.
Zeit: insgesamt 30 Min.

2. «Erzählen» (Einzelarbeit, Präsentation in der Gruppe)
   - Bereiten Sie einzeln das Erzählen einer erlebten oder erfundenen Geschichte vor (Vorbereitung: 20 Min., Erzählzeit: 5 Min., Adressaten: Gruppe).
   - Erzählen der Geschichten in der Gruppe
   - Feedback nach den Kriterien für «gutes Geschichtenerzählen» von Todd (siehe weiter oben)

3. «Kurzreferat» (Einzelarbeit, Präsentation in der Gruppe)
   - Entnehmen Sie einer der aufliegenden Zeitungen eine Schlagzeile oder Mitteilung (5 Min.)
   - Bereiten Sie sich individuell vor, indem Sie die Schlagzeile zu einem prägnanten Fünfminutenkurzreferat gestalten (Vorbereitung: 15 Min., Adressaten: Gruppe)
   - Vortragen der Kurzreferate in der Gruppe
   - Feedback nach den «Verständlichmachern» von *Schulz von Thun* (siehe «Rede/Referat», anfangs 6.4)

### 6.5 Gesprächsverhalten von Frauen und Männern

Aus vielen Untersuchungen ist bekannt, dass Frauen und Männer tendenziell verschiedene Sprechstile verwenden und sich in Interaktionen unterschiedlich verhalten.

So
- nehmen Männer in der Regel «körperlich» mehr Platz ein als Frauen,
- reden Männer in der Regel länger als Frauen,
- werden Frauen in der Regel häufiger unterbrochen als Männer,
- nehmen Männer unverfrorener Ideen (auch von Frauen) auf und verwerten diese weiter,
- stellen Frauen in der Regel mehr Fragen und reagieren unterstützend auf Voten anderer als Männer,
- wiederholen Männer eher schon formulierte Voten als Frauen.
  *(vgl. Trömel-Plötz 1987, Günthner/Kotthoff 1992, Baur/Marti 2000)*

Selbstverständlich handelt es sich bei obgenannten Vergleichen um Tendenzen.
Persönliche Merkmale, berufliche Herkunft und organisationale Kulturen prägen das geschlechtsspezifische Kommunikationsverhalten von Kursleiter/innen und Kursteilnehmer/innen ebenso wie die jeweilig spezifische Zusammensetzung von Ausbildungsgruppen.
Im Bereich der Erwachsenenbildung mit einer weiblichen Mehrheit der Teilnehmenden muss ich mich beispielsweise gelegentlich (auch als Mann) um die Männerminderheit kümmern, indem ich diese zu Redebeiträgen auffordere.

Wobei ich auch anderes erlebe:
In einer didaktischen Trainingsswoche für Ingenieure, welche teilzeitig Ausbildungsaufgaben innehaben, musste ich letzthin erfahren, wie 18 Männer innerhalb kurzer Zeit die beiden anwesenden – sehr kompetenten und selbstkritischen – Frauen zu «Opferdamen» machten, indem sie sich gegenseitig mit Hilfestellungen und Tipps für die beiden Damen überboten. Diese Art von Selbstpräsentation hinderte dann leider die Männer daran, selber kritische Praxisreflexion zu betreiben.

## 7. Instrumente 3: Gespräche leiten

### 7.1 Moderation/Leitung von Gesprächen

Der Begriff «Moderation» wird zunehmend unspezifisch als Synonym für jede Art von Gesprächsleitung, ja von Leitung (von Gruppen) überhaupt verwendet. «Gesprächsführung» meint in der Regel eher die methodisch-technische Seite von Gesprächen oder die Leitung eines (Beratungs-) Gespräches unter vier Augen.
In diesen Ausführungen spreche ich von Moderation als einer spezifischen Form von Gesprächsleitung.
Moderatorinnen und Moderatoren kennen wir wohl vor allem als diejenigen Menschen, welche uns durch Programme von Fernsehsendungen führen; sie verbinden verschiedene Phasen, überbrücken Pausen, erteilen das Wort und verfügen durchaus mächtig über die Gestaltung der knappen Zeitressourcen.
Moderation als Begriff tauchte in unseren Breitengraden Ende der 60er und in den 70er Jahren des letzten Jahrtausends auf und hatte im Speziellen gesellschaftspolitische Intentionen. Es ging darum, Teilnehmer/innen von (politischen) Gruppen zu aktivieren und verfahrenskompetente Begleitung zu installieren (moderator heisst lateinisch: Mässiger, Helfer, Lenker).

Die möglichst hohe inhaltliche Unparteilichkeit und personenbezogene Neutralität der Moderatorin/des Moderators sind demnach wichtige Eckpfeiler der Moderationsmethode.

**Arbeitsgruppen leiten – Arbeitsgruppen moderieren**

Die folgende pointierte Gegenüberstellung von Leitung und Moderation *(aus Hartmann et al. 1997, S. 22)* gibt Ihnen – auch wenn der Trennungsstrich in der Praxis nicht immer scharf zu ziehen ist – einen Einblick in die Unterschiede zweier Formen, Arbeits- und Gesprächsgruppen zu leiten (vgl. auch Aussagen dazu in Kap. III).

| ***ARBEITSGRUPPEN LEITEN*** | ***ARBEITSGRUPPEN MODERIEREN*** |
|---|---|
| *Als Leiter einer Besprechung bin ich immer auch inhaltlich beteiligt; beispielsweise nehme ich Stellung, bewerte Aussagen anderer und verstärke bestimmte Beiträge.* | *Als Moderator einer Arbeitssitzung bin ich inhaltlich unparteiisch und trage dazu bei, dass alle Aussagen gleichrangig Beachtung finden.* |
| *Als Leiter werde ich bei der Vorbereitung und Durchführung der Besprechung weniger Konzentration auf die Auswahl bestimmter Methoden und Verfahrensweisen verwenden; mein Hauptaugenmerk liegt auf dem Inhalt.* | *Als Moderator liegt der Schwerpunkt meiner Konzentration auf der Auswahl und Anwendung von Methoden und Verfahren. Ein Teil der Konzentration liegt auf dem Inhalt, für den aber die Gruppe die ausschlaggebende Verantwortung trägt.* |
| *Als Leiter ist häufig meine Willensdurchsetzung gefragt. Ich vertrete Vorgaben und Ziele des Unternehmens, objektive Rahmenbedingungen oder Sachzwänge, und ich lasse meine Prioriäten auch deutlich erkennen.* | *Als Moderator bin ich ausschliesslich für den Willensbildungsprozess der Gruppe verantwortlich, unter Beachtung des Prinzips der Gleichwertigkeit aller Teilnehmer und Beiträge. Meine inhaltlichen Prioritäten gebe ich – selbst auf Nachfrage – nicht zu erkennen.* |
| *Als Leiter gebe ich gewöhnlich die konkreten Arbeitsziele vor.* | *Als Moderator fördere ich die Gruppe dabei, wie sie die Ziele erarbeitet. Werden Ziele vorgegeben, soll die Gruppe Einverständnis über die Ziele herstellen.* |
| *Als Leiter werde ich Störungen, beispielsweise Rivalitäten oder persönliche Angriffe, vermeiden, ignorieren, tadeln oder die Parteien zur Sachlichkeit ermahnen.* | *Als Moderator werde ich personenbezogen neutral der Gruppe meine Wahrnehmungen über die Gruppenarbeit störende Entwicklungen mitteilen, also spiegeln. Ich frage die Gruppe, wie sie mit dem Geschilderten umgehen will. Ich kann methodische Hilfen für die Weiterarbeit anbieten.* |
| *Als Leiter arbeite ich mit den ungeschriebenen Regeln der Leitungskunst (beispielsweise: «Kein Beitrag länger als 30 Sekunden!»).* | *Als Moderator unterstütze ich die Teilnehmer dabei, Regeln für den Umgang miteinander zu formulieren. Ich kann der Gruppe auch Vorschläge für solche Regeln machen.* |
| *Als Leiter delegiere ich in der Regel die Protokollierung der Sitzung oder erledige die Aufgabe nebenbei und mache mir Notizen, damit im Nachhinein ein Protokoll erstellt werden kann.* | *Als Moderator ist es für mich eine wichtige Aufgabe, Vereinbarungen, Arbeitsschritte und Ergebnisse offen (für alle sichtbar) und simultan (möglichst zeitgleich zum Arbeitsprozess) darzustellen, zu visualisieren.* |
| *Als Leiter bin ich meist auch der hierarchisch Höhergestellte; meine Aussagen besitzen damit von vornherein ein besonderes Gewicht.* | *Als Moderator besitze ich besondere methodische Verantwortung für den Arbeitsprozess. Dafür habe ich besondere Kompetenzen. Ansonsten spielt weder meine noch die Position der Teilnehmer in der Unternehmenshierarchie während der Arbeitssitzung eine Rolle.* |

*aus Hartmann et al. 1997, S. 22*

Umstritten ist, ob eine Moderatorin/ein Moderator – gerade wenn man sie/ihn extern rekrutiert – «nur» Prozess- und Methodenkompetenz aufweisen soll oder eben auch Inhaltskompetenz (oder «Feldkompetenz», wie das in der Beratungssprache genannt wird). Meiner Überzeugung nach hilft inhaltliches Wissen für die Prozesssteuerung, solange dadurch kein Handicap durch zu hohe Betroffenheit entsteht.

Selbstverständlich müssen Leitungspersonen bisweilen auch die Kunst des Moderierens beherrschen, zum Beispiel dann, wenn sie an möglichst unzensurierten Beiträgen ihrer Mitarbeiter/innen oder an deren Selbstorganisation interessiert sind. Andererseits ist es auch als Moderator/in hin und wieder unumgänglich, klar zu leiten und zu strukturieren. Die folgende Checkliste ist sowohl für Moderatoren und Moderatorinnen als auch für Leiter/innen nützlich; sie lehnt sich etwas mehr den Grundsätzen der Moderation an.

## 7.2 Checkliste Leitung von Gesprächen

### A Vorbereitung

1. Inhalt und Struktur

- Themen festlegen
- Ziele und Ergebnissicherung formulieren
- Zeitrahmen/Struktur definieren
- Vorgeschichte und Kontextbedingungen abklären
- Eigene Rolle/Position klären

2. Anzahl/Auswahl Teilnehmer/innen

- Wer muss/kann teilnehmen?
- Existieren hierarchische und sonstige Verflechtungen zwischen den Teilnehmer/innen oder der Leitung und Teilnehmer/innen?
- Wer wäre allenfalls von Beschlüssen in welcher Weise tangiert?

3. Raum/Ort/Termin (Reservation/Einladung)

- Finden alle Teilnehmer/innen den Ort und Raum?
- Wie gestalte ich die Sitzordnung (mit oder ohne Tische, Kreis etc.)?
- Wo ist mein Sitz als Leiter/Leiterin?
- Welche Hilfsmittel benötige ich (Flip-Chart, Wandtafel, Hellraumprojektor, Pin-Wand etc.)?
- Wie ist die Atmosphäre (Blumen, Getränke etc.)

4. Ablauf

- Vorgehensplan
- Grobe zeitliche Einteilung
- Pausen
- Methodisches Vorgehen

5. Vorstellung/Kennenlernen

- Kennen sich die Teilnehmer/innen?
- Ist eine Vorstellungsrunde nötig?
- Welche persönlichen «Daten» (Informationen) voneinander werden für eine gute Diskussion benötigt?

6. Information der Teilnehmer/innen zu Beginn

Wieviele Informationen haben die Teilnehmer/innen thematisch im Vorfeld schon erhalten? Wieviel benötigen sie noch bezüglich

- genauem Thema (Eingrenzung)
- Vorgehensweise
- zeitlichem Rahmen
- Leitungsstil, Moderationsstil

7. Thematischer Start

- Wie möchte ich ins Thema einsteigen (Startfrage/Geschichte etc)?

**B Strukturierung**

1. Start und Entfaltungsphase

Startphase:

- Thema und Ziel eingrenzen
- Zeitrahmen und Vorgehen bekanntgeben
- Startimpuls (Frage, «Anspiel», Input)

Entfaltungsphase:

- Gespräch laufen lassen
- Interesse und Neugierde zeigen
- Präsenz markieren: konzentriert zuhören, Blickkontakt

2. Ordnungsphase

- Teilthemen und Teilschritte vorschlagen
- für Einhalten der Spielregeln sorgen
- Bälle zuspielen und weitergeben
- auf roten Faden achten
- Zeit im Auge behalten
- zwischendurch zusammenfassen
- Fragen formulieren und klären

3. Abschlussphase

- Teilergebnisse zusammenfassen und abschliessen
- Gespräch rechtzeitig abrunden, Schluss bekanntgeben
- Entscheidungen treffen
- Pendenzen und Offenes auflisten
- Zusammenfassung liefern
- Rückblick auf das Gespräch, Gelegenheit zu Feedback für die Teilnehmenden
- sich bedanken und verabschieden

### 7.3 Übersicht Moderationsmethoden

Der folgenden Übersicht *(aus Hartmann et al. 1997, S. 147/148, leicht verändert durch G.T.)* können Sie nun spezifische Moderationstechniken entnehmen:

## DIE GEBRÄUCHLICHSTEN VERFAHREN FÜR MODERIERTE ARBEITSSITZUNGEN

| Was ... | ... ist wozu besonders geeignet: | ... ist bei der Durchführung besonders zu beachten? |
|---|---|---|
| **Blitzlicht** | *Zur Abklärung der momentanen Befindlichkeit. Zur Klärung der Ausgangsbasis in Krisensituationen.* | *Auf Einhaltung der Spielregeln achten, vor allem: «Kein Kommentar zu den gemachten Aussagen!».* |
| **Ein-Punkt-Abfrage** | *Zum spontanen Feststellen von Stimmungen, Meinungen, Tendenzen. Ermöglicht erste Problem- und Themenorientierung.* | *Nicht «zerreden». Aussagen der «Auswertungsrunde» visualisieren. Vorsicht: nutzt sich schnell ab, sparsam verwenden.* |
| **Karten-Antwort-Verfahren und Gruppenbildungsverfahren** | *Zum breiten, unbewerteten und anonymen Sammeln von Meinungen, Kenntnissen, Erfahrungen und erster Themengruppierung. Erster Schritt einer vertiefenden und detaillierten Problem-/Themenbearbeitung.* | *Soweit wie möglich Anonymität der Kartenschreiber wahren. Beim ersten Gruppieren auf zügiges Vorgehen achten.* |
| **Zuruf-Antwort-Verfahren** | *Zum breiten, unbewerteten Sammeln von Meinungen, Kenntnissen, Erfahrungen. Als schneller Einstieg in die Problem-/Themenbearbeitung.* | *Gruppe sollte bereits etwas miteinander vertraut sein. Kommentierungen und Diskussion der einzelnen Beiträge während der Sammlung vermeiden.* |
| **Gewichtungsverfahren** | *Alle Teilnehmer sollen gleichberechtigt Reihenfolgen festlegen, Anforderungsprofile erstellen, Alternativen bewerten, Dringlichkeiten/Prioritäten bestimmen.* | *Die Konsequenzen der Gewichtung müssen der Gruppe im Vornherein klar sein. Die Arbeitsfrage, nach der gewichtet werden soll, muss eindeutig und verständlich formuliert sein.* |
| **Moderierte Diskussion** | *Zur intensiven, zielgerichteten Diskussion der Teilnehmer untereinander.* | *Am Thema, an der Ausgangsfragestellung bleiben. Möglichst viel visualisieren.* |
| **Kleingruppenarbeit mit verschiedenen Aufgabenstellungen** | *Um die Themenbearbeitung in die Tiefe zu ermöglichen. Um Spezialwissen zu einem Thema zusammenzutragen (arbeitsteilige Gruppenarbeit).* | *Aufgabenstellungen themenbezogen und zielgerichtet vorbereiten und anbieten. Art der Präsentation im Voraus bekanntgeben.* |
| **Brainstorming** | *Zur Förderung des kreativen Potenzials aller Teilnehmer bei der Suche nach Ideen für Problemlösungen.* | *Vor allem auf die Einhaltung der Spielregeln achten: «Masse vor Klasse», «keine Kritik/Bewertung», «kein Copyright», «Spinnen» ist erlaubt. Brainstorming-Sitzungen erzeugen eine Vielzahl von Ideen, also eine hohe Komplexität, die zielgerichtet weiterverarbeitet werden müssen. Also weitere Arbeitsschritte überlegen.* |
| **Fragenspeicher** | *Um Fragen, offene Diskussionspunkte etc., die während der Sitzung entstehen, festzuhalten und dadurch ihre spätere Bearbeitung in der Gruppe zu sichern.* | *Im Verlauf der moderierten Sitzung einen Platz für die Bearbeitung der verschiedenen Fragen etc. einplanen und rechtzeitig vor Ende der Sitzung die Punkte «abarbeiten».* |
| **Massnahmenplan Aktionsplan Tätigkeitskatalog** | *Um die Umsetzung von Massnahmen in die Praxis nach der Sitzung konkret zu planen. Um persönliche Verantwortungen für Folgeaktivitäten sowie den zeitlichen Rahmen dafür festzulegen.* | *Zeit und Raum dafür reservieren, auf Realisierbarkeit achten (das Ende einer Sitzung erzeugt häufig eine unrealistische «Übernahmeeuphorie» einzelner Beteiligter). Nur Personen als Verantwortliche/ Durchführende benennen, die auch anwesend sind.* |

*in: Hartmann et al., S. 147, 148, leicht verändert durch G.T.*

## 7.4 Das «Schlechte-Nachricht-Gespräch»

Den jetzt anschliessenden grundsätzlichen Gedanken folgen zwei Rollenspielvorschläge mit Rollenkarten und dafür vorgeschlagenen Beobachtungskriterien für die Gesprächsbeobachter/innen.
Bei den Rollenspielen überlasse ich die methodische und zeitliche Strukturierung Ihnen. Für grundsätzliche Hinweise zum Thema «Rollenspiel» verweise ich Sie auf Kap. II (7.5).

### Grundlagen

Eine spezifische Gesprächsleitung wird dann benötigt, wenn es darum geht, einem Gesprächsteilnehmer/einer Gesprächsteilnehmerin eine so genannte «schwierige Botschaft» zu überbringen. Hier decken sich die folgenden Aussagen und Erfahrungen teilweise mit solchen in den Themenbereichen «Konflikte» (Kap. III, 2.10) und «Beurteilung» (Kap. IV, 2.11).
Ein so genanntes «Schlechte-Nachricht-Gespräch» beinhaltet also eine Information mit negativer Konsequenz für den oder die Gesprächspartner/in. Dies löst meist negative Gefühle wie Wut, Frustration, Angst etc. aus.
Was grundsätzlich bei jedem Gespräch wichtig ist, zählt deshalb beim «Schlechte-Nachricht-Gespräch» doppelt: die sorgfältige Vorbereitung.
Grundlage für eine erfolgreiche Gesprächsleitung sind folgende Hauptpunkte:

- klare Vorstellung des Gesprächsinhaltes und des Zieles (Wichtiges in Stichworten festhalten)
- sachliche und emotionale Vorbereitung auf den oder die Gesprächsteilnehmer/in
- gute Vorbereitung des Einstieges in das Gespräch (evtl. wörtlich festhalten)
- Schaffen einer angenehmen Atmosphäre (auch räumlich)

### Problembereiche

Der oder die Überbringer/in der schlechten Nachricht hat selbst meist mit negativen Gefühlen zu kämpfen und kann darauf mit Vermeidungsstrategien reagieren.
Beispiele:

- Aufschiebung des Gesprächs
- Fakten beschönigen
- «um den heissen Brei» reden
- Rechtfertigung der Massnahmen
- Flucht hinter Vorgesetzte oder Institution, der eigenen Funktion oder Rolle
- Mitleid mit der betroffenen Person und Solidarisierung
  etc.

Die Folge davon kann sein, dass Inhalt (Fakten und Massnahmen) sowie Ziel des Gesprächs verwischt werden, was das Problem nicht aufhebt sondern nur verschiebt.

**Verlaufsphasen**
Mögliche Verlaufsphasen sind:

1. Mitteilungsphase
   Die schlechte Nachricht ist möglichst bald – auf die individuelle Aufnahmefähigkeit des Gesprächspartners/der Gesprächspartnerin abgestimmt – mitzuteilen und zu begründen.

2. Frustrationsphase
   Wenn der/die Gesprächspartner/in frustriert ist, muss die Gesprächsleitung ihm/ihr Zeit und Raum bieten, um sich «zu fangen».

3. Emotionale Klärungsphase
   Die Enttäuschung soll benannt, ev. auch besprochen werden. Die Gesprächsleitung zeigt Verständnis (sofern auch ehrlich vorhanden), argumentiert aber nicht, damit (im besseren Falle) die Affekte des Gesprächspartners wieder abklingen können.

4. Suche nach Lösungen
   Falls notwendig und möglich, suchen die Gesprächspartner nach konstruktiven Lösungen; eventuell vereinbaren sie einen neuen Gesprächstermin.

**Rollenspiel «Schlechte-Nachricht-Gespräch» 1: «Entlassung»**
*(überarbeitete AEB-Kursunterlage)*

**Rollenkarte Filialleiterin**
Sie sind als Filialleiterin in einer Bank tätig. Der Konkurrenzkampf ist äusserst hart: Es gibt in Ihrem Quartier noch andere Banken, welche Ihnen Kundschaft abgeworben haben, der Umsatz Ihres Betriebes ist seit einem Jahr stetig gesunken, Ihr Handlungsspielraum wird immer enger. Vor einem Monat hat Ihnen Ihr Vorgesetzter eröffnet, dass Sie aus strukturellen Gründen jemanden aus Ihrem Mitarbeiter/innenkreis per Ende Jahr entlassen müssen.
Seit längerer Zeit fällt Ihnen Ihr Mitarbeiter Z. negativ auf: Er tätigt zwar eintragsreiche Geschäfte, verhält sich aber am Kundenschalter – vor allem umständlichen Kunden und Kundinnen gegenüber – oft unhöflich und kurz angebunden.
Vor drei Tagen nun haben Sie mitbekommen, wie Herr Z. einem Kunden in ausgesprochen rüdem Ton mitteilte, er solle doch sein Geld am besten wieder einpacken und es zu Hause unter seine Matratze legen, man sei auf ihn und seine komplizierten Ansprüche nicht angewiesen.
Nachdem Sie Ihren Mitarbeiter Z. bereits mehrmals auf dieses sein Verhalten angesprochen und ihm auch schon mit möglichen Konsequenzen gedroht haben (ohne dass dies etwas genutzt hätte), sind Sie nun nach einer schlaflosen Nacht zur Entscheidung gekommen, Herrn Z. per Ende Jahr zu entlassen.
Sie haben ihm den Gesprächstermin heute morgen mitgeteilt und bereiten nun das Gespräch vor.

**Rollenkarte Mitarbeiter Z.**

Sie sind in einer grossen Filialbank tätig und beraten auch Inhaber von kleinen Konten.

Sie haben soeben ein Gespräch mit einem ungefähr 50jährigen Kunden geführt, welcher 10 000 Schweizer Franken anlegen möchte. Sie haben ihm verschiedene Alternativen aufgezeigt, ihn auf unterschiedliche Sicherheiten und Erträge hingewiesen und ihm dann zu Wertpapieren geraten. Sie haben sich dafür viel Zeit genommen, obwohl Sie noch ein grosses Geschäft für den Nachmittag hätten vorbereiten müssen.

Ihr Gesprächspartner hat dies ohne Dank und immer unzufriedener werdend zur Kenntnis genommen. Schliesslich hat er zum Ausdruck gebracht, das Geld nun doch auf dem Sparkonto lassen zu wollen, Ihre Bank sei mit den Wertpapiererträgen sowieso viel zu knauserig.

Daraufhin ist Ihnen Ihr Temperament durchgegangen.

Von Ihrem Charakter her ohnehin nicht mit viel Geduld gesegnet, haben Sie Mühe, bei komplizierten und unentschlossenen Personen ruhig zu bleiben. In letzter Zeit stehen Sie gewaltig unter Druck, Sie sind sich auch nicht mehr sicher, ob Sie am richtigen Ort arbeiten. Eine berufliche Veränderung würde aber mit Sicherheit eine beträchtliche Lohneinbusse bedeuten, welche sich privat negativ auswirken würde, denn Sie haben ziemlich hohe finanzielle Verpflichtungen. Sie führten schon verschiedene schwierige Gespräche mit Ihrer Vorgesetzten, der Filialleiterin, welche Ihnen auch schon mit einer Entlassung gedroht hatte. Heute morgen hat sie Sie nun ziemlich verärgert zu einem Gespräch «eingeladen». Sie haben dabei kein gutes Gefühl.

**Rollenspiel «Schlechte-Nachricht-Gespräch» 2: «Qualifikation»**
*(überarbeitete AEB-Kursunterlage)*

**Rollenkarte Ausbildner M.**

Als Ausbildner unterrichten Sie «Didaktik/Methodik» für angehende Kursleiterinnen und Kursleiter in der Ausbildung von medizinischen Laboranten und Laborantinnen. Ihre Teilnehmenden sind zu zwei Drittel ausgebildete Laborantinnen und zu einem Drittel ausgebildete Laboranten, welche in Zukunft an der Schule für medizinische Laboranten unterrichten wollen oder bereits dort tätig sind. Gemäss dem neuen Ausbildungsreglement sind diese Lehrpersonen verpflichtet, nebst ihrer fachlichen Ausbildung nun auch einen Kurs in Didaktik/Methodik zu belegen. Dieser umfasst mehrere Module, und findet über sechs Monate jeweils abends und an Samstagen statt.

Eine der Teilnehmerinnen, Frau K., bereitet Ihnen zunehmend Sorgen: Sie hat die erste Qualifikation, eine schriftliche Planungs- und Reflexionsarbeit, erst im zweiten Anlauf und nur mit viel Unterstützung von Ihnen geschafft und nun hat sie auch den zweiten Qualifikationsschritt, eine Analyse einer eigenen mit Videokamera aufgezeichneten Unterrichtssequenz, nicht bestanden. Frau K. war nicht in der Lage, diese Einheit mit den entsprechenden didaktischen Fachbe-

griffen zu analysieren und zu reflektieren und mögliche Gestaltungsalternativen zu skizzieren.
Sie haben den Eindruck, dass Frau K. zwar über Fachwissen in ihrem Fachgebiet verfügt, jedoch weder in der Lage ist, ihren Unterricht didaktisch und methodisch zu planen und zu reflektieren, noch ihr eigenes Unterrichtsverhalten zu analysieren.
Sie haben nun – in der Hälfte der Ausbildungszeit – den Eindruck, dass Frau K. auch die weiteren Qualifikationsschritte nicht bestehen wird. Ein Abbruch der Ausbildung aber ist für Frau K. problematisch, da sie diesen Abschluss benötigt, um ihre Stelle an der Schule behalten zu können. Als alleinerziehende Mutter brächte sie zudem der Verlust der Anstellung in grosse finanzielle Schwierigkeiten.
Nachdem Sie einige schlaflose Nächte verbracht haben, haben Sie sich nun entschlossen, mit Frau K. darüber zu sprechen und ihr den Abbruch der Ausbildung nahezulegen.
Sie haben ihr den Gesprächstermin vor zwei Tagen mitgeteilt und bereiten nun das Gespräch vor.

**Rollenkarte Teilnehmerin K.**
Sie unterrichten seit zwei Jahren an einer Schule für medizinische Laborantinnen und Laboranten. Die meisten Ihrer Teilnehmer/innen sind Frauen, welche diesen Beruf oft auf dem zweiten Bildungsweg erlernen. Es hat auch einige darunter, die nach einer Familienphase wieder in den Beruf einsteigen wollen.
Die Unterrichtstätigkeit ist für Sie eine gute Möglichkeit, verschiedene Leute kennenzulernen und den Teilnehmenden Ihr Fachwissen weiterzugeben. Oft beginnen Sie ihre Lektionen mit einer Meditation oder Entspannungsübungen. Einige Teilnehmende schätzen diesen Unterrichtsstil sehr, andere beklagen sich darüber, dass Sie methodisch nicht sehr kompetent wären und der Unterricht oft langweilig und zu wenig anspruchsvoll sei. Die kritischen Stimmen haben in letzter Zeit eher zugenommen. Dies belastet Sie.
Auch in der obligatorischen Zusatzausbildung in Didaktik und Methodik läuft es nicht rund: Sie haben die erste Qualifikation (Planung und Reflexion einer Unterrichtseinheit) erst im zweiten Anlauf und mit Mühe bestanden, und auch die kürzlich stattgefundene Video-Analyse einer Unterrichtseinheit auf dem Hintergrund didaktisch-methodischer Fragestellungen hat die Anforderungen nicht erfüllt. Sie finden Didaktik für Ihre Praxis eigentlich gar nicht so wichtig und haben Mühe mit trockener Theorie. Ihre Motivation für die Ausbildung sinkt mehr und mehr.
Zusätzlich stehen Sie auch privat unter Druck: Ihre zwei Kinder erziehen Sie alleine, dies bedeutet vor allem im Zusammenhang mit der Ausbildung ein ständiges Organisieren. Aber ein Abbruch der Ausbildung wäre auch mit dem Verlust der Stelle verbunden, und dies hätte massive finanzielle Schwierigkeiten zur Folge.
Sie überlegen sich in letzter Zeit oft, wie es nun weitergehen soll. Seit nun Ihr Ausbildner, Herr M., Sie vor zwei Tagen um einen Gesprächstermin gebeten hat, haben Sie böse Vorahnungen …

**Beobachtungskriterien Rollenspiele**

1. Gesprächsleitung
   - Wie hat die Gesprächsleitung den Einstieg in das Gespräch gestaltet?
   - Wie hat die Gesprächsleitung das Gespräch geleitet, wie strukturiert?
   - Wie ist sie mit dem Gesprächspartner/der Gesprächspartnerin und seinen Gefühlen umgegangen?
   - In welcher Art und wie stark hat er oder sie das Gespräch gesteuert und beeinflusst?
   - Wie war die Schlusssequenz gestaltet?
   - Wie war die verbale/nonverbale Kommunikation?

2. Teilnehmer/in
   - Wie hat der Gesprächspartner auf die «schlechte Nachricht» reagiert?
   - Welche Strategien hat er/sie gewählt?
   - Wie hat er/sie argumentiert? Auf welchen Ebenen? (Sache, Beziehungen, Appelle etc.)
   - Konnte er/sie zuhören?
   - Wie stark konnte er/sie seinen/ihren Vorgesetzten (die Gesprächsleitung) beeinflussen? Hat er/sie dies versucht? Wie?

3. Atmosphäre
   - Wie war die Gesprächsatmosphäre?
   - Welche nonverbalen beziehungsweise paraverbalen Gesprächsverhaltensweisen sind Ihnen aufgefallen?
   - Wie war die emotionale Verfassung der Gesprächsteilnehmer/innen?

Notieren Sie als Beobachtungsperson konkrete Ereignisse, Verhaltensweisen, Worte usw. mit Hilfe derer sie ihre Beobachtungen und Einschätzungen «belegen» können.

## 8. Hyperkommunikation und e-learning

Ich kann das Kapitel über «Kommunikation» nicht ohne die ganz am Anfang erwähnten neuen (Kommunikations-)Medien und ihre allfällige Wirkung auf menschliche Kommunikation, auf die Didaktik und auf Bildungsorganisationen beschliessen.
Diese so genannten «neuen Medien» werden etwa mit Epochenschwellen wie dem Übergang von der Mündlichkeits- zur Schriftlichkeitskultur im 8. und 7. vorchristlichen Jahrhundert in Griechenland verglichen. Zu diesem Zeitpunkt wurden die ersten so genannten «Kulturtechniken» wie Sprechen, Rechnen, Schreiben und Lesen eingeführt *(vgl. Zimmerli 1997, S. 106).*
Gelegentlich wird man auch an den Übergang von der Agrar- zur Industriegesellschaft im 18. Jahrhundert erinnert *(vgl. Sommer 1998, S. 106).* Kritiker unterstreichen den epochalen Charakter in Bezug auf die Spaltung der Gesellschaft in «users» und «losers», in Informa-

tionsreiche und Informationsarme. Die vielzitierte «Informationsgesellschaft» sei aus dieser Perspektive gesehen noch lange keine «informierte Gesellschaft»; das «Betriebssystem» für die neuen Medien sei immer noch das Lesen und sprachliches Ausdrucksvermögen. Lernen selbst bleibe real und werde nicht virtuell, das neu geschaffene EDV-Analphabetentum («computer literacy» ) werde zur neuen pädagogischen Herausforderung.

Begeisterung und Dämonisierung, euphorischer Zukunftsglaube und pädagogische «Bewahrstrategien», führen in etlichen Diskussionen zur Auseinandersetzung darüber, ob Bildungsinstitutionen nun multimedial-interaktive Lernparadiese oder technikfreie Refugien werden müssten. Pragmatik wird hier wohl allmählich der Ideologie weichen.

Was wird nun unter «neuen Medien» eigentlich verstanden?

*Bremekamp (1998, S. 110–114)* unterscheidet

1. *Daten, Grafiken und Texte*, welche mit Audio, Animation und Video verknüpft sind und parallel präsentiert werden können (multimedia)
2. *Interaktive Aktionsmöglichkeiten*, als Simulation von realen Umgebungen (digitale und virtuelle Welten)
3. *Lokal und global vernetzte Computer*, welche Informationen, Kommunikation und Kooperation orts- und zeitunabhängig ermöglichen (Datenhighway).

Zweiffellos hat das viel zitierte «vernetzte Wissen» vor allem durch die Internet-Technologie eine neue Konkretisierung erfahren. Die Anfänge des Internets gehen auf ein militärisches Projekt der amerikanischen Regierung anfangs der 60er Jahre zurück. 1969–1971 wurden in einer Experimentierphase landesweit Computerzentralen miteinander vernetzt, um den Austausch von Programmen und Dokumenten effizienter zu gestalten. Erst der für eine breite Masse benutzbaren elektronischen Post aber verdankte das Netz seinen durchschlagenden Erfolg.

Das «world wide web» ist als verlinkter «hypertext» organisiert, was bedeutet, dass Leser/innen selber bestimmen, in welcher Reihenfolge sie die Texte lesen. Das ursprüngliche Sender-Empfänger-Modell ist also für solche Prozesse erst recht nicht mehr gültig: Ein Hypertextautor produziert Texte im Sinne von Textbausteinen (ohne dabei «Mitteilungen» zu machen), welche er als einen Teil des umfangreichen Text-Vokabulars liefert. Der Hypertext überwindet damit auch die Linearität, welche unsere Wahrnehmungsmuster seit Anfang der Schriftkultur insofern prägt, als wir «von vorne nach hinten» oder «von oben nach unten» zu lesen und zu schreiben gewohnt sind.

Einzelne Hypertexte sind nämlich mittels Querverweisen zu einem komplexen Netz verbunden. In diesem Prozess wird zusehends auch die Autorenschaft aufgehoben, der «grosse Text» als virtuelle ungeordnete Enzyklopädie wird nach jeweiligem Bedarf mehr oder weniger unzensiert modifiziert und neu konstruiert. Dabei existiert kein zentralistischer Herausgeber.

Diese Form von bahnbrechend neuer schriftsprachlicher Kommunikation wird «Hyperkommunikation» genannt.

Die Organisation und das Management dieses Wissens als «grosser Text», die Entwicklung von Koordinatensystemen zur Einordnung und Einschätzung von «Informationsschwemmgut» *(vgl. Doelker 2001)* wird voraussichtlich zu einer der zentralen zukünftigen individuellen und (supra-) nationalen Aufgaben *(vgl. Furrer 2001)*.

Andere computervermittelte Kommunikationsformen sind:

- der zeitversetzte (asynchrone) Austausch zwischen zwei Gesprächspartnern (e-mail)
- die Teilnahme an Diskussionsgruppen (Nex und Mailinglisten)
- die (synchrone) Kommunikation in Echtzeit (Chat)
- und das gemeinsame Agieren in textbasierten virtuellen Welten (Multi User Dungeon)

Gemeinsam ist all diesen Kommunikationsformen der fast ausschliesslich textbasierte Austausch; wobei Links zunehmend auch Zugänge zu Bildern, Animationen und Videos erlauben («Hypermedia»).
Nach *Zimmer (1998)* steckt die sozialpsychologische Forschung von computervermittelter Kommunikation noch in den Kinderschuhen. Die einen Hypothesen gehen von einer zunehmenden Kontaktverarmung unserer Gesellschaft durch den Einsatz von Computern aus, andere betonen im Speziellen die Reduzierung der analogen Kommunikation innerhalb von Familien.
Des Weitern berichtet Zimmer vom «Reduced social cues model», welches auf einer Untersuchung von *Kiesler* und *Siegel (1984)* beruht, deren Ziel es war, die Effekte computervermittelter Kommunikation innerhalb von Gruppen (vgl. auch Kap. III, 1.11) zu analysieren: Laut dieser Studie tritt durch die fehlende (und sonst kommunikativ bedeutsame) Vermittlung vom psychosozialen Kontext einer Person (Aussehen, Alter, Status, Nationalität) ein so genannter «Nivellierungseffekt» ein, welcher zu prosozialer oder antisozialer Enthemmung führe. Negative und positive Bilder und Annahmen vom «Gegenüber» würden damit in hohem Masse individuell konstruiert und handlungswirksam. Weiter ist interessant, dass offensichtlich das Fehlen von nonverbalen Beziehungssignalen (Tonfall, Gestik, Mimik) zum Beispiel bei E-mail-Kommunikation zu einer eindeutigen Steigerung von textbasierten beziehungsspiegelnden Anteilen führt.
Diese Beziehungsorientierung ist zusätzlich geprägt vom Kommunizieren von realen oder gewünschten Rollenanteilen (Selbstdarstellung) unter gleichzeitigem Ausgesetzt-Sein von Rollenzuweisungen. Die Simulation von (fehlenden) Identitätsanteilen oder das anonyme «Schlüpfen in neue Rollen» ist im Speziellen im Chat beliebte Praxis.
Was heisst das nun für Didaktik und Lehr-/Lernsituationen? Medienpädagogische Konzepte, welche sich bisher auf die Trennung von «ursprünglicher Erfahrung» und «Scheinwelt» berufen hatten, werden sich damit beschäftigen müssen, dass künstliche simulierte Welten Bestand der Primärerfahrung werden (vgl. Kap. IV, 1.1 und 1.2). Fiktion und Realität sind je länger je mehr nicht mehr genau zu unterscheiden.

> In einem Radiointerview verglich letzthin ein begeisterter Spieler des Computerspiels «misty» dessen Wirkung auf seine emotionale Befindlichkeit (Vorfreude, Spielfreude, Nachwirkung etc.) mit der Wirkung einer Woche Tauchferien auf den Malediven.

Durch diesen Umstand wird offensichtlich die Diskussion um die didaktischen Paradigmen «konstruktivistisch»-«instruktionistisch» (vgl. Kap. II, 6.2) neu angeheizt. Wobei die Authentizität von so genannten virtuellen Lernumgebungen (z. B. bei fallbasierten Computerlernprogrammen) meist noch zu wünschen übrig lässt *(vgl. Schulmeister 1998, Papert 1998 und Severing et al. 2001, S. 21).*
Im Sinne des «cyber classrooms» experimentierten zwar vor allem Fernuniversitäten mit

virtuellem Studium, welches Video-Konferenzen mit Gruppenarbeiten und Diskussionsrunden ermöglicht *(vgl. Sommer 1998)*; auch schulen Grossfirmen ihre Mitarbeiter/innen teilweise weltweit über computergestützte Systeme (CBT's).
Meist hinkt jedoch die Didaktik dem technischen Fortschritt hintennach, viele virtuelle Bildungsinstitute sind kaum euphorisch gestartet, schon wieder eingegangen *(vgl. Carpy 2001, S. 36 und Wilbers 2001, S. 209)*. Im Moment unterstützen in der Schweiz Bund und Kantone 50 derartige Projekte an Fachhochschulen und Universitäten.
Aus ersten Versuchen und daraus resultierenden Erkenntnissen *(vgl. Reusser 2001, Albertin 2001)* lässt sich nun für webbasierte Lernumgebungen folgendes schliessen:
Webbasiertes Lernen (in Gruppen)

- wird voraussichtlich immer nur einen Teil von verschiedenen Lehr-/Lernformen repräsentieren,
- eignet sich vor allem für dezentrale regionalisierte Lerngruppen,
- benötigt gemeinsame Referenzpunkte des Lernens und eine verbindliche Organisation (mit «face-to-face»-Treffen),
- setzt bei Lernenden die Ausbildung von Lernstrategien sowie die Kompetenz, eigene Motivation aufrechtzuerhalten und Lernhandlungen selber zu kontrollieren, voraus,
- macht gezielte Lernberatung und fachlich-technische Unterstützung notwendig.

Von den «neuen» Dozierenden – meist «Teledozenten» genannt – wird daher Medien- und Beratungskompetenz, Fachwissen sowie Wissen über das On-line-Angebot im eigenen Fachbereich verlangt.
Selbstverständlich können sich Bildungsorganisationen zudem über Internet im Sinne von interner und externer Kommunikation präsentieren oder auch mittels geschlossener oder offener Mailinglisten («web board» ) Studierenden oder Mitarbeiter/innen in definierten Diskussionsforen zeit- und raumunabhängigen Austausch ermöglichen.
Unbestritten ist, dass individuelle und soziale Wahrnehmungs- und Kommunikationsprozesse durch die neuen Technologien eine nachhaltige Veränderung erfahren.
Für nähere praktische Informationen zum Thema «Internet und Bildung» kann ich Ihnen das Buch «Betriebliche Bildung via Internet» von *Severing, E. et al. (Bern 2001)* empfehlen. Evaluierte Praxisbeispiele finden sich in «Virtuelle Seminare» von *Reinmann-Rothmeier, G./Mandl, H. (Bern 2001)*.

Folgende websites könnten zudem von Interesse sein:
*www.learningcircuits.org/ (diverse Artikel zum Thema)*
*www.elearningmag.com (ein online-Magazin für e-learning)*

Ganz zum Schluss dieses Kapitels die deprimierende Einsicht, dass die bedeutsamsten Grundregeln für erfolgreiche Gespräche schon längst formuliert sind:

**«Grundregeln des Gedankenaustausches»**

*Johann Georg Heinrich Feder,* der im 18. Jahrhundert in Göttingen lebte, hat sechs Grundregeln des Gedankenaustausches formuliert, die an Aktualität nichts verloren haben:

1. Jeder soll sich Mühe geben, dass die Zunge nicht dem Nachdenken voraneilt und wenig Überlegtes und Durchdachtes vorbringt.
2. Sodann dem Anderen, der seine Überlegungen vorbringt, ein offenes Ohr und einen aufmerksamen Geist leihen.
3. Wenn Streit entsteht, sorgfältig bestimmen, woher er kommt und worin er besteht.
4. Besonnen und freundlich widersprechen, und den Widersprechenden als Nächsten behandeln.
5. Auf diese und jede andere Art verhüten, dass die Gemüter erbittert werden.
6. Von der Diskussion Abstand nehmen, wenn jemand Gewohnheiten hat, die von diesen Regeln ganz abweichen, und seinem Irrtum auf andere Art zu Hilfe kommen.

*(in: Geissler 1995, S. 118 nach Feder)*

# Literaturverzeichnis Kapitel V


Albertin, R.: Dank e-learning: Flexibles Studium in dezentralen Lerngruppen, in: éducation permanente 2001/3, Zürich 2001, S. 24–27.

Antons, K.: Praxis der Gruppendynamik, Göttingen 1996.

Argyle, M./Dean, J.: Eye-contact, distance an affiliaton. Sociometry 28, 1965, S. 289–304.

Argyle, M.: Körpersprache und Kommunikation, Paderborn 1996.

Arnet, H.: Wenn Säuglinge noch lächeln wie Engel, in: Tages-Anzeiger, Zürich 9.3.2001, S. 44.

Baacke, D.: Kommunikation und Kompetenz, München 1973.

Bächtold, A./Schley, W.: Zürcher Reflexionen und Forschungsbeiträge zur Sonderpädagogik, Luzern 1999.

Baur, E./Marti, M.: Kurs auf Gender Kompetenz, Basel 2000.

Bichsel, P.: Der Leser. Das Erzählen, Darmstadt 1982.

Bohm, D.: Der Dialog – das offene Gespräch am Ende der Diskussionen, Stuttgart 2000.

Bremekamp, E.: Neues Denken, neues Lernen, neues Handeln? in: EB Erwachsenenbildung 3/98, Bonn 1998, S. 110–114.

Buber, M.: Reden über Erziehung, Heidelberg 1986.

Buber, M.: Erzählungen der Chassidim, Zürich 1992, 12. Aufl.

Carpy, X.: Onlinestudium steht Prüfung noch bevor, in: Tages-Anzeiger Zürich, 31.7. 2001, S. 36.

Delhees, K. H.: Soziale Kommunikation, Opladen 1994.

Doelker, Ch.: Ein Bild ist mehr als ein Bild, Stuttgart 1997.

Doelker, Ch.: Informationsgesellschaft und Medienphilosophie, in: infos und akzente 1/2001, Pestalozzianum Zürich 2001, S. 2–5.

Dubs, R.: Lehrerverhalten, Zürich 1995.

Fatzer, G.: Dialog in der lernenden Organisation, in: Profile 1/2001, Köln 2001.

Fatzer, G. et al.: Qualität und Leistung von Beratung, Köln 1999.

Fengler, J.: Feedback geben, Weinheim/Basel 1998.

Fischer, R. (Hrsg.): Mulla Nasrudin. Geschichten aus der wirklichen Welt, Droemer 1993.

Flusser, V.: Kommunikologie, Frankfurt 2000.

Frey, S.: Die Macht des Bildes. Der Einfluss der nonverbalen Kommunikation auf Kultur und Politik, Huber 1999.

Freimuth, H.: Zur Bedeutung von Raum und Zeit bei der Intervention in Konfliktsituationen, in: Organisationsentwicklung 3/01, Basel 2001, S.4–15.

Frisch, M.: Tagebuch 1966–1971, Zürich 1974.

Furrer, M.: Wissensnation Schweiz – (k)eine Utopie, in: NZZ Neue Zürcher Zeitung 2./3.6.2001, S.93.

Geissler, K. A.: Lernprozesse steuern, Weinheim/Basel 1995.

Geisslinger, H.: Die Imagination der Wirklichkeit, Frankfurt 1992.

Gordon, Th.: Lehrer-Schüler-Konferenz, Zürich 1980.

Grell, J. und M.: Unterrichtsrezepte, Weinheim/Basel 1996, 11. Aufl.

Günthner, S./Kotthoff, H. (Hrsg.): Die Geschlechter im Gespräch. Kommunikation in Institutionen, Stuttgart 1992.

Hackney, H./Cormier, L. S.: Beratungsstrategien Beratungsziele, München 1998.

Hartmann, M. et al.: Zielgerichtet moderieren, Weinheim/Basel 1997.

Herrmann, D./Meier, Chr.: Teamarbeit auf Distanz, in: Organisationsentwicklung 2/01, Basel 2001, S. 12–34.

Hof, Ch.: Erzählen in der Erwachsenenbildung, Neuwied/Kriftel/Berlin 1995.

Hohler, F.: Bedingungen für die Nahrungsaufnahme, in: Thuswaldner, A. (Hrsg.): Ewige Kinderzeit, Residenz 1987.

Humm, H.: Verschiedene Arten von Geschichten, Kursunterlage 2000.

Hurrelmann, K.: Einführung in die Sozialisationstheorie, Weinheim/Basel 1993.

Isaacs, W.: Dialog als Kunst, gemeinsam zu denken, Köln 2001.

Kittelberger, R./Freisleben, I.: Lernen mit Video und Film, Weinheim/Basel 1991.

Klippert, H.:Kommunizieren lehren und lernen, in: Pädagogik 10/96, Hamburg 1996, S. 10.

Köhl, K.: Seminar für Trainer: das situative Lehrtraining, Trainer lernen lehren, Hamburg 1996, überarbeitete Neuauflage.
Krapf, B.: Aufbruch zu einer neuen Lernkultur, Bern/Stuttgart/Wien 1993, 2.Aufl.
Kühl, S.: Das Regenmacher-Phänomen, Frankfurt/New York 2000.
Luft, J.:Einführung in die Gruppendynamik, Stuttgart 1971.
Maturana, H.: Was ist Erkennen? München 1994.
Meckel, Ch.: Ein roter Faden, Frankfurt 1985.
Meggle, G.: Grundbegriffe der Kommunikation, Berlin/New York 1997.
Papert, S.: Revolution des Lernens, Hannover 1998, 5.Aufl.
Radatz, S.: Creative knowledge Feedback, in: Lernende Organisation 2/2001, Wien 2001.
Reinmann-Rothmeier, G./Mandl, H.: Virtuelle Seminare in Hochschule und Weiterbildung, Bern 2001.
Reusser, K.:Web-basiertes Lernen: Pädagogisch-psychologische Grundlagen und didaktisches Design, in: éducation permanente 2001/3, Zürich 2001, S. 8–10.
Ross, R./Roberts, Ch.: Das Gleichgewicht von Erkunden und Plädieren in: Senge, P. M. et al: das Fieldbook zur Fünften Disziplin, Stuttgart 1996.
Ruf, U./Gallin, D.: Dialogisches Lernen in Sprache und Mathematik, Seelze-Velber 1999.
Rumpf, H.: Die noch nicht ganz zivilisierte Phantasie, in: Binneberg, K. (Hrsg.): Pädagogische Fallstudien, Frankfurt 1997.
Sader, M.: Psychologie der Gruppe, Weinheim/München 1996, 5. Aufl.
Schein, E. H.: Prozessberatung für die Organisation der Zukunft, Köln 2000.
Schmitz, H.: Höhlengänge, Berlin 1997.
Schulmeister, R.: «Surfer» konsumieren viel – und lernen wenig, in: Psychoscope 1/99, 1999, S. 4–7.
Schulz von Thun, F.: Miteinander reden 1, Hamburg 1993.
Schulz von Thun, F.: Miteinander reden 2, Hamburg 1995.
Severing, E. et al.: Betriebliche Bildung via Internet, Bern/Göttingen/Toronto 2001.
Simon, F. B.: Meine Psychose, mein Fahrrad und ich, Heidelberg 1997.
Sommer, M.: Mit dem Computer in ein neues Bildungszeitalter, in: EB Erwachsenenbildung 3/98, Bonn 1998, S. 105–109.
Todd, H. E.: Wie ich Geschichten erzähle, in: Merkel/Nagel (Hrsg.): Erzählen. Die Wiederentdeckung einer vergessenen Kunst. Reinbek 1982.
Toelstede, B. G./Gamber, P.: Video-Training und Feedback, Weinheim/Basel 1993.
Tomm, K.: Die Fragen des Beobachters, Heidelberg 2001, 3. Aufl.
Trömel-Plötz, S.: Frauensprache: Sprache der Veränderung, Frankfurt 1987.
v. Hentig, H.: Bildung, München 1996.
von Foerster, H./Pörksen, B.: Wahrheit ist die Erfindung eines Lügners, Heidelberg 1999, 3. Aufl.
Watzlawick, P. et al.: Menschliche Kommunikation, Bern/Stuttgart/Toronto 1990, 8. Aufl.
Watzlawick, P.: Anleitung zum Unglücklichsein, München 1983.
Whorf, B. L.: Sprache, Denken, Wirklichkeit, Reinbek bei Hamburg 1988.
Wilbers, K.: Das 3x4 – Baustein – Modell der didaktischen Gestaltung von e-learning, in: Grundlagen der Weiterbildung GdWZ Nr. 5/2000, S. 209–212.
Zimmer, S.: Internet. Typen: Unterscheiden sich diese in ihrer Einstellung zu computervermittelter Kommunikation, Diplomarbeit in Psychologie an der Universität Hamburg, Hamburg 1998.
Zimmerli, W. Ch.: Technologie als «Kultur», Hildesheim 1997.

# Inhaltsverzeichnis Kapitel VI

*Kapitel VI*

# Beraten

**Standards**

- **Sie sind in der Lage, beratende Rollenanteile und deren Grenzen in Ihrer Bildungsarbeit zu erkennen und adäquat umzusetzen.**
- **Sie können Gruppen und Einzelne in ihrem Lernprozess begleiten/beraten und verfügen hierfür über reflektierte Erfahrungen und theoretische Konzepte und Instrumente.**
- **Sie sind in der Lage, Ihr Beratungsverständnis und Ihr beraterisches Vorgehen zu erklären und theoretisch zu begründen.**
- **Sie sind fähig, Ihr Beratungsverhalten in Beratungssituationen zu steuern und den zu Beratenden, respektive der spezifischen Beratungssituation anzupassen.**

## 1. Beratung

### 1.1 Umgang mit Veränderungen

Berater/innen begleiten in der Regel kleinere und grössere Veränderungsprozesse anderer und sind gleichzeitig selber in ihren persönlichen Lebens- und Berufswelt Veränderungen ausgesetzt. Solche Veränderungen und deren Gestaltung werden vor allem dann deutlich, wenn wir sie aus einer gewissen zeitlichen Distanz betrachten. Der Umgang mit Veränderungen «am eigenen Leibe», die Bewusstheit über eigene Strategien im Umgang mit Veränderungen und Neuorientierung prägen massgeblich unser Beratungsverhalten. Deshalb möchte ich Sie einladen, die nachfolgenden zur thematischen Einstimmung dienenden persönlichen Fragen für sich zu beantworten. Dabei erachte ich wohlverstanden «Veränderung» nicht ausschliesslich als Entwicklung zum «Guten»!

**Reflexionsfragen «Umgang mit Veränderung»**

- **Wenn Sie an folgende Veränderungen in Ihrem Leben denken:**
  - **persönlich-individuelle Veränderungen**
  - **beziehungsmässige Veränderungen**
  - **berufliche Veränderungen**

  **und beispielsweise das letzte Jahr betrachten:**
  - **In welchen Bereichen haben Veränderungen stattgefunden?**
  - **Welche Veränderungen wurden von Ihnen selber in Gang gesetzt?**
  - **Von welchen Veränderungen waren Sie einfach betroffen?**

- **Welche Einstellungen gegenüber Veränderungen zeigt Ihnen die Analyse Ihrer Antwort zu Frage 1?**
- **Welche Rollen übernehmen Sie in beziehungsorientierten, gruppalen oder organisationalen Veränderungsprozessen?**
- **Welche positiven, stärkenden Erfahrungen verbinden Sie mit Veränderungen? Wie wirkt sich das auf Ihr Verhalten aus?**
- **Welche negativen, angstbesetzten Erfahrungen verbinden Sie mit Veränderungen und was bedeutet dies für Ihr Verhalten?**
- **Was möchten Sie profiliert *nicht* verändern, sondern belassen und bewahren? Gegen welche Veränderung würden Sie sich vehement wehren?**
- **Notieren Sie Aspekte eines möglichen Beratungsverhaltens, auf welches Sie auf Grund der obigen Analyse bei sich schliessen können und «nehmen» Sie diese Aspekte während der Lektüre dieses Kapitels gedanklich «mit».**

Textteile der folgenden Ausführungen sind meiner AEB-Publikation «Wahrnehmen – Beurteilen – Beraten» *(Luzern 1999)* und meiner Diplomarbeit «(interne) Lernberatung und (externe) Beratung – über Unterschiede und Gemeinsamkeiten zweier Handlungsmodelle» *(Zürich 1999)* der Ausbildung in Supervision und Organisationsentwicklung bei Trias Zürich entnommen und für diesen Zweck überarbeitet worden.

### 1.2 Definitionen

Nach *Looss (1997, S. 28/29)* und *Mutzeck (1997, S. 5)* hiess «raten» ursprünglich «aussinnen», später «Vorsorge treffen». Mit «Rat» wurden einst sowohl die Besorgung lebensnotwendiger Mittel, als auch diese Mittel selbst bezeichnet. Die Begriffe «Vorrat», «Hausrat», «Zierrat», «Geräte» etc. erinnern daran. Allgemeiner wurde «Rat» auch als «Fürsorge» und «Abhilfe» für die Lösung von lebensnotwendigen Problemen verstanden. Interessanterweise misst man dem Begriff «raten» auch die alte Bedeutung von «deuten» bei – erkennbar wird dies im Wort «Rätsel» oder im englischen «read». Später wurden dann auch Institutionen, in welchen «Abhilfe» geschaffen wurde oder Personen, welche «deuteten» mit «Bundesrat», «Stadtrat» oder «Rathaus» bezeichnet.

Der englische Begriff «counseling» hingegen lässt sich auf das lateinische «consilium» beziehen, was auch «Einsicht» und «Überlegung» heisst. «Consilium» wiederum soll mit «silere» (vgl. silentium) verwandt sein, was mit «still sein» und «schweigen» gleichgesetzt wird.

Zuhören ist in der Tat ein Qualitätsmerkmal von Beratungsverhalten.

Die folgende leicht ergänzte Zusammenstellung soll Ihnen Aufschluss geben über die wichtigsten Formen und Begriffe von Beratung, welche uns in diesem Zusammenhang interessieren:

## 1.3 Formen von Beratung – Versuch einer Begriffsklärung

*(verändert und ergänzt nach Fröhlich 1994, S. 90)*

### Supervision

Unter Supervision wird die professionelle Begleitung/Beratung von einzelnen Berufsrollenträger/innen (in der Regel soziale, lehrende oder führende Berufsrollen) durch eine dafür qualifizierte Fachperson verstanden. Ziel der Supervision ist die Erhaltung und – womöglich – die Förderung der persönlichen, sozialen und fachlichen Kompetenz der Supervisanden. In einem lebendigen Lehr- und Lernprozess zwischen Supervisor/in und Supervisand/in werden – ausgehend von authentischen Problemstellungen – Verstehens-, Erklärungs- und Lösungsmöglichkeiten erarbeitet, welche nötigenfalls modifiziert in die Praxis der Supervisandin/des Supervisanden übertragen werden können.

### Praxisberatung

Der Begriff «Praxisberatung» wird zunehmend synonym zu «Supervision» verwendet. Ursprünglich war Praxisberatung eher in der Nähe von Praxisanleitung angesiedelt, während Supervision stärker die Berufsrolle der Supervisanden und Supervisandinnen in den Mittelpunkt stellte. Praxisberatung kann unter Anleitung von Supervisionsfachleuten geschehen oder auch als kollegiale Praxisberatung.

### Coaching

Es ist zu beachten, dass dieser Begriff einer der schwammigsten im ganzen Beratungsbereich ist. Er wird vor allem in der Welt des Sports gebraucht, aber auch auch als Beratung von Personen mit Führungsverantwortung verstanden; dies in Bezug auf die Frage, wie deren Berufsrolle als Person bewältigt werden kann. Coaching wird zudem immer häufiger auch als beratender Anteil von Führungskompetenz bezeichnet; unter anderem taucht in diesem Zusammenhang auch der Begriff «Teamcoaching» auf.

### Gruppensupervision

Gruppensupervision stellt eine Form der Supervision dar, bei welcher statt eines einzelnen Supervisanden mehrere Vertreter/innen des gleichen Berufsbereichs aus verschiedenen Organisationen teilnehmen. Die Berufskollegen und -kolleginnen unterstützen unter Anleitung der Fachperson den Lern- und Erkenntnisprozess jedes Einzelnen durch ergänzende oder kritische Hinweise und durch Feedback. Je nach methodischer Ausrichtung der Supervisorin/des Supervisors wird auch der Gruppenprozess der Supervisionsgruppe modellhaft als Lernmöglichkeit genutzt.

### Intervision/Kollegiale Beratung

Intervision ist eine Form der Gruppensupervision, ohne dass dabei eine formelle Supervisionsfachperson hinzugezogen wird. Die Intervisionsgruppe besteht aus bereits erfahrenen Vertretern und Vertreterinnen einer Berufsgruppe und übernimmt die Funktion der Leitung entweder kollektiv oder abwechselnd.

Unter kollegialer Beratung wird eher eine «face-to-face» -Beratung (unter vier Augen) verstanden; teilweise bezieht sich diese Beratungsform auf genaue Handlungsanweisungen.

### Teamsupervision/Teamberatung

Ein Team ist eine kooperierende Gruppe innerhalb einer Organisation. Teamsupervision kann deshalb als Gruppensupervision im organisationalen Kontext verstanden werden. Da die Teammitglieder – im Gegensatz zur Gruppensupervision – auch ausserhalb der Supervisionssitzungen reale Arbeitsbeziehungen pflegen, kommen Supervisionsthemen häufig aus ihren gemeinsamen Arbeitsfeldern ( Kommunikations- und Beziehungsfragen im Team, Probleme mit Leitung und Hierarchie, usw.).

### Organisationsentwicklung

Die Organisationsentwicklung (vgl. auch Kap. VII, 9.) versucht, das Organisationsganze, d.h. die einzelnen Mitglieder, die Teams sowie die Leitungspersonen in einen Lernprozess einzubeziehen. Ziel ist gleichzeitig die Förderung der Leistungseffizienz der Organisation und der Arbeitszufriedenheit der darin arbeitenden Menschen. Darüber hinaus soll die Organisation auch in die Lage versetzt werden, sich aus eigenem Antrieb und Vermögen weiterzuentwickeln. Professionelle Berater/innen treten mit Mitgliedern der Organisation in Kontakt, um gemeinsam mit ihnen die bestehende Situation (Ressourcen und Mängel) zu erforschen, Veränderungsziele festzulegen und Innovations- beziehungsweise Problemlösungsstrategien zu entwerfen und diese umzusetzen.
Des weiteren begleiten Organisationsberater/innen auch Projekte und Qualitätsmanagementprozesse (vgl. auch Kap. VII, 10. und 11.) wo sie in definierten Entwicklungsphasen in beschränktem Masse auch temporäre Führungsaufgaben übernehmen.

### Lernberatung/Lernbegleitung

Diese Form von Beratung gehört am ehesten zur traditionellen Ausbildner/innenrolle. Die Lernberaterin/der Lernberater berät und unterstützt die Lernenden bei der individuellen Gestaltung ihrer Lernprozesse und deren Umsetzung in den Alltag (Transfer). Gemeinsam werden Ursachen für Lernschwierigkeiten gesucht, Lösungswege entwickelt und allenfalls modifiziert. Ziel ist immer die Verbesserung der Fähigkeit der Lernenden, über eigene Lernprozesse nachzudenken und Schlüsse daraus zu ziehen. Voraussetzung auf der Seite der Ausbildner/innen sind neben Beratungskompetenz fundierte Kenntnisse über die verschiedenen Faktoren, welche Lernprozesse beeinflussen. Für die Beratung von Menschen mit schwerwiegenden Lernproblemen wird eine spezifische sonderpädagogische oder lerntherapeutische Ausbildung benötigt.
Lernberatung wird eher als Beratung von Einzelnen in einem definierten Zeitraum verstanden, «lernbegleiten» lassen sich Gruppen und Einzelne über einen längeren Zeitraum (zum Beispiel während einer Ausbildung) hinweg, wobei unter Lernbegleiter/innen manchmal auch Gruppenleiter/innen verstanden werden, welche neben Leitungsaufgaben auch Begleitungsfunktion übernehmen.

Beratungsformen, wie die oben erwähnten, unterscheiden sich wiederum durch ihre konzeptionelle oder theoretische Basis, welche in der Regel (grob unterteilt) betriebswirtschaftlichen oder sozialwissenschaftlichen Ursprungs sind. Die oben erwähnten Formen berufen sich eher auf verschiedene sozialwissenschaftliche Basismodelle, wie etwa die Psychoanalyse, die Sozialpsychologie, die systemische (Familien-) Therapie und die Gestalttherapie.

Ebenso sind in meiner Zusammenstellung eher prozessorientierte Beratungsformen berücksichtigt; es fehlt dabei beispielsweise die so genannte «Fachberatung», welche durchaus mit den anderen Formen kombiniert werden kann.
Heute tummeln sich vor allem in der westlichen Industriegesellschaft Heerscharen von Beratern, Supervisor/innen und Coaches – einzeln oder institutionell organisiert –, welche für unterschiedlichste Problemlagen unterschiedlichsten Personen oder Institutionen in unterschiedlichster Weise ihren Rat mehr oder minder teuer verkaufen. Das aktuelle Berufsbild des Beraters weist – genauso wie die wachsende Anzahl von Formen und Methoden – unklare Konturen auf. Stellt man sich Berater/innen gelegentlich als weise Wissende vor, sind beispielsweise in Industrie und Privatwirtschaft über 30-jährige «Unternehmensberater» schon «senior consulters». Bei renommierten Beratungsfirmen *(vgl. NZZ vom 4.4.2001, S. 81)* wie Mc Kinsey bleiben ab Hochschule eingekaufte Berater als «Manager auf Abruf» drei bis vier Jahre tätig, bevor sie (meist bei ihren Klienten) im Topmanagement untergebracht werden.

**Wie viele Schafe sinds?**
Es war einmal ein Schäfer, der in einer einsamen Gegend seine Schafe hütete. Plötzlich tauchte in einer grossen Staubwolke ein nigelnagelneuer Cherokee-Jeep auf und hielt direkt neben ihm. Der Fahrer des Jeeps, ein junger Mann in Brioni-Anzug, Cerutti-Schuhen, Ray-Ban-Sonnenbrille und einer YSL-Krawatte, steigt aus und fragt ihn: «Wenn ich errate, wie viele Schafe Sie haben, bekomme ich dann eines?» Der Schäfer schaut den jungen Mann an, dann seine friedlich grasenden Schafe, und sagt ruhig: «In Ordnung.»
Der junge Mann parkt den Jeep, verbindet sein Note-book mit dem Handy, geht im Internet auf eine NASA-Seite, scannt die Gegend mit Hilfe seines GPS-Satellitennavigationssystems, öffnet eine Datenbank und 60 Excel-Tabellen mit einer Unmenge Formeln. Schliesslich druckt er einen 150-seitigen Bericht auf seinem Hightech-Minidrucker, dreht sich zum Schäfer und sagt: «Sie haben hier exakt 1586 Schafe.» Der Schäfer sagt: «Richtig, suchen Sie sich ein Schaf aus.»
Der junge Mann nimmt ein Schaf und lädt es in den Jeep.
Der Schäfer schaut ihm zu und sagt: «Wenn ich ihren Beruf errate, geben Sie mir dann mein Schaf zurück?» Der junge Mann antwortet: «Klar, warum nicht.»
Die Antwort des Schäfers lässt nicht lange auch sich warten: «Sie sind Berater bei McKinsey.» «Exakt, woher wissen Sie das?», will der junge Mann wissen. «Sehr einfach», sagt der Schäfer, «erstens kommen Sie hierher, obwohl Sie niemand gerufen hat, zweitens wollen Sie ein Schaf als Bezahlung haben dafür, dass Sie mir etwas sagen, was ich ohnehin schon weiss, und drittens haben Sie keine Ahnung von dem, was ich mache, denn Sie haben sich meinen Hund ausgesucht.» *(Quelle unbekannt)*

Gegebener Umstand scheint auf alle Fälle zu sein, dass der Mensch grundsätzlich *«des Rats, des Beistandes, der Aufrichtung, der Rettung» (Buber 1992, S. 20)* bei Fragen, Problemen oder gar Krisen bedarf. Der Mensch wird in solchen Situationen als «Klient/in» oder «Patient/in» bezeichnet.
Beratung würde ich in unserem Zusammenhang als definierte, situationsbezogene und spezifische Hilfestellung bei Analyse und Lösung von Problemen bezeichnen. Eine solche Beratung bezieht sich zudem auf ein professionelles Handlungsmodell (obwohl auch Laien effizient beraten können!).
Eine der bekanntesten und anerkanntesten Definitionen des Begriffes «Beratung» stammt von *R. Lippitt (1959, in: Fatzer 1993, S. 56)*:

> *«Beratung, wie Supervision, ... ist eine allgemeine Bezeichnung für mancherlei Beziehungsformen. Die allgemeine Definition von Beratung ... hat folgende Voraussetzungen:*

*1. Das Beratungsverhältnis ist eine freiwillige Beziehung zwischen einem professionellen Helfer (Berater) und einem hilfsbedürftigen System (Klient).*
*2. Der Berater versucht, dem Klienten bei der Lösung laufender oder potentieller Probleme behilflich zu sein;*
*4. die Beziehung wird von beiden Partnern als zeitlich befristet angesehen.*
*5. Ausserdem ist der Berater ein «Aussenstehender», d. h. er ist nicht Teil des hierarchischen Machtsystems, in welchem der Klient sich befindet.»*

Sie sehen hier schon, dass beratende Tätigkeit im Ausbildungsalltag gemäss dieser Definition gar keine Beratung wäre, weil die Beziehung in der Regel keine freiwillige ist, die zeitliche Befristung nur bedingt gilt und Lernberater/innen nicht «Aussenstehende» sind, sondern den Lernenden gegenüber meistens verschiedene Rollen (zum Beispiel auch qualifizierende) wahrnehmen.
Um weiteren möglichen Grundannahmen von Beratung auf die Spur zu kommen, stelle ich nun folgende Grundmodelle von *Ed. H. Schein (in: Fatzer 1993, S. 63 ff.)* vor:

## 1.4 Drei Grundmodelle der Beratung

**1. Beratung als Beschaffung von Information und Professionalität, Expertenberatung**

*Der Klient/die Klientin weiss,*
- *was das Problem ist;*
- *welche Lösung benötigt wird;*
- *woher die Lösung kommen kann.*

*Der Berater/die Beraterin beschafft die benötigten Informationen und erarbeitet die Lösungen.*

**2. Beratung im Rahmen der Arzt-Patient-Hypothese**

- *Der Klient/die Klientin leidet unter bestimmten Unzulänglichkeiten oder Problemen, deren Ursachen sowie mögliche Lösungsansätze ihm aber unbekannt sind.*
- *Der Berater/die Beraterin übernimmt die Verantwortung für eine richtige Diagnose (Erfassung) des Problems und dessen angemessene Lösung.*
- *Der Klient/die Klientin ist abhängig vom Beratungsprozess bis zur Lösungsfindung.*

**3. Das Prozess-Beratungs-Modell (Process-Consultation)**

- *Der Klient/die Klientin hat das Problem und behält während des ganzen Beratungsprozesses die volle Verantwortung dafür.*
- *Der Berater/die Beraterin hilft dem Klienten bestimmte Ereignisse und Vorgänge wahrzunehmen, richtig zu interpretieren und zu verstehen und ihnen angemessen zu begegnen (handeln).*
- *Der Klient/die Klientin weiss sich selber zu helfen und die Beraterin vermeidet, vom Klienten in eines der vorangehenden Modelle gebracht zu werden.*

*nach Schein 1993.*

Wenn Sie sich einmal den beraterischen Jargon (z. B. «Klient/in») wegdenken, bemerken Sie vielleicht hier schon, dass – gerade was Ausbildungssituationen betrifft – die eigene Zuordnung zu einem der Grundmodelle gar nicht so einfach ist: Mögen Sie Beratung noch so sehr als zurückhaltende und moderierende «Prozessberatung» verstehen, als Ausbildner/in sind Sie meist als (Fach-)Experte beauftragt und werden auch so wahrgenommen.

Wobei die Expertenhypothese des Schein-Modells interessanterweise sehr selbstbewusste und handlungsfähige «Klienten» voraussetzt.

Die Arzt-Patienten-Hypothese fasziniert vielleicht durch den hohen Machtanteil von Beratenden und käme einem gewissen «Betreuungspotential» auf der einen und einem «Abhängigkeitsbedürfnis» auf der anderen Seite entgegen; es wäre jedoch verfehlt zu behaupten, Lernende müssten als «Kranke» alle «geheilt» werden.

Obgleich gelegentlich auch «chirurgische Eingriffe» und «Transplantationen» unumgänglich sind ...

**Reflexionsfragen «Grundmodelle der Beratung»**

- **In welchem/welchen Grundmodellen bewegen Sie sich tendenziell in Ihrer Beratungstätigkeit?**
- **Würden Sie der These zustimmen, dass Lehrende häufig im Rahmen der Arzt-Patienten-Hypothese beraten? Weshalb (nicht)?**
- **Ist Prozessberatung im Ausbildungskontext überhaupt möglich? Wann und wie?**
- **Verfügen Lernende über das Wissen, welches für die von Schein formulierte Expertenberatung notwendig ist?**

## 2. Beraten in Aus- und Weiterbildung

### 2.1 Einführung

Eigentlich sträubt sich etwas in mir dagegen, hier wiederum vom dynamischen Wandel von Gesellschaft, Kultur und Produktion zu sprechen, von individualisierenden und pluralisierenden Tendenzen, von der Globalisierung im Informationszeitalter, von der Halbwertszeit des Wissens und der daraus abgeleiteten Notwendigkeit, Lernende als Lernhelfer/innen in autonomen und interaktiven Lernumgebungen ihr Lernen lernen zu lassen.

Vielleicht stört mich hier auch die neutrale Kunstfigur des/der «Lernenden» – als ob lebendige Menschen (und neuerdings auch Unternehmen und Organisationen) auf die Aktivität des Lernens reduziert werden könnten; vielleicht beängstigt mich auch ganz einfach die Vorstellung, dass die Gegenwart nur noch «Durchgangsstation» ist und die Zukunft der gesteigerten Effizienz und der verbesserten Qualität gehört – was diese Begriffe auch immer bedeuten mögen.

*«Precious time is slipping away, but you're only king for a day»* singt *Van Morrison (1999).*

Und doch: Als Vater von zwei (sieben- und neunjährigen) Töchtern ertappe ich mich dabei, als Triage-Stelle zwischen TV, Video, CD-Rom, Bilderbüchern, Tonkassetten und CD's zu moderieren, Grenzen zu setzen, Hilfestellung bei der Verknüpfung von Informationen und Erfahrung zu leisten, im Gespräch zu bleiben.

Als Ausbildungsleiter an der AEB erlebe ich tagtäglich Studierende, die sich in ihrer hektischen Berufswelt notgedrungenermassen ständig neu orientieren müssen. Als Berater bin ich darum besorgt, dass Einzelne, Teams und Organisationen kreativ und selbstbewusst ihr (Berufs-) Leben in die eigenen Hände nehmen oder in den eigenen Händen behalten.
Vielleicht bin ich wirklich etwas nostalgisch. Mit ein paar Beatles-Singles, der wöchentlichen «Augsburger Puppenkiste» im Fernsehen und einigermassen klaren Berufsperspektiven war das zu meiner Zeit wohl anders.
Auch ist Ausbildung nicht mehr *«eine aus traditionellen Fächern zusammengeplätzte Pelerine, die man gegen die Unbilden des Lebens überzieht.» (Burger 1979 S. 62).* Auszubildende sollen Wissen erschliessen, sogar selbst generieren.
Dabei übernehmen zusehends Medien und der freie Markt Input-Funktionen, wir Ausbildenden können uns damit als Wissensmonopolisten verabschieden und werden wohl oder übel zu «Verarbeitungsbegleitern» von autonomen Lerner/innen.
Demzufolge «selbstelt» es allenthalben in didaktischen Konzeptionen: Lernen ist selbstgesteuert, selbstverantwortlich, selbständig, selbstreguliert ...
Nun, vielleicht dürfen wir hoffen, dass es trotzdem noch notwendig bleiben wird, Basiswissen und «Tools» in nach wie vor traditioneller Weise zur Verfügung zu stellen. Meine Töchter lasse ich schliesslich beim Erstversuch auch nicht stundenlang den Ein-Aus-Schalter des Computers «selbststeuernd» suchen, um etwa ihre Schlüsselqualifikation «Belastbarkeit» zu fördern.
Grundsätzlich macht es keinen Sinn, instruierende Rollenanteile von Ausbildenden zu diabolisieren und beratende zu romantisieren.
Beraten haben Ausbildner/innen und Lehrer/innen schon immer. Beiläufige und situative Gespräche, Hinweise, Ermutigungen und veritable Ratschläge gehören zum täglichen Geschäft von Bildungsfachleuten, welche im Dialog zu ihren Teilnehmer/innen stehen. Auch wenn mit neueren didaktischen Begriffen und dem vielzitierten Paradigmawechsel («vom besserwissenden Alleinunterhalter zum moderierenden facilitator» etc.) suggeriert wird, dass dem nicht so sei. Inwieweit die «neueren» Formen von Beratung im Bildungsgeschäft nicht doch nur veränderte «Be-Lehrung im Schafspelz» seien, wäre eine andere Frage ...
Im Ausbildungskontext lassen sich nun verschiedene Formen von Beratung unterscheiden:

- Ausbildungs-/Laufbahnberatung (Wahl von Ausbildungen, Kursen, Modulen etc.)
- Pädagogisch-psychologische Beratung (bei Verhaltens- und Lernschwierigkeiten, Kommunikationsproblemen und Krisen)
- Lernberatung (siehe weiter unten)
- Unterrichtsberatung (methodisch-didaktische Fragestellungen etc.)
- Beratung einer Bildungsorganisation als System oder eines Teils davon (Team, Abteilung etc.)

Für die weiteren Ausführungen beschränke ich mich auf die in diesem Kontext relevante «Lernberatung».

### 2.2 Lernberatung

Lernberatung, welche das Lernen selbst zum Gegenstand macht, existiert in pädagogischen Arbeitsfeldern – vor allem in der Sonderpädagogik – schon seit geraumer Zeit als Instrument, um (massive) Lernprobleme anzugehen oder Lerndefizite aufzuarbeiten.
Erst in den 70er Jahren taucht die «Lernberatung» in der beruflichen Erwachsenenbildung, im Speziellen im Bereiche der Umschulung und Fortbildung von bildungsungewohnten Arbeitslosen auf. Auch hier handelte es sich um eine Form von Lernproblembewältigung im Sinne des «Arzt-Patienten-Modells» (vgl. weiter oben). Die erwachsenenbildnerische Biographieorientierung befasste sich etwas später und mit etwas geringerer Defizitsicht mit der Reflexion eigenen Lernens aus biographischer Sicht *(vgl. Kemper/Klein 1998).*
Die steigende Bedeutung der Lernberatung in Ausbildungssituationen und die Erweiterung der Lehrtätigkeit um das Verständnis der Beratung lassen sich aus zwei sich überschneidenden Perspektiven erklären:
Aus der engeren *didaktischen Perspektive* wird Lernen immer weniger als Abbild von Gelehrtem oder als Informationsverarbeitung verstanden; vielmehr handelt es sich – kognitionspsychologisch gesehen – beim Lernen um einen aktiven Prozess der Wissenskonstruktion, welchen Lehrende beratend unterstützen sollen.
Teilnehmende unserer AEB-Diplomausbildung in Erwachsenenbildung beispielsweise

- wählen (externe und interne) Lernangebote aus;
- formulieren Lernziele und Lernverträge;
- reflektieren (z. B. mittels Lerntagebuch und Austausch in Gruppen) ihr eigenes Lernen;
- wählen Lernmaterialien;

  etc.

Dabei beraten wir Ausbildner/innen die Teilnehmenden durchaus auch steuernd und «expertenhaft», bedarfs- und zielorientiert in der Bewältigung von Lernschritten, im Erschliessen von Wissen, in der Reduktion und Selektion der Inhalte, in gruppendynamischen Fragen, usw.
Unter Beratung verstehen wir also hier nicht das Kurieren von Symptomen, sondern eine entwicklungs- und ressourcenorientierte Hilfe zur Selbsthilfe.
Nach *Reusser (1994, S. 27 ff.)* wird diese neuere didaktische Kultur durch verschiedene Quellen so genannter kognitionspädagogischer Forschung unterstützt, so durch

- die Experten-Novizen-Forschung
- die Strategielehr- und -lernforschung
- die Metakognitionsforschung
- die Transferforschung
- die Forschung über Alltagestheorien.

  (vgl. teilweise auch Kap. I, 3.3)

Als Schlüsselproblem der Gestaltung von solchen «autonomiefördernden Lernumgebungen» *(vgl. auch Siebert 2001)* zeigt sich meist die Frage der Steuerung der Lernkontrolle, respektive des graduellen Überganges der Lernverantwortung von der Lehrperson auf die Lernenden (siehe auch Kapitel II, 6.2 ff.). Einen solchen Lenkungsabbau in Stufen stellen *Collins, Brown* und *Newman (1989, vgl. auch Reusser 1994 und Riesen 1995)* – basierend

auf Ideen des russischen Entwicklungspsychologen *Vygotsky* – in einem theoretischen Modell, welches sie *«cognitive apprenticeship» (kognitive Berufslehre)* nennen, vor.
Auch kognitive Tätigkeiten werden nach dieser Idee zuerst bei «reiferen» Menschen oder Lehrpersonen beobachtet und innerlich (und äusserlich) nachgeahmt *(modeling)*.
Hier kann beobachtet werden, wie eine Person eine schwierige Aufgabe bewältigt, einen Konflikt löst, ein Problem anpackt etc.
Unter Anleitung einer Lehrperson, mit Hilfe eines so genannten Lerngerüstes sowie mit adäquater Begleitung *(scaffolding und coaching)*, löst die lernende Person ihre Aufgabe oder ihr Problem.
Im Laufe des immer selbständigeren Übens der lernenden Person, kann diese sich zunehmend selber steuern und hat immer genauere Vorstellungen von richtigen Handlungsausführungen oder vom richtigen Ergebnis. Dadurch kann die lehrende Person ihre Unterstützung schrittweise zurücknehmen *(fading)*.
Ich fasse zusammen:

- *modeling* heisst:
  Bewusstmachen der Denkprozesse, die das «Modell» vollziehen würde (oder vollzieht), um eine Aufgabe zu lösen (z. B. durch lautes Denken).
- *scaffolding* heisst:
  nur noch Aspekte modellieren, abgestimmte Hilfen geben, soweit sie notwendig sind.
- *coaching* heisst:
  Problemlöseversuche der Lernenden zu begleiten und zu überwachen.
- *fading* heisst:
  die Hilfestellung in dem Masse abzubauen, wie die (Lern-) Kompetenz der Lernenden steigt, sich als Lehrende also allmählich überflüssig zu machen.

Hier treffen «dozentenzentriertes» Verhalten (modeling) zusammen mit beraterischen Anforderungen (scaffolding und coaching) auf eine grundlegende Ausbildner/innen- oder Berater/innenkompetenz, welche darin besteht, die eigene Aktivität im Laufe des Bildungs- oder Beratungsprozesses kontinuierlich und angepasst zu Gunsten der Aktivität der Lernenden zurückzunehmen (fading).
Fading kann innerhalb einer einzigen Lektion, oder aber auch während einer mehrjährigen Ausbildung bedeutsam sein.
Ich erachte die Kompetenz des Fading als hohe Kunst des Lehrens und in diesem Sinne als ein wichtiges Kriterium für Professionalität.
Eine weitere spezielle Form von Lernberatung in Gruppen ist das *«tutoring»*, wie es beispielsweise im so genannten *«Problemorientierten Lernen»* ( POL) oder dem *«problem based learning»* (PBL) aus der Pflegedidaktik und der holländischen Medizinerausbildung bekannt ist.
In diversen Studiengängen arbeiten dabei Kleingruppen an Problem-, Lehr-, Anwendungs-, Strategie- oder Diskussionsaufgaben mit Hilfe der Strukturierung durch die so genannte «Siebensprungmethode» (*vgl. Moust et al. 1999* und in diesem Buch, Kap. II, 6.4).
Dozenten, welche auch Tutoren genannt werden, begleiten die Gruppen, indem sie *(vgl. van Meer 1994)*

- die Lernenden selbständig arbeiten lassen,
- Anregungen geben,

- zuhören,
- Fragen stellen,
- auffordern, andere Strategien zu wählen (in Bezug auf individuelle Lernprozesse, aber auch bezüglich Fragen der Kooperation in der Gruppe),
- explizit kein Wissen vermitteln.

Auch hier werden für Ausbildner/innen neue Rollenkompetenzen gefordert, welche im Bereiche von Beratung und Begleitung anzusiedeln sind, währenddem sie sich von instruierenden Rollenanteilen verabschieden müssen.
Im Bereiche der spezifischen Form des *«peer tutorings»* taucht immer wieder die interessante Frage auf, ob zu viel inhaltliche Kompetenz (von Experten) nicht ihre Begleitungskompetenz einschränke, während ein lediglich minimaler Wissensvorsprung mehr Verständnis und Nähe zu den lernenden «Novizen» (vgl. Kap. I, 3.2) schaffe.
Ich denke, dass hier keine Generalisierung möglich ist.

In Betrieben wird zu Gunsten eines direkt wirksamen Transfers interne arbeitsplatzbezogene Schulung zusehends durch (Lern-) Beratung und -begleitung «on the job» ersetzt; wobei Vorgesetzten und Lehrmeistern diese neue Rolle des «coaches» zukommt.
Nicht nur Lehrende oder Führungskräfte sind angehalten, Kompetenzen in neuen Rollen zu entwickeln:
Der Begriff der «Schlüsselqualifikation» (vgl. auch Kap. I, 2.3) wurde von *Tietgens (1986, S. 34–43)* inhaltlich mit der dazu notwendigen «Erschliessungskompetenz» präzisiert, welche er als (durch Begleitung) zu fördernde subjektive Fähigkeit des Sich-Selbst-Befähigens in Bezug auf Kompetenzen wie «Zusammenhänge erkennen/herstellen» und «soziale Wahrnehmungsfähigkeit» beschreibt.

Hier bewegen wir uns schon in der *übergeordneten Perspektive*: Wirtschaft und Arbeitsmarkt sind einem unheimlich rasanten Wandel unterworfen: Die Produktevielfalt wird in kürzeren Zeiten erhöht, feste Organisationen zerfallen zu virtuellen Unternehmen, Arbeitszeiten werden flexibilisiert, projektbezogene Beschäftigungsverhältnisse nehmen zu, Betriebs- und Arbeitsort werden entkoppelt. Als individuelle Menschen haben wir nicht nur (mehr) die Freiheit, sondern die Pflicht, immer wieder in einem berufslebenslangen Hürdenlauf unsere eigene Norm zu definieren und mit vielen Paradoxien («sei teamfähig, aber setz dich durch!») zu leben und unseren individuellen «Standortvorteil» zu nutzen. Pädagogisch ersonnene didaktische Konzeptionen haben in diesem Sinne durchaus auch ökonomischen Wert, ob wir das wollen oder nicht.
Gleichzeitig wirkt sich diese postmoderne Unsicherheit auch auf Aus- und Weiterbildungen aus. Gelegentlich sind wir in Krisensituationen von Studierenden gerade deshalb angehalten «Arzt-Patienten-Beratung» anzubieten.
(Lern-)Beratung und dies nicht nur im engeren metakognitiven Verständnis (Leben besteht nicht nur aus Lernen!), sondern auch als orientierende, persönliche Bildungsberatung und Begleitung, ist demzufolge in hohem Masse gefragt!

## 2.3 Beraten und Beurteilen

Häufige Diskussionen in Bildungsorganisationen gehen dahin, ob und wie summative (abschliessende/bilanzierende und qualifikationsrelevante) Urteile und formative Beurteilung (Aufzeigen von Entwicklungsschritten, förderorientierte Begleitung) getrennt werden können (vgl. auch Kap. IV).

Formative Beurteilung und Lernberatung überschneiden sich und bedingen sich gegenseitig; sie sind nicht immer scharf trennbar. So kann ein Standortgespräch als formative Beurteilung sozusagen den Schluss einer Reihe von erfolgten Lernberatungsgesprächen bilden; in Beratungsgesprächen ist Feedback meist inbegriffen. Beratungsgespräche können aber auch als allgegenwärtige (Beurteilungs-) Kontrolle missverstanden werden.

Die Lernberatung unterscheidet sich nämlich gemäss unserem schon besprochenen Dilemma erheblich von einer frei gewählten Beratung (im Sinne der Lippitschen Definition in diesem Kapitel, Ende 1.3). Gemäss dem ursprünglichen Beratungsverständnis wäre Lernberatung eher «(neue) Lehrform» als «Beratung». Teilnehmende und Lernende können sich in der Regel meiner als Berater nicht einfach entledigen; die Beziehung unterliegt einem gewissen Zwangscharakter, die zeitliche Befristung ist durch institutionelle Vorgaben gegeben. Als Berater/in bin ich womöglich gleichzeitig (Gruppen) Leiter/in und verkörpere eine Institution.

Lernberater/innen laufen dadurch Gefahr, Beratungssituationen zu inszenieren, Entwicklung gleich selbst zu «vollziehen», ohne «Kulturneutralität» institutionell gefangen zu sein. Teilnehmer/innen und Studierende lassen sich nicht «auf die Äste hinaus», bieten Widerstände oder setzen Lernberater/innen unter Druck, die (angestammte) lehrende Expertenrolle zu übernehmen.

Sogar als externer Berater mache ich hin und wieder die Erfahrung, dass Teams sich in der Beratungsperson einen «ordentlichen» Chef wünschen oder gar einen Verbündeten gegen unliebsame Vorgesetzte oder andere «Feinde».

Zugegebenermassen hat(te) die Distanz der lehrenden Expertentätigkeit für «Belehrte» auch einige Vorteile: Rückzugsmöglichkeiten in Tagträumen, das subtile und verdeckte Pflegen von Beziehungssubkulturen, ein Nickerchen hinter dem Rücken des Nachbarn in der vorderen Reihe etc.

Lernberatung ohne jegliche Widerstands- und Konflikterfahrung – welche wir auch aus der Arbeit mit Gruppen kennen (vgl. Kap. III, 2.7) – ist undenkbar.

Beratung entlässt uns damit nicht aus Leitungs- und Beurteilungsfunktionen.

Ich glaube auch, dass Lernberatung ohne «Controlling» nicht auskommt, auch Lernverträge müssen überwacht werden.

Bezüglich des weiter oben geschilderten Tutorings fand ich
in einer Zusammenstellung von Tutorenaufgaben des SRK-Weiterbildungszentrums (WEG) interessanterweise zuunterst folgende zwei Aufgaben formuliert:

- *«Lernprozess und Lernergebnisse beurteilen»* und
- *«Organisation des curriculums unterstützen»*.

Ich könnte mir vorstellen, dass Lernende – wenn beispielsweise alle Tutoren/Tutorinnen dieselbe Beurteilungsfunktion haben – sozusagen (dieselbe) Gemeinsamkeit, Homogenität und «Gerechtigkeit» auch in der Begleitungsarbeit einfordern, was meiner Meinung nach von der Sache her nicht möglich ist, da Begleitung im Gegensatz zu Beurteilung nur

bedingt standardisierbar ist. Dadurch wird Begleitung unweigerlich zu Beurteilung. Die Tutoren werden zudem deutlich in ihrer Kohärenz oder ihrer allfällig einzugestehenden Verschiedenheit herausgefordert.
Ähnliche Problemlagen kennen wir vom alltäglichen Rollenkonflikt «Führung-Beratung» in Betrieben oder von der Arbeitssituation interner Berater und Personalentwickler *(vgl. Heintel 1998).*
Gelegentlich wird man in dieser Rolle sogar angehalten, «eingekaufte Pakete» bei Mitarbeiter/innen «beratend» umzusetzen, stösst dabei auf äusseren Widerstand und verspürt vielleicht sogar auch eigenen Unwillen.
Soweit ist die Bildungsarbeit von betrieblich-industriellen Phänomenen nicht entfernt: Ausbildner/innen werden auch bei uns ab und an in globo und in kurzer Zeit – beispielsweise in «problemorientiertem Lernen» (inklusive Lernberatung!) – geschult (auch da gibt es Paketverkäufer), worauf sie in Bälde methodische Umsetzung nachweisen müssen. Dies kann vielleicht wiederum einen Einfluss auf ihre lohnwirksame Qualifikation haben. Sie können sich die Konsequenzen auf Seiten der zu Beratenden vorstellen.
Interessanterweise findet sich in der didaktischen Lernberatungsliteratur praktisch kein Hinweis über Unterschied und Gemeinsamkeit von Beratung und Lernberatung. Ebenso fehlt die differenzierte Auseinandersetzung über etwaige Rollenkonflikte in der Konstellation «Leitung – Beurteilung – Beratung».
Ganz anders in der Beratungsliteratur: *Looss* etwa *(1997, S. 151)* fragt sich, ob Beratung überhaupt so genannt werden dürfe, wenn dahinter eine verwertende Absicht bestünde. *«Beratung, die den Namen verdient, kann immer nur soweit stattfinden, wie allein die Interessen des Beratenden im Spiel sind.»*
*Kobi* dagegen *(1996, S. 70)* setzt neue Rollenakzente sowie ein erweitertes Selbstverständnis von Führungskräften voraus. Hier wird (in für mich erschreckender Weise) aus dem Chef ein Partner, aus dem Macher ein Coach und ein Prozessberater. Bei *Wildenmann (1996, S. 183)* kann ein Vorgesetzter Berater sein, wenn dieser sich bewusst mache, dass seine Rolle zwei Parameter (soziale Kontrolle und Beratung) umfasse. *Reddy (1997, S. 176–183)* beschreibt etwas differenzierter und ausführlicher den Rollenkonflikt und das Dilemma von Managern, welche führen und gleichzeitig beraten. *Schreyögg (1996, S. 191)* umschreibt externe Berater als«Garanten neuer Ideen» und interne als«befangene Kulturhüter».
Nun, traditionelle Beurteilungs- und Kontrollfunktionen aus der Führungsperspektive scheinen im Widerspruch dazu zu stehen, dass Betriebe (auch Bildungsorganisationen) im Sinne einer Autonomisierung das Selbstmanagement ihrer Mitarbeiter/innen (oder Studierenden) fördern müssten, um dadurch vermehrt Entscheidungsfunktionen zu delegieren und neue Handlungsspielräume zu schaffen.
Es ist wahrlich nicht ganz einfach, neue Kompetenzen (zum Beispiel Beraten) zu lernen, um damit (Führungs-) Kompetenz abzugeben – sei dies nun in einer Führungs- oder in einer Ausbildungsfunktion.

### 2.4 Lernberatungskompetenz

Dass sich Lernberatung von Beratung unterscheidet, sei praktisch und theoretisierend zur Genüge nachgewiesen; einige Unterschiede und Reibungsflächen sind ausgelotet.
Und doch gibt es – denke ich – ein formulierbares Kompetenzprofil, welches beiden «Designs» gemeinsam ist:

**Neun Beratungskompetenzen**

- Grundhaltung
  Meine Anliegen und Überzeugungen stehen in reflektiertem Bezug zu meinem Vorgehen und meinem Auftrag.

- Präsenz
  Ich stelle meine Präsenz und mich und nicht in erster Linie eine überzeugende Theorie oder eine Methodologie als (Lern-) Modell zur Verfügung.

- Perspektivenwechsel
  Im Sinne des Buberschen Begriffes «Umfassung» *(1986, S. 37)* sehe ich in einer«*Kontrapunktik von Hingabe und Zurückhaltung, Vertrautheit und Distanz» (Buber 1986, S. 34)* «die Dinge» so, wie sie meine Teilnehmerin/mein Klient sieht oder versuche dies zumindest.

- Wissen über sich und das eigene Lernen
  Ich habe mich mit meiner (Lern) Biographie auseinandergesetzt und weiss um meine Wahrnehmungstendenzen, meine mentalen Modelle und subjektiven Theorien (vgl. Kap. I, 3.3) sowie um meine (Lern) Eigenheiten.

- Gestaltung von (Lern-)Beratungssituationen
  Ich bin fähig, Beratungssituationen kommunikativ und strukturiert zu gestalten und weiss, in welchen Beratungsgrundmodellen (siehe in diesem Kap., 1.4) ich mich bewege oder bewegen soll.

- Rollenklarheit und Rollentransparenz
  Ich bin in der Lage, meine Rollenwirkung auf Studierende/Klienten einzuschätzen, habe selber darüber ein hohes Bewusstsein und weiss um allfällige Rollenanforderungen und -konflikte und deren Auswirkungen.

- Indikation
  Ich kann entscheiden, wann (Lern-)Beratung angemessen ist und wann andere Formen (Information, Unterweisung, Therapie) indiziert sind; ich kenne meine Präferenzen, Grenzen und Möglichkeiten bezüglich der Anwendung dieser und anderer Formen. Gegebenenfalls kann ich delegieren.

- Ergebnistoleranz
  Überraschungen spornen mich eher an, als dass sie mich verunsichern. («Es führen viele Wege nach Rom».)

- Führungs-/Führungsabgabe-Kompetenz
  Ich bin in der Lage, Steuerung zu übernehmen wo dies angebracht ist und kann bei Bedarf Steuerung graduell wieder abgeben.

Wenn ich mich innerhalb dieser neun Kompetenzen einigermassen sicher und bewusst bewege, darf ich auch als deklarierter «Prozessberater» ruhig einmal «Experte» oder in

einer Krisensituation «Arzt/Ärztin» sein, hin und wieder von Klientenwiderstand überrumpelt werden, mich selbst «beim Wickel» nehmen, wenn ich Lernberatungssituationen vorwiegend lehrend bestreite, usw. Selbstverständlich wären hier eigene reflektierte «Klienten»-Erfahrungen nützlich.
Aspekte des professionellen Handlungsmodelles «Beratung» sind meiner Überzeugung nach für eine Professionalisierung der Lernberatung, als etwas «andere» Lehrform, also durchaus nutzbringend, auch wenn Lernberatung nicht «reine» Beratung ist.

## 3. Ebenen der Beratungsaktivität/Rollenkategorien

Die im Folgenden dargestellten Ebenen der Beratungsaktivität können als Rollenkategorien unter dem Gesichtspunkt «direktiv – nondirektiv», aber auch als mögliche Prozesslinie im Verlaufe einer Beratung (zum Beispiel im Sinne der Steuerungsabgabe gemäss der «kognitiven Berufslehre», siehe in diesem Kapitel, 2.2) verstanden werden.

### *ROLLENKATEGORIEN VON BERATENDEN UNTER DEM GESICHTSPUNKT DES BERATUNGSVERHALTENS*

***Mögliche Rollen von Beratenden***

| | | | | | | |
|---|---|---|---|---|---|---|
| ***Supervisor/in*** | ***Prozess-moderator/in*** | ***Gutachter/in*** | ***Coach*** | ***Trainer/in Ausbildner/in*** | ***Fachexperte*** | ***Anwalt/Anwältin*** |

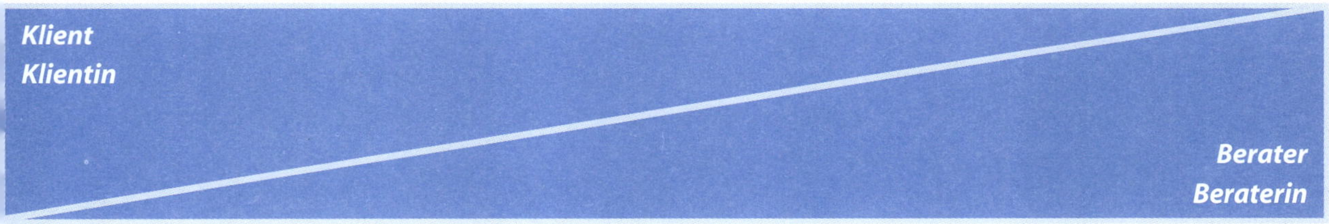


***Ebenen der Beratungsaktivität im Problemlösungsprozess***
***(Beteiligung der Beratungsperson nimmt zu, Übernahme der Verantwortung des Klienten ab)***

***Non-direktiv*** ⟶ ······························ ⟶ ***direktiv***

| | | | | | | |
|---|---|---|---|---|---|---|
| *Wirft Fragen auf, die zum Nachdenken anregen, stimuliert Reflexion* | *Prozessbeobachtung und Prozessbegleitung, gibt Gelegenheit für Feedback und Evaluation* | *Sammelt relevante Daten, erhellt Sachverhalte und regt Auseinandersetzung damit an* | *Sucht nach Alternativen, Ressourcen und hilft bei der Bewertung. Schlägt Alternativen vor, hilft zu einer Entscheidung zu kommen* | *Trainiert den/die Klient/in und plant dessen/deren Weiterentwicklung (Lerngelegenheiten)* | *Stellt Wissen zur Verfügung und etabliert eine bestimmte Vorgehensweise* | *Stellt Regeln und Richtlinien auf, führt Methoden ein und lenkt den Problemlösungsprozess* |

*leicht verändert nach Eck in Fatzer (Hrsg.) 1993, S. 247 (bearbeitet nach Kubr 1986) und Lippitt/Lippitt 1995, S. 56*

Mit folgenden Reflexionsfragen können Sie die Aussagen in der Darstellung der «Rollenkategorien» bearbeiten; vielleicht erhalten Sie dadurch über Ihr Beratungshandeln Auskunft.

**Reflexionsfragen «Rollenkategorien»**

- **Wie schätzen Sie Ihre Neigungen und Kompetenzen ein, entsprechen Ihnen gewisse Rollen (vgl. Rollenkategorien) mehr als andere? Welche?**
- **Übernehmen Sie gewisse Rollenanteile schneller als andere; unter welchen Umständen geschieht dies? Verfügen Sie in den einen Rollen über mehr Erfahrungen? Wo erleb(t)en Sie sich als eher erfolgreich?**
- **Verfügen Sie über Möglichkeiten je nach «Klientensystem» Ihr Beratungsverhalten durch die Übernahme anderer Rollen anzupassen? Oder muss sich das Klientensystem dabei eher Ihnen anpassen?**
- **Wenn Sie Beratungsprozesse im Nachhinein analysieren, wie gestalten Sie graduelle Abgabe von Verantwortung an Klienten? Fällt Ihnen ein solches Fading einfach oder schwer? Tun Sie es eher langsam oder schnell?**
- **Übernehmen Sie eher viel Führung und halten auch eher daran fest, oder mobilisieren Sie diese nach einer Phase der Führungsabgabe im Verlaufe einer Beratung problemlos oder gar vorschnell?**
  **Lassen Sie Klienten eher zu schnell «zappeln», indem Sie Führung abgeben und Unsicherheit der Klienten gut aushalten?**

## 4. Phasendynamik in Beratungsprozessen

Ausgehend vom folgenden grundsätzlichen Beratungsphasenmodell von *Gordon Lippitt* und *Ronald Lippitt (1995, S. 23 ff.)*, finden Sie anschliessend eine darauf aufbauende mögliche Strukturierung einer Lernberatung:

**Phasen einer Beratung nach Lippitt/Lippitt**

| | |
|---|---|
| Phase I | Kontakt und Einstieg |
| Phase II | Formulierung des Kontrakts und Aufbau einer Arbeitsbeziehung |
| Phase III | Definition des Problems und diagnostische Analyse |
| Phase IV | Zielsetzung und Vorgehenspläne |
| Phase V | Durchführung und Erfolgskontrolle |
| Phase VI | Sicherung der Kontinuität |

**Phasen einer Lernberatung**

1. Anlass/Kontakt
   - Die Beratung findet in einem vereinbarten, didaktischen Setting statt.
   - Der Ausbildner oder die Ausbildnerin wird auf eine Frage/ein Problem bei Lernenden aufmerksam oder
   - Lernende kontaktieren die Ausbidnerin/den Ausbildner auf Grund einer Frage/einer Problemstellung.

2. (Methodische) Indikationsklärung/Einstimmung (Ausbildner/in)
   - Ist Beratung das angemessene Mittel?
   - Sind andere methodische Formen angezeigt (Instruktion, Information, Therapie etc?
   - Bin ich die richtige Ansprechperson? Was muss ich gegebenenfalls delegieren?
   - Welches ist meine Rolle?
   - Welches sind meine Vorinformationen?
   - Wie ist die Beziehung zur zu beratenden Person?
3. Allgemeine Orientierung/«Vertrag» (gemeinsam)
   - Klärung der Rollen, Ressourcen und Erwartungen
   - Vereinbarung von Zielen und Vorgehensweisen
   - Ansprechen der Vertraulichkeit
   - Abstecken des Rahmens (Datum, Zeit, Ort etc)
4. Exposition: Darstellung der Frage oder des Problems (Lernende)
   - gemeinsame Verständnisklärung
   - Berater/in unterstützt, fragt nach und regt die Selbstreflexion des/der Lernenden an.
   - Berater/in achtet auf Problemlösungsstrategien, Vorgehensweisen etc. der Lernenden
5. Diagnose: Definition und Analyse der Frage/des Problems (gemeinsam)
   - gemeinsames Erkennen von «springenden Punkten»
   - gemeinsames Erklären und Schildern besagter Problemlage(n)
   - Assoziieren von ähnlichen (schon erfahrenen) Situationen
6. Suche und Bewertung von Lösungsansätzen (gemeinsam)
   - Suche nach verschiedenen Lösungswegen
   - Aufnehmen, Durchdenken und Verwerfen von Lösungsstrategien
   - Erinnern von schon benutzten Lösungsstrategien
7. Entscheid bezüglich Vorgehensweise/Planung des Vorgehens (gemeinsam)
   - Entscheid der Vorgehensweise
   - Planung der Vorgehensweise
   - Achten auf zu bewältigende Lernschritte (Unterstützung der Ausbildungsperson)
8. Vereinbarung von Zielsetzungen (gemeinsam)
   - Formulierung von Zielen
   - Klärung der Zielkontrolle
   - Vereinbarung weiterer Gespräche
9. Abschluss/Evaluation (gemeinsam)
   - Rückblick auf und Zusammenfassung des Beratungsprozesses und des Beratungsproduktes

- Klärung bezüglich methodischem Veränderungsbedarf
- Verabschiedung

10. Reflexion (Berater/in)
   - inhaltliche Nachbereitung der Beratung mittels Notizen, Erinnerungen etc.
   - Überprüfung des eigenen Beratungsverhaltens

Die *Kontakt- und Vertragsphase* zu Beginn einer Beratung (Phasen 1.–3.) ist in ihrer Wirkung nicht zu unterschätzen. Einstiegssituationen lassen Signale wirken, welche auf das ganze weitere Geschehen grossen Einfluss haben können. Zu grosse Hilfestellung zu Beginn schafft beispielsweise «ideale» Voraussetzungen für eine typische «Arzt-Patienten-Beziehung», mit einer zurückhaltend motivierenden Haltung können Sie schon zu Beginn Klienten aktivieren.
Folgende, eher zirkulär und reflexiv orientierte Fragen (siehe auch Kap. V, 6.3) eignen sich gut für eine inhaltliche Auftragsklärung zu Beginn einer Beratung:

**Reflexionsfragen «Auftragsklärung»**
- **Welchen Namen würden Sie dem «Problem» geben?**
- **Was haben Sie bereits unternommen, um das «Problem» zu lösen? Weshalb hat das offensichtlich nicht funktioniert?**
- **Was müsste ich als Berater/in tun, um ebenfalls zu scheitern?**
- **Was würde geschehen, wenn man nichts unternähme?**
- **Was ist das Ergebnis der Beratung? Woran erkennen wir, dass das Ziel erreicht ist?**
- **Was wäre ein gutes, was ein schlechtes Ergebnis?**
- **Was darf keinesfalls passieren?**
- **Was wären Ihrer Ansicht nach hilfreiche Schritte?**
- **Wer gehört zum «Problem» dazu, wer zur Lösung? Wie?**
- **Was soll sich auf keinen Fall ändern?**

Manche Berater/innen neigen in ihrer diagnostischen Vorgehensweise dazu, ein zu Beginn einer Beratung «präsentiertes Problem» vom «wirklichen, dahinterstehenden Problem» zu unterscheiden *(vgl. Fatzer 1993, S. 72)*. Für mich gilt jedes präsentierte Problem als das zu behandelnde; wenn mit der Zeit – vielleicht auf Basis einer Vertrauensbeziehung – andere Problemstellungen auftauchen, sind diese unter der Bedingung eines «recontracting», also einer Neuformulierung der Vereinbarung, zu behandeln. Der Gestaltung des Schlusses einer Beratungsphase oder einer Beratung messe ich dieselbe Bedeutung zu wie der Gestaltung von Schluss-Situationen in der Ausbildungsarbeit (vgl. Kap. III, 1.4).
Ob als Berater oder als Ausbildner/in, die Kunst des Fadings, des «Sich kontinuierlichen Zurücknehmens» in der Rollenbeziehung «Ausbildner/in/Berater/in – Lernende(r)» erachte ich als professionelle Grundqualifikation.
Die Grundlage einer solchen Professionalität läge demnach im Wissen, wann man selber weniger oder gar nicht mehr benötigt wird.
Selbstverständlich sollen Beratungsprozesse, wie andere Lernprozesse auch, ausgewertet und evaluiert werden.

## 5. Analyse von Situationen – diagnostisches Vorgehen

Als Berater/innen müssen wir jeweils «Daten gewinnen», um überhaupt beraten zu können.
Diese Form von Informationsgewinnung nennt sich in der Beratersprache «Diagnose».
*Ed Nevis (1988 S.131 ff.)* unterscheidet zwei Typen von Diagnostikern anhand der Vorgehensweise der beiden Detektive Sherlock Holmes und Columbo. Holmes galt als Meisterdetektiv, welcher in Untersuchungen planvoll, präzise, scharfsinnig, analytisch, logisch, rational und deduktiv vorging. Der Fernsehdetektiv Columbo wirkt dagegen eher naiv, planlos, ungerichtet, unordentlich, langsam und stolpernd. Holmes kontrolliert die Situation aus Distanz, während Columbo Beziehungen eingeht und sich dabei wie ein Schwamm Informationen aufsaugend unterrichten lässt.
Diese Vorgehensweisen könnten auch als Beratungsstile bezeichnet werden, welche offensichtlich beide zum Erfolg führen können.
In der folgenden Tabelle *(Fatzer 1993, S. 74 und Nevis 1988, S.138)* ist links die Arbeitsweise von Holmes, rechts diejenige von Columbo dargestellt.

**DER GESTALTPROZESS DER BEWUSSTHEIT**

| ***Aktive, gerichtete Bewusstheit*** | ***Offene, ungerichtete Bewusstheit*** |
|---|---|
| *Geht in die Welt* | *Lässt die Welt zu sich kommen* |
| *Zwingt etwas, sich zu zeigen* | *Wartet darauf, dass sich etwas zeigt* |
| *Verwendet eine Struktur, einen Bezugsrahmen, der dahin lenkt, was er gern sehen, hören will usw.* | *Untersucht ohne Bezugnahme auf das, was er sehen und hören will, ohne organisiert oder voreingenommen zu sein* |
| *Auf Befragungen ausgerichtet; strebt nach einem engen, klaren Blickfeld* | *Behält ein Blickfeld bei, das möglichst viel Peripherie einbezieht; wenig Vordergrund und alles gleich bedeutsam* |
| *Sieht die Dinge im Rahmen von Kenntnissen darüber, wie sie funktionieren, was in einem normativen Sinn vorhanden ist und was fehlt* | *Ist naiv bezüglich dessen, wie Dinge funktionieren; hofft, etwas Neues darüber herauszufinden* |
| *Suchender Gebrauch der Sinnesmodalitäten* | *Rezeptiver Gebrauch der Sinnesmodalitäten* |
| *Unterstützt die Arbeit durch inhaltliche Werte und konzeptionelle Vorlieben* | *Werte sind prozessorientiert, tendieren dahin, frei von Inhalten zu sein* |

*in: Nevis 1988, S. 138*

Übersetzt auf eine unterrichtliche Beratungssituation – zum Beispiel auf die Vorgehensweise in der Analyse einer Praxissituation (Unterrichtsbesuch, o. ä.) könnte dies mit anderen Worten ausgedrückt folgendermassen aussehen:

1. **Phänomenologische Vorgehensweise («Columbo»):**
   *«eingestandene Subjektivität vor scheinbarer Objektivität»*

- Präsenz/Aufmerksamkeit im Erleben der «ganzen» Situation
- Eingestehen/Gestalten von subjektiven Eindrücken, Wertungen und persönlichen Urteilen («Karten auf den Tisch»)
- Suchen von Belegen und Gegenbelegen für meine Einschätzung auf der Beobachtungsebene
- In-Frage-Stellung meines «Bildes», meiner «mentalen Modelle»
- Suche nach der Sichtweise des Gegenübers
- Vereinbarung von Gesprächsschwerpunkten
- situationsbezogene handlungswirksame Anregungen

**2. Zielorientierte Vorgehensweise («Holmes»):**
*«Analyse vor Betroffenheit»*

- Vereinbarte/definierte Beobachtungskriterien und Ziele
- wertfreie unvoreingenommene Beobachtungen (nach obiger Vorlage) von Verhalten und Handlungen
- Interpretation der Beobachtungen (möglichst unter Ausschluss von Subjektivität)
- (Be-)Wertung der Beobachtungen
- Kundtun der (Be-)Wertung
- Neue Zielformulierungen

**Reflexionsfragen «diagnostisches Vorgehen»**

- **Wie gehen Sie in Beratungssituationen eher vor, zielgerichtet aktiv oder intuitiv «empfangend»?**
- **Unterscheidet sich Ihr Vorgehen diesbezüglich je nach Beratungssituation?**
- **Ist Ihnen aus der Klientenperspektive der Holmes- oder der Columbo-Stil sympathischer?**
- **Erinnern Sie sich an Personen, welchen Sie diese Arbeitsstile zuordnen können?**
- **Sind Sie mit gewissen Vorgehensweisen schon an Grenzen geraten?**
- **Wohin möchten Sie sich entwickeln?**

## 6. Interventionen in Beratungssituationen

Als Berater/in müssen Sie in Ihrer Leitungsfunktion Verschiedenes können:

- zuhören/zusehen
- nachfragen
- Unterstützung geben/aufmuntern
- Selbstausdruck fördern
- Bedeutungen klären
- konfrontieren
- erklären/informieren/empfehlen
- rekonstruieren
- strukturieren

Dabei bewegen sie sich bezüglich der so genannten «Interventionstiefe» – siehe das Schichtenmodell im Kap. III, 2.4. – eher im mittleren Bereich, im Gegensatz zur Ausbildung (eher oberer Bereich) und zur Therapie (eher unterer Bereich).
In Bezug auf Art und Weise von Interventionen und auf den Aspekt des Umgangs mit Widerstand, gelten dieselben Überlegungen wie ich sie im Kapitel III (2.7) geschildert habe.

Hin und wieder kann uns nur schon die Anwesenheit einer Beratungsperson Intervention genug und damit wirksam sein.
Während eines Jahres habe ich ein Ausbildner/innen-Team einer Fachhochschule beraten. Sie hatten mich als Supervisor engagiert, weil sie ihrer Einschätzung nach untereinander Schwierigkeiten hätten. Nun, die Sitzungen verliefen jeweils so, dass die Teammitglieder engagiert und hitzig miteinander über spezifische Inhalte und über sich diskutierten. Als Aussenstehender hätte man dieses Team umgehend als (zwar uneinheitlich aber) dynamisch und konfliktfähig bezeichnen müssen. Ich selber war während der Sitzungen jeweils «einfach da», hörte zu, war präsent und moderierte, wenn dazu ein Bedarf bestand.
Das Team konnte offensichtlich mehr Konfrontation und Direktheit ertragen, wenn eine externe Person dabei war, die solches Verhalten «erlaubte» und «nötigenfalls schon eingreifen würde» (so formulierte es ein Teammitglied in einer Auswertungssitzung).

## 7. Fallgruben für Berater/innen

Es wäre gelogen zu behaupten, dass wir als Lehrende über unser Belehren nicht auch ein gerüttelt Mass an täglicher Aufmerksamkeit erhalten wollen. Es wäre ebenso gelogen zu behaupten, wir würden in unserem Berufsalltag nicht gelegentlich auch unseren eigenen Unterhaltungswert geniessen. Als geübte «Wikinger» (siehe Kap. II, 4.) fällt es uns gelegentlich schwer, Zurückhaltung zu üben und Verantwortung zu delegieren, wie dies bei beraterischer Tätigkeit gewährleistet sein müsste.
Im Übrigen gelten gewisse Fallen sowohl für das Lehren wie auch für die Beratung. *Brecht* schrieb: *«So schlimm es ist, keinen Rat zu bekommen, so schlimm kann es sein, keinen geben zu dürfen.» (1965, S. 69)*

## 8. Rollenspiel «Mentorat»

*Kursunterlage AEB, Karrer, H.-P., ergänzt durch G. T.*

**Einleitung**

Ausbildende beraten nicht nur Lernende innerhalb des Unterrichtes, sondern gelegentlich auch Kollegen oder Kolleginnen. Folgende Übung «Mentorat» soll diesem bisher wenig berücksichtigten Aspekt der «kollegialen Beratung» Rechnung tragen; wobei – wie Sie sehen werden – der Kollegialität gerade in Mentoratsverhältnissen manchmal auch strukturelle Grenzen gesetzt werden: Mentore und Mentorinnen sind angehalten, Förderungsbeziehungen aufzubauen und wirken gleichzeitig als Teil eines Systems, welches mittels «mentoring» seine Interessen durchsetzen will *(vgl. Niggli 2001, S. 244)*.
In der griechischen Sagenwelt ist übrigens Mentor ein Freund von Odysseus, der sich während dessen Irrfahrten als Ersatzvater um seinen Sohn Telemach kümmert.

Im Folgenden finden Sie einen Strukturierungsvorschlag für das Rollenspiel, zwei Rollenkarten und eine Liste mit Beobachtungskriterien, respektive möglichen anschliessenden Gesprächsschwerpunkten. Für weitere Informationen zur Methode «Rollenspiel» verweise ich Sie auf Kap. II (7.5).

**Ablauf Rollenspiel**

- Gruppierung zu dritt (zwei Spielende, eine beobachtende Person)
- Verteilung der Rollen
- Vorbereitung
- Spiel (ca. 30 Min.)
- Beobachtungsrückmeldung (Leitung durch Beobachter/in)

**Rolle Mentor/Mentorin**

Situation: Sie sind seit 10 Jahren als Geschichtslehrer/in an einer kantonalen Mittelschule in Luzern tätig. Seit zwei Jahren bekleiden Sie das Amt eines Mentors/einer Mentorin. Vor einiger Zeit haben Sie neu ein Mentorat übernommen: Sie begleiten einen jungen Lehrer/eine junge Lehrerin, der/die vor kurzem an der Universität ihre/seine Studien abgeschlossen hat. Er/sie hat die erste Stelle vor einem halben Jahr angetreten und ist somit noch im Status eines/einer Lehrbeauftragten. Der Kontakt ist bis jetzt gut verlaufen. Sie haben die üblichen Dinge besprochen: Stoffplanung, Einführung in die Schulkultur und in die Organisation der Schule. Ein Termin für einen Schulbesuch haben Sie für die nächste Zeit geplant.

Die/der junge Lehrbeauftragte erteilt zwölf Lektionen Geschichte an vier verschiedenen Klassen sowie sechs Lektionen Englisch an drei weiteren Klassen. Er/sie ist 28 Jahre alt, aufgewachsen in einer Vorortsgemeinde von Luzern. Er/sie wohnt in Luzern und hat als Schüler/in auch dieselbe Mittelschule besucht, an der er/sie jetzt unterrichtet.

An einem Elternabend, der kürzlich stattgefunden hat, wurden massive Disziplinprobleme in ihrem/seinem Unterricht thematisiert. Im Speziellen wurde der ausschliessliche Frontalunterricht bemängelt. Verschiedene Eltern äusserten, dass ihre Kinder von der Volksschule her andere Lernerfahrungen mitbächten, welche in seinem/ihrem Unterricht nicht berücksichtigt würden (Gruppenarbeiten, Projekte etc.).

Diese Informationen haben Sie vom Rektor/der Rektorin Ihrer Schule erhalten – mit der Bitte, diese Probleme in einem Beratungsgespräch aufzugreifen und zu beseitigen.

Sie haben mit dem betreffenden Lehrer/der Lehrerin ein Gespräch vereinbart und dabei bereits erwähnt, dass die oben beschriebenen Probleme Gesprächsgegenstand sein werden.

**Rolle Lehrer /Lehrerin**

Situation: Sie sind ein junger Lehrer/eine junge Lehrerin, der/die vor kurzem an der Universität seine/ihre Studien abgeschlossen hat. Sie haben Ihre erste Stelle vor einem halben Jahr angetreten und sind somit noch im Status des/der Lehrbeauftragten. Sie hoffen, in absehbarer Zeit, das heisst wenn eine Stelle frei wird, als Hauptlehrer/in gewählt zu werden.

Im Moment erteilen Sie zwölf Lektionen Geschichte an der kantonalen Mittelschule in Luzern an vier verschiedenen Klassen, sowie sechs Lektionen Englisch an drei weiteren Klassen. Sie sind 28 Jahre alt, aufgewachsen in einer Vorortsgemeinde von Luzern, wohnen immer noch in Luzern und haben dieselbe Mittelschule besucht, an der Sie jetzt unterrichten.

Sie haben bei Ihrem Stellenantritt an der Schule einen Mentor/eine Mentorin zugeteilt erhalten. Er/Sie unterrichtet seit 10 Jahren als Geschichtslehrer/in und bekleidet seit zwei Jahren das Amt eines Mentors/einer Mentorin.

Der Kontakt zwischen Ihnen ist bis jetzt gut verlaufen, obwohl Sie ausserhalb der Schule keine besonderen Beziehungen zueinander pflegen. Sie haben die üblichen Dinge besprochen: Stoffplanung, Einführung in die Schulkultur und in die Organisation der Schule. Ein Termin für einen Schulbesuch haben Sie für die nächste Zeit geplant.

An einem Elternabend, der kürzlich stattgefunden hat, wurden massive Disziplinprobleme in Ihrem Unterricht thematisiert. Vor allem wurde Ihr ausschliesslicher Frontalunterricht bemängelt. Verschiedene Eltern äusserten, dass ihre Kinder von der Volksschule her andere Lernerfahrungen mitbrächten, die in Ihrem Unterricht nicht berücksichtigt würden (Gruppenarbeiten, Projekte etc.). Sie selber sind aber der Meinung, dass Ihr Unterricht nicht vom an der Schule üblichen Unterricht abweicht. Auch in Ihrem Studium wurde im Bereich Fachdidaktik wenig anderes vorgestellt. Ausserdem sind Sie davon überzeugt, dass der hohe Stoffdruck eine sehr effiziente und straffe Unterrichtsführung verlangt. Gruppenarbeiten und andere neuere Lernformen sind sehr zeitaufwändig, der obligatorische Stoff könnte damit nicht in nützlicher Frist vermittelt werden.

Sie haben mit Ihrem Mentor/Ihrer Mentorin ein Gespräch vereinbart und dabei erfahren, dass die oben beschriebenen Probleme auch Gesprächsgegenstand sein werden. Sie erhoffen sich natürlich von Ihrem Mentor/ Ihre Mentorin Unterstützung und Rückendeckung.

**Kriterien Beobachtung/Gesprächskriterien**

- Ist Art und Ablauf der Beratung einem oder mehreren Grundmodellen (siehe 1.4) in diesem Kapitel zuzuordnen?
- Wie wurde die Beratung strukturiert (Einstieg, weitere Phasen, «Meilensteine» etc)?
- Wie kann das Beraterverhalten beschrieben werden (verbal und nonverbal, vgl. «Rollenkategorien», 4., in diesem Kapitel)? Welches waren dessen (Aus-) Wirkungen auf den Klienten und das Gespräch?
- Wie intervenierte die Beratungsperson (Tiefe, Art, Ebene, siehe Kap. III, 2.4)?
- Spielten etwaige Rollenkonflikte der Beratungsperson (Kollegialität, «Auftrag» des Rektors/der Rektorin etc) eine Rolle?

## Literaturverzeichnis Kapitel VI

Brecht, B.: Buch der Wendungen. Fragment. Prosa V, Frankfurt 1965.

Buber, M.: Reden über Erziehung, Heidelberg 1986.

Buber, M.: Die Erzählungen der Chassidim, Zürich 1992, 12.Aufl.

Burger, H.: Schilten, Frankfurt 1979.

Collins, A., Browns, J. S., Newman, S. E.: Cognitive apprenticeship, Hillsdale New York 1989.

Fatzer, G.: Supervision und Beratung 1993, 4. Aufl.

Fröhlich, E.: Formen von Beratung, in: Éducation permanente 94/2, Zürich 1994, S. 90.

Fröhlich, E.: Bilden heisst auch Beraten, in: Éducation permanente 94/2, Zürich 1994.

Heintel, P.: Thesen zur Rolle des internen Beraters aus externer Perspektive, in: Organisationsentwicklung 2/98, 1998.

Karrer, H.-P.: AEB-Kursunterlage «Rollenspiel Mentorat».

Kemper, M./Klein, R.: Lernberatung, Hohengehren 1998.

Kobi, J-M.: Management des Wandels, Bern 1996.

Lippitt, G. und R.: Beratung als Prozess, Leonberg 1995, 2. Aufl.

Lippitt, R.: Dimensions of the consultants job, in: Journal of social issues 15/1959, S. 5–12.

Looss, W.: Unter vier Augen, Landsberg/Lech 1997, 4. Aufl.

Morrison, V.: Back on the top (CD), Dublin 1999.

Moust/Bouhuijs/ Schmidt: Problemorientiertes Lernen, Wiesbaden 1999.

Mutzeck, W.: Kooperative Beratung, Weinheim 1997.

Nevis, E.C.: Organisationsberatung, Köln 1988.

Neue Zürcher Zeitung NZZ: Tanz auf vielen Hochzeiten, in: Neue Zürcher Zeitung 4.4.2001, Nr. 79, S. 81.

Niggli, A.: Ein Mentoring – Programm mit Coaching – Anteilen für die Ausbildung von Lehrpersonen, in: Beiträge zur Lehrerbildung BzL 2/2001, Bern 2001, S. 244–250.

Reddy, M.: Mitarbeiter beraten, Weinheim/ Basel 1997.

Reusser, K.: Die Rolle von Lehrerinnen und Lehrern neu denken, in: Beiträge zur Lehrerbildung BzL 1/1994, Bern 1994, S. 19–37.

Riesen, M.: Lernprozesse begleiten, AEB Akademie für Erwachsenenbildung, Luzern 1995.

Schreyögg, A.: Coaching – eine Einführung für Praxis und Ausbildung, Frankfurt/New York 1996.

Siebert, H.: Selbstgesteuertes Lernen und Lernberatung, Neuwied/Kriftel 2001.

Thomann, G.: Wahrnehmen – Beurteilen – Beraten in Ausbildungssituationen, AEB Akademie für Erwachsenenbildung, Luzern 1999.

Thomann, G.: (interne) Lernberatung und (externe) Beratung – über Unterschiede und Gemeinsamkeiten zweier Handlungsmodelle. Diplomarbeit Ausbildung Supervision und Organisationsentwicklung Trias, Zürich 1999.

Tietgens, H.: Von der Schlüsselqualifikation zur Erschliessungskompetenz, in: Petsch, H.-J./Tietgens, H.: Allgemeinbildung und Computer, Bad Heilbrunn 1986.

van Meer, K.: Problemorientiertes Lernen, in: Schwarz-Govaers, R. (Hrsg.): Standort Pflegedidaktik, Aarau 1994.

Wildenmann, B.: Professionell führen, Berlin 1996.

# Inhaltsverzeichnis Kapitel VII

*Kapitel VII*

# Organisation gestalten

**Standards**

- **Sie sind in der Lage, Organisationen in ihren Strukturen und ihrer Dynamik mittels diverser Kriterien und Instrumente zu beschreiben.**
- **Sie sind fähig, spezifische Aspekte von Bildungsorganisationen zu benennen und diese als Einflussfaktoren in Ihrer Bildungsarbeit zu berücksichtigen.**
- **Sie haben Ihre eigene Organisation analysiert, Ihre Rolle darin kritisch reflektiert, um daraus Schlüsse für Ihre Bildungsarbeit zu ziehen.**
- **Sie können diverse organisationale Veränderungstechnologien kritisch hinterfragen, überprüfen und ansatzweise gezielt anwenden/einsetzen.**

## 1. Einführung

Etliche Bücher im Bereiche des organisationalen Wandels operieren mit Rationalitätsmythen, welche in Buchtiteln wie «10 Schritte zur lernenden Organisation» erkennbar werden.
Ich kann derartiger Komplexitätsreduktion nicht dienen.
Und doch versetzt gelegentlich eben (Methoden-) Glauben Berge; auch deshalb will ich in meinen Ausführungen nicht ganz auf die handwerklich-instrumentelle Ebene verzichten.
Ein grosser Teil der so genannten «Organisations-Entwicklungsarbeit» – welche eigentlich erst so genannt werden darf, wenn Mitarbeiter/innen in die jeweilige Entwicklung miteinbezogen sind – müsste wohl öfters eher als «Transformationsmanagement» oder «Top-down-Implementation» bezeichnet werden. Auf diesbezügliche Managementkonzepte und Führungsstrategien in engerem Sinne kann ich in diesem Kapitel aus Zeit- und Platzgründen nicht eingehen.
Vielleicht stört Sie während der folgenden Lektüre, dass Modelle, Methoden und Instrumente vor allem zu Beginn zu wenig auf Bildungsorganisationen zugeschnitten sind und Sie den Transfer selber machen müssen.
Dies ist von meiner Seite her durchaus geplant, da ich die spezifische Ausbildungs- und Schulentwicklungsliteratur als extrem «monokulturell» wahrnehme. Strukturelle und organisationale Unterschiede zwischen Bildungs- und anderen Organisationen zu erkennen, bedeutet für mich, schon manchen Schritt in die Richtung von nachhaltiger Ent-

wicklung getan zu haben. «Seitenblicke», Blicke über den Bildungszaun und «Fremdgehen» sind also mehr als erlaubt!
*«Solange ein Fisch im Wasser ist, hat er keine Ahnung vom Wasser»,* sagt ein chinesisches Sprichwort (Quelle unbekannt).
Vielleicht empfinden Sie dieses letzte Kapitel im Rahmen eines Buches über Ausbildung von Ausbildner/innen etwas übertrieben gross oder gar fehl am Platze.
Organisationale Kompetenz – oder besser formuliert, organisationale Sensibilität, zu der auch Wissen und Verfügen über Analyseinstrumente gehört – ist für mich ein wesentliches didaktisches Moment, wenn ich Didaktik als Lernen und Lehren im (organisationalen) Kontext verstehe. Der Wandel im organisationalen Kontext beeinflusst Lehr-und Lernprozesse bis ins kleinste Detail; nicht selten werden wir von Lernenden als Organisationsvertreter/innen wahrgenommen und bezüglich unserer organisationalen Loyalität geprüft (vgl. «Rollenstrauss», Kap. I, 2.5).
Daher möchte ich diesem Thema seinen gebührenden Platz zuweisen.

**Übung**

**«Das Bild meiner Organisation» (einzeln und in Gruppen)**

1. Stellen Sie sich Ihre (Bildungs-) Organisation, in welcher Sie arbeiten oder allenfalls eine Schule, welche Sie als Schüler/in einst besuchten, vor.
   Denken Sie an die Menschen, welche diese Organisation ausmachen, denken Sie an Aktivitäten, Rituale innerhalb dieser Organisation. Vielleicht spielen Mitglieder Ihrer Organisation verschiedene Rollen, vielleicht erinnern Sie sich an ehemalige Mitglieder der Organisation. Gehen Sie in Ihren Gedanken durch den Haupteingang Ihrer Organisation, riechen Sie die Luft, schnuppern Sie in verschiedenen Räumlichkeiten – sozusagen als Harry Potter mit Tarnmantel.
2. Gestalten Sie bitte mit dem Ihnen zur Verfügung stehenden Material ein Bild Ihrer Organisation, welches Ihnen passend erscheint.
   Das könnte beispielsweise eine Analogie aus dem Bereich der Natur (Baum, Landschaft etc.), aus der technischen Welt (Maschine, Bauwerk etc.), aus dem Kontext der menschlichen Beziehungsformen (Familie, Gruppe etc) oder ein beliebiges anderes Symbol sein. Vielleicht fällt Ihnen sofort ein Bild ein, vielleicht brauchen Sie auch etwas Zeit dafür.
3. Betrachten Sie jedes Bild in der Gruppe und tauschen Sie die Eindrücke aus. Anschliessend suchen Sie nach Unterschieden und Gemeinsamkeiten:
   - Lassen sich gemeinsame Strukturen in den Bildern erkennen?
   - Wo werden Unterschiede, wo Gemeinsamkeiten besonders deutlich?
   - Was könnte dies bedeuten?
4. Im anschliessenden Plenum werden alle Bilder aufgehängt und in einer Art «Vernissage» betrachtet.

## 2. Die Organisation

«Organisation» lässt sich vom griechischen Wort «organon» ableiten, was Werkzeug oder Instrument bedeutet.

Nach *Graf-Götz/Glatz (1999)* existiert der Begriff «Organisation» im deutschen Sprachgebrauch seit dem 17./18. Jh. und wird auf das französische «organisation» zurückgeführt. Dieses entspricht wiederum dem (französischen) Wort «organe» (Organ, Werkzeug).

«Organisation» kann gemäss dieser Bedeutung also als ein Werkzeug zur Erreichung bestimmter Ziele verstanden werden.

Unter Organisation wird heute entweder die Tat des Organisierens oder eine Art soziales Gebilde mit definierten Elementen verstanden.

Historisch gesehen tauchen die ersten so genannten Organisationen als mehr oder weniger mächtige «Zwangsorganisationen», wie Militär, Kirche etc. auf. Diese wurden später von Soziologen als «totale Institutionen» bezeichnet.

Erst im Zuge der industriellen Entwicklung in der 2. Hälfte des 19. Jh. entstanden so genannte Wirtschaftsorganisationen, in welchen und für welche jeweils klare Vorgaben bezüglich erwünschtem oder unerwünschtem Arbeitsverhalten ihrer Mitglieder bestanden.

In mechanistischer Art und Weise wurde hier der Mensch wohl als verlängerter Arm einer Maschine gesehen und die Organisationen selbst prinzipiell als plan-, steuer-, beherrsch- und kontrollierbar verstanden. Soziale und staatliche Organisationen folgten nach *(vgl. Nuissl 1998, S. 22)*. Seit der Industrialisierung bewegen wir uns zunehmend in einer regelrechten «Organisationsgesellschaft»; Organisationen dominieren das Leben von Menschen und bilden eine Art Bindeglied zwischen Individuum und Gesellschaft. Die aktuelle Entwicklung von Organisationen in Richtung «flexible Unternehmen» zeugt vom Niedergang der anonymen Bürokratien und «totalen Institutionen»; Organisationseinheiten sind in ihren Konturen nicht mehr stabil und konstant, sondern wechselhaft und dynamisch.

Laut *Prosch (2000)* begann die wissenschaftliche Untersuchung des Phänomens «Organisation» mit dem Soziologen *Max Weber*, welcher sich intensiv mit so genannten «Bürokratien» beschäftigte.

Heute sind theoretische Überlegungen aus Organisationssoziologie, Organisationspsychologie, Organisationsanalyse und Organisationsentwicklung nicht mehr eindeutig unterscheidbar.

Folgende Kriterien *(vgl. Prosch 2000, Rosenstiel 1995)* erachte ich als organisationsspezifisch:

Organisationen

- sind eher dauerhafte Zusammenschlüsse von Menschen und repräsentieren damit ein soziales Gebilde,
- verfolgen spezifische Ziele,
- sind auf (relative) Norm eingerichtet,
- sind gekennzeichnet durch bestimmte strukturelle Aspekte wie Arbeitsteiligkeit, Hierarchien, formal-informelle Strukturen und Prozess- und Ablauforganisation,
- pflegen Beziehungen zur Umwelt.

Unter dem *formalen System* werden Organisationsaufbau und Arbeitsabläufe wie sie «auf dem Papier» gekennzeichnet sind, verstanden. Der Formalisierungsgrad bezeichnet dabei das Ausmass solcher Regelungen.
Das *informelle System* (auch «informal» genannt) meint die zwischenmenschlichen Beziehungen als «inoffizielle» und nicht immer beabsichtigte gewachsene Veränderung und Ergänzung des formalen Systems *(vgl. Weisbord 1983)*. Dazu gehören beispielsweise die Aspekte «Gruppennormen», «Subkulturen» und «informelle Führung», usw.
Die soziale Wirklichkeit wird immer durch eine Mischung aus diesen beiden Systemen repräsentiert.

Im allgemeinen Sprachgebrauch wird *«Institution»* oft gleichgesetzt mit «Organisation». Im soziologischen Verständnis *(vgl. Hillmann 1994)* bezeichnet «Institution» jede Form bewusst gestalteter oder ungeplant entstandener dauerhafter Muster menschlicher Beziehungen, die gesellschaftlich legitimiert sind (z. B. die Familie). Institutionen sind also Produkte der menschlichen Kultur.
«Institutionalisierung» meint den Prozess der Verfestigung solcher Muster zu Rollen, Status etc.
Soziologen prägten wie weiter oben vermerkt den Begriff der «totalen Institution»: Kloster, Schulen, Fabriken, Gefängnisse und das Militär wurden hier als «geschlossene Systeme» und «Labore» der Disziplinierung bezeichnet.
Die so genannte «De-Institutionalisierung» lässt sich heute beispielsweise bei Krankenhäusern und in der Psychiatrie in Form der Zunahme von ambulanten Angeboten und einer allmählichen Auflösung von institutionellen Strukturen beobachten.

In den letzten Jahrzehnten rückte der Mensch als Individuum innerhalb der Organisation durch neuere Ansätze wie die «human relations» oder systemtheoretische Überlegungen mehr und mehr ins Zentrum; Organisation wurde allmählich «organischer» und beweglicher verstanden.
Man spricht somit beispielsweise von der Organisation als einem gegenüber der Umwelt «offenem System», welches in seiner Komplexität und Dynamik mit starren Strukturmodellen nie ganz einzufangen ist.
Sie haben zu Beginn dieses Kapitels ein eigenes Bild Ihrer Organisation gezeichnet oder sich Ihre Organisation innerlich vergegenwärtigt. Nicht selten wird das Verständnis von Organisationen durch Bilder und Metaphern deutlich. Im weiter oben schon erwähnten althergebrachten «Maschinen-Modell» ist das Verhalten von Menschen als Mitarbeiter/innen determiniert, im eher modernen Bild der «Kultur» sieht das wiederum ganz anders aus (vgl. weiter unten, 5.).
Mittels Bildern und Metaphern orientieren wir uns selbst in komplexen Umgebungen, «erfinden» also individuell Analogien, um besser zu verstehen. Gleichzeitig unterliegen diese Analogien dem Zeitgeist und der daraus resultierenden kollektiven «Metaphersprache».
Organisationen geben zudem auch Anlass, durch Bilder und Metaphern «übersetzt» und erklärt zu werden.
*Gareth Morgan* entwarf in seinem Buch «Bilder der Organisation» *(2000, vgl. auch Fatzer 1999, S.20)* folgende Organisationsmetaphern:

## 3. Organisationsbilder

***Organisationen als Organismen***
*Organisationen werden hier als «offene Systeme» verstanden, welche sich im Kontakt mit dem Umfeld «ökologisch» stetig unternehmerisch und kundennah verändern. Leitungsstruktur: Matrixorganisation.*

***Organisationen als Maschinen***
*Mechanistisches Denken prägt hier die bürokratische Organisation. Klassische Managementtheorien setzen auf effizientes und rationales Planen, Organisieren und Kontrollieren.*

***Organisationen als Kulturen***
*Sozial und historisch gewachsene Werte, Normen, Interaktionsmuster etc. zeigen sich im Verhalten, in der Sprache, in Symbolen, in Überlieferungen der Organisation.*

***Organisationen als Gehirne (Selbstorganisation)***
*Im Sinne der Informationsverarbeitung ist die Organisation ein in sich selber organisierendes und lernendes Gehirn und damit ein Lernsystem.*

***Organisationen als psychische Gefängnisse***
*Unter der Organisationsoberfläche «motten» unbewusste Prozesse und Kontrollmuster. Im Schatten der Rationalität lauern unterdrückte Kräfte (Aggression, Gier, Hass, sexuelles Verlangen etc.). Die Organisation ist im wahrsten Sinne des Wortes menschlich.*

***Organisationen als Politische Systeme***
*Die Organisation ist ein «Regierungssystem», in welchem politisiert wird und sämtliche Aktivitäten interessengeleitet sind. Eine Schlüsselrolle wird dem Phänomen «Macht» zugewiesen.*

***Organisationen als Machtinstrumente***
*Bestimmte Interessen (Gewinnsteigerung etc.) werden hier auf Kosten anderer verfolgt (z. B. Entlassungen, Gesundheitsschäden etc.). Privilegien werden ungleich verteilt, Arbeiter/innen ausgebeutet.*

***Organisationen als Fluss und Transformation (Autopoiese)***
*In solchen Organisationen werden die Kräfte der Veränderung reflexiv und proaktiv gelenkt und geformt. Das Wesen der Veränderung wird in seiner Logik verstanden und selbst verändert. Ein solcher nicht linearer Blick erweitert immer wieder das Verständnis von Konflikten, Widersprüchen etc.*

*nach Morgan 2000*

Vielleicht fallen Ihnen hier Organisationen ein, welche Sie tendenziell zuordnen können, vielleicht nehmen Sie jedoch auch verschiedene solcher «Metapher-Stile» in derselben Organisation wahr.
Diverse Konzepte und Theorien beziehen sich auf Grundannahmen, die in diesen Bildern enthalten sind (z. B. «lernende Organisation», «sich selbst organisierende Systeme» etc).
Die obige Zusammenstellung ist ohne weiteres zu ergänzen. Beispielsweise könnte man die Familie als dominantes Organisationsmodell annehmen, da in unserer Sozialgeschichte organisationales Denken an familiären Kleingruppen orientiert sein dürfte. Das könnte dann wiederum gewisse Neigungen zu Personalisierung erklären: Mitarbeiter/innen stecken – vor allem in so genannten «Pionierbetrieben» – im Dilemma zwischen Vertrautheit und Unterdrückung und müssen «gute Söhne und Töchter» sein.
Ich werde mich in den folgenden Ausführungen am ehesten an den im heutigen Zeitgeist gebräuchlichen Metaphern «System» und «Kultur» orientieren.

## 4. Organisation als System

Wenn Organisationen als soziale Systeme (altgriechisch: Zusammensetzung, Gliederung) betrachtet werden, müssten Gemeinsamkeiten zwischen derart verschiedenen Systemen wie Schulen, Familien, Vereine, Spitäler, Kirchen, Wirtschaftsunternehmen, Parteien und Gefängnissen bestehen.
Ausgehend von der Systemtheorie *(vgl. Baumgartner et al. 1998)* kann bei all diesen Systemen von so genannter «Strukturdeterminiertheit» gesprochen werden. Dies bedeutet, dass die Struktur der Organisation (welche nicht nur Ablauf- und Aufbauorganisation, sondern auch Informations-, Kommunikations- und Beziehungsstrukturen umfasst) darüber entscheidet, welche Anregungen aus der Umwelt wahrgenommen und umgesetzt werden. Diese wechselseitige Beziehung und Beeinflussung zwischen Umwelt und Organisation wird auch als «strukturelle Koppelung» *(Baumgartner 1998, S. 39)* bezeichnet.
Auf Basis dieser komplexen «Selbstorganisation» kann nicht mehr davon ausgegangen werden, dass wirksame Veränderungen einfach linear angeordnet und kontrolliert werden können.
Selbstverständlich erhöhen engagierte, motivierte und verantwortungsbewusste Mitarbeiter/innen einer Organisation als aktive Systemträger die Chance einer solchen produktiven Selbstorganisation.
Ein weiterer Aspekt aus systemischer Sicht ist die Komplexität von Organisationen (Vielschichtigkeit, Vernetzung etc), welche Gefühle von Unüberschaubarkeit und Instabilität auslösen kann.
Sogenannte organisationale Komplexitätsfallen, in welche vor allem Leitungspersonen – mit Wirkung auf die Mitarbeiterschaft – tappen können, sind *(vgl. Baumgartner 1998, S. 43):*

- mangelhafte Zielbildung
- Übersteuerung
- isolierte Sicht
- gewaltsame Lösungen
- keine Schwerpunktbildung
- Planungsrigidität, reaktive Planung

- Annahme von Trendlinearität
- fehlende Analyse von Nebenwirkungen
- stationäre Situationsanalyse
  etc.

Sie sehen, dass hier Parallelen zum Umgang mit Komplexität im Ausbildungsalltag (vgl. Kap. I und II) erkennbar werden.
Organisationen verfügen als soziale Systeme immer über Grenzen, welche schliesslich Identität verleihen; Strategien der Grenzerhaltung dienen somit vorwiegend der Systemerhaltung *(vgl. Luhmann 1984)*. Hier können durchlässige, klare und flexible Grenzen von starren und diffusen unterschieden werden. Systeme mit rigiden Grenzen betonen Eigenständigkeit und Abgrenzung; sie sind in der Regel als «geschlossene Systeme» vor allem mit Interna beschäftigt. Systeme mit diffusen Grenzen sehen sich in ihrer Eigenständigkeit bedroht (alle können sich einmischen etc.). Nicht selten kann sogar beobachtet werden, dass zu offene, diffuse Organisationssysteme, welche gerade dadurch ihre Identität preisgeben, plötzlich panikartig ihre «Grenzen dicht machen» und damit wiederum ihre Umwelt «vor den Kopf stossen».
Gerade zu Gunsten einer sorgfältigen Vernetzung von Systemen wäre statt eines unhinterfragten und überfordernden «Integrationsmanagements» viel eher ein aktives und flexibles «Grenzmanagement» gefragt.
(Analogien zu nationalen und politischen Systemen und Ihren Beziehungen untereinander drängen sich hier auf …)
Interdependenz (gegenseitige Abhängigkeit) und Interaktion sind innerhalb der Organisation und ihrer Subsysteme (z. B. Abteilungen, Fachbereiche), aber auch als Wechselwirkung zwischen Organisation und Umwelt (andere Organisationen, Kunden etc.) zentrale Aspekte *(vgl. French/Bell 1994, S. 100)*.
Moderat offene Systeme weisen hierbei bessere Feedback-Mechanismen zur Selbstregulierung auf als geschlossene, welche in der Regel ihre Umweltbeziehungen vernachlässigen und «sich um sich selber drehen».

## 5. Organisationskultur

Was neben der zweckrationalen und sachlogischen Organisationsstruktur existiert, wird mit «Betriebsklima», «Organisations-» oder «Unternehmensklima» bezeichnet. Die Organisationssoziologie beschäftigt sich eher mit dem so genannten «Klima», die Organisationspsychologie mit der «Kultur». «Klima» wird dabei eher auf Stimmungslagen und aktuelle Ereignisse bezogen, «Kultur» eher auf dauerhafte Betriebsverfassung *(vgl. Nuissl 1998, S. 48)*.
Seit den 80er Jahren des letzten Jahrhunderts wird der Begriff Kultur, der vormals (und immer noch) in anthropologisch-ethnologischem Sinne Werten, Einstellungen, Idealen und Traditionen von Völkern und Volksgruppen vorbehalten war sowie ursprünglich dem Agrarbereich entnommen wurde, zur Beschreibung der spezifischen Lebenswelt von Organisationen benutzt.
Kultur bezeichnet hier *«das implizite Phänomen, welches in gemeinsamen Werten und*

*Orientierung zum Ausdruck kommt»* (*Steinmann/Schreyögg 1991 nach Probst /Büchel 1998, S. 140)* oder einfacher *«die Summe aller Selbstverständlichkeiten» (Kobi, 1996 , S. 25)* in einer Organisation – also all das, was Sie in Kaffepausen, in den Gängen, auf der Toilette, bei der morgendlichen Ankunft etc. antreffen, hören, mitbekommen *(vgl. Vogel 1994).*
Kultur beleuchtet demnach nicht die so genannten «harten Bausteine» einer Organisation (wie Projektmanagement, Standards, Rekrutierung/Selektion), sondern eben die «weichen» (Mitarbeitereinbezug, Kommunikation und Dialog, Widerstandsmanagement, Personalentwicklung etc.), welche gegenwärtig bei Phänomenen wie Akquisitionen, Fusionen, Führungswechsel, Strategieänderungen, Umstrukturierungen, zu schnellem Wachstum und dergleichen unterschätzt werden *(vgl. Keller 2001, S. 10).*

Nach *Schmidt/Berg (1995, S. 386)* hat eine Organisationskultur
- Integrationsfunktion: Durch soziale Übereinkunft fördert sie die Gemeinschaftsbildung.
- Koordinationsfunktion: Handlungskoordinierende Werte und Normen ersetzen detaillierte Handlungsanleitungen.
- Motivationsfunktion: Sinnvermittlung stimuliert und verpflichtet die Mitarbeitenden.
- Identifikationsfunktion: Die Organisation wird dadurch Bestandteil des eigenen (Selbst-)Bewusstseins.

Hier könnte man einwenden, dass im Zuge der Flexibilisierung Integrations- und Identifikationsfunktionen gar nicht mehr gefragt sind. Die Corporate Identity weicht heutzutage sozusagen der temporären Überschneidung von individuellen Wertestrukturen. Trotzdem zeigen die jungen Fusionsentwicklungen, dass zwar Corporate Designs schnell veranlasst werden, differierende Kulturen jedoch – weder auf ihre Verträglichkeit überprüft, noch in ihrer Unterschiedlichkeit bewusst gemacht – höchst wirksam bleiben; und dies meist nicht in der vom Management gewünschten Art und Weise.
Manchmal wird solch blindwütige Nachlässigkeit mit dem Installieren von starren «Firmenreligionen» kompensiert. Glaubenssätze, Kleiderordnung und Ahnengalerien schaffen dann die erwünschte Uniformität, welche je nach Bedarf und Gusto wieder flexibel umgestaltet werden kann.
*Schein (1985, in: Baumgartner et al. 1998, S. 26)* unterscheidet die folgenden drei Ebenen einer Organisationskultur:

## *EBENEN EINER ORGANISATIONSKULTUR*

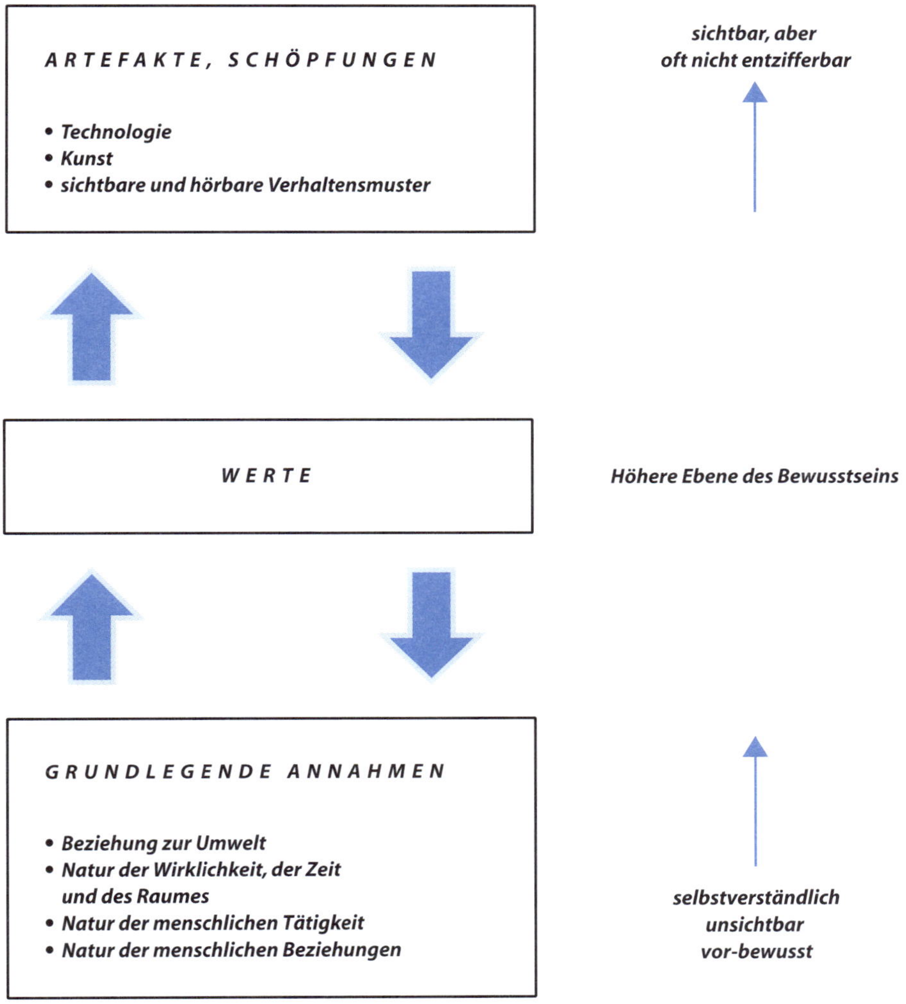


*Schein 1985 in: Baumgartner et al. 1998*

Die grundlegenden Annahmen könnte man auch als «organisationale subjektive Theorien» (vgl. Kap. I, 3.3) bezeichnen.
Die darauf aufbauenden Werte zeigen sich in organisationalen Schöpfungen oder so genannten «Artefakten». Die Bewusstmachung der grundlegenden Annahmen – gelegentlich in einer anstrengenden Aufarbeitung mit externer Hilfe notwendig – schafft sozusagen ein bewusstes Verhältnis zu den sichtbaren Artefakten, was diese in Ihrer Wertaussage entzifferbar macht.
Da kann dann Kongruenz oder Inkongruenz («double bind») zwischen Annahmen und Artefakten bewusst werden (vgl. auch meine Ausführungen zu «Kommunikationskultur», Kap. V, 1./2. oder 5.2).
Wenn grundlegende Annahmen nicht mit organisationalen Sichtweisen und Handlungen übereinstimmen, ist dies jedoch schon vorher allgegenwärtig spürbar.

In geringem Masse können grundlegende Annahmen auch durch Arbeit an Artefakten (z. B. Leitbilder) beeinflusst werden.
Der Kongruenz dieser Ebenen wird gerade in Fusionsprozessen leider zu wenig Bedeutung beigemessen.
Die sicht- aber nicht immer entzifferbare Ebene manifestiert sich nach *Schmidt/Berg 1995, S. 387,* in folgenden Artefakten:

### KULTURELLE ARTEFAKTE

- *Architektonische Gestaltung*
- *Symbole*
- *Logo*
- *Uniformen*
- *Kleider*
- *Bilder*

**OBJEKTE**

- *Schlüsselbegriffe*
- *Redewendungen*
- *Wortwahl*
- *Sprachgesten*
- *Metaphern*
- *Anekdoten*
- *Geschichten*

**SPRACHE**
*mündlich und schriftlich*

- *Umgang miteinander*
- *Feste*
- *Zeremonien*
- *Riten und Rituale*

**VERHALTEN**

- *Trauer über Entwicklungen*
- *Freude über Erfolge*
- *Stolz auf Images der Organisation*

**GEFÜHLE**

*nach Schmidt/Berg 1995*

Im Sinne von hindernden «ungeschriebenen Regeln» können durchaus auch irrationale Aspekte von Kultur, wie «non-dits», Tabus, Mythen etc. wirksam und spürbar sein. Oder Sie erfahren ganz einfach den «Geist» der Organisation als Stimmung, welche Ihre eigene Stimmung beeinflusst. In der eigenen Organisation geschieht dies in der Regel unbewusst, ausser es gäbe die Möglichkeit, hin und wieder auf Distanz zu gehen oder man verfüge als «Neuling» noch über eine einigermassen ungetrübte Aussensicht.

Versuchen Sie diese in der kleinen, folgenden «ethnografischen» Übung zu benutzen:

**Übung**

**Feldforschung zur Organisationskultur/«Organisation macht Eindruck» (einzeln und in Gruppen)**

1. Sie erhalten von der Kursleitung eine bestimmte Organisation innerhalb der Stadt X zugeteilt. Bitte suchen Sie diese zu Beginn Ihrer Beobachtungsarbeit auf. Achten Sie darauf, dass Sie alleine dorthin gehen.
2. Halten Sie sich dort 15 Minuten beobachtend auf. Sie können an einem bestimmten Platz verweilen oder sich bewegen. Achten Sie auf die Architektur, die Raumaufteilung, die Farben und Materialien. Wenn es Ihnen möglich ist, sammeln Sie auch Daten zu folgenden Bereichen:
   - Arbeitsbeziehungen der Mitarbeitenden (Rollen): Wie gehen Menschen miteinander um? Sind Hierarchien sicht- und/oder spürbar? Woran?
   - Atmosphäre/Klima: Wirkt das Klima auf Sie offen, vertrauenswürdig, warm, kalt, abweisend, drückend etc.?
   - Arbeitsbedingungen/Arbeitsabläufe: Gibt es sichtbare Anzeichen, an denen Sie Arbeitsabläufe erkennen können? Wie sind die Arbeitsbedingungen feststellbar?
   - Brüche/Unstimmigkeiten: Können Sie Unstimmigkeiten feststellen? Wo tritt etwas zu Tage, das aus Ihrer Sicht nicht zum üblichen Bild passt?
   - Erkennen Sie «Artefakte» (Kleider, Bilder, Einrichtung, Sprache etc.)? Passen diese zu Ihrem Eindruck von bestehenden Wertannahmen?
   - Wie «riecht» die Organisation?
   - Was passiert mit Ihnen, wenn Sie die «Grenze» der Organisation überqueren? (Eingänge, Ausgänge)? Wie erfahren Sie den Unterschied zwischen «Innenwelt» und «Aussenwelt»?
   - Welche bestehende oder erfundene Metapher würde aus Ihrer Sicht zu der Organisation passen?
3. Tauschen Sie Ihre Beobachtungen und Wahrnehmungen mit Mitgliedern Ihrer Gruppe, die dieselbe Organisation aufgesucht haben, aus.
4. Welche decken sich, welche nicht? Weshalb? Formulieren Sie gemeinsam einen Satz, der die Kultur der Organisation aus Ihrer Sicht repräsentiert und prägnant beschreibt. Anstelle eines Satzes kann auch ein Bild oder eine Analogie treten. (Zeit: ca. 45 Min.)
5. Im anschliessenden Plenum werden der Satz (oder das Bild oder eine Analogie) präsentiert und die Beobachtungsbelege vorgestellt. Selbstverständlich dürfen Ihre Beobachtungen subjektiv sein (vgl. «Columbo», Kap. VI, 6.).

Folgende Artefakte einer möglichen Organisation aus dem vorletzten Jahrhundert lassen auf heute nicht mehr ganz gängige Werte schliessen. Vielleicht kommen Ihnen bei der Lektüre auch passende Bilder und Metaphern in den Sinn …

**Bureau-Ordnung zur Beobachtung des Personals**

1. Gottesfurcht, Sauberkeit und Pünktlichkeit sind die Voraussetzungen für ein ordentliches Geschäft.
2. Das Personal braucht jetzt nur noch an Wochentagen zwischen 6 Uhr vormittags und 6 Uhr nachmittags anwesend zu sein. Der Sonntag dient dem Kirchgang. Jeden Morgen wird im Hauptbureau das Gebet gesprochen.
3. Es wird von jedermann die Ableistung von Überstunden erwartet, wenn das Geschäft sie begründet erscheinen lässt.
4. Der dienstälteste Angestellte ist für die Sauberkeit des Bureaus verantwortlich. Alle Jungen und Junioren melden sich bei ihm 40 Minuten vor dem Gebet und bleiben auch nach Arbeitsschluss zur Verfügung.
5. Einfache Kleidung ist Vorschrift. Das Personal darf sich nicht in hellschimmernden Farben bewegen und nur ordentliche Strümpfe tragen. Überschuhe und Mäntel dürfen im Bureau nicht getragen werden, da dem Personal ein Ofen zur Verfügung steht. Ausgenommen sind bei schlechtem Wetter Halstücher und Hüte. Ausserdem wird emfpohlen, in Winterszeiten täglich 4 Pfund Kohle pro Personalmitglied mitzubringen.
6. Während der Bureaustunden darf nicht gesprochen werden. Ein Angestellter, der Zigarren raucht, Alkohol in irgendwelcher Form zu sich nimmt, Billardsäle und politische Lokale aufsucht, gibt Anlass, seine Ehre, Gesinnung, Rechtschaffenheit und Redlichkeit anzuzweifeln.
7. Die Einnahme von Nahrung ist zwischen 11.30 Uhr und 12.00 Uhr erlaubt. Jedoch darf die Arbeit dabei nicht eingestellt werden.
8. Der Kundschaft und den Mitgliedern der Geschäftsleitung nebst Familienangehörigen ist mit Ehrerbietung und Bescheidenheit zu begegnen.
9. Jedes Personalmitglied hat die Pflicht, für die Erhaltung seiner Gesundheit Sorge zu tragen, im Krankheitsfalle wird die Lohnzahlung eingestellt. Es wird daher dringend empfohlen, dass jedermann von seinem Lohn eine hübsche Summe für einen solchen Fall wie auch für die alten Tage beiseitelegt, damit er bei Arbeitsunvermögen und auch bei abnehmender Schaffenskraft nicht der Allgemeinheit zur Last fällt.
10. Zum Abschluss sei die Grosszügigkeit dieser Bureau-Ordnung betont. Zum Ausgleich wird eine wesentliche Steigerung der Arbeit erwartet.

*(aus Graf-Götz/Glatz1998, S.233, entnommen aus verschiedensten Arbeitsbestimmungen von Manufakturen, Comptoirs und Amtsstuben der Jahre 1863 bis 1872)*

Wie weiter oben beschrieben, sind heutzutage gerade in fusionierten Betrieben differierende Subkulturen mit je eigener Ausprägung spürbar. Häufig erlebe ich dies aber auch in Seminaren, wenn Mitarbeiter/innen verschiedener Abteilungen oder verschiedener Rangstufen anwesend sind, welche dann effektiv «verschiedene Sprachen» sprechen.

Vor einigen Jahren wurde ich vom Leiter einer Krankenpflegeschule angefragt, ob ich eine zweitägige Weiterbildung zum Thema «Lernprozesse begleiten» durchführen könne. Ich sagte zu und besprach Inhalt und Struktur der Weiterbildung mit besagtem Leiter ab. Während der Durchführung des ersten Tages der Weiterbildung hatte ich einerseits das Gefühl, immer wieder vom Thema der Arbeit mit Lernenden auf die Thematik «Organisation» gelenkt zu werden; andrerseits war mir manchmal so, als ob zwei (Sub-)Gruppen im Kursraum sässen, die einander skeptisch «beschnupperten». Zudem verhielten sich wenige Teilnehmer/innen nach meiner Einschätzung irgendwie seltsam zurückhaltend.
Gegen Ende diese ersten Tages sprach ich diese meine Wahrnehmung der Situation an und formulierte mein Unwohlsein.
Im folgenden Gespräch fiel es mir durch einige Informationen wie Schuppen von den Augen: Besagte Weiterbildung war die erste einer aus zwei ehemaligen Organisationen fusionierten Schule. Unsicherheit und Desorientierung der Organisationsmitglieder waren laut authentischen Aussagen «an der Tagesordnung». Zudem waren zwei Kursteilnehmende offensichtlich designierte Teamleiter/innen und befanden sich dadurch mitten in einem Rollenwechsel.

Den zweiten Kurstag kontraktierten wir zusammen neu, die Situation entlastete sich sichtlich; gleichzeitig hatte ich das Gefühl, mich vehement gegen die gewünschte Rolle eines (Organisations-)Beraters wehren zu müssen, weil ich eben nur für zwei Tage als Kursleiter beauftragt war und als solcher nicht zu tief intervenieren wollte (siehe auch Modell Interventionstiefe, Kap. III, 2.4).
Nach der Weiterbildungsveranstaltung meldete ich dem Leiter der Organisation die gemachten Erfahrungen und meine Bedenken. Er sagte mir (erst jetzt), dass er eigentlich durch die Weiterbildungsveranstaltung «ein Stück Identitätsfusion» intendiert hätte, verstand nun aber, dass dies für alle Beteiligten nicht transparent gewesen war.
Ich selber musste mich ebenso «beim Schopf nehmen» und treffe seither – auch bei Anfragen bezüglich kurzer Weiterbildungen – bereits im Vorfeld viel genauere Abklärungen.

Inwiefern eine Organisationskultur beeinflussbar und steuerbar ist, werden wir später im Themenbereich «Organisationsentwicklung» näher beleuchten. Unbestritten ist, dass Entwicklung und Veränderung von Kultur heutzutage mittels Leitbildentwicklung, internen Image-Analysen etc. mit viel Aufwand versucht wird. Meist geschieht dies unter dem Überbegriff des «organisationalen Lernens» oder der «Lernenden Organisation».
Letzthin ist mir sogar ein ziemlich teures so genanntes «Kulturfitnessprogramm für Organisationen» als Prospekt unter die Augen gekommen.
Einige Autoren *(Fatzer 1993, S. 101, Miller-de Vries 1984, in: Fatzer 1993, S. 98 ff., Ansoff 1979)* beschreiben und definieren Typen von Organisationskulturen, ja sogar eigentliche «Organisationspathologien». Die Sprache ist sogar von «neurotischen» und «paranoiden» Organisationen ...
Mit solchen diagnostischen Etikettierungen kann ich – genauso wie bei individueller defizitorientierter Zuschreibung von Persönlichkeitsmerkmalen – wenig anfangen; sie vereinfachen, engen den Blickwinkel ein und verursachen Pygmalioneffekte (vgl. Kap. IV, 1.4).

**Reflexionsfragen «Organisation als System/Organisationskultur»**

- **Welche Metapher, welches Bild nach Morgan (in diesem Kapitel, 3.) entspräche ihrer Wahrnehmung nach am ehesten der Organisation, in welcher Sie arbeiten? Gäbe es eine andere, präzisere Metapher, welche Ihrer Organisation treffender beschreiben kann?**
- **Wo sehen Sie – aus systemischer Sicht – die Grenzen Ihrer Organisation? Wie geht Ihre Organisation mit ihren Grenzen um? Ist sie eher als «geschlossenes» oder eher als «offenes System» zu bezeichnen?**
- **Welche Artefakte (Bilder, Farben, Einrichtung, Sprache, Kleider etc.) sind für ihre Organisation bezeichnend? Auf welche Werte lassen sie schliessen? Sind Widersprüchlichkeiten zwischen Artefakten und «gelebten» Werten zu beobachten? Wie würden Sie die Kultur Ihrer Organisation beschreiben?**
- **Wo und wie beeinflusst Sie diese Kultur in ihrer täglichen (Ausbildungs-)Arbeit?**

## 6. Entwicklungsphasen einer Organisation

*(nach Lievegoed/Glasl 1996)*

Jede Organisation, jedes Unternehmen durchläuft nach *Glasl/Lievegoed (1996, S. 45 ff.)* nach der Gründung Phasen des Wachstums, des Reifens und der Entwicklung. Jede Phase unterscheidet sich dabei von der vorherigen durch höhere Komplexität und Differenzierung, wobei die Organisation ihre eigene Geschichte als organisches Gebilde sozusagen mit (weiter) trägt. Diese Entwicklungsprozesse verlaufen nicht in jeder Institution identisch und zeitlich linear; jede Organisation jedoch durchläuft solche Phasen. Die Übergänge von einer Phase zur andern sind von grosser Bedeutung, da sich dort die wichtigsten Probleme und Chancen für eine jeweilige Neuorientierung abzeichnen.
In jeder Phase verhält sich zudem das Unternehmen nach innen und nach aussen anders; es findet jeweils passende Formen der Strukturierung, der Führung und der Kommunikation. Das Phasenmodell ist als Anregung und Leitfaden zur Reflexion zu verstehen.

### 1. Pionierphase

Ein Pionierbetrieb ist in seiner reinen Form ein vom Gründer/von der Gründerin geführter Betrieb. Diese Gründungsperson prägt durch ihre Persönlichkeit das ganze Unternehmen. Er/sie ist «Schöpfer/in», welche(r) mit seiner/ihrer Vision bestimmt, wie das Unternehmen aussehen und gedeihen soll, eine grosse Ausstrahlung und Kraft besitzt, Mitarbeitende mitzuziehen und zu begeistern vermag. Gelegentlich wird hier auch von «charismatischen» Führenden gesprochen (vgl. auch die «Wikinger», Kap. II, 4.). Die Mitarbeitenden identifizieren sich mit der Führungsperson, arbeiten zu einem grossen Teil für diese selbst. Überstunden sind hier beidseits kein Thema. Ein Pionier kennt alle seine Mitarbeiter/innen persönlich – wie in einer grossen Familie.
Die Kontakte sind direkt und intensiv, gegen innen sowie nach aussen. Beziehungen zu Kunden werden gepflegt. Mitarbeiter/innen werden nach Kriterien der Sympathie ausgelesen, weniger auf Grund von Zeugnissen und Referenzen. Im Betrieb werden Arbeiten vom Chef/von der Chefin verteilt, es gibt wenig bis keine Strukturen, Improvisation wird gross geschrieben, was solche pionierhafte Unternehmen effizient und flexibel macht.
Wächst der Betrieb, wachsen in der Regel auch die Schwierigkeiten: Willkür, Machtkämpfe, Chaos, Undurchschaubarkeit behindern eventuell die Arbeit, Aufgaben werden unklar, die Pioniere haben nicht mehr alles unter Kontrolle. Die Hierarchie stösst an ihre Grenzen, da ein einziger Mann oder eine Frau allein ein grösseres Unternehmen nicht mehr führen kann. Die Folge davon kann schwerwiegend und vielfältig sein: Verlust der Kundschaft, da Termine nicht mehr eingehalten werden können, Abwanderung guter Mitarbeiter/innen, da die Identifikation mit dem Betrieb und der Führungsperson nicht mehr genügen. Der Wunsch nach Ordnung, nach mehr Klarheit und Strukturen wird artikuliert.

### 2. Differenzierungsphase

Die Antwort auf die Problematik des «überreifen» Pionierbetriebes heisst nun: «wissenschaftliche Unternehmensführung»:

- an die Stelle der Willkür tritt Ordnung,
- anstatt Improvisation herrscht Planung vor,
- die spontane, emotionale Handlungsweise wird von rationaler Systematik abgelöst,

- das Informelle weicht dem Formalisierten,
- anstelle der Person steht die Sachaufgabe im Mittelpunkt,

usw.

Die weiteren Verfeinerungen und Konkretisierungen der wichtigsten Organisationsprinzipien der Differenzierungsphase führen sodann zu Prozessen wie:
1. Mechanisierung
2. Standardisierung
3. Spezialisierung
4. Koordinierung
5. Formalisierung

1. Menschliche Arbeit wird soweit als möglich durch Maschinenarbeit ersetzt. Diese «Mechanisierung» erfasst auch die Elemente des sozialen Subsystems, das heisst Entscheidungen, menschliche Beziehungen, Beurteilungen, Karrierewege etc.
2. Durch die Standardisierung kann jedes Ding, jeder Prozess und jede Arbeitsmethode auf eine exakt beschriebene Norm reduziert werden, um Vereinheitlichung und Auswechselbarkeit zu erreichen.
3. Die Befolgung des Prinzips der Spezialisierung führt dazu, dass durch die Konzentration auf einen begrenzten Bereich sowie durch Perfektionierung des Könnens, Qualität und Quantität der erbrachten Leistungen verbessert werden können. Man unterscheidet:
   - Funktionelle Spezialisierung
   - Spezialisierung der Führungsebenen
   - Spezialisierung der Arbeitsphasen
4. Das Prinzip der Koordination dient als Gegengewicht zu den auseinanderstrebenden Kräften der Differenzierung: Die vielseitigen Tätigkeiten müssen zusammengefasst und abgestimmt, ein einheitliches Dach konstruiert werden.
5. Bei der Formalisierung werden Aufgaben und Kompetenzen, Verfahren, Arbeitsstile etc. explizit gemacht, logisch-rational geordnet, beschrieben und festgelegt. Stellenbeschriebe, Pflichtenhefte, Organigramme und Formulare werden entworfen und führen zu Verbindlichkeit.

Die Gefahr dieser Entwicklungsphase besteht darin, dass die Organisation nun starr und bürokratisch wird. Es kann passieren, dass einzelne Abteilungen und Führungsebenen ihre eigene Denk- und Arbeitsweise isoliert entwickeln und das identitätsbildende Gemeinsame im Erleben der Mitarbeiter dadurch verloren geht.

**3. Integrationsphase**

Das soziale, das kulturelle und das technische Subsystem (siehe 9.2, in diesem Kapitel) werden in dieser Phase zu einer völlig neuen Synthese gebracht und gleichgewichtig behandelt. Dadurch entsteht ein neues Organisationskonzept, welches sich darauf ausrichtet, dass alle Mitarbeiter/innen intelligent im Sinne des Ganzen handeln können und wollen.
Die Integrationsphase stützt sich auf die Überzeugung, nach der sich jeder Mensch «im

Guten» weiterentwickeln kann. Gemeinsam werden nun Leitsätze und Ziele der Organisation angegangen und verwirklicht. Personalentwicklung und -schulung werden gewährleistet, Prozesse gesteuert und in Gang gebracht, externe Beziehungen (Marketing) gepflegt und Ressourcen bereitgestellt. Die Organisation ist in überschaubare Einheiten gegliedert und agiert dadurch flexibel und kundenbezogen.
Die Führung kann auf sehr unterschiedliche Anforderungen situationsgerecht reagieren und begünstigt Teamarbeit sowie eine hohe Beteiligung der Mitarbeiter/innen.

**4. Assoziationsphase**

Die Assoziationsphase wendet sich nun der Kernaufgabe zu, das Unternehmen mit den so genannten «Umwelten» assoziativ so zu vernetzen, dass es sich vorausschauend (proaktiv) und partnerschaftlich-dialogisch mit diesen auseinandersetzen kann. Die Abgrenzung des Unternehmens gegenüber seinen Umwelten, wie sie auch noch für die Integrationsphase typisch ist, weicht jetzt einer Verbindung mit anderen Institutionen und Organisationen, die vielfältige Formen und Intensitätsgrade annehmen kann. Assoziation unterscheidet sich von Fusion, weil sie keine Verschmelzung und somit keinen Verlust der Eigenidentitäten der verschiedenen Unternehmen bezweckt. Es werden vielmehr vertrauensvolle und langfristig angelegte Partnerbeziehungen aufgebaut, die einen dauernden Interessensausgleich vorsehen («profit-sharing») und gemeinsame, durchgängige Wertschöpfungen ermöglichen.

**Reflexionsfragen «Organisationsphasen»**

- **Können Sie Ihre Organisation, in welcher Sie arbeiten, anhand des vorliegenden Modells einer Phase zuteilen?**
- **Befindet sich Ihre Organisation innerhalb verschiedener Bereiche in verschiedenen Phasen? Woran merken Sie das? Welche Auswirkung kann dies haben?**
- **Erinnern Sie sich an Phasenübergänge und diesbezüglich spezifische Phänomene oder Ereignisse?**
- **Passt die bei Ihnen vorherrschende Führungskonzeption und der praktizierte Leitungsstil zu der jeweilig aktuellen Phase? Wo sind diesbezügliche Differenzen spürbar?**
- **Haben Sie – wenn Sie Ihre bisherigen Organisationserfahrungen berücksichtigen – eine Vorliebe für gewisse Phasen?**
- **In welcher Richtung könnte sich Ihre Organisation bewegen? Wo steht sie in 5, 10, 20 Jahren? Was kann bis dann passiert sein?**

Gerade junge, florierende Betriebe – zum Beispiel aus der IT/High-Tech-Branche – wachsen mitunter in einem solchen Tempo, dass Kulturbildung und sorgfältiges «Phasenübergangsmanagement» auf der Strecke bleiben.

Ich erhielt letzthin von einer solchen Firma, welche vor zwei Jahren von einer Handvoll 20- bis 25-jährigen Pionieren gegründet wurde und seither um 500 (!) Mitarbeiter/innen gewachsen ist, eine Anfrage um Schulung und Ausbildung von Kader und Mitarbeitenden.
Schon die Anfrage kam überfallsartig: Innerhalb dreier Tage wollte die Geschäftsleitung ein Gespräch mit anschliessender Offerte, genauere Angaben zu ihrem Bedarf konnten sie nicht machen. Während der beiden Tage nach der Anfrage «flatterten» unzählige Mails mit Informationen zum «neuesten Stand der Lage» in meinen elektronischen Briefkasten.
Bei meinem Besuch in der Firma am dritten Tag nach der Anfrage wurde ich sehr freundlich empfangen und fand mich in einem regelrechten «Bienenhaus» wieder. Während der vereinbarten Sitzung wechselte die Zusammensetzung innerhalb einer Stunde mehrmals, weil die einen auf Grund dringender Arbeiten wieder weg mussten, andere aus denselben Gründen erst später kommen konnten.
Beim Gespräch zeigte sich, dass die Führungscrew (die «alten» Pioniere) mit dem schnellen Wachstum der Firma völlig überfordert waren; viele Mitarbeiter/innen verliessen die Stelle kurz nach Antritt wieder, die Stimmung sei «irgendwie schlecht». Zudem habe die Führung ein «hartes controlling» von Leistung und Arbeitszeit einrichten müssen, um die Mitarbeiter/innen zu disziplinieren. Solche Arbeiten wiederum seien für sie selber nerven- und zeitraubend, in Tat und Wahrheit würden sie «viel lieber entwickeln und aufbauen statt administrieren» (O-Ton).
Auf alle Fälle wurde mir im Gespräch klar, dass sich das Führungsteam von einer allumfassenden Mitarbeiterschulung eine Rettung aus der aktuellen Misere (welche wohlverstanden keine finanzielle war!) erwarteten.
Ich tat ihnen daraufhin meine Einschätzung der Lage kund, plädierte für ein sorgfältiges Übergangsmanagement in Richtung einer Differenzierung und riet ihnen vorerst zu einem Führungscoaching, welches zu einem späteren Zeitpunkt immer noch um andere Massnahmen ergänzt werden könne.
Eine Woche nach diesem Gespräch erhielt ich eine Absage, mit der Begründung, dass der mich anfragende Teil der Führungsgruppe in corpore gekündigt habe.
(Wahrscheinlich gründen die nun eine neue Firma ...)

Phasenübergänge sind meist krisenanfällige Entwicklungsschritte; häufig werden bei solchen Übergängen auch Leitungspersonen ausgewechselt – wobei in der Tat in verschiedenen Phasen auch verschiedene Leitungskompetenzen gefragt sind.
Andere Phasenmodelle beziehen sich dementsprechend auch auf diesen Zusammenhang von Unternehmensentwicklung und Unternehmenskrisen, wonach – analog zu psychologischen Krisenmodellen – Krisen jeweils erste Zeichen von Entwicklung sind. (Beispiele: *«Revolutionäre und evolutionäre Perioden im Leben einer Organisation»* nach *Greiner, in: Staehle 1994, S. 555* oder *«Phasen der Veränderungskurve» nach Fatzer, in: Fatzer et al. 1999, S. 14)*

## 7. Typologie von Organisationen

Die weiter vorne skizzierten Phasenmodelle sind generalisierend für alle möglichen Organisationen und Unternehmen gedacht. Einen allfälligen Transfer für «Ihre» berufs- oder funktionsspezifische Organisation müssten Sie als Leser/in somit selber bewerkstelligen. In der Art von Produktion, Zielsetzungen und Struktur können jedoch auch ganz verschiedene Typen von Organisationen benannt werden.

*Baumgartner et al. (1998, S. 57 ff.)* unterscheiden drei Typen von Organisationen:
1. Die Dienstleistungsorganisation
2. Die Produkteorganisation
3. Die Schöpferische Organisation

Die *Dienstleistungsorganisation* «produziert» vor allem Prozesse in einer Art von «Servicegeist». Im individuellen Mitarbeiter erlebt der Kunde symbolisch die ganze Organisation. Gelegentlich «produziert» (vor allem in Differenzierungsphasen) die Standardisierung von Leistungen am individuellen Kunden vorbei.
Zu Dienstleistungsorganisation gehören Banken, Versicherungen, Krankenhäuser, Behörden, Verwaltungen, Restaurants/Hotels, Fluglinien etc. Im Zuge des New Public Managements werden immer mehr auch öffentliche Bildungsorganisationen zum Dienstleistungssektor gezählt.

*Produkteorganisationen* produzieren materielle Güter, sind häufig hierarchisch und arbeitsteilig gegliedert, automatisiert und messen Leistung nach Produkteanzahl und -qualität.

*Schöpferische Organisationen* produzieren Ideen und stehen in einem kontinuierlichen Lern- und Entwicklungsprozess. Die professionelle Freiheit der Mitarbeitenden ist ein zentrales Gestaltungselement.
Der Aufwand für die Leistungserbringung ist schwer kalkulierbar, Leistungsmessung wird damit in der Regel schwierig und ist umstritten. Dafür ist aber meist eine Verpflichtung zu einer besonderen Berufsethik notwendig.
Starre Führungsstrukturen vertragen sich schlecht mit den Erfordernissen dieses Organisationstypus, bürokratische Überformalisierung kann tödlich sein, die Standardisierung der Arbeit ist nur bedingt möglich. (Schöpferische Organisationen «überspringen» deshalb häufig die Differenzierungsphase.)
Schöpferische Organisationen sind Bildungs- und Beratungsorganisationen, Schulen, Werbeagenturen, Entwicklungsabteilungen, Forschungseinrichtungen etc.

Wie Sie sehen, werden Bildungsorganisationen und Schulen im Zwischenraum von «Dienstleistung» und «schöpferischer Arbeit» situiert!
Im Speziellen die Marktdiskussion im Bereiche der öffentlichen Bildung wird das Bild und die Realität der Bildungsorganisation vom «schöpferischen Typus» in Richtung «Dienstleisterin» verschieben *(vgl. Wolter 2001)*.
Schulsysteme sind in der Regel bürokratisch aufgebaut, Lehrpersonen immer noch staatlich «verbeamtet» (obwohl sie sich nicht als «Verwalter» verstehen); reglementierte Stundentafeln, Lektionenrhythmen und Lehrmittel sind Zeichen davon.
Die berechtigte Angst, schöpferische Freiheit und damit Autonomie zu verlieren und nur noch «Lehrmittelvollstrecker» zu sein, lässt sich so nachvollziehen – als gerechtfertigte Befürchtung, die Vorteile der Merkmale einer schöpferischen Organisation zu verlieren.
Die aktuellen Auseinandersetzungen um die mit Lohnsystemen gekoppelten Qualifikationssysteme für Lehrpersonen (vor allem der öffentlichen Schulen) singen davon ein Lied.
Dieselben Prozesse werden sichtbar, wenn Bildungs- (und Personalentwicklungs-)Abteilungen innerhalb einer Organisation als interne «schöpferische Segmente» mit ihren spezifischen Subkulturen in Spannung zur übergeordneten Produkte- oder Dienstleistungsorganisation («Mutterhaus») stehen. In der Regel sind solche Abteilungen naturgemäss fortgeschritteneren Phasen zuzuordnen als die Gesamtorganisation (siehe dazu auch meine Ausführungen zum Projektmanagement in diesem Kapitel 10.).

**Reflexionsfrage «Bildung als Schöpfung oder Dienstleistung»?**

- **Welche Aspekte Ihrer ausbildenden Arbeit würden sie als «schöpferisch» bezeichnen, welche als «Dienstleistung»? Wo finden Sie sich dabei lieber? Wie steht es mit dem Verhältnis dieser beiden Anteile in Ihrer Praxis?**

## 8. Gesellschaftlicher Strukturwandel und seine Auswirkungen auf Bildungsorganisationen – sechs Thesen

Mit den folgenden Thesen möchte ich aus gesellschaftlicher Sicht begründen, warum organisationales Wissen für Ausbildende und Bildungsverantwortliche zukünftig zum festen Bestandteil von Kompetenz- und Rollenprofilen zu zählen ist. Ich habe mich dabei unter anderem von einem Text von *Walter Herzog (1994)* inspirieren lassen.

### These 1

Seit der Industrialisierung löst sich weltweit das traditionelle Eingebunden-Sein in übergeordnete (religiöse) Sinnsysteme auf; Zerfall von bäuerlichen Gemeinschaften und Verstädterung waren und sind die Folge; der Rückzug der (z. B. staatssozialistischen) Solidargemeinschaften gab der Marktorientierung der westlichen Gesellschaft ungeahnten Aufschub. Markt, Medien und grosse Organisationen (Microsoft, CNN etc) ersetzen teilweise als Bezugssysteme alte Wertsysteme wie Familie, Arbeit, Religion.
Wenn nun Identität nicht mehr sozial zugeschrieben, sondern in der Planung des «Projektes Leben» individuell erworben wird (was zu Auswüchsen wie der so genannten «Ego-Aktie» führt), wird Bildung als Vehikel dieser Projektplanung und als «Mehrwertschöpfung» gehandelt. Bildungsorganisationen oder Bildungsorte werden damit zunehmend Erfahrungsfelder der immer wieder notwendig neuen Konstruktion von persönlichen Lebensperspektiven statt wie früher in tradierte und standardisierte gesellschaftliche Rollen und Kompetenzen einzuführen.

### These 2

Formale Chancengleichheit führte in einer historisch gesehen sehr kurzen Zeit zu einer weiblichen Mehrheit von Teilnehmenden im Bereiche der Weiterbildung und zu einer rasanten Zunahme von weiblichen Studierenden in der universitären Bildung. Dies wohlverstanden noch ohne Äquivalenz im Bereiche der Besetzung von attraktiven beruflichen (Führungs-)Positionen. Wenn die ehemalige Normal-Biografie damit partiell zur Wahl-Biografie wird *(vgl. Beck 1993)*, ist damit zu rechnen, dass im Zuge der Individualisierung traditionelle Familien- und Ehemodelle ins Wanken geraten und Einkind- oder Einelternfamilien sowie kinderlose Verbindungen zunehmen.
Der Bildungsdruck und das «Erfüllungserbe» dürfte zukünftig grossen Einfluss auf weniger werdende (Einzel-)Kinder haben.
Unsere Bildungsinstitutionen könnten demnach vermehrt mit anspruchsvollen Individualisten und selbst- oder fremdernannten «Hochbegabten» zu tun haben.

**These 3**

Ein Supermarkt an Werten und Ideen lässt – unter anderem bedingt durch die Medialisierung der westlichen Welt sowie die zunehmende Migration – Kultur in jedem Sinne mehrsprachig werden. Die gesellschaftliche Kernfrage lautet demzufolge: Wie lassen sich Kulturen (und zwar nicht nur organisationale) ohne existentiellen Verlust der je eigenen Identität verbinden? Bildungsorte könnten hierzu ein an Bedeutung wachsendes Feld des Umganges mit kultureller Heterogenität anbieten – auch wenn Bildung und ihre Angebote selber genauso dem «sampling» und «patchworking» unterworfen sind.

**These 4**

Wenn Gegenwart nur noch «Durchgangsstation» ist und der so genannte Wandel sich gleich auch noch selber beschleunigt, dürften Bildungsorganisationen Erfahrungsfelder für Lebensbewältigung in unverhersehbaren Kontexten und für den Umgang mit Komplexität werden. Im «geschützten» Rahmen liesse sich dann lebensnahe Problemlösung üben.

**These 5**

Das Bildungswesen wird landauf landab nach wie vor quantitativ ausgebaut, Kindheit und Jugend werden verschult, mit der Kehrseite der Medaille des so genannten «lebenslangen Lernens» droht zusätzlich die Verschulung des restlichen Lebens, woraus es kein Entrinnen gibt, da Lebenschancen je länger je mehr an berufliche Qualifikationen gebunden sind.
Wobei Bildung mit der Zunahme von Bildungsabschlüssen ihren Qualifikationswert gleich wieder verlieren wird.
Bildungsorte könnten somit einerseits zu postmodernen «Lern- und Qualifikationstempeln» werden oder aber zu sozialen Treffpunkten, wo das unvermeidliche «Scheitern» in Beruf, Alltag und Bildung aufgearbeitet wird.

**These 6**

Gesellschaftsstruktureller Wandel hat die reversible Neugestaltung von Organisationen zur Folge. Bildungsorganisationen sind davon nicht ausgenommen, im Gegenteil: Die Zukunft des Menschen steht für uns im engen Zusammenhang mit der Frage, welche Bildung der Mensch für eben diese Zukunft brauche. Zukunftsunsicherheit bewirkt demnach Unsicherheiten im Bereiche von Bildungsmassnahmen; diese wiederum haben einen verunsichernden Einfluss auf die Gestaltung von Bildungsorganisationen. Solche Gestaltungsarbeiten sind gegenwärtig voll im Gange; auf zahlreichen Bau- und Tummelplätzen sind Ziele solcher Gestaltung, sowie deren Mittel und Verfahren nicht genügend definiert, ja gelegentlich gar nebulös.
Ich denke, dass Ausbildner/innen als Organisationsvertreter einen Teil dieser Entwicklung gemeinsam in die eigenen Hände nehmen sollten, bevor sie selber «fremdentwickelt» werden. Dabei ist gelegentlich durchaus auch bewahrender Widerstand angebracht (vgl. auch Kapitel III, 2.7).

Für produktive Organisationsgestaltung, aber auch für kritische Auseinandersetzung mit einschlägigen Technologien und Instrumenten, sind Kenntnisse von organisationalen Gestaltungsverfahren unabdingbar.

Im Folgenden werde ich folgende drei «Technologien» im Bereiche des Veränderungsmanagements in Organisationen kritisch skizzieren:

- die Organisationsentwicklung (OE),
- das Projektmanagement (PM) und
- das Qualitätsmanagement (QM).

Ich nenne sie Technologien, weil sie im Vergleich mit Instrumenten vermehrt über eigene theoretische Grundzüge verfügen (vor allem OE und QM) und als «umsetzungsoptimistisch» zu bezeichnen sind. Selbstredend handelt es sich hier um aktuelle Technologien, welche immer auch – wie Managementskonzepte – dem Zeitgeist entsprechen.
Zudem sind die Technologien nie ganz trennscharf, in grundlegenden Annahmen und Vorgehensweisen überschneiden sie sich gelegentlich. Zusätzlich werden sie auch begrifflich ungenau behandelt. So wäre zum Beispiel ein so genanntes «OE-Projekt», wenn die ganze Organisation davon betroffen ist, im eigentlichen Sinne gar kein «Projekt»; dazu später aber mehr.
Bei meinen Ausführungen handelt es sich mehr um eine «eiserne Ration» als um ausführliche Beschreibungen. Ich verweise deshalb jeweils auf weiterführende Literatur. Einzelnen Technologien (z. B. OE) sind diverse handlungsorientierte Instrumente beigefügt.

## 9. Technologie 1: Organisationsentwicklung

### 9.1 Einführung

Wenn herkömmliche Interpretations- und Handlungsmuster einer Organisation auf Grund von Innen- oder Aussendruck in die Krise führen, traditionelle Symbole an Glaubwürdigkeit verlieren, Verunsicherung eintritt, dann stellt sich die Frage, ob Organisationskulturen beeinflussbar sind – ja, ob Organisationen überhaupt entwicklungsfähig oder entwickelbar sind.
Die aktuell inflationären Ausführungen über die so genannte «lernende Organisation» und Unmengen von Literatur und Methodenhandbücher zum Thema «Schulentwicklung» als spezifische Form von Organisationsentwicklung, implizieren technologische Machbarkeit von Veränderung.

Ein Unternehmensberater sagte mir vor einigen Monaten, er hätte im Rahmen eines Beratungsauftrages innerhalb der Fusionierung zweier mittelständischen Betriebe (Produktion und Verkauf von HiFi-Geräten) 10 Sitzungen à zwei Stunden Zeit, um «eine neue Identität» (Originalton) des fusionierten Betriebes zu «generieren».
Schlimm genug, dass ein Auftrag so lauten kann; schlimmer, dass mein «Kollege» diesen so übernahm; noch schlimmer, dass er an die erwähnte «Identitätsgenerierung» glaubte; am schlimmsten, dass er sich in seinen eigenen Worten dabei «schöpferisch» vorkam.
Im Übrigen kommt besagter Betrieb nach Informationen von anderer Seite seit der Fusionierung zwar finanziell jeweils knapp über die Runden, die zwei ehemaligen Kulturen und Identitäten behaupten sich jedoch nach Aussage von Mitarbeiter/innen «implizit» als sich bekriegende Subsysteme, was Effektivität und Effizienz nicht gerade (wie erhofft) fördert.

« (...) Kim Frimer, seit Februar Chef des fusionierten Telecomkonzerns, versucht zwar mit einer von ihm geleiteten «Kulturgruppe» die beiden unterschiedlichen Firmenphilosophien von Sunrise und Diax unter einen Hut zu bringen – bisher allerdings mit wenig Erfolg. (...) » *(Kircher in: Cash 2001, S. 5)*

## EIN GRUNDMODELL DER VERÄNDERUNGSARBEIT IN ORGANISATIONEN *(nach Beckhard/Harris 1987)*

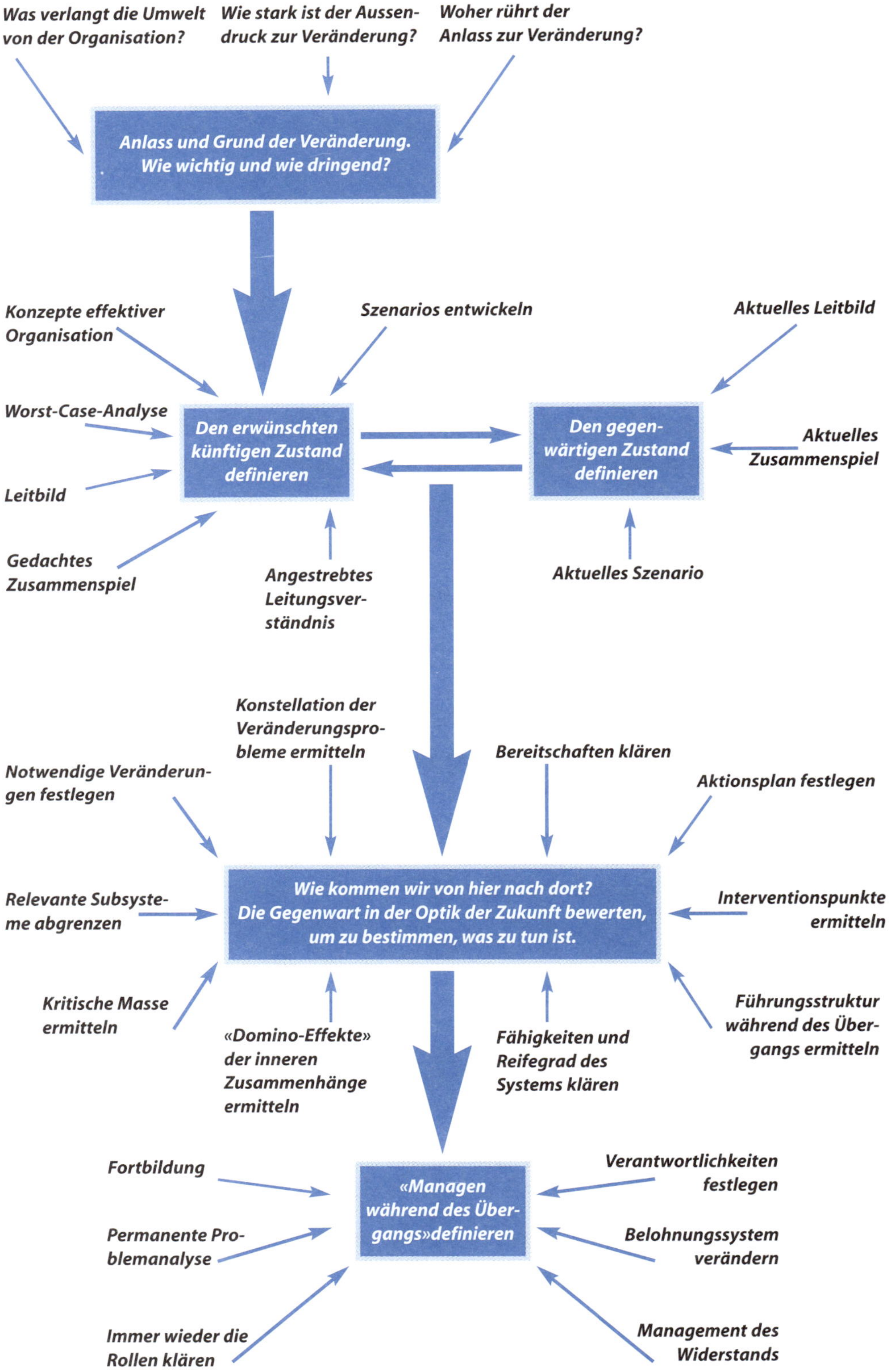

Zur Zeit des Verfassens dieser Publikation beschäftigt sich die Schweizer Öffentlichkeit mit der Frage, ob im Bereiche der Zivilluftfahrt die Kulturfusion der beiden Firmen Crossair und Swissair überhaupt eine Chance habe.
Wohlverstanden: Kreuzung, gegenseitige Durchdringung und Überlagerung von Kulturformen, ja die Kultur im Umgang mit fremden Kulturen, sind zentrale gegenwärtige und zukünftige Herausforderungen für Individuen und Organisationen. Nur lassen sich «cross culture people» nicht ganz so einfach generieren.
Bevor wir auf die Veränderungstechnologie «Organisationsentwicklung» etwas näher eingehen, möchte ich Ihnen eine «Landkarte» *(aus Beckhard/Harris 1987)* zeigen, welche grundsätzlich zentrale Aspekte von Veränderungsarbeit und dafür notwendiger Verfahrensweisen in Organisationen beleuchtet (siehe Grafik S. 314). Beckhard und Harris stellen damit hohe Ansprüche an ein sorgfältiges Vorgehen in organisationalen Veränderungsprozessen.

Sie können hier die ungeheure Komplexität in der Veränderungsdynamik nur schon einer einzelnen Organisation erkennen. Fusionsprozesse dürften diese Komplexität mit all ihren unplanbaren und unbeabsichtigten Nebenwirkungen um ein Vielfaches erhöhen.
Bei Veränderungsplänen und daraus resultierenden Interventionen gerät das Gesamtsystem in eine Bewegung, welche nur noch schlecht in seiner Ganzheit kontrollierbar ist. (Das «didaktische Mobile», siehe Kap. II, 2., ist im Vergleich dazu wundervoll übersichtlich.)

Die Organisationsentwicklung könnte man als eine Veränderungstechnologie unter vielen (siehe Beispiele weiter unten) bezeichnen, welche durch hohe (gewünschte) Eingriffstiefe sowie hohes Ausmass an Beteiligung von Betroffenen gekennzeichnet ist.

## *VERÄNDERUNGSTECHNOLOGIEN*

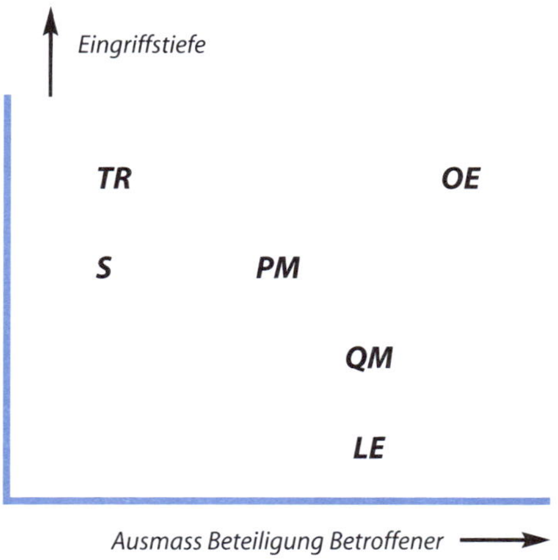


| | | | |
|---|---|---|---|
| *OE* | *Organisationsentwicklung* | *QM* | *Qualitätsmanagement* |
| *TR** | *Total Reengineering* | *PM* | *Projektmanagement* |
| *S* | *Sanierung* | *LE* | *Leitbildentwicklung* |

Total Reengeneering* und Sanierung zeichnen sich durch hohe Eingriffstiefe und kleine Betroffenenbeteiligung aus, Qualitätsmanagement und Leitbildentwicklung eher umgekehrt, durch hohe Beteiligung und wenig Eingriffstiefe. Das Projektmanagement befindet sich irgendwo dazwischen.
Bildungsmassnahmen – vor allem im traditionellen instruktionalen Sinne – eignen sich durch eher niedrige Eingriffstiefe und meist wenig Beteiligung nicht als Veränderungstechnologie, jedoch sehr wohl als begleitende Massnahmen diverser Veränderungsstrategien.
Die Organisationsentwicklung nimmt für sich wie gesagt beides, nämlich hohe Eingriffstiefe und viel Beteiligung von Betroffenen, in Anspruch.

* Unter Total Reengineering oder auch Business Process Reengineering wird eine radikale Neuordnung von strategischen und wertschöpfenden Geschäftstätigkeiten mit dem Ziel der Leistungsverbesserung verstanden.In einer «Generalüberholung» werden alte Praktiken und Strukturen zerstört und durch andere ersetzt.

Nach *French/Bell (in: Rosenstiel 1995, S. 313)* gelten folgende Merkmale als Charakteristika der Organisationsentwicklung (hier genannt OE):

- OE ist ein geplanter Wandel.
- OE ist ein langfristiger Wandel.
- OE ist ein organisationsumfassender Wandel.
- Der OE-Prozess wird von den Betroffenen mitgetragen.
- Der Wandel geschieht durch erfahrungsgeleitete Lern- und Problemlösungsprozesse.
- Dieses Lernen und Problemlösen wird durch Verfahren der angewandten Sozialwissenschaften induziert und unterstützt.
- Durch die OE soll nicht nur Produktivität, sondern auch die Lebensqualität und Problemlösefähigkeit innerhalb einer Organisation erhöht werden.

Die Organisationsentwicklung lässt sich bis in die 40er-Jahre zurückverfolgen – beispielsweise auf die von *Lewin* aus der Gruppendynamik weiterentwickelte «Laboratoriumsmethode», welche vorwiegend mit Gruppendiskussionen und dem Ziel der Verhaltensveränderung gestaltet wurde *(vgl. French/Bell, in: Sievers 1977)*. Lewin verstand Organisationsentwicklung als angewandte Sozialwissenschaft im Sinne der Aktionsforschung, in welcher Forschende selber Teil der Forschung waren und so genannte «Daten-Feedbacks» als wichtiger Forschungsbestandteil im Sinne einer Intervention galten.
Im Folgenden erhalten Sie einen Einblick in seine Vorstellung von Veränderungsprozessen in Organisationen:

## DREI-SCHRITT-MODELL DER VERÄNDERUNG VON ORGANISATIONEN

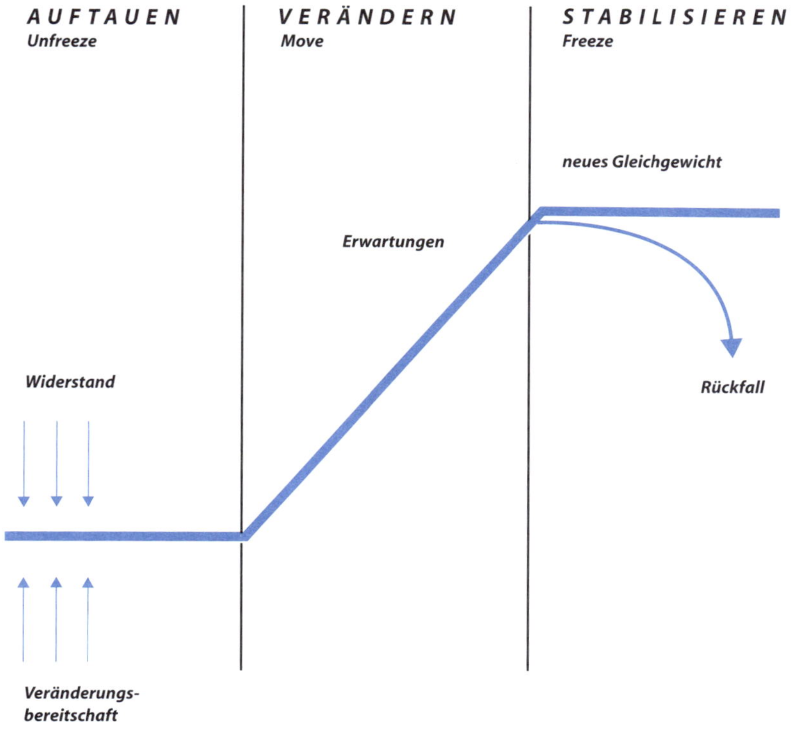


*nach Lewin 1948, in: Fatzer 1999, S. 156, Fatzer 1993, S. 58 ff., vgl. auch Schmidt/Berg 1995, S. 52 ff.*

Das bestechend einfache Modell ist – beispielsweise was die Balance zwischen Widerstand und Veränderungsbereitschaft (vgl. auch Kap. III, 2.7) betrifft – immer noch aktuell, gilt heute jedoch im Zuge des «steten Wandels» von manchen Organisationsentwicklern als überholt, da Stabilisierung vielerorts gar nicht mehr erwünscht ist. Dies führt uns mitten in die aktuelle Diskussion, ob Konstanz und kontinuierlich aufgebaute organisationale und individuelle Identität heutzutage überhaupt noch notwendig seien.

Die Organisationsentwicklung beschäftigt sich bis heute in diversen Ansätzen mit Methoden der Diagnose (siehe Instrumente 1+2, 9.2/9.3 in diesem Kapitel) und der Frage der Vorgehensweise – zum Beispiel bezüglich organisationalen Intervenierens.

Veränderung oder Lernen ist nicht einfach machbar, auch wenn unter «Wandel» meist «Wandel zum Guten» verstanden wird; Entwicklung kann nicht verordnet werden.

Viele Organisationsentwicklungs-Projekte scheitern trotz hoher Beraterkosten. Desillusionierung und Enttäuschung machen sich breit, was wiederum zur Suche nach neuen Konzepten oder Beratern führt.

Interventionen, welche wir entwerfen und Strukturen, die wir implementieren, sind im Moment der Umsetzung schon nicht mehr adäquat, weil Individuen, Gruppen und Organisationen sich anders verhalten, als zum Zeitpunkt der Veränderungsplanung erwartet werden konnte *(vgl. Argyris 1996)*. Eingängige Konzepte gehen von plan- und steuerbarem Wandel aus, konkrete Veränderungsprozesse jedoch sind von Widerstand und Paradoxien geprägt *(vgl. Kühl 2000)*. Probleme werden dann manchmal brutal durch die «Personifizierung» von Fehlern («Köpferollen») entsorgt.

*Kühl (2000)* spricht von Rationalitätskonstruktionen durch Ausblenden von Unsicherheit *(2000, S. 37)*, einer Art von Illusion, welche Realitätskomplexität einfach negiert.
Analogien zu unterrichtlichem Planungsverhalten (vgl. Kap. II) und zum Umgang mit Komplexität in Ausbildungssituationen (vgl. Kap. I und II) drängen sich hier auf.
*Fritz (2000, S. 188)* beschreibt unter diesem Blickwinkel die Wirkung einer organisationalen Leitbildentwicklung folgendermassen:

> *«Die Teilnehmer gelangen unter Umständen an den Punkt, an dem sie den Geist der Organisation zu spüren beginnen. Doch bei dem Versuch, in Worten auszudrücken, was sie empfinden, leisten sie dem Unternehmenszweck unabsichtlich einen schlechten Dienst. Sie banalisieren ihn durch den Versuch der schriftlichen Fixierung.*
> *Wenn die Teilnehmer den Raum wieder verlassen, halten sie ein Statement in Händen, das nur sie selbst wirklich verstehen. Sie waren bei der Zusammenstellung zugegen, also wissen sie, was das Papier besagen soll. Das Problem ist, dass die Erklärung von Leuten gelesen wird, die nicht anwesend waren und diese Erfahrung nicht geteilt haben. Die Erklärung, die sie lesen, klingt albern. Ihnen ist klar, dass nicht wiedergegeben wird, was sie für ihre Organisation empfinden. Sie bemühen sich, dem Statement etwas Positives abzugewinnen, aber es will ihnen trotz aller Anstrengungen einfach nicht gelingen.*
> *Dann wird die Erklärung an die Wand projiziert, auf Tafeln gemalt oder auf kleine Kärtchen gedruckt, die jeder stets in der Brieftasche bei sich tragen soll. Je länger die Erklärung existiert, desto klarer wird allen, dass niemand Entscheidungen trifft, die auf ihr basieren. Die wahrgenommene Wirklichkeit steht im Widerspruch zu der Absichtserklärung und deshalb erscheint diese zunehmend sinnlos.»*

Eine eindrückliche Schilderung von mangelnder Kongruenz zwischen Grundannahmen und (Leitbild-)Artefakt (siehe 5., in diesem Kapitel) sowie fehlender Eingriffstiefe trotz versuchter Mitbeteiligung (siehe weiter oben).
Nun, vielleicht ist der «Glaube» manchmal doch notwendig, und man kann Veränderungsprozesse wirklich *«gezielt wegen ihrer beruhigenden fokussierenden, motivierenden – und ausblendenden – Wirkung benützen» (Kühl 2000, S. 190)* – auch wenn dabei nichts geschieht. Ganz nach dem Motto:« Wenigstens bewegen wir uns!» (Wenn auch im Kreise).
*Morgan* meint dazu:

> *«Der Mythos Rationalität hilft uns, bestimmte Handlungsabläufe als legitim, glaubhaft und normal anzusehen und somit alle Auseinandersetzungen und Debatten zu umgehen, die zu erwarten wären, wenn uns die grundlegende Ungewissheit und Ambivalenz unserer Werte und Handlungen aufginge.» (Morgan 2000, S. 191).*

Damit könnte der versteckte Nutzen der aktuell im Bildungsbereich florierenden Leitbildentwicklungen darin bestehen, in einer Zeit hoher Verunsicherung den Mitarbeiter/innen Orientierung zu bieten – wiederum eine Form von Komplexitätsreduktion im Sinne einer Entlastung.
Eine positive Besetzung des Begriffes «Weg des geringsten Widerstandes» *(Fritz 2000)* scheint mir dabei angebracht. Pragmatische, kleine Schritte und brauchbare Instrumente bringen uns manchmal weiter als die grossen und lauthals verkündeten, unerreichbaren Visionen, welche gelegentlich sogar Unbeweglichkeit und Widerstand verdecken.

Die folgenden Instrumente können Ihnen als Hilfestellung dienen, Ihre oder eine andere Organisation zu analysieren *(«Sieben Wesenselemente nach Glasl»)*, Ihre eigene Rolle in Ihrer Organisation zu klären *(«Rollenanalyse nach Schein»)* oder gewisse Situationen in Entwicklungs- und Qualitätsprojekten zu erhellen («SOFT-Analyse» und «U-Prozedur»).

## 9.2 Instrument 1: Organisationsdiagnose – Sieben Wesenselemente nach *Glasl*

*Glasl* erachtet, im Vergleich zu anderen diagnostischen Konzepten *(vgl. zum Beispiel Weisbord 1983)*, die unten dargestellten Wesenselemente in ihrer zusätzlichen Dimension zwischen «innen» und «aussen» als die wesentlichen Aspekte einer Organisation.
Zudem teilt er die Elemente in drei so genannte «Subsysteme» (geistig-kulturell, politisch-sozial und technisch-instrumentell) ein.
Eine weitere Akzentsetzung wird in der Betonung der Elemente «Identität» und «Kultur» (Wesensmerkmale 1 und 4) deutlich.
Die erste Darstellung will zeigen, dass die bezeichneten Wesenselemente sich gegenseitig beeinflussen und durchdringen. Die zweite Grafik stellt die Elemente in ihrer doppelten Zuordnung zum «Innensystem» und zum «Umfeld» vor.
Glasl selbst verbindet das Modell der Entwicklungsphasen (siehe 6., in diesem Kapitel) mit den Wesenselementen und beschreibt andrerorts den daraus resultierenden Wandel der Wesenselemente *(Glasl 1996, S.121 ff.)*.
Die zwischen den beiden Grafiken angeführten Fragen zur Selbst- und Fremddiagnose einer Organisation sind sehr umfangreich und zeigen das analytische Instrument Glasls in seiner möglichen Anwendung.

***DIE SIEBEN WESENSELEMENTE EINER ORGANISATION***

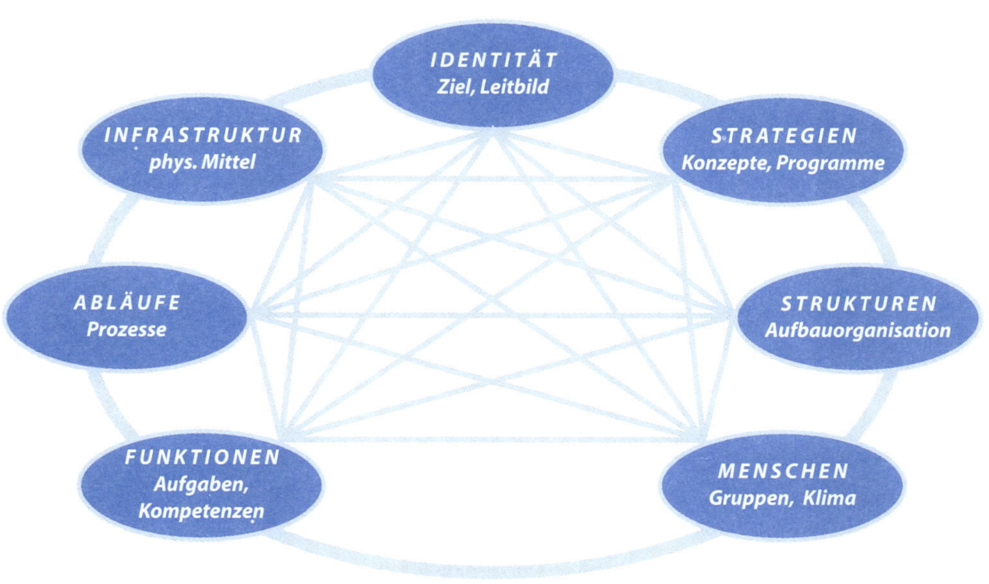


*nach Glasl 1996, S.12 f.*

Folgende Fragen könnten der Selbst- oder Fremddiagnose Ihrer oder einer anderen Organisation dienen:

**Fragen zur Selbst- und Fremddiagnose einer Organisation**
*(verändert nach Glasl/Lievegoed 1993, Brühwiler 1996)*

**1. Identität**
- Welches kann als die «Mission» der Organisation bezeichnet werden?
- Existiert ein Leitbild?
- Wird es auch «gelebt»?
- Ist die Kernaufgabe klar?
- Können die Tätigkeiten innerhalb der Organisation als sinnstiftend bezeichnet werden?
- Welches Image hat die Organisation bei wem?

**2. Policy, Strategie, Programm**
- Existieren explizite Strategien und Konzepte zur Umsetzung von Vorhaben und Zielen?
- Werden sie von Mitarbeitenden akzeptiert?
- Existieren unterschiedliche Strategien und Leitsätze in verschiedenen Teilsystemen?
- Wer entwickelt Strategien, wie geschieht dies?
- Existieren Leitgedanken im Umgang mit der Umwelt (Kunden etc)?

**3. Struktur**
- Wie zweckmässig ist Aufbau und Struktur der Organisation?
- Welches Führungssystem wird praktiziert?
- Wie wirkt das Organigramm auf Aussenstehende?
- Wie sind einzelne Einheiten miteinander vernetzt?
- Existieren strukturelle Beziehungen zu externen Gruppen/Organisationen – respektive Allianzen, Kooperationen etc.?

**4. Menschen, Gruppen, Klima**
- Wie wären die Führungsstile zu bezeichnen?
- Wie wird mit Macht umgegangen?
- Wie steht es mit dem Verhältnis von Formalität zu Informalität?
- Existieren informelle «Subkulturen»?
- Wie wird mit Konflikten umgegangen?
- Werden Leitgedanken «gelebt»?
- Wie steht es mit der Motivation der Mitarbeiter/innen?
- Wofür erhält man Anerkennung?
- Existiert so etwas wie Personalentwicklung?
- Wie ist das Beziehungsklima in der «Branche» generell zu bezeichnen?
- Wie ist der Umgang mit «Umwelt»?

**5. Einzelfunktionen, Organe**

- Sind Funktionen und Aufgaben klar definiert, Kompetenzen transparent verteilt?
- Wie werden wahrgenommene Funktionen kontrolliert?
- Wie gross sind die Handlungsspielräume?
- Existieren diverse Gremien (Kommissionen, Projektgruppen etc.)?
- Wie stehen diese zueinander, wie sind sie koordiniert?
- Welche Funktionen beschäftigen sich mit externen Schnittstellen am «Rande» der Organisation oder mit der so genannten «Umwelt»?

**6. Prozesse, Abläufe**

- Wie verlaufen Informations- und Entscheidungsprozesse, wie Planungs- und Steuerungsprozesse?
- Wo gibt es «Stau», Verzögerungen und Überschneidungen?
- Wie wird das «Management der Übergänge und Schnittstellen» gehandhabt?
- Wie werden externe Informationen beschafft?

**7. Physische Mittel (Infrastruktur)**

- Ist die Infrastruktur als angepasst und mitarbeiterfreundlich zu bezeichnen?
- In welchem Zustand sind Gegenstände, Räumlichkeiten und technische Einrichtungen?
- Sind sie zweckmässig?
- Wie steht es mit finanziellen Mitteln der Organisation? Wie und wo wird gespart?
- Welche Fremdmittel benötigt die Organisation?
- Wie ist das geographische und verkehrstechnische Umfeld?

## DIE SIEBEN WESENSELEMENTE UND DIE DREI SUBSYSTEME DER ORGANISATION

| IM INNENSYSTEM | ZUM UMFELD | |
|---|---|---|
| **1. IDENTITÄT**<br>Die gesellschaftliche Aufgabe der Organisation, Mission und Zweck, Leitbild, Fernziel, Philosophie, Grundwerte, Image nach innen, historisches Selbstverständnis der Organisation. | **1. IDENTITÄT**<br>Image bei Kunden, Lieferanten, Banken, Politik, Gewerkschaft etc., Konkurrenzprofil, Position in Märkten und Gesellschaft: Selbstständigkeit bzw. Abhängigkeit. | Geistig kulturelles Subsystem |
| **2. POLICY, STRATEGIE, PROGRAMME**<br>Langfristige Programme der Organisation, Unternehmenspolitik, Leitsätze, Strategie und längerfristige Konzepte. | **2. POLICY, STRATEGIE, PROGRAMME**<br>Leitsätze für Umgang mit Lieferanten, Kunden etc., PR-Konzepte, Marktstrategien; Übereinstimmung mit Spielregeln der Branche | |
| **3. STRUKTUR**<br>Statuten, Gesellschaftsvertrag, Aufbauprinzipien der Organisation, Führungshierarchie, Linien- und Stabsstellen, zentrale und dezentrale Stellen, formales Layout | **3. STRUKTUR**<br>Strukturelle Beziehungen zu externen Gruppierungen, Präsenz in Verbänden etc., strategische Allianzen | Politisch-soziales Subsystem |
| **4. MENSCHEN, GRUPPEN, KLIMA**<br>Wissen und Können der Mitarbeiter, Haltungen und Einstellungen, Beziehungen, Führungsstile, informelle Zusammenhänge und Gruppierungen, Rollen, Macht und Konflikte, Betriebsklima | **4. MENSCHEN, GRUPPEN, KLIMA**<br>Pflege der informellen Beziehungen zu externen Stellen, Beziehungsklima in der Branche, Stil des Umgehens mit Macht gegenüber dem Umfeld. | |
| **5. EINZELFUNKTIONEN, ORGANE**<br>Aufgaben, Kompetenzen und Verantwortung, Aufgabeninhalte der einzelnen Funktionen, Gremien, Kommissionen, Projektgruppen, Spezialisten, Koordination | **5. EINZELFUNKTIONEN, ORGANE**<br>Verhältnis zum üblichen Branchenverständnis über Arbeitsteilung, Funktionen zur Pflege der externen Schnittstellen. | |
| **6. PROZESSE, ABLÄUFE**<br>Primäre Arbeitsprozesse, sekundäre und tertiäre Prozesse: Informationsprozesse, Entscheidungsprozesse, Planungs- und Steuerungsprozesse | **6. PROZESSE, ABLÄUFE**<br>Beschaffungsprozesse für Ressourcen, Lieferprozesse, Speditions-Logistik, Aktivitäten zur Beschaffung externer Informationen | Technisch-instrumentelles Subsystem |
| **7. PHYSISCHE MITTEL**<br>Instrumente, Maschinen, Geräte, Material, Möbel, Transportmittel, Gebäude, Räume, finanzielle Mittel | **7. PHYSISCHE MITTEL**<br>Physisches Umfeld, Platz im Umfeld-Verkehrssystem, Verhältnis Eigenmittel – Fremdmittel | |

*in: Glasl 1996, S.12/13*

**Übung**

**«Sieben Wesenselemente nach Glasl» (Gruppenaufgabe)**

**Ziel**
Aneignen des Instrumentes «Fragen Sieben Wesenselemente» nach *Glasl*

**Gruppengrösse**
5 Personen

**Aufgabe**
A, B und C bereiten sich auf ein Interview mit E über deren/dessen Organisation vor (evtl. Aufteilung der Wesenselemente, Fragen-Brainstorming).
E lässt sich danach über die eigene Organisation befragen.
D beobachtet und notiert während der ganzen Aufgabe und ist für den Plenumsbericht verantwortlich.
Nach der Befragung überlegen sich die Befrager/innen – während E schweigt! – Hypothesen (Zuordnung der Wesenselemente zu Entwicklungsphasen, mögliche Weiterentwicklungsstrategien etc.).
E gibt darauf Rückmeldung aus Sicht der/des Betroffenen.
Austausch in der Gruppe
Die Beobachter/innen informieren das Plenum.

## 9.3 Instrument 2: Das Rollenkonzept in Organisationen – Rollenanalyse nach *Schein*

Organisationen bestehen aus *Funktionen* (Aufgaben), *Strukturen* und *Personen*, welche eine spezifische Kultur prägen oder von dieser geprägt werden.
Diese vier Aspekte werden in der so genannten «Rolle» gebündelt.
Rollen entstehen aus bestimmten *Erwartungen* (Anforderungen, Regeln, Druck etc.) im Zusammenhang mit bestimmtem *Verhalten* (z. B. Leistung).
Je nachdem existiert mehr oder weniger Übereinstimmung oder Abweichung zwischen Erwartungen und Verhalten. Rollen entstehen somit immer in Interaktion zwischen verschiedenen «Erwartungsrepräsentanten» und den Rollenträgern .
Rollen im Organisationskontext werden meist komplementär verstanden (Chef/in – Mitarbeiter/in, Kursleiter/in – Teilnehmer/in).
Rollen müssen immer wieder geklärt, durchgesetzt und modifiziert werden.
Die Rollengestaltung hängt von der Art der Rollenübernahme, deren Interpretation (z. B. durch hohe Identifikation oder viel Distanz) und der Rollendefinierung (Transparenz/Klarheit oder Widersprüchlichkeit) ab. Zum Thema Rolle verweise ich auf das eher gruppendynamisch orientierte Rollenverständnis in Kapitel III (1.7) und auf meine Ausführungen zum «Rollenstrauss» von Lehrenden in Kapitel I (2.5).
Die nachfolgende Rollenanalyse soll nicht ausschliesslich Ihre Rollen im Sinne von verschiedenen Handlungsfeldern gegenüber den Lernenden als einer Erwartungsgruppe (wie im «Rollenstrauss») zum Thema machen.

Vielmehr geht es dabei in organisationalem Sinne um Ihr Verhältnis zu allen relevanten Rollenträgern (Lernende, Kollegium, Leitung, Hauswart, Administration, externe Kooperationspartner etc.) und dessen Klärung.
Das folgende Instrument ist in leichter Veränderung dem ins Deutsche übersetzten «career survival» von *Schein (1993)* entnommen.
Wenn Sie die Analyse in einer Gruppe vornehmen, wäre dies sicherlich ideal, wenn nicht, können Sie direkt zu den Schritten 1–4 gehen und die Analyse als Selbstreflexion gestalten.

**Anleitung zur Rollenanalyse**
*(nach Schein 1994)*

- Gruppieren Sie sich mit dem Kriterium der Funktionsähnlichkeit zu zweit oder zu dritt
- Gehen Sie die Schritte 1–4 für sich alleine durch.
- Tauschen Sie Schritt 5 miteinander aus.

**1. Das Netzwerk von Rollen und Bezugspersonen, in welchem ich mich gegenwärtig befinde**

Hier geht es um eine Analyse des an Ihrem Arbeitsplatz massgeblichen Rollen- und Beziehungsnetzwerkes. Ihre Aufgabe ist es, Ihre wichtigsten Bezugspersonen und deren Erwartungen zu identifizieren.
Entwickeln Sie Ihr Netzwerk, indem Sie sich selbst ins Zentrum setzen und mit Namen oder Funktionsbezeichnung all diejenigen Personen oder Gruppen eintragen, mit denen Sie beruflich Kontakt haben.
(Wenn Sie wollen, können Sie in Ihr Netzwerk auch Ihre Familie, Ihre Freunde, andere Freizeitkontakte etc. aufnehmen; damit würde in erweitertem Sinne die Frage der Grenze von Berufs- und Privatleben analysierbar.)
Mit Variierung der Pfeildicke und der Distanz der verschiedenen «Beziehungskreise» können Sie Wichtigkeit und Relevanz unterscheiden.
Ein Beispiel zur Visualisierung:

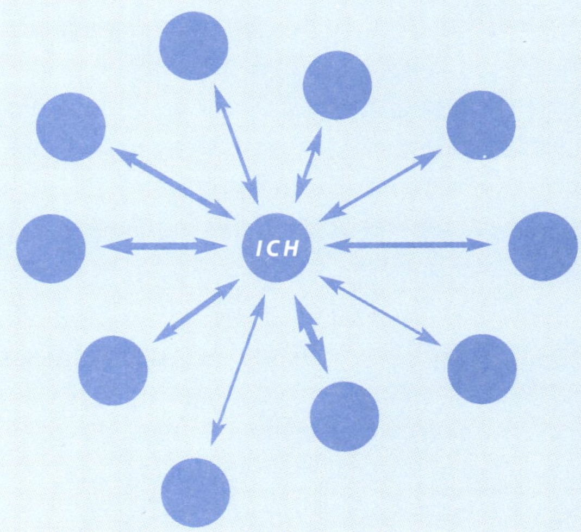

**2. Skizzieren Sie nun das Rollen- und Beziehungsnetzwerk Ihrer eigenen Stelle**

**3. Die wichtigsten Bezugspersonen und ihre Erwartungen**

Unterstreichen Sie in Ihrem Diagramm die wichtigsten 5–6 Bezugspersonen/Bezugsgruppen, deren an Sie gerichtete Erwartungshaltungen für Sie die grösste Bedeutung haben. Dazu sollten auf jeden Fall all die Bezugspersonen gehören, deren Erwartungen Sie unbedingt zu erfüllen haben. Vergessen Sie dabei sich selbst nicht, das heisst Ihre Selbstansprüche!

Schreiben Sie nun Namen oder Funktionsbezeichnungen der Bezugspersonen auf und notieren Sie Ihnen bekannte oder vermutete Erwartungen derselben.

**4. Analyse von Rollenunklarheit – Rollenüberlastung – Rollenkonflikt**

*Schein* macht darauf aufmerksam, dass Sie bei näherer Untersuchung der Erwartungen, die in Ihrem Beziehungsnetz feststellbar sind, unter Umständen auf drei verschiedene Problemstellungen stossen werden.

Als Vorschläge formuliert er jeweils generell mögliche Lösungsstrategien.

- Rollenunklarheit
  Möglicherweise ist Ihnen bei einigen Ihrer Bezugspersonen unklar, welche Erwartungen diese an Sie richten.
  Sie haben drei Möglichkeiten, mit Rollenunklarheiten umzugehen:
  - Sie können in Gesprächen mit den betreffenden Personen zusätzliche Informationen einholen, beziehungsweise Ihre eigenen Vorstellungen äussern und anregen, diese gegebenenfalls zu korrigieren oder zu ergänzen.
  - Sie können die relevanten Bezugspersonen beobachten und versuchen, ihre Erwartungen aus ihrem Verhalten zu erschliessen, oder Sie befragen Dritte dazu.
  - Sie entschliessen sich, mit der Rollenunklarheit weiterzumachen.

- Rollenüberlastung
  Wenn Sie nach Durchsicht der Summe der Erwartungen, die an Sie gerichtet werden, feststellen müssen, dass Sie die daraus resultierenden Aufgaben gar nicht schaffen können, stecken Sie in einer so genannten Rollenüberlastung. Möglicherweise sind Sie selbst daran beteiligt, indem Sie Anforderungen an sich richten, die zeit- oder energiemässig gar nicht zu schaffen sind.
  Sie können darauf reagieren, indem Sie
  - mit Ihrem unmittelbaren Vorgesetzten oder dem Kreis Ihrer wichtigsten Bezugspersonen die Prioritäten Ihres Tätigkeitsfeldes neu festlegen. Das ist auf jeden Fall wirkungsvoll.
  - die Erwartungen Ihrer Bezugspersonen nur zu dem für Sie erfüllbaren Teil annehmen.
  - die Erwartungen der weniger wichtigen Bezugspersonen ignorieren und sich auf Ihre «Schlüsselkunden» als Ihre wichtigsten Erwartungsträger konzentrieren.

- Rollenkonflikt
  Wenn Sie feststellen, dass zwei oder mehrere Ihrer Bezugspersonen einander widersprechende Erwartungen an Sie richten, liegt ein Rollenkonflikt vor. Auch hier sind Sie möglicherweise selbst beteiligt, indem Sie nicht realisierbare Ansprüche an Ihre Arbeit stellen und das, was Sie konkret tun, zu wenig wertschätzen.
  - Einen Rollenkonflikt können Sie lösen, indem Sie mit den relevanten Bezugspersonen, also unter Umständen auch mit sich selbst, die eigene Arbeitsstelle und das Rollenverständnis neu aushandeln.

**5. Austausch**

Diskutieren Sie in Ihrer Gruppe über ausgewählte Aspekte von Rollenunklarheit, Rollenüberlastung oder Rollenkonflikten und mögliche nächste Schritte als konkrete Lösungsstrategien.

## 9.4 Instrument 3: Die SOFT-Analyse als Verfahren der Situationsanalyse

*(leicht verändert nach Eck, in: Fatzer 1993, S. 231 ff.)*

- Die SOFT-Analyse dient der bewusstseinsbildenden Klärung einer Situation, der Untersuchung eines persönlichen und/oder betrieblichen Problemfeldes. Die Methode verhilft dem Anwender, eine Situationsklärung durch Sensibilisierung und Erweiterung des Wahrnehmungsfeldes und durch eine Ordnung verschiedener Aspekte einer Situation vorzunehmen.
- Da es sich um eine Methode der Situationsanalyse handelt und nicht um ein Problemlösungsverfahren, eignet sie sich besonders zur Datenbeschaffung am Anfang eines Beratungs- oder Begleitungsprozesses (z. B. in einem Projekt) oder für eine Zwischenauswertung.
- Die Durchführung kann einzeln oder in einem Team geschehen, die Anwendung ist auf den Ebenen «individuelle Situation», «Team» oder «Organisation» möglich. Meine Erfahrungen haben gezeigt, dass die SOFT-Analyse in Team- oder Organisationsprozessen mit bis ca. 10–30 Teilnehmer/innen optimal einsetzbar ist.
- Analysiert wird die Situation grundsätzlich nach zwei Dimensionen:
  - Zeitachse (Gegenwart – Zukunft)
  - Bewertung (positiv – negativ).

  Zusätzlich kann als dritte Dimension der Aspekt sachlich – persönlich dazukommen, womit eine 3-dimensionale Situationsanalyse vorliegt (siehe Fragestellungen weiter unten).
- Die Situation im IST-Zustand (positiv und negativ) kann von den Betroffenen relativ direkt beeinflusst werden. Die Potential-Beurteilung hingegen betrifft mehrheitlich situative Elemente der Umwelt, deren mittelbare Beeinflussung über die Wahrnehmung und neue Formen der Reaktion darauf möglich ist (Ressourcen erkennen, aus Gefahren Chancen entwickeln etc.)

SOFT steht für
S = satisfactions
O = opportunities
F = faults
T = threats

### *BEWERTUNG EINER SITUATION/EINES PROBLEMFELDES*

| | ***positiv (+)*** | ***negativ (-)*** |
|---|---|---|
| ***IST-Zustand***<br>*gegenwartsbezogen* | *1 **S**atisfaction*<br>*befriedigende Ereignisse*<br>*Stärken* | *2 **F**aults*<br>*Fehler* |
| ***Potential***<br>*prozess- und zukunftsbezogen* | *3 **O**pportunities*<br>*Gelegenheiten*<br>*Chancen*<br>*Herausforderungen* | *4 **T**hreats*<br>*Bedrohungen*<br>*potentielle Gefahren* |

**Aspekte der Durchführung**

1. Definition des Problemfeldes, der Aufgabenstellung, der Situation

   Es ist günstig, den zu untersuchenden Bereich nicht allzu komplex zu wählen, sondern allenfalls zu gliedern und mehrere Durchgänge zu gestalten.

   Die SOFT-Analyse kann auf verschiedenen Ebenen angewandt werden:

   - individuelle Ebene, zum Beispiel Situation am Arbeitsplatz, Stellung in einem Arbeitsteam, konflikthafte Situation
   - Teamebene, zum Beispiel Teamsitzung, Entscheidungsprocedere, Projektfragen
   - Organisationsebene, zum Beispiel Ausbildungskonzept, Marktsituation, Personalentwicklung

   Bei Durchführung auf der Team- oder Organisationsebene lohnt sich die Klärung, ob die Fragestellung von allen in derselben Art und Weise verstanden worden ist.

2. Vorgehen bei der Datenerhebung
   - Reflexion und Beantwortung der Fragestellungen in der 4-Feldertafel (zum Beispiel im Zweier-Gespräch mit einem Berater, moderiert in Klein- und Grossteams, schriftlich/einzeln auf der Organisationsebene)
   - Möglichkeit für die Analysephase: gegenseitige Interviews in Zweiergruppen (Vermeiden von langen Diskussionen über einen Punkt)
   - Darstellung der Resultate: brainstormartiges, skizzenhaftes Festhalten bis zu detaillierter, präziser Analyse (zum Beispiel bei mehrmaligen Durchgängen) in schriftlicher Form möglich

3. Klärung der 3. Dimension

   Sollen die Fragen nur unter sachlichen Aspekten (materielle, konzeptionelle Sicht, evtl. aus Sicht von anderen Mitarbeitenden), nur unter persönlichen Aspekten (individuelle Erfahrungen, Einbezug der eigenen Person) oder unter beiden bearbeitet werden?

   Werden persönliche Aspekte im Team oder auf der Ebene Organisation «untersucht», so wird eine Vereinbarung getroffen, wie Inhalte und Ergebnisse in der Auswertung «veröffentlicht» werden.

4. Auswertung

   Sammeln, transparent machen, vergleichen, gewichten

   - Präsentation/Kenntnisnahme der Resultate je nach Durchführungsart, eventuell im Sinne eines Daten-Feedbacks (auch in der Zweiersituation kann die Beratungsperson ein Protokoll führen)
   - Werden persönliche Aspekte im Team oder auf der Organisationsebene angesprochen, verläuft die Veröffentlichung gemäss vorheriger Vereinbarung, welche nochmals in Erinnerung gerufen wird.
   - Frage der Gewichtung einzelner Themen

5. Weiteres Vorgehen
   - Es handelt sich um eine IST-Analyse, also schliesst die Bearbeitung der Probleme erst an.
   - Mögliches weiteres Vorgehen:

- Formulierung von Veränderungszielen
- Suchen und Einsetzen von Problemlöseverfahren, zum Beispiel konkrete Verhandlungen im Team/in der Organisation mit dem Schwerpunkt in der Fortsetzung der Stärke/Schwäche-Analyse auf der Verhaltensebene (z. B. Rollenverhandeln) oder auf der strategischen Ebene als Fortsetzung der Umfeldanalyse (z. B. Bedarfsanalysen, Marketing- und Controllingkonzepte etc.)
- evtl. können Projektthemen definiert und Projekte lanciert werden

**Fragestellungen der SOFT-Analyse**
Die Fragen zu den vier Analysefeldern sind je nach Art und Weise der Durchführung anzupassen.

**A IST-Zustand: Stärke-Schwäche-Analyse**
**In welchem Zustand befinden wir uns?**

**1. Stärken (S)**
sachliche Aspekte:
Was läuft befriedigend, was ergibt befriedigende Resultate?
Weshalb ist es befriedigend (Kriterien, Gründe, Massstäbe)?
Welches ist der Unterschied zwischen «problemlos» und «befriedigend»?

persönliche Aspekte:
Was ist für mich persönlich befriedigend (z. B. Tätigkeiten, Arbeitsbedingungen, Klima etc.)?
Warum ist es für mich befriedigend? (Welche Bedürfnisse werden erfüllt, welche persönlichen Zielsetzungen können realisiert werden?)

**2. Schwächen (F)**
sachliche Aspekte:
Wo liegen Fehler, Unzulänglichkeiten, Schwachstellen?
Was führt häufig zu Spannungen, Reklamationen, Enttäuschungen, Konflikten?
Was verhindert, dass wir die Situation besser unter Kontrolle haben (Hintergründe, verborgene Zusammenhänge, unausgesprochene Werte, Normen, Regeln)?

persönliche Aspekte:
In welchen Bereichen liegen meine persönlichen Schwächen, Schwierigkeiten, Grenzen, Defizite? Wo werden sie sichtbar, wo verdecke ich sie?
In welchen Situationen gerate ich häufig in Spannungen, Enttäuschungen, Konflikte, bin ich demotiviert?
Was verhindert, dass ich die Situation besser unter Kontrolle habe (Hintergründe, verborgene Widerstände)?

**B Potential: Umfeldanalyse (Chancen – Gefahren)**
**Was tut sich im Umfeld, was kommt auf uns zu?**

**3. Chancen (O)**
sachliche Aspekte:
- Welche Gelegenheiten, Wachstums- und Entwicklungsziele liegen in welchen Bereichen?
- Was sind bekannte, aber noch nicht genutzte Chancen?
- Welche Gegebenheiten könnten eventuell auch als Chance interpretiert werden, was wäre dazu erforderlich (Einstellungen, Umstellungen)?

persönliche Aspekte:
- Welche Chancen und Möglichkeiten stellen sich mir persönlich?
- Welches ist mein persönliches Szenario hier in 2/5/10 Jahren?
- Was könnte ich unternehmen, um mehr Gegebenheiten als Chancen wahrzunehmen?

**4. Gefahren (T)**
sachliche Aspekte:
- Welche ungünstigen, bedrohlichen Entwicklungen kommen auf uns zu (Markt, Gesellschaft, Finanzen, Politik, Branchenentwicklung etc.)?
- Was passiert, wenn nichts unternommen wird (realistisch und als Katastrophen-Szenario)? Können wir uns das leisten?
- Gibt es latente Problembereiche, die heute noch nicht als solche gelten?

persönliche Aspekte:
- Welche dieser Gefahren haben Auswirkungen auf meine persönliche Situation? In welcher Art?
- Was passiert, wenn nichts passiert (realistisch und als Katastrophen-Szenario)? –Will ich mir das leisten? Was würde das für mich konkret bedeuten?

In Bildungsorganisationen verwende ich die SOFT-Analyse häufig entweder als «Auslegeordnung» und «Datensammlung» zu Beginn von Projekten (z. B. e-learning, Entwicklung von neuen Ausbildungs- und Beurteilungskonzepten) und organisationaler Neuorientierung (z. B. Fachhochschulentwicklung, Modularisierung etc.) oder aber als Standortbestimmung während Team- und Innovationsprozessen.
Hin und wieder benutze ich die Methode auch für Zwischenevaluationen als Leiter von Teams oder Ausbildungsgängen.
Als (Schluss-) Evaluation eignet sich die SOFT-Analyse schlecht, weil sie durch die intensive Datensammlung Komplexität erhöht, welche am Schluss nicht mehr reduziert werden kann.

Ich erinnere mich als Teilnehmer einer Tagung an eine Schlusssequenz, welche die Moderatorin mit einer SOFT-Analyse evaluieren und beschliessen wollte. Wie immer oder meistens fehlte für den Abschluss Zeit; zudem standen wir Teilnehmer/innen und die Moderatorin bei Tagungsende verwirrt und verloren zwischen mindestens zwölf vollgeschriebenen Pinwänden …

Im Verlaufe der letzten Jahre verlagerten sich in meiner Beratungsarbeit in der Anwendung der SOFT-Analyse der Schwerpunkt. So nimmt aus meiner Sicht die Notwendigkeit zu, Teams und Organisationen im Bildungsbereich in ihrer Identität zu unterstützen, indem ich sie vor allem auf ihre Stärken fokussieren lasse und sie auffordere, mit Vehemenz Aspekte zu vertreten, welche sie nicht einer Innovation unterziehen wollen.

Ein weiteres Verfahren der Situationsanalyse ist die sogenannte U-Prozedur:

### 9.5 Instrument 4: Die U-Prozedur als Verfahren der Situationsanalyse *(nach Glasl und Lemson)*

Spezifisch für die U-Prozedur ist der Aspekt der «historisch-archäologischen Kulturforschung» und die Überzeugung, dass auch Organisationen und Teams über eine Biografie oder eine «organisationale subjektive Theorie» (vgl. Kap. I) verfügen. Deren Aufarbeitung und Bewusstmachung kann schliesslich zu neuen Perspektiven führen.

Die U-Prozedur ist nach *Glasl* in ihrem Verfahren genau einzuhalten. Der Buchstabe U zeigt in seiner Form die absteigende Dimension, welche als «Analyse» (Aspekte 1–3) zu bezeichnen ist, der Aufstrich gilt in seiner aufsteigenden Dimension als «Gestaltung» (Aspekte 5–7). Die Verbindung als Bogen (Aspekt 4) steht symbolisch für die Entscheidung, ob aus der Analyse eine Neugestaltung erfolgen soll. Der Aspekt 3 (vor dem Bogen) soll aufzeigen, wie in der Vergangenheit Situationen gestaltet wurden und wie diese heute als kulturprägende «Mottos» anzutreffen sind.

«Mottos» können sein:

- «Bei uns sind alle gleich(berechtigt).»
- «Kompetenzen werden hier nicht explizit gezeigt.»
- «Über Geld sprechen wir nicht.»

  etc.

Die U-Prozedur hilft, zu diesen Mottos im Bereiche des Un- oder Halbbewussten der Organisation vorzustossen. Eine solche Bewusstmachung ist für eine angestrebte Neugestaltung – zum Beispiel einer Kulturveränderung – unabdingbar.

Mit einer derart nachhaltigen «Wurzelbehandlung» soll die Kongruenz von grundlegenden Annahmen und sichtbaren Werten in entwickelndem Sinne gewährleistet bleiben (siehe auch 5., in diesem Kapitel).

## DIE U - PROZEDUR

**Situationen, die heute verändert werden sollen, sind gestern gestaltet worden.**

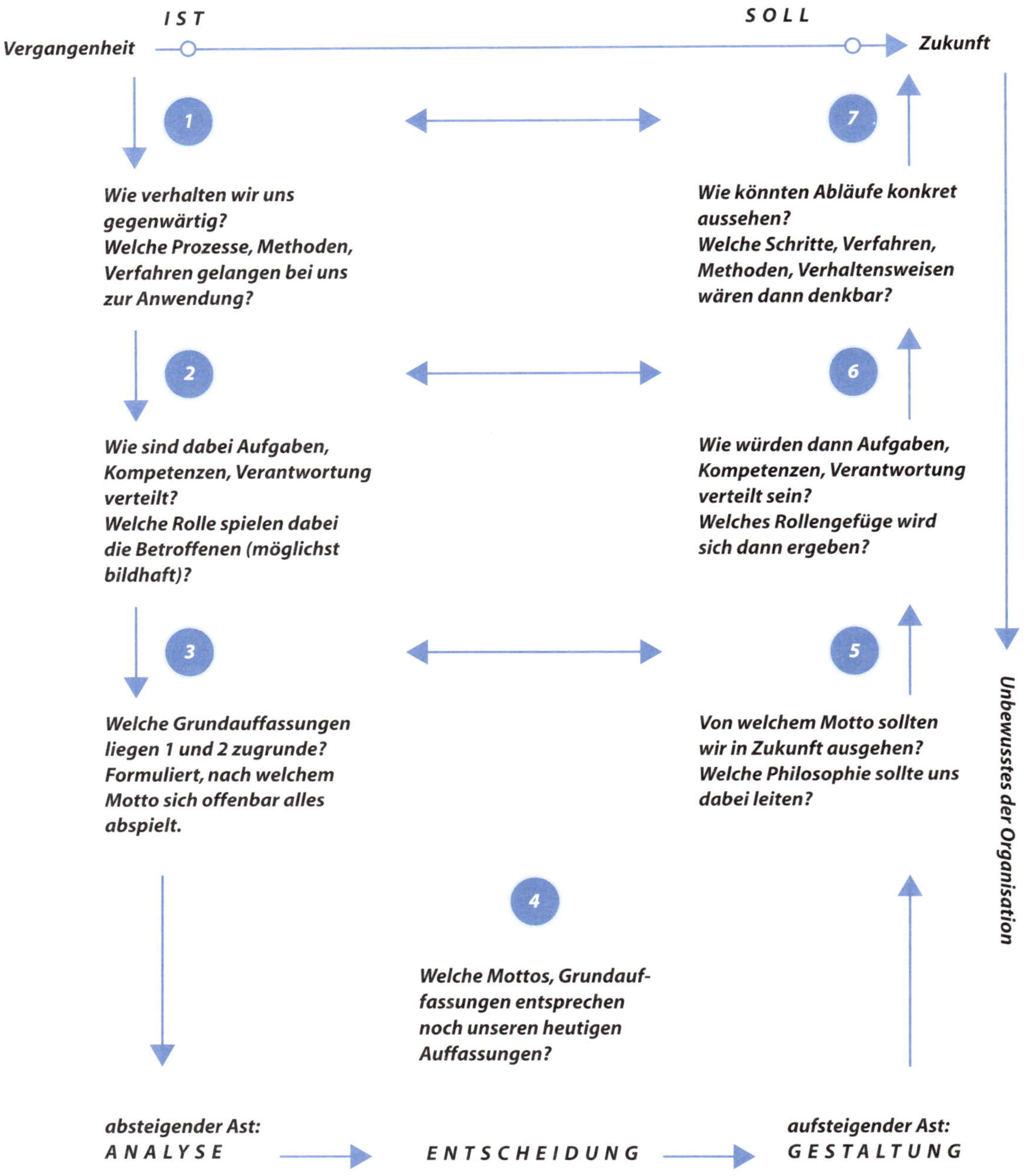


*in: Brühwiler 1996, S. 108 ff, nach Glasl und Lemson*

Zu den einzelnen Schritten:

**1. Schritt**
Zu Beginn werden Situationen wie Abläufe, Konflikte, Entscheidungen, Aktivitäten beschrieben.

**2. Schritt**
Alle Beteiligten beschreiben Aufgaben, Kompetenzen, Verantwortung und Rollen (z. B. bildhaft: «Herrscher», «Clown», «Pfarrer», «Diplomat» etc.).

**3. Schritt**
Ausgesprochene und unausgesprochene Grundauffassungen müssen von einzelnen Beteiligten oder von Gruppen kurz und prägnant formuliert werden. Eventuell tauchen auch übergeordnete «Meta-Mottos» auf.

**4. Schritt**
Hier wird bearbeitet und entschieden, ob das Eruierte noch der heutigen Auffassung entspricht. Je nachdem kann man hier aus der Prozedur aussteigen oder zum 5. Schritt weitergehen.

**5. Schritt**
Dieser erste Schritt in der «aufsteigenden» Gestaltungsdimension entspricht dem «absteigenden» Analyseschritt 3.
Die Beteiligten fragen sich, von welchen Grundsätzen, Leitgedanken, Konzeptionen und Zielen sie sich leiten lassen wollen.
Neue Mottos werden formuliert und zwar nicht als kosmetische Abänderung der alten, sondern in möglichst neuen Worten und Sätzen.

**6. Schritt**
Dieser Schritt entspricht dem Schritt 2: Es werden Neugestaltung von Funktionen, Aufgaben, Rollen usw. geklärt.

**7. Schritt**
Der letzte Schritt entspricht dem ersten: Veränderte Abläufe werden konkret formuliert, Verfahren definiert usw.

Das lateinische «procedere» kann mit «Verfahrensweise» übersetzt werden, unter «Prozedur» ist nach Wörterbüchern in etwa «schwieriges, unangenehmes Verfahren» zu verstehen. Ich weiss nicht, ob hinter dieser Benennung eine Absicht steht; auf alle Fälle benötigt die U-Prozedur eine hohe Bereitschaft, auch unangenehmen Aspekten der Vergangenheit und der Zukunft ins Auge zu schauen. Womöglich ist eine hoch entwickelte (Gesprächs-) Kultur sogar vorauszusetzen.
Bei ernsthafter und sorgfältiger Anwendung dieses Verfahrens werden meines Erachtens Beteiligte jedoch belohnt.

Organisationale und gruppale Grundannahmen und Artefakte können so in Kongruenz gebracht werden.
Manchmal kommt man auf diese Weise auch energieraubenden Verfahren und Strukturen auf die Spur – zum Beispiel so genannten «strukturellen Konflikten» *(vgl. Fritz 2000, S. 134)*, welche uns wie ein Gummiband gleichzeitig zu einem Ziel hin und wieder vom Ziel weg ziehen, ohne dass wir es wollen.

## 10. Technologie 2: Projektmanagement

Für die Ausführungen zum Thema «Projektmanagement» habe ich folgende Quellen verwendet:

- Heintel, P. / Krainz, E.E.: Projektmanagement, Wiesbaden 1994.
- Gächter, H.P.: Projektmanagement, AEB, Luzern/Zürich 1994.
- Looss, W.: Seminarunterlagen von Ausbildung Supervision und Organisationsentwicklung, Trias, Zürich.

### A Definition Projekt/Projektmanagement

Projekte (projectus, lat. herausragend, vorstehend, ausserordentlich, verschmäht, fortgejagt) sind einmalige Vorhaben von grösserem Umfang, welche von einer speziell beauftragten Gruppe oder einem Einzelnen geplant und durchgeführt werden. Folgende Merkmale können für Projekte gelten:

Projekte

- weisen einen hohen Komplexitätsgrad auf,
- sind ausgerichtet auf ein bestimmtes Resultat,
- unterliegen zeitlicher Begrenzung,
- verlaufen in verschiedenen Phasen,
- unterliegen einem Risiko bezüglich Ergebnis, Zeit und Kosten,
- haben bereichsübergreifenden Charakter.

Als Projekte im Bildungsbereich bezeichne ich gesamtorganisationale Innovationsstrategien wie Qualitätsmanagementprozesse, Fachhochschulentwicklung, Umstellung auf modularisierte Ausbildungsgänge etc, aber auch fach- oder teamspezifische Projekte wie das Entwickeln von Beurteilungskonzepten, spezifische Teamentwicklungsprozesse, die Einführung eines neuen Fachbereiches, usw.
Das *Projektmanagement* kann man als eine von verschiedenen organisationsspezifischen Veränderungtechnologien mit mittlerer Eingriffstiefe und mittlerem Ausmass an Beteiligung von Betroffenen bezeichnen (vgl. 9.1, in diesem Kapitel). Damit unterscheidet es sich im Übrigen auch wesentlich von der didaktischen Form des so genannten «Projektunterrichtes», (siehe Kap. II, 6.3).
Das Projektmanagement fusst in seinem theoretischen Unterbau auf der Dialektik:
Die Organisation leistet sich als «These» eine «Antithese», um zu einer neuen «Synthese» zu gelangen. Zwischen These («Mutterorganisation» mit traditionellen Werten und Strukturen) und Antithese (Projekt mit neuen Ideen und spezifischer Projektstruktur) darf und

muss Spannung und Auseinandersetzung entstehen. Die Verbindung der beiden Organisationsstrukturen obliegt der sogenannten «Steuergruppe», welche auch gleichzeitig die Verantwortung für eine allfällige neue Synthese, also die eventuelle partielle Veränderung der Mutterorganisation, trägt.

## THESE UND ANTITHESE IM PROJEKTMANAGEMENT

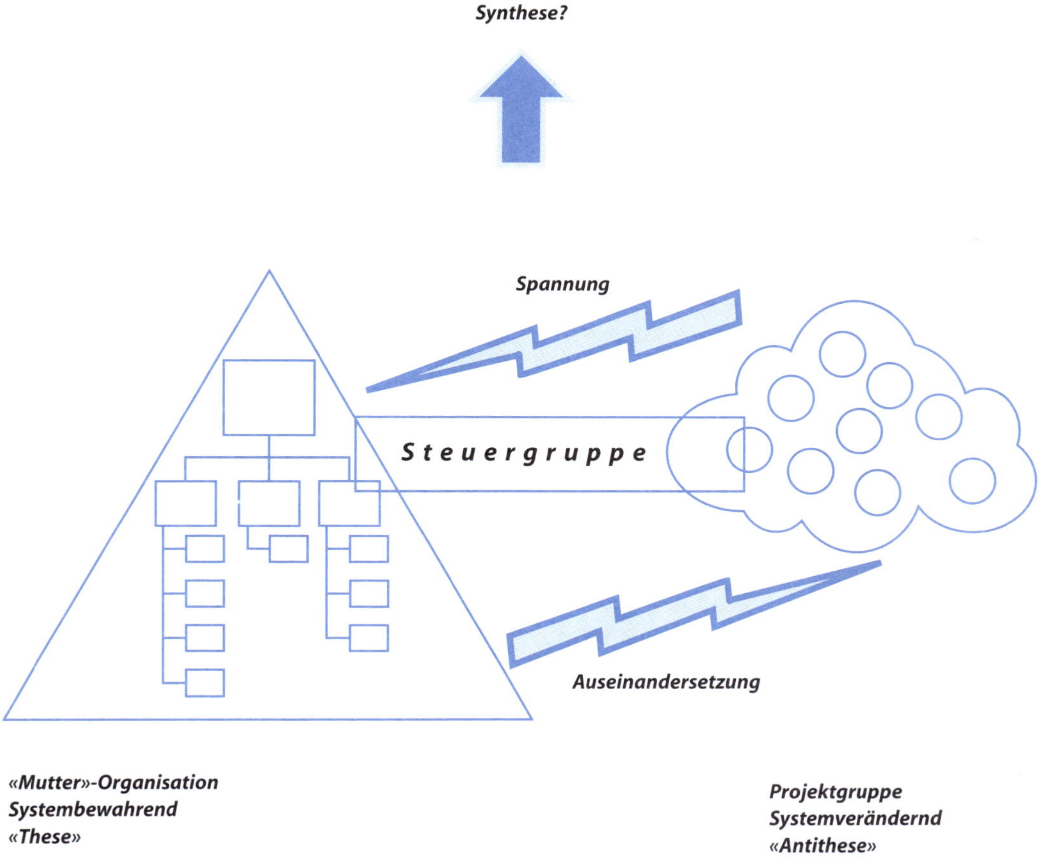


Hier – mit kritischer Sicht – einige mögliche Annahmen, Verfahrensgrundsätze und Wirkungen von Projektmanagement in Form von Thesen:

- Projektmanagement ist eine Erfindung der Hierarchie, wenn sie selber nicht mehr weiter weiss.
- Die Organisation bedient sich beim Projektmanagement des Zugriffs auf Gruppen (höhere Effizienz und Identifikation).
- Arbeitsteilung, Funktionsspezialisierung, Kompetenzabgrenzungen etc. haben Menschen auseinandergeführt; das Projektmanagement versucht sie problembezogen wieder zu integrieren.
- Die (unbewusste) Organisationsidentität reagiert abwehrend auf kleinste Veränderungen, beste Absichten erzeugen Sand im Getriebe. Das Projektmanagement darf durch

seine alternative und konkurrierende Sozialstruktur vor allem in hierarchischen Organisationen als Eingriff nicht unterschätzt werden.

- *«Gehe nie in ein Projekt, wenn Du Karriere machen willst!»* (Aussage eines langjährigen Projektleiters in der Privatwirtschaft)
- Projektmitarbeiter/innen exponieren sich und zeigen «Ecken und Kanten», welche in der «regulären» Arbeit nicht immer erwünscht sind.
- *«Das Wachstum des Wissens beginnt mit mangelnder Zustimmung»*, soll *Popper* mal gesagt oder geschrieben haben (Quelle unbekannt): Projekte müssen zu unkonventionellen und radikalen Aussagen und Lösungen führen können.
- Wenn alle Mitarbeiter/innen ins Projektmanagement involviert sind, «klont» sich die Organisation selber, weil keine Unterschiede transparent werden (dürfen).

Es folgen nun Angaben über Projektphasen anhand einer Checkliste für Projektleiter/innen und zusätzliche spezifische Hinweise zur erfolgreichen Durchführung von Projekten.

### B Projektphasen – Checkliste für Projektleiter/innen

Folgende Checkliste für Projektleiter/innen ist der AEB-Broschüre «Projektmanagement» von *H. P. Gächter (2000, S. 44 ff.)* entnommen.

#### Phase 1 – Projektidee / Projektauftrag

Ziel dieses ersten Schrittes ist es, die Idee, das Problem, eine angestrebte Verbesserung usw. verständlich zu beschreiben, eine Projektleitungsperson zu benennen und den Auftrag für den nächsten Schritt zu formulieren.

- Liegt ein klarer Projektauftrag vor?
- Wer ist Auftraggeber(in)? Wem gegenüber bin ich verantwortlich?
- Kann ich die Projektidee präzis und verständlich beschreiben?
- Habe ich den Ist-Zustand genau erfasst?
- Was soll erreicht werden? Kann ich das Ziel schon grob definieren und ist es überprüfbar?
- Wer soll das Projekt leiten, wer soll es bearbeiten?
- Erfülle ich als Projektleiter(in) die Voraussetzungen, um dieses Projekt erfolgreich zu realisieren?
- Habe ich ausreichende zeitliche Kapazitäten für das Projekt?
- Habe ich die nötigen Kompetenzen bekommen oder mir verschafft?
- Wie lautet mein Auftrag für den nächsten Schritt?
- Welche Rahmenbedingungen muss ich beachten?
- Was gehört nicht mehr zu meinem Projekt?
- Wann soll das Konzept vorliegen?
- Habe ich die Stakeholder eruiert?
- Wann ist der nächste Meilenstein?

**Phase 2 – Projektkonzept**

Ziel: Am Schluss dieses Schrittes ist das Projektziel klar, die Projektorganisation ausgearbeitet, das Projekt eingegrenzt, der Projektablauf und die Kosten grob bekannt, Chancen und Risiken eingeschätzt, so dass über die Fortsetzung des Projektes entschieden werden kann.

- Habe ich den Ist-Zustand ausreichend erfasst und beschrieben?
- Ist das Projekt klar eingegrenzt, also festgelegt, was dazugehört und was nicht?
- Habe ich alle Vorgaben und Rahmenbedingungen erfasst?
- Habe ich mir überlegt, wie ich das Projekt im Umfeld verankern will?
- Ist die Zielsetzung jetzt absolut klar und überprüfbar formuliert?
- Sind Lösungen oder Lösungsansätze, soweit bekannt, kurz beschrieben?
- Weiss ich, wie ich das Projekt organisieren will?
- Ist geklärt, wer in welcher Funktion im Projekt mitarbeiten soll und ob diese Personen überhaupt verfügbar sind?
- Wen will ich als Leiter/in von Teilprojekten einsetzen?
- Welche Kompetenzen brauche ich als Projektleiter/in und welche werde ich weitergeben?
- Habe ich eine Kostenschätzung oder ein Budget erstellt und kann ich die Zahlen begründen?
- Kann ich genau sagen, wie die Chancen stehen, das Projekt erfolgreich zu beenden?
- Kenne ich die grössten Risiken, Widerstände?
- Habe ich den generellen Zeitplan aufgestellt?
- Weiss ich, wie das Projekt dokumentiert werden soll?
- Habe ich den Vorgehensplan für den nächsten Schritt erstellt?
- Bin ich in der Lage, die Auftraggeberschaft von meinem Projekt zu überzeugen?
- Sind Meilensteine gesetzt?

**Phase 3 – Projektplanung**

Ziel: Das Projekt ist in allen Einzelheiten geplant, so dass mit einem hohen Grad an Erfolgsgewissheit über dessen Realisierung entschieden werden kann.

- Kenne ich das Problemlösungsmodell und gehe ich danach vor?
- Kann ich mein Projekt in einem Zug realisieren oder muss ich es in Phasen aufteilen?
- Habe ich alle zu erledigenden Aufgaben in einem Plan erfasst und visualisiert?
- Habe ich eine Personalplanung erstellt?
- Werden die im Projekt benötigten Mitarbeiter/innen für diese Aufgabe freigestellt?
- Habe ich den Finanzierungsplan und/oder ein Budget aufgestellt?
- Sind die materiellen Ressourcen geplant?
- Sind sämtliche Pläne mit den Beteiligten und Betroffenen abgesprochen?
- Habe ich die Risiken und möglichen Schwierigkeiten erfasst?
- Sind die nötigen Grundlagen für den Entscheid zur Fortsetzung erarbeitet?
- Weiss ich, wie ich mein Projekt der Auftraggeberschaft präsentieren will?
- Habe ich überprüft, ob meine Planung zur Zielerreichung führt?
- Habe ich mich auf die Umsetzung mental vorbereitet?
- Sind die an der Realisierung Beteiligten und auch die Betroffenen unterrichtet?
- Sind Meilensteine gesetzt?

**Phase 4 – Projektrealisation**

Ziel: Das Projekt ist systematisch, geleitet und kontrolliert realisiert worden.

- Führe ich meine Planung laufend nach? Habe ich jederzeit den Überblick?
- Erfasse ich systematisch alle Aufträge, die erteilt wurden?
- Sind alle Aufträge terminiert?
- Kontrolliere ich den Ablauf und die Aufgabenerledigung systematisch?
- Habe ich alle Schnittstellen definiert und im Griff?
- Informiere ich die Auftraggeber/in in regelmässigen Abständen über den Projektverlauf in so genannten Statusgesprächen?
- Nehme ich meine Führungsaufgabe ausreichend wahr?
- Informiere ich die Projektmitarbeiter/innen rechtzeitig und ausreichend?
- Erhalten meine Projektmitarbeiter/innen ausreichend Anerkennung für ihre Leistungen?
- Beziehe ich die von meinem Projekt Betroffenen in den Ablauf ein?
- Mache ich einen regelmässigen Soll/Ist-Vergleich bei den Kosten, den Kapazitäten/Ressourcen, der Aufgabenerledigung, den Delegationen?
- Achte ich auch auf die Qualität?
- Hätte ich den Mut, das Projekt abzubrechen, wenn es aus dem Ruder läuft?
- Fordere ich regelmässig Statusberichte von Teilprojekten ein?
- Fordere und fördere ich meine Mitarbeiter/innen?
- Habe ich mit Teamkollegen/-kolleginnen Spielregeln für die gemeinsame Arbeit aufgestellt?
- Ist die Planung für die Einführungsphase vollständig erstellt und abgesprochen?
- Sind Meilensteine gesetzt?

**Phase 5 – Projekteinführung**

Ziel: Nach Abschluss dieses Schrittes ist die Problemlösung, das neue Produkt etc. in der Praxis so eingeführt, dass es keiner weiteren Unterstützung durch das Projekt mehr bedarf.

- Habe ich sauber erfasst, wer von unserem Projekt betroffen ist?
- Kenne ich den Stand der Kenntnisse dieser Personen?
- Ist die Einführung den Erfordernissen der betroffenen Mitarbeiter/innen angepasst?
- Was ist das genaue Ziel der Einführung?
- Was könnte mir Schwierigkeiten bereiten?
- Wo könnte es Widerstände geben und wie will ich diese überwinden?
- Wer eignet sich für die Einführungsaufgabe besonders?
- Wie werde ich die Erfahrungen aus der Praxis auswerten?
- Wie will ich reagieren, wenn sich in der Praxis Mängel meines Projektes zeigen?
- Habe ich mit allen verantwortlichen Linienvorgesetzten die Einführung abgesprochen und nützliche Vereinbarungen getroffen?
- Habe ich die betroffenen Mitarbeiter/innen ausreichend informiert?
- Was mache ich, wenn einzelne Mitarbeiter/innen überfordert sind?
- Habe ich genügend begleitende Massnahmen, wie Schulung, Beratung, Coaching vorgesehen?

- Bin ich mir im Klaren, dass der Erfolg meines Projektes erst mit der erfolgreichen Einführung gebucht ist?
- Habe ich die Meilensteine für die Einführung gesetzt?

**Phase 6 – Projektabschluss**

Ziel: Das Projekt ist abgerechnet, dokumentiert und durch die Auftraggeber formell abgeschlossen. Das Lernen über Projektmanagement hat stattgefunden – und ich habe die Lorbeeren in Empfang genommen.

- Sind alle Schritte kurz und klar dokumentiert?
- Wo will ich die Dokumentation aufbewahren?
- Sind wirklich alle Pendenzen erledigt?
- Was mache ich mit den wenigen Punkten, die noch offen sind? Kann das Projekt trotzdem abgeschlossen werden?
- Sind allfällige Abrechnungen erstellt und kontrolliert?
- Bin ich persönlich bereit, mein Projekt nun in andere Hände zu übergeben?
- Wie will ich das Projekt evaluieren? Was mache ich/wir mit den Erkenntnissen?
- Habe ich mich bei allen Beteiligten ausreichend für die Unterstützung bedankt?
- Habe ich die Abschlusspräsentation gut vorbereitet?
- Wann findet der formelle Projektabschluss mit dem Auftraggeber statt?
- Was wollen wir systematisch evaluieren?
- Wie wollen wir das Gelernte für uns umsetzen und für andere verfügbar machen?

*in: Gächter 2000, S.44 ff.*

**C Die Etablierung von Kontakt- und Konfliktgelegenheiten zwischen Vertreter/innen der Linie (Leitung aus dem «Mutterhaus») und dem Projekt**

Die erwähnte bewusst intendierte Unterschiedlichkeit von Organisations- und Projektstruktur verlangt vor allem von den Verantwortlichen beider «Parteien» klare Vereinbarungen.

Erfolgssichernde Strategien für den Projektverlauf sind:

- Vertragsartige Festlegungen des Umgangs zwischen Linie (reguläre Führung) und Projekt
- Klare Bestimmung der Befugnisse und der Pflichten der Projektleitung
- Hilfsgremien einrichten, damit Schulung, Weitergabe von Know-How, Dokumentation, Entscheidungen, Koordination, Fachberatung etc. sichergestellt sind
- Informationstage einrichten
- Anlaufstellen in der Linie und im Projekt einrichten, um wechselseitigen Austausch zu ermöglichen
- Kontrollbefugnisse und Kontrollnotwendigkeiten fixieren

Der eigentliche Erfolg eines Projektes zeigt sich erst dann, wenn aus dem Projekt wirkungsvolle Rückkopplungen in die reguläre Hierarchie entstehen: Diese Rückkoppelung bringt Bewegung und «Schwierigkeiten» ins Gesamtsystem, weil dieses sich verändernd eben in Richtung einer neuen Synthese begibt oder begeben muss.

Wichtige Strategien für den Projektabschluss sind:
- Information aller Beteiligten und Betroffenen sicherstellen
- Fristen für Informationen, Meilensteine, Entscheidungen rechtzeitig bekanntgeben (der Linie Verarbeitungszeit einräumen)
- Rückkehr der Projektmitarbeiter in die Linie klären (oder Entlastung/Freistellung derselben aufheben)

### D Typische Fehler bei der Einführung von Projekten

«Wie man sich bettet, so liegt man», dies gilt auch für den Start von Projekten: Schlechte Startbedingungen und anfängliche Unklarheiten potenzieren sich während des Projektverlaufs, Ressourcen und Menschen werden «verheizt».
Gründe dafür können sein:
- Die Beteiligten beginnen nur halbherzig an irgendeiner unwesentlichen Ecke, um die Sache einmal zu «erproben». Die Motivation ist ebenso flau, und der Verlauf entspricht von Anfang an der hier meist zugrundeliegenden unbewussten Einstellung, dass «das Ganze ohnehin nichts taugt»;
- Projekte werden zwar lanciert, ihnen wird aber von vornherein die «Luft genommen», indem man ihnen kaum Zeit, Raum und Geld zur Verfügung stellt;
- Verantwortliche versuchen, die eingesetzten Projekte möglichst bruchlos in die bisherige Organisation einzupassen und unterdrücken alle Eigeninitiativen und möglichen innovativen Wirkungen;
- man inflationiert die ganze Idee, indem für alles, was nur irgendwie ein Problem ist, eine Projektgruppe gegründet wird;
- Projektgruppen werden eingesetzt, weil es «modern» ist, dies zu tun; sie erhalten Aufgaben, die ohne weiteres von der bisherigen Linienorganisation zu bewältigen wären;
- Vorstand, Geschäftsleitung oder Unternehmensführung vermeiden eine eindeutige Entscheidung für Projektmanagement (man weiss ja doch nicht, was herauskommt, und möchte sich Rückzugsmöglichkeiten offen halten) und überlassen nach diffusen Bereitwilligkeitserklärungen die Entscheidungen den nächsten Ebenen;
- man springt ohne grössere Überlegungen (Überprüfung der Organisationsveränderungen, des Qualifikationsbedarfs, der Kosten) ins Projektmanagement;
- Betroffene verlassen sich ausschliesslich auf externe Experten und Berater und wähnen sie im Besitze des Idealmodells (Autoritätsverschiebung);
- die Auswahl der Projektmitglieder und der Projektleitung wird nicht begründet. Dadurch wird die Entstehung von Gerüchten gefördert.

**Die sieben Phasen eines Projektes**
1. Begeisterung
2. Ernüchterung
3. Frustration
4. Wut
5. Suche nach den Schuldigen
6. Bestrafung der Unschuldigen
7. Auszeichnung der Nichtbeteiligten

*Quelle unbekannt*

**E Der Einstieg: Das «Kick-off»-Meeting**

Das Projekt ist ein «temporärer Sozialkörper», der «geboren» werden muss und die Kontinuität des Gewohnten durchbricht. Nach Auftragsklärung und Besetzung der Projektgruppe mit Projektleiter/in und Mitgliedern ist das so genannte «Kick-off-Meeting» ein wesentlicher Schritt (siehe auch Projektphase 1).
Bei einer solchen Einstiegsveranstaltung ist zu achten auf:

- denTeamfindungsprozess der Projektgruppe,
- die «Aufarbeitung» der Projektentstehung («Wie ist es dazu gekommen?»),
- die Einrichtung der «Baustelle» (Ressourcen, Auftrag, Regeln, externe Unterstützung etc.,
- die Begründung für die Besetzungsentscheidungen oder die Klärung der (freiwilligen) Motivation,
- das Etablieren der Leitungsstruktur («Regierungserklärung»),
- das Verabschieden von Hierarchiemustern und gewohnten Rollenbildern aus dem «Mutterhaus»,
- die Verteilung der Macht und die Frage der Verantwortlichkeiten und Zuständigkeiten im Team,
- einen gleichen Informationsstand für alle,
- die Klärung von Entscheidungsspielräumen und Kommunikationswegen,
- die Einrichtung von Verwaltung und Administration (Protokolle, Dokumentation),
- die Klärung von Terminen.

Ein «Kick-off» – Meeting dauert häufig mehrere Tage in Klausur. Es wird sinnvollerweise extern begleitet.

## 11. Technologie 3: Qualitätsmanagement

«Qualität» ist zum Hoffnungsträger für höhere Wirksamkeit bei niedrigen Kosten in Innovationen geworden. In den 50er-Jahren (des letzten Jahrhunderts) feierte Japan in der Schiffsbau-, Automobil- und High-Tech-Industrie mit einem Verfahren Erfolg, welches später – vor allem in den 70er- Jahren – in etwas abgewandelter Form unter dem Namen «TQM» (Total Quality Management) vor allem in den USA Verbreitung fand. «Total» bedeutete hier, dass auch soziale und strukturelle – nicht nur technische – Dimensionen in Veränderungsprozessen berücksichtigt werden sollten. Damit hielt das TQM auch Einzug in den Dienstleistungssektor *(vgl. Bobzien et al., 1996).*
Nach *Gonon et al. (1998, S. 7 ff.)* können in etwa folgende Merkmale diesen neuen Qualitätsbegriff beschreiben:

- Die Qualität von Produkten misst sich an der Zufriedenheit der Kunden; als Kunden können dabei auch so genannte «innere» Kunden, also Kollegen und Kolleginnen von nachgelagerten Arbeitsprozessen gemeint sein.
- Kleine Schritte der Verbesserung (japan. Kaizen) sind erfolgreicher als grosse Sprünge.
- Die Verantwortung für Qualitätskontrolle wird partizipativ von allen Mitarbeiter/innen wahrgenommen, eine konstruktive Problemlösehaltung wird deswegen von allen vorausgesetzt.

- Qualität ist Bestandteil eines Prozesses und nur in zweiter Linie Eigenschaft eines Produktes.
- Basis einer Qualitätssicherung bilden datenorientierte Feedbacks und Evaluationen.
- Prozesse eines Qualitätssystems werden umfassend dokumentiert.
- Nachhaltige Qualitätsentwicklung setzt kontinuierliche Fehlerelimination voraus.

Selbstverständlich soll damit nicht behauptet werden, dass Qualität nicht vielerorts immer schon gepflegt wurde. Die Fokussierung auf Prozesse hingegen, und der Versuch über dieselben Methoden weltweit Vergleichbarkeit von «Produkten» zu erreichen, ist neu.
Ebenso ist ein Fokuswechsel von externer Wirksamkeit – zum Beispiel in der Frage nach den Zusammenhängen von Wirtschaftswachstum und Bildung oder Bildung und Löhnen – zu interner organisationaler Leistungsfähigkeit zu beobachten.
Ein regelrechter diesbezüglicher Schub war mit der Einführung und Übernahme der internationalen Norm DIN EN ISO 9000 ff. Anfang der 80er- Jahre wahrzunehmen (DIN: Deutsche Industrie-Norm; ISO: International Standard Organization).
Diese Norm wurde in 50 Ländern übernommen, 1987 in die deutsche Sprache übersetzt und seither in verschiedene Fassungen modifiziert, damit sie beispielsweise als Leitfaden für ein Qualitätsmanagement auch im Dienstleistungsbereich anwendbar wurde.
Vergleichbarkeit unter verschiedenen «Anbietern» und Abgrenzung zu Nicht-Zertifizierten waren dabei zentrale Absichten. Wobei eine solche «Abhebung» dann, wenn alle zertifiziert sind, wiederum beinahe nur noch mit der Nicht-Zertifikation möglich ist.
Zudem haben viele Organisationen bei regelrechten Wellen von Qualitätsprogrammen «lernen» müssen, sich nicht «stören» zu lassen *(vgl. Lohmer 2000, S. 4)*.
Verschiedene Qualitätssysteme und ihre Urheber haben sich mittlerweile den Krieg erklärt und unterscheiden sich im Schüren von Heilserwartungen wenig (ISO, EFQM, ProMES, FQS, 2Q, BFW, GMP etc).
In letzter Zeit scheint sich jedoch eine Art von Kongruenz der Systeme zu entwickeln: Annäherungen, Vermischungen und lokale sowie organisationsspezifische Ausprägungen geben den Ton an.
Einen diesbezüglich guten Überblick für den Bildungsbereich bieten *Gonon et al. (Qualitätssysteme auf dem Prüfstand, Aarau 1998)*.
Wie steht es nun mit der Qualitätsdiskussion im Bildungsbereich? Im Bereiche von öffentlichen Bildungsanstalten sind einerseits ein Abbau von staatlicher Autorität sowie Schwierigkeiten mit zentraler Steuerung und Finanzknappheit in öffentlichen Haushalten zu konstatieren. Gerade der öffentliche Bildungsbereich gilt als Paradebeispiel von «Kostenkrankheit» im öffentlichen Sektor, wo Ausgaben («inputs») bei nicht verbessertem «output» zu einem – so die ökonomische Sprache – «Produktivitätszerfall» führen. Andrerseits werden marktwirtschaftliche Tendenzen verstärkt: Durch die Zunahme der Bedeutung von (Weiter-)Bildung als «Mehrwert» steigen Leistungsansprüche. Dies bewirkt bei Anbietern wiederum verschärften Wettbewerb.
Legitimations- und Entwicklungsdruck sind dann Konsequenzen, vor allem im Bereiche der Diskussion um die Qualität von öffentlichen Schulen sind Begriffe wie «gute Schulen», «Schulethos», «Schulklima» etc. seit einiger Zeit gebräuchlich.
Nachfrageorientierte Bildungsfinanzierung wird geprüft, bürokratische Steuerungselemente zusehends mit marktwirtschaftlichen kombiniert.

*Weiss (2000)* spricht diesbezüglich vom «hybriden Steuerungssystem im Quasi-Markt». Ganz einfach übertragbar ist die Qualitätsdiskussion auf den Bildungsbereich nicht: Die einzig «richtigen» Zielsetzungen fehlen, ideologische Positionen bezüglich des «Soll-Zustandes» von Bildungsorganisationen decken Widersprüchlichkeiten auf. Mögliche Gründe *(vgl. Stamm 1998)* dafür sind:

- Das Verhältnis Input-Output ist in Bildungsorganisationen nicht schnell und klar sichtbar.
- Die Autonomie von Mitarbeiter/innen (Lehrenden) ist sehr hoch.
- Bildungsprozesse sind schlecht technologisierbar.
- Die Kunden von Bildungsorganisationen (Teilnehmer/innen und Schüler/innen) unterscheiden sich von Kunden in Dienstleistungsunternehmen – zum Beispiel dadurch, dass sie nicht nur Rechte, sondern auch Pflichten haben.

Zudem wird gelungene Weiterbildung sozusagen «unsichtbar» *(vgl. Reischmann, in: Arnold 1997, S.121)*; Bildungsmassnahmen, welche dafür sorgen, dass Probleme erst gar nicht auftreten, können sich schlecht rechtfertigen.
Und: Die Qualitätssicherung lässt sich manchmal besser sichern, als die Qualität selbst …
Trotzdem scheint es mir durchaus sinnvoll, bei ähnlichen (Bildungs-) Angeboten mittels Festlegung und Kontrolle von Standards zumindest eine minimale Vergleichbarkeit zu erzielen.
Bei folgender Darstellung eines Qualitätsmanagement-Prozesses benenne ich die obere Ebene mit «(institutionelle) Qualitätsentwicklung», die untere mit «Qualitätsevaluation» (die Begriffswahl wird verschieden gehandhabt).
Konzeptionelle Vorarbeiten sowie Zielüberprüfung und Massnahmenpläne würden gemäss diesem Verständnis zur «Qualitätsentwicklung» gehören, die rein methodische Vorgehensweise bis inklusive Interpretation der Daten zur «Qualitätsevaluation».
Der Aspekt «Qualitätsgrundsätze» kann der so genannten strategischen Leitungsebene einer Organisation zugesprochen werden, währenddessen alles andere der operativen Ebene zuzuordnen ist.
Unter «Qualitätgrundsätzen» sind Äusserungen über Kunden, Identität, Lehrpläne etc. (siehe auch *Glasls Wesenselemente* in diesem Kapitel, 9.2) zu finden. Im Bildungsbereich ist dies vor allem in Leitbildern der Fall. Bei der «Qualitätsplanung» ginge es um eine aus den Grundsätzen abgeleitete Identifikation von Verbesserungsmöglichkeiten (zum Beispiel im Bereiche von Abläufen, Prozessen, Personalentwicklung, didaktischen Konzeptionen, Beurteilungskonzepten, curricula, Administration etc.) oder um grundsätzliche Überprüfung von Bestehendem.
Eine «Evaluation» (übersetzbar in etwa mit: Auswertung, Beurteilung, Nutzenabwägung, Erfolgskontrolle, Wirkungsforschung, vgl. auch Kap. II, 8.) kann als systematische Sammlung von Informationen zur Steuerung von Qualitätssicherung und -optimierung verstanden werden. Dabei kann sie als Selbst- oder Fremdevaluation erfolgen. Wobei die Kriterien der Optimierung immer von den sie jeweils Definierenden abhängig sind.
Evaluation selber (siehe untere Ebene in der Grafik) schafft also keine Lösungen, sondern stellt Daten und deren Bewertung als Grundlage zur Lösungssuche zur Verfügung.
Und doch *«kann davon ausgegangen werden, dass ein bestimmtes Interesse an der Ergebnisverwendung Einfluss auf die Definition der Qualitätskriterien, auf die Durchführung und auf das Ergebnis der Evaluation hat.« (Heid 2000).*

## GRUNDSCHRITTE EINES QUALITÄTSMANAGEMENT-PROZESSES

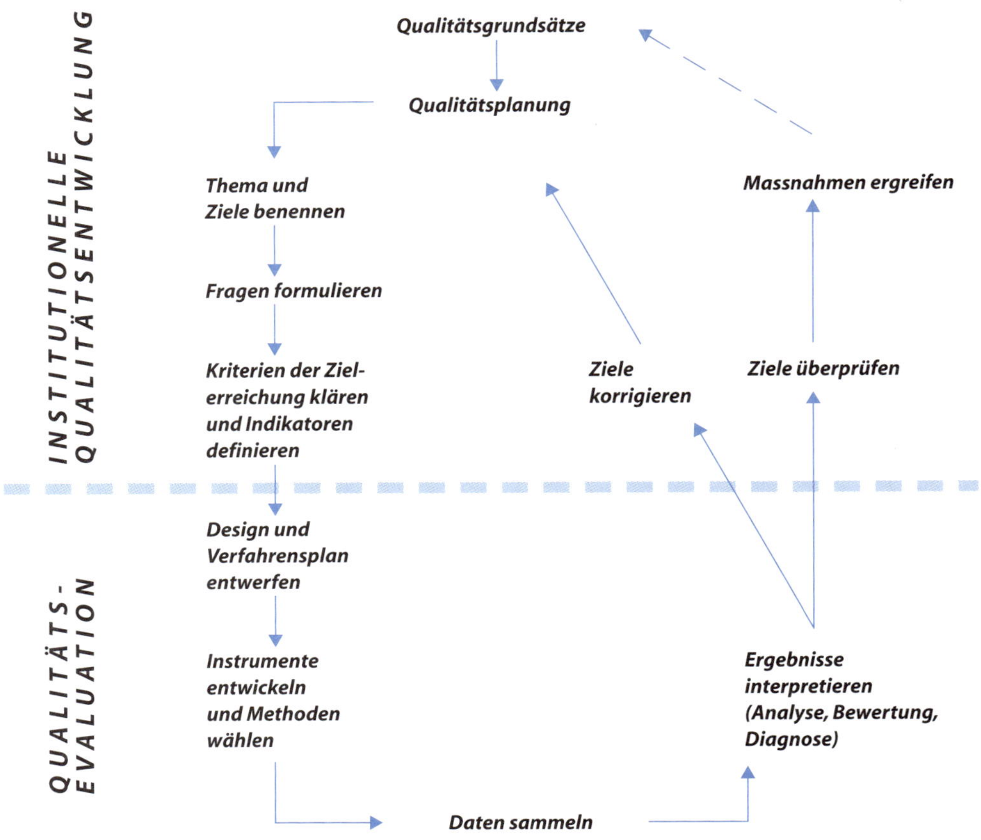


Qualitätsmanagement im Bildungsbereich beinhaltet natürlich auch die systematische Strukturierung von folgenden Arbeiten:

- Analyse des Bildungsbedarfs
- Konzeption und Durchführung von Bildungsmassnahmen
- Evaluation derselben unter spezifischen Qualitätskriterien (vgl. Kap. II, 8.)
- Auswahl, Förderung und Beurteilung von Lehrenden
- Kursadministration
- Leitungs- und Kooperationsstrukturen
- Lohnsystem

Wenn Qualität wie häufig vermerkt als «Einhalten vereinbarter Kundenanforderungen» zu verstehen ist (im Sinne des heutigen Begriffes «Kundenzentrierung», welcher die offensichtlich schon veraltete «Kundenorientierung» ablöst) , müssen die Kunden definiert sein.

Kunden von Bildungsorganisationen könnten sein:

- Kursleiter/innen oder Kollegium
- administrative Mitarbeiter/innen
- Hausabwart

- Kursteilnehmer/innen
- Arbeitgeber der Kursteilnehmer/innen
- Schul- und Institutionsleitung
- Anbieter weiterführender Weiterbildungen
- Subventionssprechende Instanzen

  etc.

In der Schweiz können sich seit einiger Zeit (private) Weiterbildungsträger entlang definierter Kriterien (vgl. eduqua.ch) akkreditieren lassen, um dadurch die Berechtigung staatlicher Unterstützung zu erhalten.

Es ist nie selbstverständlich, was Erfolg und Qualität nun eigentlich sind; die Entwicklung eines Verständnisses von Qualität, die ständig notwendige intersubjektive Verständigung darüber, dürfte implizit und explizit Qualität in ihrer Ausprägung und Wirkung optimieren.

Qualitätsmanagement ist in diesem Sinne *«nicht nur ein Verfahren der Qualitätssicherung, sondern ebenso sehr ein Verfahren der Entwicklung und Begründung von Qualitätsgesichtspunkten und Qualitätsstandards» (Heid 2000)*.

Gerade die Qualitätsentwicklung könnte insofern als Aushandlungsprozess über Standards (vgl. Kap. I, 2.4), ja sogar als eigentlicher Demokratisierungsprozess verstanden werden.

## Literaturverzeichnis Kapitel VII


Argyris, Ch.: Wissen in Aktion, Stuttgart 1996.

Arnold, R.: Evaluierungsansätze in der betrieblichen Weiterbildung, in: Gonon, Ph.: Evaluation in der Berufsbildung, Aarau 1995, 2. Aufl.

Beck, U.: Die Erfindung des Politischen. Zu einer Theorie reflexiver Modernisierung, Frankfurt a. M. 1993.

Baumgartner, I. et al.: Die Prinzipien systemischer Organisationsentwicklung, Bern/Stuttgart 1998, 5. Aufl.

Baumgartner-Schaffner, M.: Qualitätsevaluation und Qualitätsentwicklung in der institutionellen Weiterbildung, AEB Luzern 2001.

Beckhard, R./Harris, R. J.: Organizational Transitions: managing complex change, 1987.

Bobzien, M. et al.: Qualitätsmanagement, Alling 1996.

Brühwiler, H.: Situationsklärungen, Opladen 1996.

Fatzer, G.: Ganzheitliches Lernen, Paderborn 1987.

Fatzer, G. (Hrsg.): Supervision und Beratung, Köln 1993, 4. Aufl.

Fatzer, G. et al.: Qualität und Leistung von Beratung, Köln 1999.

French, W. L./Bell jr., C. H.: Zur Geschichte der Organisationsentwicklung, in: Sievers, B. (Hrsg.): Organisationsentwicklung als Problem, Stuttgart 1977.

French, W. L./Bell jr., C. H.: Organisationsentwicklung, Bern 1994, 4. Aufl.

Fritz, R.: Der Weg des geringsten Widerstandes managen, Stuttgart 2000.

Fröhlich, E. / Thierstein, Ch.: Qualitätsentwicklung in Bildungsorganisatonen, AEB Akademie für Erwachsenenbildung, Luzern, 1997.

Geertz, C.: Dichte Beschreibung, Frankfurt 1987.

Gächter, H. P.: Projektmanagement, AEB Akademie für Erwachsenenbildung, Luzern 2000.

Glasl, F./Lievegoed, B.: Dynamische Unternehmensentwicklung, Bern 1996, 2. Aufl.

Gonon et al.: Qualitätssysteme auf dem Prüfstand, Aarau 1998.

Graf, P.: Konzeptentwicklung, Alling 1996, 2. Aufl.

Graf-Goetz, F. / Glatz, H.: Organisation gestalten, Weinheim/Basel 1999, 2. Aufl.

Heid, H.: Die Messbarkeit menschlichen Handelns, in: NZZ Neue Zürcher Zeitung 16./17.9.2000.

Heintel, P./Krainz, E. E.: Projektmanagement, Wiesbaden 1994, 3. Aufl.

Herzog, W.: Gesellschaftlicher Wandel und schulische Autonomie, in: Beiträge zur Lehrerbildung BZL, Bern 2/1994.

Hillmann, K.-H.: Wörterbuch der Soziologie, Stuttgart 1994, 4.Aufl.

Jansen, St. A.: 10 Thesen gegen post merger integration management, in: Organisationsentwicklung 1/2000, Basel, S.32–47.

Keller, A.: Der unsichtbare Erfolgsfaktor, in: Interview 4/2001, Zürich.

Kircher, N.: Die Geisterkunden, die Frimer rief, in: Cash Nr. 22, 1.6.2001, S.5.

Kobi, J.-M.: Management des Wandels, Bern 1996.

Kühl, S.: Das Regenmacher-Phänomen, Frankfurt/New York 2000.

Lohmer, M.: Nicht schon wieder TQM!?, in: Organisationsentwicklung 4/2000.

Loos, W.: Projektmanagement – Seminarunterlagen 1996, Trias Supervision und Organisationsentwicklung Zürich.

Luhmann, N.: Soziale Systeme, Frankfurt 1984.

Morgan, G.: Bilder der Organisation, Stuttgart 2000, 2. Aufl.

Nuissl, E.: Leitung von Weiterbildungseinrichtungen, Frankfurt 1998.

Probst, G. J. B./ Büchel, B. S. T.: Organisationales Lernen, Wiesbaden 1998, 2. Aufl.

Prosch, B.: Praktische Organisationsanalyse, Leonberg 2000.

Reischmann, J.: Die Erfassung von Weiterbildungs-Wirkungen: Probleme und Möglichkeiten, in: Arnold, R. (Hrsg.): Qualitätssicherung in der Erwachsenenbildung, Opladen 1997.

Rosenstiel, L. von: Organisationspsychologie, Stuttgart 1995, 8. Aufl.

Schein. E.: Überleben im Wandel – strategische Stellen- und Rollenplanung, Darmstadt 1994.

Schmidt, E. R./Berg, H. G.: Beraten mit Kontakt, Offenbach 1995.

Senge, P.: The dance of change, London 1999.

Staehle, W.: Management, München 1994, 7. Aufl.

Stamm, M.: Qualitätsevaluation und Bildungsmanagement, Aarau 1998.

Vogel, H.-Ch.: Werkbuch für Organisationsberater, Aachen 1994.

Weisbord, M. R.: Organisationsdiagnose, Karlsruhe-Goch 1983.

Weiss, M.: Vier Jahrzehnte Bildungsökonomie, Rückblick und Ausblick, in: Weiss/Weishaupt (Hrsg.): Bildungsökonomie und neue Steuerung, Frankfurt 2000.

Wolter, S. C.: Bildungsfinanzierung zwischen Markt und Staat, Chur/Zürich 2001.

# Schluss

Ich mache nicht gerne selber Schluss; deshalb möchte ich meine Ausführungen mit *Detlev Cramer* beenden. Seine Geschichte des Schwimmlehrers begleitet mich schon seit über einem Jahrzehnt in meiner Ausbildungstätigkeit. Sie soll Ihnen Mut machen, das zu tun, wovon Sie überzeugt sind – auch wenn so genannte Experten etwas anderes behaupten.

*Geri Thomann*

## Der Schwimmlehrer

*Ein didaktisches Märchen*

*von Detlev Cramer*

Es war einmal ein Schwimmlehrer. Der hatte viele Jahre hindurch Kindern Schwimmen beigebracht, nach einer sehr einfachen Methode: Er machte immer wieder vor, was die Kinder nachmachen sollten, er erklärte, er verbesserte: Armbewegungen, Beinbewegungen, Atmung. Er sah vom Steg aus den sicher gewordenen Kindern zu, schwamm neben den Ängstlichen, streckte die Verkrampften im Wasser aus, spritzte einem Frechdachs kräftig ins Gesicht. Er war unablässig tätig, er liess keinen Fehler durchgehen. Die Bewegungen der Kinder im Wasser glichen dabei immer mehr denen der Frösche. Eines Tages waren alle Kinder freigeschwommen. Sie, ihre Eltern und die Lehrer in der Schule waren begeistert. So lebte er glücklich und zufrieden und gab einen Schwimmkurs nach dem anderen.

Eines Tages wurde er in der Universität bekannt. Er wurde als Tutor benannt für die Sportstudenten im Schulschwimmen. Vertreter des Fachbereiches problematisierten seine Methode. Er galt als ein Sonderfall, der zu hinterfragen war: weil er ständig die Fehler der Kinder sah und verbesserte, unablässig die Genauigkeit der Bewegungen forderte, ihre Gleichzeitigkeit mit Ein- oder Ausatmen. Weil er arbeitete wie ein Handwerker, der mit seinem Werkzeug umzugehen versteht, ein Bild herausarbeitet, etwas herausschnitzt. Das Endergebnis seiner Arbeit war immer deutlich zu erkennen – auch dann, wenn es noch nicht da war. Und dabei lernten die Kinder. Sie hatten auch noch Spass dabei. Eigentlich durften all diese Merkmale gar nicht zusammenkommen.

Dieser Widerspruch rief die Soziologen auf den Plan. Sie kamen in die Badeanstalt und machten eine Interaktionsanalyse mit Film, graphischer Darstellung und Auswertung. Die brachte folgendes zutage:

27 Schwimmstunden, jede mit 30 Minuten, waren aufgenommen worden. In jeder dieser 27 Unterweisungseinheiten hatte der Schwimmlehrer durchschnittlich 22,5 Minuten *allein* gesprochen. Dabei konnten die Kinder kaum oder gar nicht zu Wort kommen. Besonders problematisiert wurde dabei das für sie gefährliche und weithin unbekannte «Umfeld Wasser». Durch das ständige Eingreifen des Schwimmlehrers sei die kommunikative Chance der Kinder untereinander total gekappt worden. Als besonders krasses Beispiel des ununterbrochenen Drillprozesses wurde der laute Anruf herausgearbeitet: «Sabine, Grätschen fällt *immer* mit Einatmen zusammen!» Eine derart rigide Führungsposition des Schwimmlehrers könne dem Individuationsprozess des einzelnen Kindes nur abträglich sein. Der Schwimmlehrer solle endlich die Prozesshaftigkeit auch des Begabtwerdens für Schwimmen erkennen und seinen autoritären Dirigismus aufgeben.

Das sass! Zwar verstand der Schwimmlehrer nicht alles, aber merkte in dem ismus-Wort den Vorwurf. Er sah sich in ein sehr konfuses Bild gestellt: Er stand als Dirigent mit einem Taktstock auf dem Steg im Wasser über den Kindern. Vor ihm war ein Souffleurkasten, aus dem der Soziologe beschwörend herausrief: «Hör auf zu dirigieren!».

Da versuchte er, sich ganz auf die Kinder einzustellen, die bei ihm schwimmen lernen wollten – beim Schwimmlehrer, nicht beim Schwimmdirigenten. Das musste nun anders werden.

Zunächst liess er sie eine Sitzgruppe auf dem Steg bilden. Sie sollten die Frage problematisieren: *«Warum schwimme ich?»* Während der 10minütigen Interaktionsphase zählte er (ausserhalb der Sitzrunde) die Diskussionsbeiträge: In der 4köpfigen Gruppe hatte ein Kind 12 Beiträge gegeben (Mädchen evanglisch, Eltern geschieden), 2 Jungen je 4 Beiträge (Zwillinge – nach Aussagen des Vaters eineiig – katholisch, Mutter verstorben), ein Kind gar keinen Beitrag (Mädchen katholisch, Vollwaise). Ein Mädchen fasste dann das Gruppenergebnis zusammen: Wir finden zwei Meinungen gleich richtig, warum wir schwimmen. Klaus hat gesagt: «damit ich nicht untergehe», Sabine meint: «weil ich Luft in mir habe».

In den nächsten Schwimmstunden bearbeiteten die Kinder das Thema «Wie schwimme ich?» Sie sollten Fortbewegungsmöglichkeiten im Wasser erproben und dabei feststellen, bei welcher sie am meisten und bei welcher sie am wenigsten Wasser schlucken. Natürlich wies der Schwimmlehrer darauf hin, dass das Schwimmwasser kein Trinkwasser sei. Dies war einer seiner neu erworbenen Qualifikationsmerkmale. Danach hatte er während einer reichlich 1/4stündigen Erprobungsphase der Kinder genügend Zeit, die soziographischen Daten der Kinder den Prozessmerkmalen ihrer sich in den Interaktionen der Gruppe entwickelnden Schwimmbegabung zuzuordnen. Spezielle Fragen im Kontext des Individuationsprozesses sollten in Zusammenarbeit mit dem Fachbereich 23 aufgearbeitet und deren exemplarisch ausgewiesene Eckdaten Doktoranden der Erziehungswissenschaft zur Verfügung stehen. Als Arbeitsfeld für Diplompädagogen waren bereits Forschungstitel benannt worden, u.a. die Relationsproblematik «Schwimmfähigkeit und Schichtzugehörigkeit», ferner das weite Gebiet der «Prozessanalyse des Begabtwerdens für Schwimmen schlechthin – unter dem Anspruch einer Interdependenz von Emanzipation, Individuation und Rehabilitation» und die stark einer glaubensmässigen Interpretation verhaftete Grundsatzfrage: «Trägt Wasser den gläubigen Menschen eher als den Nicht- oder zweifelnd Gläubigen?»

Der Schwimmlehrer veränderte sich zunehmend – unter wachsender Anerkennung der

Soziologen. Er nahm seine Aktivitäten im Schwimmunterricht ganz zurück. Er liess den einzelnen in der Gruppe sich selbst erfahren, er verbesserte nicht mehr, schwamm nicht mehr mit, machte nicht mehr vor. Die Kinder liess er vormachen, wie sie meinten, schwimmen zu können. Dann forderte er die Gruppe auf, in einer Realisierungsphase die Schwimmvorschläge zu erproben und in einer Reflexionsphase zu bewerten. In enger kooperativer Anbindung an den Fachbereich wurde er der idealtypische Betreuer der «Interaktionsgruppe Lernschwimmer» mit einem ganzheitlichen Ansatz kompensatorischer Erziehung. Zwar lernten die Kinder nicht schwimmen, aber sie wurden eine Gruppe. Die sehr unterschiedlichen Fragestellungen zum Problemkreis «Lernfeld Schwimmen» formten die Bereitschaft zur Diskussion, in der jeder problematisieren und mit der schwimmtheoretischen Durchdringung des Problemfeldes die schichtenspezifische Hemmschwelle aufbrechen konnte. Schliesslich erbrachte die Gruppe eine ungewöhnlich reife, in der Kommunikation gewachsene Leistung, indem sie Beruf und Aufgabe des Schwimmlehrers hinterfragte, der seine Interaktionsbeobachtung in eine Liste eintrug und soziometrischen Interpretationen nachging.

Den allmählich protestierenden Eltern, die für ihr Geld schwimmende Kinder sehen wollten, führten die Lernschwimmer die Ergebnisse ihrer Gruppenarbeit vor – in Worten, nicht im Wasser: Sie schwämmen wunderbar auf Luftmatratzen und zwischen aufgeblasenen Ringen.

In der 28. Schwimmstunde schreckte der in ein Soziogramm vertiefte Schwimmlehrer auf. Die Feuerwehr rückte mit Schlauchboot und Rettungsschwimmern an. Sabine war mit ihrer Luftmatratze ins Wehr abgetrieben. Dort hing sie fest. Der gewitzte Klaus hatte sich entschlossen, Hilfe ausserhalb der Interaktionsgruppe zu holen. Sabine wurde aus dem Wasser gezogen, das geschluckte Wasser aus Bauch und Lungen herausgepresst. «Schwimmen müsste man können», sagte Petra. Das war ihr erster Redebeitrag seit 28 Schwimmstunden. Aber den konnte der Schwimmlehrer in seiner Sorge um Sabine nicht mehr aufnehmen. Er wurde entlassen. Der Prozess folgte. Er wurde verurteilt wegen Vernachlässigung der Aufsichtspflicht in einem besonders schweren Fall mit einer lebensbedrohlichen Gefährdung einer Schwimmschülerin. Er bekam keine Bewährung.

Sein Gemütszustand in der Vollzugsanstalt war so bedenklich, dass er einer Selbsterfahrungsgruppe unter bestimmten Vorstellung therapeutischer Wirkung zugeteilt wurde: Er sollte seine Isolation aufgeben, sein Misstrauen abbauen, sein Grübeln sein lassen.

Sie machten Gruppenspiele. Er blieb für sich. An einem Abend spielten sie das «Überlebensspiel», 4 Personen sollten als Astronauten auf dem Mond ihr weit entferntes Mutterschiff zu erreichen suchen. Unter 15 Gegenständen sollten sie die für das Überleben wichtigsten in eine Reihenfolge bringen: Sternkarte, Streichhölzer, Nahrungsmittelkonzentrat, Leuchtpistole mit Patronen, 20 Liter Wasser, Sauerstoff-Flaschen, Trockenmilch …

Er wusste sofort, dass ohne die Sauerstoff-Flaschen alle anderen Dinge nutzlos waren. Aber der Gruppenprozess kreiste um den Vorrang von Sternkarte, Leuchtpistole und Nahrungsmittelkonzentrat. Die Video-Kamera lief mit. Er schwieg, obwohl die Sauerstoff-Flaschen an das Listenende gerutscht waren. Es war ja nur ein Überlebens*spiel*. Und er wollte dem filmenden Beobachter nicht als «Dirigent» erscheinen.

Nachts im Traum schleppte er sich in der verzweifelten Gruppe durch die Mondlandschaft. Als er mit letzter Anstrengung versuchte, seine Lungen zu füllen, röchelte er: «Hätte ich doch …». Da wachte er auf.

Am nächsten Tag war er wie ausgetauscht. Er redete, kam aus sich heraus, bemühte sich um Aufgaben, Arbeit, wurde gesprächig. Er trat in die Schachgruppe der Vollzugsanstalt ein, später spielte er Hallenhandball – und dann nur noch Wasserball in der Resozialisierungsgruppe «die Seehunde».
Er fiel sofort auf als herausragender Schwimmer. Er trainierte die anderen. Er feilte an ihrer Technik, verbesserte, machte vor, erklärte Tricks und Kniffe. Er lobte die Könner, schrie die Verhaltenen aus ihrer Reserve, forderte die Besten zu Steigerungen heraus. Wie ein Delphin schnellte er durch das Spiel, schnappte den Könnern den Ball weg, spielte ihn den Schwachen zu. Er war in seinem Element.
Man verwendete sich für ihn. Er wurde vorzeitig entlassen – als Musterfall in einem resozialisierenden Strafvollzug. Er bekam sofort eine Stelle – als Schwimmlehrer in einer Badeanstalt.

*Cramer, D., in: Neue Sammlung. 24. Jg, 1, Berlin 1984*

# Stichwort-Verzeichnis

# Weitere Titel zum Thema

Peter Gasser
**Lehrbuch Didaktik**

1. Auflage 2001
272 Seiten, 18,5 x 27 cm, broschiert
ISBN 3-905905-28-0

Andreas Müller
**Wenn nicht ich, ...?**
Und weitere unbequeme Fragen
zum Lernen in Schule und Beruf

1. Auflage 2002
240 Seiten, 18,5 x 27 cm, broschiert
ISBN 3-905905-63-9

**Bestellungen an:**
**DLS Lehrmittel AG, Speerstrasse 18, 9500 Wil**
**Tel. 071 929 50 20, Fax 071 929 50 30, E-Mail dls@tbwil.ch**